어린이 박물관 A to Z Ⅱ

- 교육과 경영을 중심으로 -

어린이 박물관 A to Z Ⅱ

2025년 5월 10일
지은이   김진희

펴낸이   권혁재

편 집   권이지
진 행   권순범
교정교열   천승현
디자인   이정아
일러스트   배준우
원고교정   김동환

인 쇄   성광인쇄
펴낸곳   학연문화사
등 록   1988년 2월 26일 제2-501호
주 소   서울시 금천구 가산디지털1로 16 가산2차 SKV1AP타워 1415호

전 화   02-6223-2301
전 송   02-6223-2303
E-mail   hak7891@naver.com

ISBN   978-89-5508-709-3 (94020)

어린이 박물관 A to Z Ⅱ

- 교육과 경영을 중심으로 -

김진희 지음

학연문화사

어른을 위한 어린이박물관 개설서가
등장한 것을 축하하며

이 책은 본격적인 어린이박물관 개설서이자 운영 안내서로서 어른, 즉 관련 전문가들이나 관심있는 박물관 방문자들에게 참으로 적절한 지침이 될 것으로 기대한다. 그리고 앞으로 우리나라의 어린이박물관 정책에 좋은 시사점을 던지면 좋을 것이다.

필자, 김진희 선생은 서문에 적었다시피 우리나라의 본격적인 어린이박물관의 시원이라고 할 수 있는 삼성어린이박물관의 건립과 운영에서 그 일생을 어린이박물관 학예 요원으로서 경력을 시작하였다. 최초의 도립 어린이 전문박물관이라고 할 수 있는 경기도 어린이박물관의 건립과 운영을 이끌면서 가장 선도적이고도 풍부한 경력을 구축한 어린이박물관 전문가로 알려져 있고 현재는 최초의 세종시에 있는 국립어린이박물관의 본격적인 출범을 이끌고 있다. 이러한 화려한 박물관 경력 이외에 이 책의 저술한 관점에서도 알 수 있듯이 어린이박물관 학예 요원으로서 가장 큰 자산은 어린이 교육학을 전공하였다는 점이다. 전문가적인 지적 자산이나 평생 동안의 박물관 경력을 토대로 한 이 책이 우리나라의 어린이박물관이 성장하고 발전하는데 큰 보탬이 될 것으로 기대된다.

여성과 어린이, 인류의 미래이다. 특히 어린이는 인류의 미래를 살아가는 우리의 자손들이다. 오늘날 인류가 지구상의 가장 성공한 생물이 되는 것은 결국 어린이들을 지혜롭게 잘 키워낸 덕분이다. 어떤 생물종이나 모두가 생존본능이 행위의 기저네 내재되어 있지만, 허약한 체질의 인류는 생존을 위한 특별한 이차 본성이 특별하게 구성되어 있다. 먹거리의 장만이나 위험을 피하는 방법 그리고 사회적 인성을 만들어 가는 행위 등의 생존 필수의 지식을 대대손손 전수하여 왔던 것이다. 인류라는 종은 아이를 키우는 시간이 엄청나게 길다. 다른 어떤 동물도 십수년 동안을 키워야 완전한 성체가 되는 동물은 없다. 그만큼 어린이 교육이 인류의 생존에 중요한 과제였던 것이다. 어린이 교육의 필연적이고 절대적인 과제는 인류 문화 속에서 깊이 배어 있다. 그러나, 현대사회를 살아가는 지혜를 배우고 터득하는 일은 과거처럼 가족공동체 내에서만 이루어질 수가 없게 사회가 분화되고 있고 앞으로 디지털 기술이 진화하면 할수록 어린이 교육은 우리 사회가 깊고도 깊이 생각하여 사회 내에 튼튼하게 구축하지 않으면 안될 것이다. 오늘날 모든 선진국들이 잘 사는 이유는 결국 어린이 교육을 잘하고 있기 때문이라고 해도 절대로 과언이 아니다. 그러한 점에서 어린이박물관을 바르게 만들고 운영하는 것은 국가 사회의 미래의 절대적인 전제가 될 것이다.

어린이 교육, 앞에서 언급한 그러한 인류의 보편적인 어린이 교육 명제 이외에도 어린이들 교육은 결국 변화하는 미래에 창의적 지혜와 끈질긴 감성으로 미래를 개척해 나갈 수 있도록 만들어지지 않으면 안된다. 이제는 우리처럼 빠르게 변화하는 디지털 문명사회에서는 어린이 교육에 대해서 대단히 특별한 고민을 하지 않으면 안된다. 가족이 붕괴되고 또 사회적 활동 방식도 과거와 엄청나게 다르고 또한 지적 정보의 습득과 경험의 과정이 과거와는 판이하게 다르기 때문이다. 그리고 학교 교육 역시 과거와는 다른 관점과 환경 속에서 이루어지고 있기 때문에 새로운 어린이 교육의 필요성이 전 인류사를 통해서 다르게 만들어 나갈 필요가 있게 된 것이다. 이러한 문명 전환의 와중에서 전인적인 교육을 할 수 있는 어린이박물관의 사회적인 필요성이 절대적으로 필요한 시기가 된 것이다. 우리 사회가 심각하게 고민하여야 할 이러한 문제점 역시 이 책에서 언급되고 있다는 점이 대단히 반갑게 생각된다. 이제는 그 어느 사회도 마찬가지로 어린이박물관을 인류 생존을 위한 보편적 교육이라는 새로운 관점에서 재구축하지 않으면 안된다.

이 책은 전문가로서 어린이박물관의 설립과 운영에서 경험한 문제들에서 출발하여 국내외적으로 다양한 사례를 동원하여 발전적인 사고를 불러 일으키도록 구성하고 있다. 어쩌면 이 책이 정부 정책에서 어린이박물관 발전 전략의 전환이 필요하다는 뜻을 담고 있다고도 생각한다. 어린이박물관은 사실 우리가 전통적으로 생각하는 '박물관'과는 다른 차원의 문화 기반의 교육기관이다. 같은 구성의 어린이박물관이 각 지역에 설립되는 것도 대단히 의미있는 선구적인 국가 교육 전략적인 진전이라고 생각한다. 그리고 아주 예민한 교육 세대인 어린이를 위한 박물관이기 때문에 어린이학 전문성을 겸비한 전문가들이 반드시 참여하여 운영을 하는 것이 바람직하다.

아직까지 어린이박물관이 많지 않고 박물관에서 어린이를 위한 교육에 대한 담론이 많지 않았다는 점에서 이 책이 국가 어린이박물관 정책에 새로운 담론을 만들고 새로운 국가교육체제로서 어린이박물관이 발전하는데 의미있는 작은 씨앗이 되기를 기대한다. 또한 우리나라의 각 지역에 어린이박물관의 설립 확장과 운영을 업그레이드 하는데 실질적으로 기여하기를 바라마지 않는다.

박물관과 박물관 사람들 회장 / 전) 국립중앙박물관장 / 한국박물관협회장 / ICOM 국가위원회 회의 의장
명예교수 한양대학교 문화인류학과 **배 기 동**

추천사

어린이전공자가 쓴
어린이박물관의 실제

어린이박물관이 박물관계에 등장하게 된지 100여년이 훌쩍 지난 지금
한국에서 어린이박물관의 개론서가 출간하게 된 것을 기쁘게 생각합니다.
저자는 어린이박물관에 평생을 근무하면서 축적된 노하우와 여러 가지 국내외
자료들이 있어서 유관 기관 종사자들이나 입문자들에게 길잡이가 되리라 기대
합니다. 무척 고무적인 것은 저자가 어린이 교육을 전공해서 아동의 발달에 맞
는 실제를 박물관에서 실무로 펼쳐간 것입니다.
최근의 박물관계는 어린이 콘텐츠를 대부분 기획 운영하고 있습니다. 박물관
이 문턱을 낮추고 어린이들에게 접근해서 문화기관을 즐기게 하는 것이 문화
시민으로 성장하게 만드는 것입니다. 본 저서로 인해서 어린이박물관의 콘텐
츠들을 개발하는데 보탬이 되리라 생각합니다. 또한 어린이박물관으로 포괄했
지만, 어린이미술관, 어린이과학관, 어린이 문화기관들에도 모두 적용이 가능
하고 도움이 되리라 여겨집니다.
어린이박물관의 개념부터 역사, 이론, 미션, 건축, 전시, 프로그램, 경영, 학술대
회 발표본들 그리고 최근의 트렌드까지를 포함하여 어린이박물관의 이론과 실
제를 포괄해서 다루어서 해외에서도 찾아보기 드문 개인 기술의 저서라고 생
각됩니다.
아무쪼록 저자가 일하면서 틈틈이 작성한 수년간 밀알의 노력으로 이뤄진 내
용들이 어린이박물관 후배들에게 좋은 길잡이가 되리라 기대합니다. 또한 저

자가 현재 한국어린이박물관협회 회장으로 있는 시점에서 더욱 의미있는 출간이 되리라 여겨지며,

한국어린이박물관계의 발전을 기원합니다.

2025.2.

아해전통놀이박물관장, 전) 서울여대 아동학과 교수,

전) 한국어린이박물관협회 회장, 전) 한국유아교육학회 회장 문 미 옥

어린이박물관 개론서 발간을
축하하며

    1899년 세계 최초로 브루클린 어린이박물관이 첫발을 내디딘 이후, 약 100년 후인 1995년 삼성어린이박물관이 우리나라에서 개관한 이래로, 벌써 30년이 지나고 있습니다. 그동안 우리나라에서도 국립을 비롯한 공립과 사립 등 전국 각지에 어린이박물관들이 세워져 어린이들을 위한 전용 문화 공간으로 미래의 꿈을 키워 가고 있습니다. 이와 더불어 어린이박물관에 관심을 가지고 연구하면서 함께하는 전문 인력 또한 점차 늘어나고 있습니다.

    그러나 이러한 어린이박물관의 오랜 역사에도 불구하고 현재까지 우리나라에는 어린이박물관 현장에 맞는 제대로 된 개설서가 없어 목말라 하는 것이 현실입니다. 이러한 시기에, 1993년부터 삼성문화재단에 입사하여 1995년 삼성어린이박물관 개관을 함께하고, 경기도어린이박물관과 경기 북부 어린이박물관, 그리고 현재 세종특별자치시에 있는 국립어린이박물관에 이르기까지 약 30년을 어린이박물관과 함께 한 김진희 실장님께서 현장 실무를 중심으로 전문가를 위한 실무형 어린이박물관 개설서를 출간한다고 하니 어린이박물관에 관심을 가지는 한 사람으로서 기쁘기 그지없습니다. 그리고 출간을 진심으로 축하드립니다.

    국내에서 어린이박물관이 첫발을 내디딘 지 벌써 30년이 지나는 동안 어린이박물관은 국내에서 다양한 측면에서 저변 확대가 되고 있습니다. 특히 박물관교육의 한 맥락으로서 어린이박물관이 자리를 잡아가면서 이제 박물관에서는 어린이 관련 콘텐츠가 필수적인 조건이 되고 있습니다. 이러한 측면에서 어린이박물관 실무를 중심으로 하여 저자가 그동안 함께했던 약 30년의 경험과 지식을 담아냄은 물론, 여러 국내외 사례를 조사하여 정리한 본 저서는 향후 어린이박물관 종사자 및 예비 학예사들에게 많은 도움이 될 것입니다.

아울러 어린이박물관이 '학습과 놀이'를 키워드로 하여 글로벌화해 가는 것은 박물관교육의 힘입니다. 이는 세상을 둘러싼 모든 이해를 기반으로 하는 어린이박물관의 경우 무궁무진한 콘텐츠로 아동들이 세상을 살아가는데 필요한 평생 학습의 기회를 조기에 경험할 수 있는 문화 공간이기 때문입니다. 또한, 어린이박물관은 급변하는 미래 사회에서 어린이들이 세상의 변화를 인식하면서 미래에 필요한 역량을 키워나갈 수 있는 장이 되기도 합니다.

이러한 측면에서 어린이박물관 실무 경험을 바탕으로 다양한 이론이 배어 있는 『어린이박물관 A to Z』는 어린이박물관 실무 지침서로서, 그리고 대학에서의 관련 학과 교재로 큰 역할을 할 것이라 기대하면서 다시 한번 출간을 축하드립니다.

2025.2.

한국박물관교육학회장 **이 관 호**

어린이박물관 종사자로
30여 년을 정리해보며

어린이박물관과의 첫 인연은 일간지의 문화면이었다. 당시 브루클린 어린이박물관으로 기억하는데 아동들이 오감각을 자극하는 체험식 콘텐츠로 박물관을 경험한다는 내용이었다. 유치원, 학교와 학원 외에는 문화가 아예 없었던 국내 어린이 환경에서는 너무나 낯선 기사였다. 게다가 이런 곳이 박물관이라니....그러나 아동들을 생각하면 너무나 재미나고 즐거운 환경으로 신기한 세상으로 인식되었고, 국내에도 이런 곳이 있었으면 하는 생각을 막연하게 했었다.

그러던 어느 날 우연히 들은 정보는 국내에서 어린이박물관을 개관하려 준비한다는 이야기를 들었다. 마침 그것이 사기업의 문화재단에서 추진한다는 것을 알게 되었고 막연히 잘 알지도 못하면서 새로운 도전을 결심하게 되었다. 운 좋게도 내게 어린이박물관을 개관에 참여하게 되는 기회가 주어졌다. 그후로 현재까지 30여년......이렇게 오랜 시간을 종사하게 되리라고는 생각하지 못하였지만, 참으로 고마운 시간들이었다.

나는 지금도 계속 어린이박물관에 대해 고민한다. 그리고 박물관이 있는 한 앞으로도 누군가는 끊임없이 고민해야 할 것으로 안다. 그 고민의 이유들은 많다. 사회 문화 현상들이 변하고, 아동이 있는 가족 문화도 점차 변해가고, 아동의 심리발달론은 성인과 다르게 있으나, 아날로그 시대에서 지금은 전부 디지털 환경이 가득하고, 이에 따라서 또 박물관의 역할도 끊임없이 변해가고 있다. 결국은 사회현상, 아동발달, 박물관의 역할인 3가지 요건들이 교차되면서 복합적인 내용을 도출하는 것이 어린이박물관의 콘텐츠이다. 마치 학부 시절에 배운 유아교육의 기본이 되는 철학적 기초, 심리적 기초, 사회적 기초를 배운 것처럼….

게다가 현 지구촌의 최대 악재였던 코로나19 현상으로 글로벌 사회가 변했고, 기후 변화로 지구를 보호할 필요가 생기면서 인류의 생존이 걸린 문제가 있고, 테크놀로지의 발달로 로봇이 인류의 친구가 되며 직업도 대량으로 교체되고, 신인류가 탄생하게 되는 시점도 도래할 것이라고 하니, 계속 초고속으로 변화되는 미래가 우리를 기다리고 있다.

이런 지구촌의 현상들 속에서 1차 집단인 가족 속의 아동들에게 우리는 미래를 잘 살아갈 수 있도록 어떤 것을 준비시켜야 할 것인가?

일단 내가 변화되는 미래를 모른다. 다행히 엄청난 도움이 되었던 서적은 연도별로 출간되었던 유엔 미래보고서들이었다. 10여년 전부터 읽었던 책들이 어린이박물관의 미래를 크게 그려보는데 많은 도움이 되었다. 지구촌의 식량난, ESG 경영, 탄소절감 친환경 건물과 전시, 온오프 연동의 콘텐츠, 그리고 팬데믹으로 어린이박물관 역할들의 변화와 확장 등 우리의 미래는 더 앞당겨졌다.

이에 지난 근무 경험과 국내외 자료들, 벤치마킹으로 다녀왔던 출장 자료들, 그리고 평소에 고민하였던 많은 것들이 있었지만, 지난 10여년 동안 한부모 가장으로 바쁜 일상 속에서 짬이 날 때 조금씩 작성만 하고 있었던 내용들이다. 출간이 요원하였으나 더 이상 미루기는 어려워 2024년 폭염과 폭우속의 여름에 결심하게 되었다. 매우 부족하며 미흡함을 무릅쓰고 어린이박물관에 종사하는 후배들에게 조금의 도움이 되길 바라면서 그리고 나의 경험을 기록화하는 느낌으로 작성하였다. 책자 출간을 염두에 두고 작성한 원고들과 틈틈이 학술대회나 학술지에 가끔씩 발표하였던 글들을 모아서 출간하고자 용기를 내었다. 부끄러운 책일지라도 국내외 어린이박물관의 개론서나 이론과 실제는 전문 서적이 드물어서 조금이나마 도움이 되었으면 하는 바램을 가져본다. 아울러 이 책이 나오도록 물심양면으로 지원해주신 여러 지인분들께 심심한 감사를 드린다. 국내외 뮤지엄계의 여러 어르신들과 종사자 지인들, 표지 디자인과 부족한 엄마에게 옆에서 늘 조언 어린 상담을 해준 아들 배준우, 출간을 해주신 출판사에게 거듭 감사드린다.

2025. 2. 행복도시에서

담연 **김 진 희**

목차

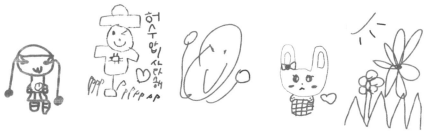

11장

어린이박물관의
교육 프로그램

1. 교육 프로그램의 원리

어린이박물관의 교육프로그램은 박물관을 성장할 수 있게 해준다. 어린이박물관에 사람들이 오는 이유는 가족의 여가 시간을 위하여, 아동 단체들이 체험을 하기 위하여, 체험프로그램 때문에 등 여러 가지 이유가 있겠다. 이 중에서 어린이박물관은 기본적으로 체험전시를 기반으로 하기 때문에 사업 중 첫 번째가 전시에 해당된다. 전시 기획은 학예사의 노력과 비용은 매우 많이 들어간다. 이때 이를 보완하며 관람객들에게 박물관의 경험을 더욱 풍부하게 해주는 것이 바로 교육 프로그램이다.

기본적으로 프로그램 기획 시에는 그 박물관의 미션과 비전에 부합하여야 한다. 미션과 비전에 언급된 방향에 따라서 프로그램을 기획한다. 어린이박물관 자체가 학습을 지향하는 박물관이다보니 교육 프로그램의 범위는 매우 광범위할 수 있다. 이점이 세상에 대한 모든 것을 이해할 수 있도록 하는 많은 주제가 교육 프로그램의 일환으로 될 수 있는 이유이다.

교육 프로그램은 박물관의 경험을 보다 다양하고 폭넓게 혹은 매우 심도 있고 깊게 확장시킬 수 있다. Austin Children's Museum의 관장인 Deborah Edward(1997)는 프로그램을 다음과 같이 할 수 있다고 언급하였다.[1]

첫째로 주제에 대한 배움의 폭과 깊이를 제공한다.

둘째로 관람객들이 보다 관리되고 지도된 방식으로 교구들과 자원들에 접근하게 한다.

셋째로 기본적인 사회적, 교육적 문제들을 다루기 위한 자원들을 제공한다.

넷째로 아이들에게 문화적 자원을 가져다 주는 촉매가 된다.

여기에 필자가 덧붙여서 설명하자면,

다섯째로 가족 간 프로그램의 경우는 부모와 자녀 간의 관계를 더욱 밀착시켜주는 계기가 된다.

여섯째로 전시로 모두 풀어내지 못한 콘텐츠를 교육프로그램으로 기획하여 심화하거나 확장하는 기회를 제공한다.

일곱째로 프로그램을 특화시켜서 기관의 시그니쳐 상설 교육프로그램이나 특별 기획 프로그램을 기획해서 관람객에게 더욱 밀착된 경험의 기회를 제공할 수 있다.

특히 '21세기 학습을 위한 파트너쉽'에서는 '영유아기를 위한 21세기 학습' 보

---

1 Deborah Edward, Programs : The Active Ingredient, In Maher(Ed), Collective Vision : Starting and Sustaining a children's museum, Association of Youth Museums Washington,D. C, 1997

고서[2]에서 21세기를 살아가는 학습을 위해서 4가지 항목을 언급했는데, 놀이 같은 학습, 성인과의 상호작용, 또래와의 상호작용, 어디에서나 학습하는 것을 말했다. 따라서 이는 프로그램을 기획할 때 염두에 두어야 할 항목이다. 또한 21세기 영유아 학습을 도와주는 기술 전략 10가지로 아동 중심, 아동 전체로 초점(한가지 기술이 아니라 전체적인 발달에 초점을 둘 것), 놀이에 기초한, 협력적 학습, 혼합된 접근, 유연한 태도, 차별화된 지도, 과정 평가, 일관성, 학습 범위의 결합 등이다. 여기에서 영유아는 만 18개월 이상 만6세 까지를 대상으로 했다.

만 7세부터 해당되는 '21세기 조기학습 기술'[3]보고서에서는 필요한 6가지 항목을 기술하였다. 항목에는 비판적 사고, 협업, 의사소통, 창의성, 기술 문해력, 사회정서 발달을 언급하였다. 상기 내용들은 교육 프로그램 기획 시에는 염두에 두어야 할 항목으로 발달에 맞는 반영이 꼭 필요하다.

전시와 연계시켜서 교육프로그램을 볼 때는 그 기관의 미션에 따라 전시를 하고, 전시를 지원하거나 전시로 풀지 못하는 광범위한 혹은 세부적인 내용으로 하는 것이 바람직하다. 상설 전시인 경우에는 그 기관의 대표적인 교육프로그램을 상설 전시와 연계되는 시그니쳐 프로그램으로 기획하는 것이다. 그렇게 해야 전시와 교육이 한 방향으로 가서 질적인 내용을 추구할 수 있는 기반이 될 수 있다.

국내 어린이기관들이 설립 미션의 중요성을 인지하지 못하고 프로그램을 기획하며 때론 시행착오를 거치기도 한다. 때론 뮤지엄 프로그램이라기 보다는 다양한 교양문화센터 같은 프로그램을 운영하기도 한다. 어린이박물관은 가장

2_ http://www.battelleforkids.org/networks/p21/frameworks-resources
3_ http://www.battelleforkids.org/networks/p21/frameworks-resources

근본이 되는 상설 전시와 이를 지원하는 상설 교육프로그램이 있어야 하며, 이런 것이 그 기관의 대표적인 전시와 프로그램이 된다. 기획 전시에는 이를 지원하는 기획 프로그램이 따로 있을 수 있겠다.

만약 교육프로그램이 전시와 관련이 없다면, 그 기관의 미션에 따라서 특화된 것들이 있을 수 있다. 또한 이벤트성 프로그램이 있기도 한다. 그리고 어린이박물관 교육 프로그램의 운영 핵심으로써, Deborah Edward(1997)는 박물관은 대표적인 프로그램(signature program)을 결정하여 처음에는 넓고 얕게 확장하기보다는 수준있는 프로그램 몇 개를 개발하는 것에 초점을 맞추라고[4] 제안하였다. 이는 기관 운영 시 프로그램의 시행착오를 줄여주는 팁으로써, 기관들은 자기들의 대표 프로그램이 무엇인지, 늘 이점을 고민해봐야 할 것으로 보인다.

존 포크가 최근 발간한 저서[5]에서 모든 박물관 경험을 양질로 경험하는 10가지 원칙을 말했다. 이는 대상 중심의 접근이라서 어린이박물관에서도 접근이 가능한 것이라 소개하고자 한다.

- 사용자의 삶과 연결하기
- 사용자가 자기 스스로 경험을 만들 수 있도록 허용하기
- 선택과 통제를 위한 경험을 최대화하기
- 놀라움과 즐거움
- 안전하고 안심을 할 수 있는 경험을 만들기
- 사회적 상호작용을 설계하기

4_Deborah Edward, Programs : The Active Ingredient, In Maher(Ed), Collective Vision : Starting and Sustaining a children's museum, Association of Youth Museums Washington,D.C, 1997

5_John H. Falk 'The Value of Museums : Enhancing Societal Well-Being'

- 편안하고 편리한 경험을 제공하기
 - 사용자에게 다시 방문해야 하는 이유를 제공하기
 - 다른 경험들과 연결시키기
 - 나눔을 지원하기이다.

위의 원칙들은 교육 프로그램만이 아니라 전시에도 해당이 되는 전반적인 내용이라 늘 관람객을 대상으로 하는 기관에서는 염두에 두어야 할 사항으로 보인다.

프로그램 기획시 고려할 요건을 적어 보면 다음과 같다.
 - 기관의 미션은 무엇인가?
 - 기관의 강점과 비전은 무엇인가?
 - 프로그램이 학습 이론에 부합하여 기획될 수 있는가?
 - 프로그램이 아동의 발달에 적합한가?
 - 프로그램이 동기를 유발하고 재미있는가?
 - 프로그램이 학교 교육기관과는 다른 차별화된 내용을 실어서 관람객의 기대에 부합하는가?
 - 전시와 연계를 할 것인가? 연계된다면 전시를 충분히 파악하고 기획하고 있는가?
 - 전시와 연계되지 않으면 어떤 주제로 할 것인가?
 - 프로그램을 최근의 교육적인 쟁점이나 핫 이슈로 기획할 것인가?
 - 대상층은 어떻게 고려하여 잡을 것인가?
 - 프로그램 형태는 어떤 것으로 할 것인가?
 - 프로그램을 기획하고 진행할 내부 인력은 있는가? 있다면 어떤 인력이며 전공은 무엇인가?
 - 외부 전문가나 외부 기관의 도움을 받을 곳이 있는가? 있다면 업무협약을

체결할 것인가?

- 기존 프로그램들을 분석하여 어떤 방향으로 하고 있는지 기관에서 스스로 파악하고 있는가? 향후의 보완점은 무엇인가?
- 타 기관과 비교하여 본 기관의 프로그램 역점 사업은 무엇인가?
- 프로그램을 무료 혹은 유료로 어떤 가격 정책을 할 것인가? 비용 정책의 타당성은 무엇인가?
- 프로그램의 인원 수와 소요 시간, 장소, 소요 비용은 어떻게 어떤 기준으로 잡을 것인가?
- 프로그램이 아동에게 실패의 경험을 주지 않도록 충분히 열린 수업이며, 기획자가 미리 시범 수험을 해본 후 수정 사항을 교정하였는가?
- 프로그램의 세부 교육계획안들이 프로그램의 목표에 적합한가? 목표에 적합하도록 일관성있는 방향으로 계획되었는가? 통합교육이라는 명목으로 목표 수행이 적합하지 않고 산만한 것은 아닌가? 등

교육비의 책정은 기관마다 상이하긴 하지만, 박물관은 비영리 기관이기 때문에 수익이 아닌 보통 재료비 수준으로 받는다. 사립박물관인 경우에는 비영리라도 세금의 지원으로 운영되지는 않기 때문에 교육프로그램의 참가비를 높게 책정하기도 한다. 공공 기관의 가격 정책은 무료부터 다양한 유료 비용까지 폭이 있는 것이 바람직하다. 보통 1회당 무료, 오천원이내, 만원대 정도로 하는데, 아동의 참가수대로 비용을 받는 것이 좋다. 예로 가족 프로그램은 가족이 함께 하는 것이라 아동과 성인이 1가지의 만들기를 목표로 하므로 비용은 한 가족 단위로 받는 것을 제안한다.

다음에서는 다양한 프로그램의 종류들을 설명하고자 한다.

2. 프로그램의 종류

프로그램의 종류로는 크게 대상별 혹은 프로그램 형태별로 나눌 수 있다. 프로그램 종류들은 기관의 미션에 따라, 대상 연령에 따라, 기관의 여건에 따라서 선택과 집중으로 운영이 될 수 있다. 먼저 어린이박물관의 대상별 프로그램을 기술하고자 한다.

1) 프로그램 대상별

영아 프로그램, 유아 프로그램, 초등 프로그램, 가족 프로그램, 세대통합 프로그램, 단체 프로그램, 취약계층 프로그램, 장애아동 프로그램, 부모교육 프로그램, 전문가/교육자 프로그램 등으로 나눠볼 수 있어 10여종을 살펴보고자 한다.

(1) 영아 프로그램

프로그램을 운영할 정도의 연령은 만 3세 미만이나 만3세 전후의 연령으로 추천하며, 동반 부모나 양육자가 함께 있어야 가능하다. 이 프로그램들은 유아교육 혹은 아동보육 등의 영유아교육 전공생으로 영아를 돌봤거나 프로그램을 해본 사람이 아니면 불가능할 정도로 전문적이여야 한다. 발달상 영아 수준은 워낙 집중시간이 짧고 영아 발달을 파악하고 있어야 하며 영아교육의 기초도 알아야 가능하다. 주로 인간의 오감각적인 체계를 자극하며 발달을 지원하는 콘텐츠가 해당되며, 30분 이내로 하는 것이 좋다. 주로 신도시 영아 관람객 수요가 있는 어린이박물관에서 할 수 있는 프로그램으로 대상층을 파악하고 운영하길 권한다. 프로그램의 대상 연령, 시간, 요일, 비용, 주제 등 운영 관련 사전 설문조사를 통해서 결과를 수렴하여 기획하는 것이 수요자 고객 만족을 위해서 바람직하다.

프로그램의 예시로는 오래전이긴 하지만 경기도어린이박물관의 영아 프로그램이 있었다. 기관의 미션은 2015년 '어린이와 함께 성장하는 문화 발전소'로써 아동의 성장을 모토로 하였다. 따라서 당시 영아 관람객의 증가로 인하여 영아의 발달을 촉진하는 프로그램을 기획하였다. 처음에 공간적인 환경을 제대로 갖추기 어려웠으나 해를 거듭할수록 발전되도록 여건을 마련하였다. 즉, 영아실로 조성된 환경과 더불어서 프로그램이 진행되어 몰입할 수 있도록 만들었다. '아기 둥지'라는 컨셉으로 자연의 숲와 아기새들이라는 내용으로 조성된 환경에서 영아들이 놀이할 수 있는 공간을 조성하였다. 프로그램 사례를 소개하자면 '육감만족 프로젝트 – 사각사각 놀아보자, 꽃종이!'⁶라는 제목으로 여섯 가지 감각(시각, 후각, 미각, 청각, 촉각, 감성)을 통해 주변에서 쉽게 구할 수 있는 소도구를 탐색하고 활용하여 신체 놀이 활동을 진행한다. 이는 영아와 부모 모두가 즐거움을 느낄 수 있는 프로그램으로 '꽃종이'를 청각을 중심으로 여러 감각을 통해 탐색하고 마음껏 찢고, 뿌려보며, 꽃종이로 만든 예쁜 꽃비가 내리는 모습 등을 해보며 신체와 감각 자극 놀이로 스트레스도 함께 해소할 수 있었다.

(2) 유아 프로그램

유아 대상 프로그램은 만 3세 이상 ~ 만 5세 포함까지 초등학교 취학전의 연령을 대상으로 한다. 어린이박물관의 국내외 연령층이 점차 하향하되면서 가장 활성화되고 있는 대상층이다. 유아만을 대상으로 하는 것으로 부모님과 함께하는 것은 가족 프로그램에 해당된다.

유아들은 발달에 적합해야하기 때문에 전조작기 수준에 해당하는 콘텐츠로 프로그램을 진행해야 한다. 사회문화, 예술, 수학, 과학, 신체, 언어 등의 교과가 통합적으로 진행이 되는 것이 발달에 적합하다. 주로 자아, 가족, 동네 수준

6_ https://gcm.ggcf.kr/archives/education/sensual-satisfaction-3?term=6&cy=2016&pn=1

의 내용이 들어간 사회 문화 역할 놀이들, 창의성을 요하는 예술적 내용이 적합하며, 논리적이거나 추상적이지 않은 시각적이고 직관적 사고 수준의 프로그램들이 발달에 맞다. 따라서 과학적 추론을 요하는 내용이거나 우주 관련 내용은 발달에 적합하지 않으며, 사회 문화에서도 추상성을 요구하는 국가나 세계는 어려워서 이런 내용을 다룰 때는 발달에 맞는 전통 민속 옷을 입어보며 단지 시각적으로 즐기는 놀이 활동 혹은 미감을 즐기는 목적으로 다양하고 간단한 전통 요리하기 프로그램 등이 적합하다.

　프로그램을 전시와 연결 지으면 상설 갤러리와 연계되는 전시 연계 프로그램 있고, 갤러리와 연관 없이 기관에서 추진하는 교육 프로그램도 있다. 사례로 보면 서울상상나라의 경우에7 전시 연계 프로그램으로 5세 이상의 유아를 대상으로 '자연 놀이' 갤러리와 연관되는 '잠자리의 눈으로'라는 명칭으로 잠자리의 눈으로 바라보는 세상에 대해 이야기하고, 목걸이 만화경을 꾸며보는 프로그램을 진행했다. 서울상상나라의 교육 프로그램들은 기관의 주무부처인 서울시 여성가족정책실 보육지원과의 취지에 맞도록 다양한 발달을 지원하는 교육을 실시한다. 창의과학, 표현놀이, 감성예술, 오감요리 등이 진행된다. 국립어린이박물관은 2024년 겨울방학 프로그램으로 전시 연계 프로그램을 실시하였다. 별난 지구공작소는 작가 한수정이 개발한 '테크니쳐'라는 전시물과 연계된 키트가 개발되어 아동들이 기어의 원리와 조립을 할 수 있었다. 알록달록 색깔놀이는 설치된 예술작품의 작가 빠키의 화려한 색과 연계하여 빛과 색의 원리를 이해하고 셀로판지를 사용한 대문 꾸미기 활동이다. 꿈꾸는 무지개 연못은 작가 갑빠오의 '무지개 연못' 작품을 관람하고, 작품 속 등장인물같이 동물이나 형상이 있는 나무 키트를 꾸며보며 뒤에 자석을 부착하여 벽에 붙여보는 프로그램

7　https://www.seoulchildrensmuseum.org/education/educationList.do?category=1

이다. 또한 책가도 전시물과 연계하여 '그림속 이야기'는 아동의 취향이 담긴 물건을 그리거나 책가도 활동지에 붙여보는 것으로 현대판 책가도 활동이다.

	평 일	주 말
오전 (10:30 ~11:30)	별난 지구공작소 화·목 : 초등 저학년 / 수·금 : 초등 고학년 	알록달록 색깔놀이 토 : 6~8세 / 일 : 9~11세
오후 (14:30 ~15:30)	꿈꾸는 무지개 연못 화~금, 어린이 (가족도 함께 가능) 	쏙쏙! 그림 속 이야기 토~일, 어린이 (가족도 함께 가능)

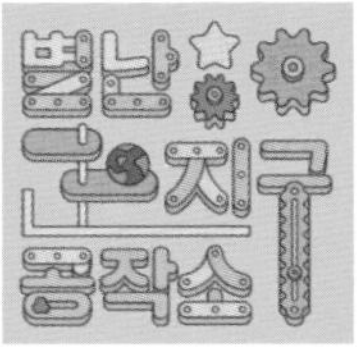

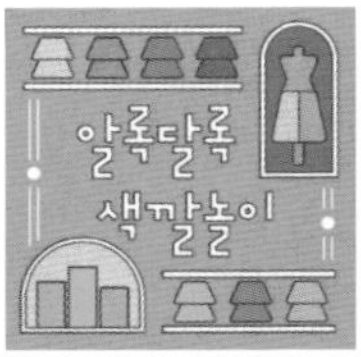

[그림 11-1] 국립어린이박물관 유아, 초등, 가족 대상 프로그램

(3) 초등 프로그램

초등 프로그램은 유아에 비해서 보다 집중적이고 논리적인 학습이 가능하기 때문에 깊이가 있고 더 다양할 수 있다. 발달상 저학년은 '구체적 조작기'에 해당하므로 구체적인 실물의 실습이 있으면 가능하다. 고학년은 경우는 논리적 추론이 가능한 '형식적 조작기'에 해당하므로 예측이나 추상적 사고가 가능하므로 발달을 염두에 두고 프로그램을 기획해야한다. 어린이박물관에서 초등 고학년 프로그램은 비교적 규모가 큰 박물관에서 많이 진행한다고 볼 수 있다. 큰 박물관이 수용 연령도 폭넓기 때문에 경험치상 초등 고학년 프로그램은 2

천평 이상의 규모 정도에서 추천할 만하다.

프로그램의 종류로는 뭐든 다양하게 할 수 있다. 특히 이 연령대에는 아동끼리 협력해서 만들어내는 협력 워크숍, 한가지 주제로 꾸준히 방문해서 하는 심화 프로그램, 몇일~ 일주일 정도의 캠프 프로그램, 단 숙박을 할 경우의 캠프는 고학년으로 추천할 만하다.

프로그램의 내용도 역시 어린이박물관 기관의 설립 미션이나 비전에 기인해야 한다. 모태 박물관이 있는 경우에는 모태 박물관에 기인하는데, 프로그램도 전시 내용과 일치하며 더욱 깊이 있게 활동이 제공될 수 있다.

전시 연계 사례로는 국립중앙박물관 어린이박물관의 특별교육으로 '다시 만나는 『직지』'[8]가 있었다.

- **교육명 : 다시 만나는 직지**
  - 내용 : 과거와 현재의 인쇄를 이해하고 미래에는 어떻게 변화할지 상상해보는 교육으로 상설전시실에서 인쇄 및 활자 관련 전시품을 찾고, 체험 활동을 통해 기록과 인쇄 문화의 의미를 알아보는 내용이다.
  - 기간 : 2019. 3.13, 3.20 수요일, 총 2회/ 16:00~18:00 (120분)
  - 대상 : 2019년 기준 초등 5~6학년
  - 참가비 : 무료

(4) 가족 프로그램

가족은 보통 어린 자녀와 동반된 양육자나 성인 부모와 함께하는 프로그램을 말한다. 어린이박물관에서는 가족 프로그램을 통해서 특별하게 가족 관계

8_ http://www.museum.go.kr/site/child/edu/view/170/237616

를 독려할 수 있고 아동이나 부모 성인의 욕구를 채워줄 수 있다. 일반적으로 학기 중에는 영유아와 가족이 많고, 방학 때는 유아와 초등 자녀가 가족으로 방문하여 방문 대상에 맞게 프로그램을 기획한다.

　필자의 근무 경험에 따르면, 동반 성인 중에서 남녀의 성별에 따라서 선호하는 프로그램이 다르기도 해서, 건축 프로그램 같은 대근육을 써야하는 콘텐츠는 아버지들이 동반 자녀와 참가하길 선호한다. 재미난 점들은 어머님들이 신청하여 자녀와 남편이 함께 프로그램을 하도록 하며 신청자 본인은 참여하지 않는다. 성별의 조율은 운영의 묘이기도 했다. 어머님들은 실용적인 만들기 같은 생활 미술, 실용 미술을 선호한다.

　프로그램의 사례로는 유아 가족용으로 고양어린이박물관에서 '박물관 예술 텃밭 : 씨들'[9]이 있다. 현재에도 지속적으로 진행하고 있는 고양의 시그니쳐 프로그램이다.

- **교육명 : 박물관 예술 텃밭**(씨들)
  - 내용 : 박물관 텃밭을 놀이터 삼아 자연과 교감하고 예술로 뛰어놀며 텃밭과 함께 성장하는 도시 농부 프로그램
  - 일정 : 2019.04.06 ~ 2019.04.13
  - 대상 : 5세 이상 어린이 동반 20가족
  - 장소 : 고양어린이박물관 옥상정원
  - 참가비 : 유료

---

9 http://www.goyangcm.or.kr/program/education/?f=TP_TITLE&ViewDate=&q=&TP_TRAINING_GUBUN=WEEKEND

초등 가족용 사례로는 타 박물관 사례도 많지만, 전시와 함께하는 기획 전시 연계 프로그램으로 국립중앙박물관의 어린이박물관 프로그램이 있었다.

- **● 교육명 : 눈부신 황금의 나라, 신라[10]**
  - 일정 : 2019년 3월 16일(토), 3월 30일(토)
  - 시간 : 10:10~11:30 (80분)
  - 대상 : 초등학교 1~2학년 동반 17가족 (한 가족당 최대 3명이며, 1명 이상의 보호자 가 함께 참여)

(5) 세대 통합, 세대 교류 프로그램

국내에서는 활성화되지 않았지만, 필자는 국내에서 매우 중요한 프로그램이라고 생각한다. 부모 자녀 간으로 형성되는 가족 프로그램이 있지만, 3세대를 아우르는 프로그램을 할 수 있는 곳은 어린이박물관이라고 생각한다. 요즘 같은 맞벌이 부부 시대에는 조부모가 손자녀를 돌보는 사례가 많기 때문에 조손 부모가 관람객으로 오는 경우가 많다. 이런 경우는 세대 문화를 고려하며, 조부모 시대의 전통문화 관련 내용으로 프로그램을 기획하는 것이 조손 가족을 더 밀착시킬 수 있다. 어린이박물관은 양육자나 보호자의 문화나 지식을 활용하여 아동에게 쉽게 접근하여 생활 밀착하도록 하는 것이 운영의 묘이기 때문이다.

프로그램의 사례로는 경기도어린이박물관의 조부모 기획전시 관련 연계 프로그램과 재능기부 자원봉사자들의 동화책 읽어주기 프로그램이 있다.

---

10 http://www.museum.go.kr/site/child/edu/view/170/237121

- 기획전 연계 세대 통합 프로그램 1
  - 교육명 : 주말 가족 프로그램 –3세대 가족 도장 만들기– [11]
  - 기간 / 일시 : 2015.10.04.(일).– 10.25.(일) / 14, 16시 / 45분
  - 대상 : 6, 7세 및 초등 및 동반 성인들
  - 참가비 : 5천원
  - 내용 : 우리 가족 모두의 이름을 알아보고 이름을 통해 할아버지 할머니와 아빠 엄마, 그리고 우리들 모두가 한 가족임을 느껴본 후, 3세대 가족 도장을 만들어 멋진 작품을 완성해보는 따뜻한 3세대 통합 가족 프로그램이다.

- 기획전 연계 세대 통합 프로그램 2
  - 교육명 : 주말 가족 프로그램 –할아버지, 할머니의 마법의 빗자루–[12]
  - 기간 / 일시 : 2015.10.03.(토).– 10.31.(토) / 14, 16시/ 45분
  - 대상 : 6, 7세 및 초등 대상 및 동반 성인 가족
  - 참가비 : 5천원
  - 내용 : 할아버지, 할머니들이 옛날에 사용하셨던 재미난 물건들을 알아보면서 할아버지, 할머니랑 조금 더 친해져 보고, 볏짚으로 마법의 빗자루를 만들어 우리 가족들끼리 게임도 해볼 수 있는 즐거운 3세대 통합 가족 프로그램

---

11 https://gcm.ggcf.kr/archives/education/10%ec%9b%94-%ec%a3%bc%eb%a7%90-%ea%b0%80%ec%a1%b1-%ed%94%84%eb%a1%9c%ea%b7%b8%eb%9e%a8-3%ec%84%b8%eb%8c%80-%ea%b0%80%ec%a1%b1-%eb%8f%84%ec%9e%a5-%eb%a7%8c%eb%93%a4%ea%b8%b0?term=43&cy=2015

12 http://gcm.ggcf.kr/archives/calendar/education?term=3&cy=2015&pn=2

- 참고 : '아주 특별한 친구!우리 할아버지, 할머니' 기획전 (2015.10.02 ~ 2016.08.21.) 으로 우리 할아버지, 할머니에 대해서 알아보며 우리의 특별한 친구이기 도 하신 조부모를 이해하고 공감해 볼 수 있는 전시임

● 재능기부 자원봉사자들 할머니의 동화책 읽어주기 프로그램
- 교육명 : 아기둥지의 동화구연
- 기간 / 일시 : 평일 오후 /15분~20분
- 대상 : 영유아 12개월 ~ 36개월
- 참가비 : 무료
- 내용 : 자원봉사 할머니들이 재능기부로 하는 동화구연 프로그램으로, 영 유아에게 적절한 동화책을 중심으로 구연, 손인형, 막대인형, 소도구를 이 용하여서 책을 읽어주며, 책의 내용에서 나오는 간단한 동작이나 소리 등 도 영아들이 따라해보는 내용임.

(6) 단체 관람 및 워크숍 프로그램

필자의 경험에 의하면 학교나 교육 기관에서는 평일 견학으로 오게 된다. 관 람만 하는 견학이 있고 관람과 더불어 워크숍을 함께 하는 것이 있다. 기관이 대형이면 관람 공간을 지정하기도 한다.

견학은 대상 연령별로 이뤄진다. 규모가 작은 곳은 영유아가 함께 오고, 영아 반과 유아반(어린이집, 유치원)이 반별로 혹은 기관 전체가 오기도 하고, 초등생은 학년별로 오기도 한다. 주말의 경우는 보통 토요일 오전에 학원 단체들이 이용 하고, 일요일의 경우는 오후에 교회 단체들이 있기도 하는 현상을 보인다. 주말 의 경우는 일반인들과 섞이면서 특별히 단체를 위한 갤러리 공간을 배려하지 않으면 매우 혼잡하다. 단체나 일반인 양측의 욕구를 둘 다 맞추기 어려울 수 있으니, 상호 겹치지 않는 공간 배려가 중요하다.

평일 대부분을 차지하는 단체 프로그램은 지역사회 학교들과의 연계가 중요하다. 교육과정이 학교와 연결되도록 하는 프로그램 정책이 필요하다.

단체 프로그램을 위해서 고려해야 할 요건은 다음과 같다.
– 프로그램이 어린이박물관의 미션에 부합하는가?
– 어린이박물관의 핵심 연령층은 누구인가? 이것에 대한 분석이 되어 있는가?
– 프로그램이 교육과정의 연결이 되어 있는가? 연결된다면 어떤 월인가?
– 프로그램의 비용은 누가 지불하는가? 부모님인가 기관인가? (일반적으로 기관일 경우는 운영상 저렴해야하며, 부모님인 경우는 기관에서 지출하는 것보다는 부담이 없으므로 관람료와 프로그램 재료비 정도의 가격 책정을 제안한다)
– 프로그램 기획시 단체의 교사(어린이집, 유치원, 초등교사)가 참여하여 실제에 맞는 내용을 적용하도록 하는가? 어린이집 교육과정 월별 주제 연결 예시를 보면 다음과 같으며, 월별에 의거하여 전시나 수업 프로그램을 브로셔나 정보로써 홈페이지나 이메일, 이뉴스레터 등으로 제공하는 것이 좋다. 서울시 육아종합지원센터의 연간 보육계획안(2015년도 개정)에 따르면 월별 주제가 나와있다.[13]

〈표 11-1〉 서울시 어린이집의 연간 보육계획안

봄학기 (월)	주제	가을학기(월)	주제
3월	우리 반	9월	우리나라
4월	봄과 동식물	10월	가을
5월	나와 가족	11월	교통기관

13　http://seoul.childcare.go.kr/ccef/community/board/BoardSl.jsp

봄학기 (월)	주제	가을학기(월)	주제
6월	우리 동네	12월	겨울
7월	여름 날씨	다음해 1월	새해
8월	여름 환경	다음해 2월	생활 도구

학교 단체와 어린이박물관의 연계에 대한 인디아나폴리스 어린이박물관의 자넷 부스(Jeanette Booth)[14]의 언급에 따르면 박물관이 제공하는 학교 프로그램은 학교의 교육과정을 반영하고, 박물관 경험은 학교 교실에서 수업을 향상시키고, 확장시키고 혹은 보충하여야한다고 하였다. 따라서 학교에서는 줄 수 없는 박물관의 맥락적인 환경과 몰입할 수 있는 프로그램을 제공할 수 있다.

단체 프로그램은 시간 흐름별로는 박물관 사전 활동, 관람, 박물관 사후활동이 있다. 주로 사전 활동으로는 이용 방법 및 주의 사항, 기관에 대한 소개를 통해서 기대감을 형성시킨다. 단체의 월 교육과정과 맞는 학습할 갤러리나 프로그램 사전 학습을 하도록 홈페이지를 보거나 홈페이지 안에 있는 사전 활동지를 이용하면 좋다. 견학 활동 후에는 학습을 보다 강화하고 심도있게 하는 학교 수업이나 토론, 사후 활동지 같은 것을 이용하면 된다.

경기도어린이박물관에는 홈페이지에 사전 및 사후 활동지[15]를 제공한다. 한 가지 팁으로는 체험식 어린이박물관에서는 사전 사후 활동지를 들고 다니면 관람에 방해가 될 수 있으니, 견학시는 제외하고 학교에서 활동지를 하도록 제안한다. 국립어린이박물관에서도 사후 활동지를 제공한다. 유아, 초등별로 기

---

14 Jeanette Booth, School Group Programs, In Maher(Ed), Collective Vision : Starting and Sustaining a children's museum, Association of Youth Museums Washington,D.C, 1997

15 https://gcm.ggcf.kr/wp-content/uploads/sites/4/2011/09/1318503530701.pdf

국립어린이박물관 사후 활동지

[그림 11-2] 국립어린이박물관 사후 활동지 및 인솔자 안내서

획전과 상설전 별로 구분되었고, 인솔자 및 보호자용의 안내지가 제공된다.

　실제로서는 경기도어린이박물관의 단체 프로그램으로 영아 단체를 위해서 1층의 자연놀이터 갤러리(영유아용)와 기획전 관람, 단체가 요청 시에 아기둥지에서 동화구연을 듣는다. 유아 단체를 위한 2시간 동안 2층, 3층의 상설갤러리 체험과 에코 아틀리에 미술 체험이 있다. 에코 아틀리에 체험시 월별교육과정을 염두에 두고, 그 주제와 관련된 미술 활동을 제공한다. 특히 미술 활동의 경우는 아동들이 직접 만들어서 집에 가져갈 수 있게 하여 단체 견학지에서의 경험을 학부모에게 보여줄 수 있다. 유아 단체용 에코 아틀리에 프로그램은 운영상 제약이 많고 기획이 어렵다. 30분 이내의 시간, 유아의 월별 주제에 맞추기, 교육기관이 아닌 박물관에서의 특별한 만들기, 유아의 발달단계, 단체의 인원수 등이 제약 요건들이다. 그러나 2011년 개관 초기의 경기도어린이박물관은 '화성시 여성기업인협회'와의 업무협약을 체결하여 화성시 공장에서 생산되는 재활용품으로 재료를 공급받아 자유롭게 재료의 형태로 만들기 프로그램을 기획하였다. 재활용 재료들은 일상에서 접해서 보던 재료이지만, 학교에서나 집에서는 쉽게 구입할 수 없는 재료들이므로 프로그램 요건에 적합하였고 몇 년간 매우 활성화되었다. 주로 병뚜껑, 비닐 뽁뽁이, 상자 곽, 포장 골판지, 종이테이프, 프라스틱 롤, 프라스틱 음식 용기, 프라스틱 사출의 재료들로 아동에게 안전한 재질과 재료로 골라서 제공하였다. 초등 단체는 운영을 위하여 2시간에 걸쳐 모든 갤러리 관람이 가능하게만 제공하였다.

또 다른 실제로는 초등 단체로 국립중앙박물관 어린이박물관의 단체 프로그램은 다음과 같다.

- **교육명 : 우리는 문화재 지킴이 I** (석재·금속)[16]
  - 내용 : 석조 문화재와 금속 문화재를 중심으로 복원 과정과 방법 등 문화재 보존과학에 대해 알아보고 박물관에서 지켜야 할 관람예절 및 생활 속에서 소중한 문화재를 지키는 방법에 대해 알아보는 교육이다.
  - 운영기간 : 2019-04-05 ~ 06-21 / 1, 3주(금요일) 10:10~11:40
  - 대상 : 초등 4~6학년 학급 단체

국립어린이박물관의 단체를 위한 프로그램으로는 2024년 3월 재개관부터 준비한 '깔깔깔, 색깔로 상상하기!'이다. 이 프로그램은 주머니 속에서 색깔 클

---

16 http://www.museum.go.kr/site/child/edu/view/170/237792

국립어린이박물관 단체프로그램의 샘플

[그림 11-3] 국립어린이박물관 단체프로그램 '깔깔깔, 색깔로 상상하기!'

레이를 랜덤하게 뽑아서 아동들이 뽑은 색깔로 연상되는 대상을 간단히 조물조물 소근육을 사용하여 촉감 놀이하면서 만들어 보는 것이다. 과일이나 사람 형상, 동물 모양 등을 아동이 연상되는 데로 짧은 시간내에 만들어 볼 수 있도록 한다.

(7) 취약 계층 프로그램

보통 저소득층, 소외계층, 혜택을 못 보는 사각지대의 아동을 대상으로 한다. 기관의 인근지역에 있는 곳의 취약 계층, 방과후 교실, 아동복지센터 등에서 프로그램 혜택을 볼 수 있다. 기관의 설립 목적이나 미션, 기관장의 취지에 따라 혹은 공공기관은 세금으로 운영되는 기관이므로 문화 혜택의 균등을 위하여 운영된다. 대상에 맞추어서 프로그램을 기획할 수도 있고, 박물관이 가지고 있는 프로그램을 해당 대상에게 실행할 수도 있다. 해당 대상을 기관으로 초대하거나, 공문으로 요청하여 무료 입장 등 프로그램의 혜택을 볼 수 있다.

국립어린이박물관은 사)세계시민포럼과의 교육 콜라보를 통해 다문화 가족의 아동 가족을 대상 프로그램을 세종가족센터와 함께 실시하였다.

● 교육명 : 공감 미술 지구의 색깔
 - 일시 : 2024. 5. 4.(토), 5. 11.(토) 10:00-11:30, 14:00-15:30 (4회)
 - 대상 : 이주민·정주민 어린이 가족 20명
 - 내용 : 예술가와 함께 기후 변화와 재활용에 관련된 현대미술 작품을 감
   상하고, 가족의 공동 작품 창작

● 교육명 : 행복 음악 꽃들의 노래
 - 일시 : 2024. 5. 18.(토), 5. 25.(토) 10:00-11:30, 14:00-15:30 (4회)
 - 대상 : 이주민·정주민 어린이 가족 20명
 - 내용 : 클래식 음악을 감상하며 꽃을 재료로 가족의 이야기를 시각, 후각,
   청각, 촉각 등 다양한 감각으로 표현

공감 미술 지구의 색깔   행복 음악 꽃들의 노래

[그림 11-4] 국립어린이박물관의 문화다양성 프로그램

또한 국립어린이박물관에서는 소외계층을 위해서 평일 오후에 비교적 관람
객이 없는 시간대를 이용하여 관련 단체를 위해서 무료 관람과 프로그램을 진
행하여 왔다.

● 교육명 : 문화 확산 프로그램 〈환영해(Welcome)〉
  – 일시 : 2024. 10~12월. 평일 오후 2~5시
  – 초청 기관 : 세종, 대전, 충청권 지역아동센터, 장애인복지관 등
  – 내용 : (전시) 전시 무료관람 제공
         (교육) '요모조모, 내 얼굴 미니캔버스' 단체 교육 프로그램

〈표 11-2〉 국립어린이박물관 소외계층의 문화 확산 프로그램

교육명	대상(연령)	주요내용(안)
요모조모 내얼굴 미니캔버스	전연령	● 거울을 통해 자신의 생김새와 표정 등을 관찰하고 스케치 ● 자신이 가진 특징을 친구들과 말해보기 ● 얼굴 도안 캠버스에 본인 또는 친구의 모습을 자유롭게 표현 ● 색종이를 꾸미기 재료로 제공하며 감각놀이로 확장

(8) 장애 아동 프로그램

어린이박물관은 견학 장소로 마땅히 갈 곳이 없는 장애 아동들에게 적합한 공간을 제공하여야 한다. 체험식 전시들이 아동들의 오감각을 자극하기 때문이다. 성인이 함께 동반되어 기관을 방문하는 장애 아동들은 필자의 경험상은 보통 발달 지체나 다운증후군이 있는 경우가 많았다. 이들을 위해서 기관에서 운영이 가능한 다른 일반 단체와 겹치지 않게 전시실을 배려해 주는게 양측 단체를 위해서 바람직하다. 프로그램 시에는 특수교육을 전공한 교사가 진행해야 장애 아동의 발달적 요구에 적합하게 진행할 수 있다. 오스틴어린이박물관의 경우는 오래전 언어 장애가 있는 아동들을 위해서 일주일간 캠프로 시설을 개방한 사례가 있다.[17] 기관도 도움을 얻어서 프로그램 및 전시 설계에 대해서

---

17 Deborah Edward, Programs : The Active Ingredient, In Maher(Ed), Collective Vision : Starting and Sustaining a children's museum, Association of Youth Museums Washington,D.C, 1997

조언을 요청한 예가 있다고 한다. 국립현대미술관에서는 장애인들을 위한 배려로 장애인들이 갈 수 있는 프로그램을 많이 구성하였다.

  사례로는 국립어린이박물관에서 한국문화예술교육진흥원이 개발한 온라인 장애 아동 가족 프로그램을 세종발달장애센터의 협조를 받아 박물관에서 온/오프로 함께 진행하였다. 참고로 요즘은 장애인만을 대상으로 하는 프로그램은 차별로 간주되어서 일반인들과 함께 진행한다.

- **교육명 : 숨바꼭질 댄스댄스**
  - 기간 : 2024년 3~4월, 6~7월 중 토요일 14:00-15:30
  - 장소 : 국립어린이박물관 교육실 및 야외 등
  - 대상 : 만 5세 이상 어린이 가족과 발달 장애 아동 가족 초청 교육 운영
  - 횟수/인원 : 13회 (회당 20명) / 총 260명
  - 내용 : 무용가와 함께 국립어린이박물관 공간을 감각적으로 경험하고 몸을 매개로 가족 간 소통하는 창의적 활동 진행

[그림 11-5] 국립어린이박물관 장애아동 프로그램

(9) 부모 교육 프로그램

  어린이박물관은 아동과 가족이 오는 공간이다. 그러므로 양육자들인 부모가 매우 중요한 역할을 한다. 부모가 행복하여야 자녀에게 좋은 양육을 할 수 있다고 학자들은 말한다. 요즘은 다각화 되어가는 가족들의 모습에서 양육의 어려움을 볼 수 있다. 대가족 집안에서 일상적으로 보았던 양육을 배우지 못한 채,

부모들은 자녀 출산 후 양육과 양육 공부를 동시에 해야되는 과제를 안고 있다. 따라서 다양한 양육 정보를 얻지만 자녀 양육의 시행착오를 겪고 있고, 특히 자녀의 사교육으로 인해 부모들 간에 경쟁적인 태도를 취하기도 한다.

경기도어린이박물관에서는 자녀의 양육을 돕는 다양한 전문가들을 모시고 특강과 상담 형식으로 몇 년간 부모 교육 프로그램을 운영하였다.

- **교육명 : 2016 행복 수업 하반기 대형강의 《이 시대의 아빠, 엄마 이야기》** [18]
  - 장소 : 경기도 어린이박물관 강당
  - 대상 : 유아 및 초등생 자녀를 둔 부모님 150명(선착순 접수)
  - 기간 : 2016.09.06.(화)
  - 내용 : 행복한 가정을 만들기 위한 2016 하반기 '행복 수업'에 학부모님들을 초대하며 대형강의인 '이 시대의 아빠, 엄마 이야기'는 외부 강사에 의해 진행되었다.

- **교육명 : 2016 행복수업 하반기 집중강의 I 《부모가 행복해야 자녀가 행복해요!》** [19]
  - 장소 : 경기도 어린이박물관 강당
  - 대상 : 유아 및 초등생 자녀를 둔 부모님 50명(선착순 온라인 접수)
  - 기간 : 2016.09.07.(수) ~ 2016.09.28.(수)/ 9월 7일(수), 9월 21일(수), 9월 28일(수)3주차 연속 강의로 진행

---

18 http://gcm.ggcf.kr/archives/calendar/education/c-deeper?term=7&cy=2016&pn=2
19 http://gcm.ggcf.kr/archives/calendar/education/c-deeper?term=7&cy=2016&pn=1

– 내용 : 행복한 가정을 만들기 위한 2016 하반기 '행복 수업'에 학부모님들을 초대하여 집중강의 I 은 '부모가 행복해야 자녀가 행복해요!' 라는 주제로 외부 강사에 의해 진행되었다.

(10) 전문가/교육자 프로그램

아동을 대상으로 하는 어린이박물관은 학교와 긴밀한 협력을 해야하기 때문에 프로그램 기획 시에 학교의 교사나 전문가들을 참여시키기도 한다. 또한 학교의 교사들이나 교육자에게 박물관을 이해시키고 잘 이용하도록 교육을 시키기도 한다. 상호 다른 환경이기 때문에 교육이 이뤄지는 학교와 박물관의 장점을 각기 잘 활용하도록 해야 한다.

학교는 교사를 중심으로 교실에서 정해진 시간표에 따라서 학습이 진행되는 반면, 박물관은 물리적으로 몰입 환경을 제공하며 자기주도적인 학습이 이뤄지도록 한다. 박물관의 교육 프로그램은 이런 아동의 자기주도적 학습을 지원하는 프로그램이어야 한다. 이를 위해서 박물관에서는 교사나 교육자들을 위해서 교육 프로그램이 제공되기도 한다.

국내에서는 박물관과 학교의 연계 필요성을 전문가나 현장에서 계속 언급하기는 하나 아직까지 상호 협력적으로 진행하는 것이나 교사 프로그램이 활성화되지는 못하였다.

국내 사례로는 경기도어린이박물관에서 직접적인 교사 교육은 아니지만 온라인상에서 아카이브 형태로 교사 및 전문가용으로 프로그램을 제공한다.

해외에서는 학교의 교사를 위한 내용은 아니지만, 교육자를 위해서 프로그

램을 제공하는 사례가 활성화 되어있다. 인디아나폴리스 어린이박물관[20]에서
는 전문성을 위해서 교육자가 프로그램에 참여하면서 업그레이드되는 예가
있다.

- 프로그램명 : 인디아나폴리스 어린이박물관의 '전문성 개발 기회'
  - 내용 : 다양한 전문 개발 워크샵 및 이벤트에 참여하면, 워크샵 및 대학원
    학점, 인증 갱신 유닛 및 자격증 갱신을 위한 전문 성장 포인트 중 하나를
    선택할 수 있다. '교육자 네트워킹 나이트(Educator Networking Nights)' 프로그
    램에서는 교육자들은 새로운 전시물을 탐색하고 재미있고 편안한 환경에
    서 다른 교육자들을 만날 수 있다.

이상으로 대상별 프로그램들의 종류들과 사례들을 알아보았다. 다음에서는
프로그램의 형태별로 구분해서 살펴보고자 한다.

2) 프로그램 형태별

프로그램의 형태로는 워크숍, 캠프, 심화 프로그램, 갤러리 스테이션, 전시실
과 함께하는 하이브리드 프로그램, 갤러리 토크, 시현 프로그램, 입주 작가 프
로그램, 특별 행사 프로그램, 아웃리치 프로그램 등으로 크게 나눠서 10여개를
서술하고자 한다.

(1) 워크숍(Workshop)

어린이박물관에서 가장 많이 한다고 볼 수 있는 프로그램으로 아동이 하는

---

20 https://www.childrensmuseum.org/educators/professional-development

체험 활동 중심이다. 주로 어떤 공간, 교실에서 이뤄지는 상설 혹은 기획 수업을 말한다. 프로그램의 목표에 따라서 영아, 영유아, 유아, 초등의 연령대 프로그램과 가족 및 세대간 프로그램 등 체험식의 내용으로 어떤 공간에서 강사나 교사가 수업을 진행한다. 반드시 아동 발달에 맞는 아동 중심으로 이뤄져야 한다.

실제 사례로는 국립민속박물관 어린이박물관이 유아 대상의 눈높이에 맞춘 전통문화 체험교육이 있다.

- **● 교육명 : 열두띠 이야기** [21]
  - 대상 : 5~7세 취학전 아동과 보호자
  - 인원 : 1회 10개 팀, 총 20명
  - 기간 : 2019.4.11.(월)~6.20.(목), 1회차 수업, 10:30~11:30
  - 참가 방법 : 인터넷 홈페이지 접수 후 추첨
  - 장소 : 어린이박물관 볕들재
  - 참가비 : 무료
  - 내용 : '열두띠 동상' 연계 띠 동물 이해·표현 교육으로 '열두띠 동물 운동회' 동화구연으로 띠 동물 알기, 시각·청각을 통한 기해년 띠 동물 황금돼지와 친구하기, 행복한 추억 담은 돼지 가족 족자 만들기 등이 진행되었다.

---

21 http://www.kidsnfm.go.kr/nfmkid/education/selectEducation.do?e_seq=12046&pageIndex=1&e_to_target=&cheketarget=&searchCont=&searchDateFrom=&searchDateTo=&subType=&e_receipt_type=

● 교육명 : **음악 제작자**(Music Makers)[22]

  - 내용 : 피츠버그 어린이박물관에서는 유아를 대상으로 음악 제작자를 위해 선정된 도서에 기준하여, 아동들이 직접 체험 뮤지컬 탐구를 할 수 있다. 다른 악기를 시험해 보고 새로운 리듬을 발견하기 위해 사람들과 어떤 소리를 만들고 연주하는지 들어볼 수 있다. 소리가 결합 되었을 때를 아동이 인식할 수 있다.
  - 대상 : 유아

● 교육명: **호놀룰루 미술관학교의 예술프로그래머**

  - 내용 : 호놀룰루 미술관학교는 순수 예술워크숍 프로그램을 아동 대상으로 한다. 판화, 그리기, 도예, 예술가와 함께하는 작업 등 매우 다양하다.

호놀룰루 미술관학교
- 판화프로그램을 하는 아동들

호놀룰루 미술관학교
- 작가와 함께 작업하는 부품으로 만든
벌레 박제 프로그램

[그림 11-6] 호놀룰루 미술관학교 사례

22　https://pittsburghkids.org/education/early-learning

(2) 캠프(Camp)

특정한 목적을 가지고 아동들을 모집하여 1회성이 아닌 수업을 몇 일씩 연속적으로 진행한다. 주간으로만 운영하거나 필요시에는 1박 2일 같이 숙박 형태로 하기도 한다. 숙박은 보통 3학년 이상의 아동들로 부모와 분리불안이 없는 아동들이 가능하다. 일반적으로 박물관들은 아동들의 시간이 많고 휴가철인 여름방학 때를 이용하여 캠프를 기획 운영한다. 그 시기의 시대적 이슈나 교육적 이슈, 사회적인 이슈가 되는 주제를 하기도 하고, 기관의 미션에 맞는 방향으로 주제를 선정하여서 운영하기도 한다. 방학맞이 캠프는 신문이나 매스컴에서 방학맞이 프로그램으로 취재하기 때문에 기관을 홍보하기에 매우 적합한 프로그램이다.

실례로는 경기북부어린이박물관이 소요산 일대의 청정지역에서 환경을 주제로 입점 환경을 잘 고려한 1박2일 캠프를 가족용으로 진행하였다. 해외 사례로 피츠버그 어린이박물관 프로그램을 소개한다.

● **교육명 : Night at Museum : 숲속 박물관에서의 1박2일**
  - 기간 : 2018년 8.4~8.26 (토,일)
  - 대상 : 7세~12세 아동을 동반한 가족
  - 장소 : 박물관 실내외
  - 참가비 : 1인당 20,000원
  - 내용 : 동두천시 경기북부어린이박물관에서 준비한 캠프로 숲속 박물관에서 하룻밤, 도심 놀이터에서도 경험하기 힘든 흙 만지고 밟기 체험, 땅속 세상을 관찰해보며 튼튼 흙과 아픈 흙을 구분해 보는 토양 관찰시간, 건강한 지구 및 건강한 먹거리를 위한 튼튼 흙 친구 퇴비 만들기 활동 등 신비한 땅속 세상을 경험해 보며 흙의 가치와 소중함을 일깨우는 시간

임.[23]

- **교육명 : 제작자 팅커 캠프**(Maker Tinker Camp)[24]
  - 내용 : 피츠버그 어린이박물관에서의 캠프는 다양하게 있는데 그중의 하나인 팅커 캠프이다. 만들기로 실험해보며 새로운 기술을 습득하거나 혁신적인 도구를 조사할 수 있다. 참가 아동들은 다양한 재료, 장치, 건설, 탐험을 한다. 간단한 회로, 재활용된 재료 건물, 과학 실험 등을 경험하며, 박물관과 공원을 조사하고 캠프 게임과 특별 활동에 참여한다.
  - 시간 : 2019년 6월 17-21일, 7월 22-26일 (5일간)
  - 가격 : 비회원은 자녀당 캠프 주당 $300, 회원은 어린이 1인당 캠프 주당 $275

(3) 심화 프로그램

이 프로그램은 1회성 수업 형식이 아니라, 규칙적 방문을 전제로 기획된 주제를 심도있게 탐구하는 것이다. 주로 시기는 아동들이 시간이 많아지는 방학 때나, 학기 중에는 주말에 행해지기도 한다. 기관의 기획 취지에 맞게 주제는 다양하며, 요즘은 융복합적인 내용을 다루기도 한다. 심도있게 다루므로 교육적 효과와 부모님의 만족도가 비교적 높은 편이므로 기관의 특징을 잘 드러낼 수 있고 홍보 또한 잘할 수 있는 사업 프로그램이다. 이런 경우는 내부 인적 자원이 없을 수 있으므로, 전문성을 갖춘 강사를 섭외하여 진행하기도 한다. 프로그램의 취지에 맞는 특정 전문협회를 통해서 강사를 소개받기도 한다. 유의할 점

---

23 https://blog.naver.com/ddccity/221320197635
24 https://pittsburghkids.org/education/camps

은 어떤 주제를 갖고 하더라도 항시 아동 발달에 맞도록 하는 것을 염두에 두어야한다. 내부에 아동 전문가가 없을 경우에는 프로그램을 기획한 후에 아동 실무 전문가에게 자문을 받는 것도 좋은 방법이다.

기관에서 어떤 취지를 가지고 운영하는 프로그램도 있으나 국내 국가 기관의 예산 지원을 받아 프로그램을 운영할 수도 있다. 한국예술문화진흥원에서 추진하는 사업으로 '꿈다락 토요문화학교'가 있다. 주로 봄가을 학기 토요일에 아동 발달에 적합하도록 프로그램을 구성하려 노력한다.

기관에서 추진하는 프로그램 사례로는 경기도어린이박물관의 어린이 사진 교실 '신기한 카메라 이야기'[25]가 있었다.

● **교육명 : 어린이 사진 교실 '신기한 카메라 이야기'**
  - 내용 : 디지털 세대에 태어난 아동들에게 영상의 기초가 될 수 있는 카메라의 소재를 통해서 자신만의 이야기를 풀어나갈 수 있게 기획되었다. 다양한 시각 자극에 노출되어 있는 아동들이 이미지를 순간적으로 기록하고 출력하는 '사진'을 체험하고 학습할 수 있는 어린이 사진교실이다. 카메라의 원리를 이해하고, 디지털 카메라로 주변의 사물과 인물을 표현하여 하나의 이야기를 만들어 보는 활동을 통해 어린이들이 창의적인 시각을 가질 수 있도록 하고자 한다. 경기도 초등학생으로 사진 · 기술 · 예술에 관심 있는 아동들이 참여한다.

25_https://gcm.ggcf.kr/archives/education/2015-%ec%96%b4%eb%a6%b0%ec%9d%b4%ec%82%ac%ec%a7%84%ea%b5%90%ec%8b%a4-%ec%8b%a0%ea%b8%b0%ed%95%9c-%ec%b9%b4%eb%a9%94%eb%9d%bc-%ec%9d%b4%ec%95%bc%ea%b8%b0-2%ea%b8%b0?term=3&cy=2015&pn=3

- 인원 : 15명
- 대상 : 경기도에 거주하고, 사진ㆍ기술ㆍ예술에 관심 있는 3~6학년 초등학생
- 참가 방법 : 이메일 선착순
- 제출 서류 : 가입 신청서
- 준비물 : 스마트폰 (수업에서 사용 예정인 카메라가 스마트폰 어플리케이션을 통해 작동하는 모델)
- 참가비 : 30,000원(입장료, 사진 인화비 포함)
- 기간 : 2015년 9월 5일(토) – 10월 31일(토) 매주 토요일 오전10시~12시
- 장소 : 경기도어린이박물관 2층 회의실
- 강사 : 사진작가
- 발표 : 종료시 기관내에 사진 패널 제작

〈표 11-3〉 경기도 어린이박물관 심화 프로그램 '신기한 카메라 이야기' 내용

차시	세 부 내 용
1주	1) 주제 : 사진이란 무엇일까, 카메라의 탄생 이야기 2) 세부 내용 ● 각자 소중한 사진에 대해 이야기 해보고 사진의 의미 생각해 보기 ● 사진의 역사 : 카메라의 탄생 이야기 (빛의 성질 이해) ● 카메라의 기술적 원리 : 조리개, 셔터 ● 소니 DSC-QX10 카메라 소개 (휴대폰과 카메라 연결 방법 설명) 이론
2주	1) 주제 : 핀홀카메라 만들기 2) 세부 내용 : 카메라의 기본 원리인 바늘구멍 사진기를 제작하여 실제 빛을 통한 사물이 형상을 맺는 과정을 관찰하고 사진 찍어보기 이론/실습
3주	1) 주제 : 디지털 카메라의 이해 2) 세부 내용 : 렌즈별 특징 설명, 소니 DSC-QX10 카메라 사용법 및 원리 설명 3) 실습 : 소니 DSC-QX10 카메라를 사용하여 박물관의 숨겨진 풍경 촬영하기 ● 광각렌즈, 망원렌즈의 활용 ● 색온도를 이용한 다양한 분위기의 사진 연출 실습

차시	세부 내용
4주	1) 주제 : 사진의 표현 문법, 포토몽타주 만들기 2) 세부 내용 ● 현대 사진작가의 작품 감상 ● 포토몽타주 제작 : 여러 장의 사진으로 구성된 이야기가 있는 한 장의 사진 만들기 이론/실습
5주	1) 주제 : 광원의 원리 - 오브제 촬영 2) 세부 내용 ● 자연광, 인공광, 보조광을 이용하여 사진 찍기 ● 빛과 촬영 각도의 변화에 따른 이미지의 시각차 이해하기 실습
6주	1) 주제 : 미술관 사진 전시 관람 2) 세부 내용 : 견학, 사진 전시 관람 및 체험프로그램 참여, 주제에 따른 스토리 사진 찍기 견학
7주	1) 주제 : 이야기 노트 만들기 2) 세부 내용 : 사진과 글로 구성된 하나의 이야기 책 만들기 실습

종료 시점인 12월경에는 수강생이 수업 중에 찍은 사진을 유휴공간을 이용하여 기관 내에 전시하였고, 참가자 아동과 부모님, 관계자들과 함께 간단한 다과회도 진행하였다. 또한 책자로 도록을 만들어서 아카이브, 홍보 배포, 본인들 보관용으로 제공하였다. 전시회는 체험식 박물관에 맞도록 보기만 하는 것이 아니라, 전시 벽체 앞에서 간단한 사진 관련 워크숍 프로그램도 진행하였다.

(4) 갤러리 스테이션(gallery Station)

전시실 내에 전시 체험의 학습 효과를 좀 더 극대화하기 위하여 스테이션을 설치하여 아동 관람객과 상호작용한다. 내용은 갤러리의 주제에 맞는 넓은 범위로도 가능하고 협의로는 갤러리 전시품을 심화시키는 내용으로도 구성할 수 있다. 스테이션의 규모가 과학 실험을 보여주는 것처럼 다소 클 수도 있고 기관의 갤러리 공간 사정 따라서 다를 수 있다. 갤러리의 유휴 공간에서도 스테이션을 설치해서 활용한다. 단, 체험식 전시가 너무 활발한 놀이식이라면 옆에서 이뤄지는 스테이션에서는 아동이 집중하지 못해서 교육 효과가 떨어지므로 비교적 조용한 곳이 좋다.

실례로는 경기도어린이박물관의 '신통방통 러닝테이블'이라는 미니 코너와 기획 전시장소에서 함께 연계하는 스테이션 프로그램을 들 수 있다. 해외 사례로는 오스트리아의 빈에 있는 어린이박물관인 줌(Zoom)에서 2015년 기획전 주제인 플라스틱 전시와 함께 플라스틱을 열에 가해보는 실험을 했다.

● 교육명 : 신통방통 러닝테이블 – 꼬불꼬불 자석그림[26]
  – 내용 : 과학 주제의 갤러리에서 자석의 원리를 통한 과학에 흥미를 돕는 간단하고 쉬운 아트 작업이다. 우리 생활 속에 유용하게 쓰이며 우리 생활을 편리하게 해주는 자석! 박물관에서는 자석의 원리를 이용해서 그림을 그려볼 수 있다. 체인, 나사, 와셔 등 흔히 볼 수 있는 금속 물체를 이용해 아트 작품을 칠판 위에 만들 수 있다.
  – 기간 : 2016.07.05(화) ~ 2016.10.03(월) 매주 평일/주말 16:00-17:00
  – 장소 : 경기도어린이박물관 2층 우리 몸은 어떻게? 전시장 복도
  – 대상 : 유·초등
  – 참가비 : 무료
  – 소요 시간 : 자유(약5~10분)
  – 접수 방법 : 전시 관람 중 현장 참여

———————————

26 https://gcm.ggcf.kr/archives/education/magnet-pictures?term=63&cy=2016

● 교육명 : 전시 연계 프로그램 1 – 카메라 전시와 간단한 프로그램, '사진 속 숨겨진 그림 찾기'[27]

- 기간 : 2015. 12. 22. ~ 2016. 1. 31./ 11:00, 14:00, 16:30(30분) / (화~금)
- 장소 : 1층 기획전시실 복도
- 대상 : 유아 및 초등 어린이 15명
- 내용 : 사진 프로그램 '신기한 카메라 이야기'의 교육 결과물 전시를 감상한 후, 겨울 주제의 사진 이미지를 여러 매체로 긁어내고, 다양한 색으로 표현되는 기법을 체험하는 프로그램.
- 참가비 : 3,000원
- 접수방법 : 교육 시작 30분전 선착순 현장 접수

● 교육명 : 전시연계 프로그램 2 – '나만의 공간, 파빌리온 짓기'[28]

- 기간 : 2015. 12. 22. ~ 2016. 1. 31./ 10:30, 13:30, 15:30 (30분)/ (화~금)
- 장소 : 1층 체험교육 공간
- 대상 : 초등 어린이 10명
- 내용 : 2015년 건축프로그램 '내가 짓는 파빌리온'의 교육 결과물 전시를 감상한 후, 작은 종이컵으로 파빌리온을 제작해 보며 공간의 이야기와 쓰임을 발견하는 건축 교육 프로그램이다. 아동들과 같이 작업하시는 건축가 '지정우'교수의 건축 프로그램으로 일상 속의 원형 빨래 바구니를 연결

---

27 https://gcm.ggcf.kr/archives/education/%ec%82%ac%ec%a7%84-%ec%86%8d-%ec%88%a8%ea%b2%a8%ec%a7%84-%ea%b7%b8%eb%a6%bc-%ec%b0%be%ea%b8%b0?term=3&cy=2015

28 https://gcm.ggcf.kr/archives/education/%eb%82%98%eb%a7%8c%ec%9d%98-%ea%b3%b5%ea%b0%84-%ed%8c%8c%eb%b9%8c%eb%a6%ac%ec%98%a8-%ec%a7%93%ea%b8%b0?term=3&cy=2015&pn=1

하여 크게 돔형으로 건축물처럼 제작해 보는 심화프로그램이다. 이 빨래바구니 돔형의 결과물 전시를 감상하고, 관람객은 작은 종이컵으로 연결하며 돔형 제작의 원리를 파악해볼 수 있는 모델 수업임.
- 참가비 : 3,000원
- 접수 방법 : 교육 시작 30분전 선착순 현장 접수

● **교육명 : 줌(Zoom)의 과학 실험 스테이션**
- 내 용 : 2015년 플라스틱 기획 전시 (전시 기간 2년)와 함께 실험 스테이션에서 플라스틱에 열을 가하여 말랑한 소재가 되었을 때 색깔의 형상을 만들어 보고 열을 식히면서 고체화 되는 것을 실험하는 내용이다. 1인의 성인 강사가 상주하면서 아동들이 실험할 때 고글과 실험복을 착용하고, 열을 가해보는 실험 기구에서 실험해 볼 수 있다.

(5) 전시실과 함께하는 하이브리드 프로그램

갤러리와 바로 연계되는 밀착 교육프로그램 내용으로 전시실의 환경을 충분히 이용하는 콘텐츠이다. 전시와 교육의 형태가 한 공간에서 혼합형으로 이뤄지는 것을 말한다. 평상시에는 갤러리로 개방되어 있다가, 일정 시간대에 연계교육 프로그램이 진행된다.

실사례로는 경기도어린이박물관의 초등학교 준비를 위한 예비 적응 프로그램과 해외로는 인디아나폴리스 어린이박물관에서 공룡복원실을 일정 시간 창문을 통해서 개방하여 보존과학자들과 관람객 아동이 궁금한 것을 질의 응답하며 상호작용하는 예가 있다.

- 교육명 : 틈새 전시 〈초등학교에 간다면?〉 연계 교육 프로그램[29]
  - 내용 : 초등학교 입학을 앞둔 학령기 아동들이 학교에 대한 궁금함, 막연한 두려움을 가질 수 있다. 이에 틈새 전시 〈초등학교에 간다면?〉 연계 교육 프로그램에서 미취학 유아들이 초등학교에 입학하면 배우는 것들과 익혀야 할 기본 생활(알림장 보고 책가방 챙기기, 혼자 학교 가기, 수업 시간과 쉬는 시간 지키기 등)을 즐겁게 체험해 볼 수 있는 프로그램이다.
  - 기간 : 2016.12.10.(토) ~ 12.18.(일) 중 토, 일요일/ 2016.12.20.(화) ~ 12.30(금) 중 화~일요일 / 12시30분(1회), 14시(2회), 15시(3회) / 30분 소요
  - 장소 : 경기도어린이박물관 1층 틈새 전시실
  - 대상 : 6,7세 어린이 및 부모님 20명
  - 참가비 : 무료
  - 접수 방법 : 현장 접수
  - 참여 방법 : 수업 시작 30분 전 '1층 틈새전시' 앞에서 현장 접수

- 교육명 : 공룡복원실 프로그램
  미국 인디아나폴리스 어린이박물관에서 하는 갤러리 연계 프로그램으로, 전시실 내에 복원실이 투명 유리 벽면과 유리창으로 이뤄져 있어 복원하는 모습을 볼 수 있다. 일정 시간대에는 창문이 열리며 공룡 복원 모형을 아동이 직접 만져보고 연구사들에게 궁금한 것을 질의 응답할 수 있다. 갤러리의 공룡 전시를 지원하는 갤러리 프로그램이다.

---

29 https://gcm.ggcf.kr/archives/education/experiencing-elementary?term=3&cy=2016&pn=1

(6) 갤러리 토크(gallery talk)

전시실에서 좀 더 깊이 있는 학습을 위하여 학예사나 혹은 도슨트들이 나와서 전시 관련 설명을 해주는 것을 말한다. 보통 지정 시간에 이뤄지며 어린이인 경우는 시간이 매우 짧아야 한다. 유아는 놀이 위주의 행위 특징을 가지고 있어 집중하는 시간이 짧아 필자는 권하지 않으며, 초등 정도는 10~30분 정도를 행할 수 있다. 설명도 흥미 위주로 하는 테크닉이 필요하며 일방향적인 전달식은 자기 주도성을 강조하는 체험박물관의 의미를 상실하게 하므로 상호작용식으로 질의 응답식으로 하도록 한다.

사례로 국립민속박물관 어린이박물관, 경기도어린이박물관, 미국 인디아나 폴리스 어린이박물관 프로그램이 있어 안내하고자 한다.

- 교육명 : 국립민속박물관 어린이박물관 [2019년 전시연계] 박물관 선생님의 전시 이야기[30]
  - 기간 : 2019/01/15 ~ 2019/12/31
  - 대상 : 전시 관람객
  - 정원 : 30명
  - 내용 : 어린이들이 전시를 보다 다양한 관점에서 관람하고 재미있게 이해할 수 있도록 '박물관 선생님의 전시 이야기' 교육 프로그램을 운영한다.
  - 참가비 : 무료
  - 장소 : 전시 '개와 고양이와 구슬', '맛있는 아시아 밥 빵 국수'

30_ http://www.kidsnfm.go.kr/nfmkid/education/selectEducation.do?e_seq=12031&pageIndex=1&e_to_target=&cheketarget=&searchCont=&searchDateFrom=&searchDateTo=&subType=&e_receipt_type=

- 시간 : 월요일 ~ 금요일 14:00 ~14:30 / 월요일 ~ 금요일 15:10 ~ 15:40

- **교육명 : '주제따라 박물관 한바퀴'**[31]
  - 내용 : 경기도어린이박물관에서는 상설전시실들의 몇몇 전시물들 아동들이 심도있게 어린이 탐험대가 되어 탐색하는 프로그램이다. 몸과 동물의 몸, 우리 나라와 다른 나라의 문화를 비교하면서 인체와 문화에 대해 깊이 이해할 수 할 수 있다. 갤러리 속 전시물을 재미있게 체험하면서 황금 스티커를 모아, 황금 뱃지를 만들어 볼 수 있다.
  - 기간 : 2015.03.07(토) ~ 2015.08.30(일)(※ 3.7~3.8 시범운영기간) 매 주말(토,일) 15:00
  - 장소 : 경기도어린이박물관 전층 전시장 (모집 : 1층 안내데스크 앞)
  - 대상 : 7세 이상 어린이 10명
  - 참가비 : 유료 (3.7~3.8 시범운영 무료)
  - 소요 시간 : 45분
  - 접수 방법 : 프로그램 시작 30분 전 안내방송후, 선착순 마감(10명)

- **교육명 : '짜잔~서커스 따라잡기'**[32]
  - 내용 : 경기도어린이박물관에서 기획한 내용으로 아동들의 흥미를 위하여 서커스 단원을 차용하여 신체 활동을 해보는 프로그램이다. 아동들이 전시장 곳곳에서 신체를 움직여 볼 수 있는 전시물을 탐험하며 서커스 단

---

31 https://gcm.ggcf.kr/archives/education/%ec%a3%bc%ec%a0%9c%eb%94%b0%eb%9d%bc-%eb%b0%95%eb%ac%bc%ea%b4%80-%ed%95%9c%eb%b0%94%ed%80%b4-11?term=64

32 https://gcm.ggcf.kr/archives/education/circus?term=64

원이 되기 위한 5가지 역량을 발견해 보고, 서커스의 예술, 신체, 문화적 요소를 융합적으로 경험할 수 있다.

- 기간 : 2016.04.02. (토) ~ 2016.12.18. (일) 토, 일 오후 2시 (45분 내외)
- 장소 : 경기도어린이박물관 전층 전시장 (모집 : 3층 미니씨어터 앞)
- 대상 : 7세 이상 어린이 10명
- 참가비 : 2,000원(4.2~4.3 시범 운영기간 무료)
- 접수 방법 : 시작 30분 전, 선착순 마감(10명)

● 교육명 : '공룡 가까이 들여다보기(Dinosaurs Up Close)'[33]
- 기간 : 2019. 3.10(일) / 10:30-10:45· 2:30-2:45· 3:30-3:45
- 장소 : 공룡 전시실
- 대상 : 만 6-12세 아동과 가족들
- 내용 : 인디아나폴리스 어린이박물관 전문 인력이 공룡 갤러리에서 설명을 해준다. 아동들은 국가에서 가장 커다란 공룡뼈 하나의 숨겨진 이야기를 발견할 수 있다. 65만여년 전의 삶을 발견하는 화석 단서를 사용해서, 측정 방법을 보면서 자신과 공룡을 비교할 수 있다. 전에는 결코 들어본 적이 없는 아동이 좋아하는 공룡과 선사 시대의 창조물에 대한 새로운 것을 발견할 수 있다. 공룡과 사랑의 날을 만들 수 있다.

(7) 시현(demonstration) 프로그램

박물관 내외의 갤러리나 유휴 공간에서 강사, 교사나 도슨트에 의해서 시현되는 프로그램이다. 데스크나 스테이션에서 하기보다는 1인 성인이 자유롭게

---

33 https://www.childrensmuseum.org/visit/calendar/view/27/2019-03-10

다니면서 관람객을 대상으로 한다. 과학 주제이면 아동들이 좋아하는 동물이나 곤충 시현이 있어 아동들이 매우 반응적이고 집중한다. 직접 생명체를 만져보기도 하는데, 요즘은 동물 보호 운동이 있어서, 조심스럽게 주의를 주고 일정 시간에 행해지기도 한다. 이런 것은 주로 관람객이 많은 시기에 전략적으로 행해지기도 한다.

또한 동화책을 보여주면서 읽어주는 동화 구연이 있다. 손 인형이나 동화책에 연관된 소품을 준비하여 함께 시현하면서 동화를 읽어주고, 이야기에서 나오는 신체 활동을 해보기도 하고 동화책의 인물을 아동과 함께 흉내내보기도 한다. 사회문화적 내용인 경우나 음악 관련 주제인 경우는 음악가를 초청하여 연주를 하기도 한다. 전통 복장을 입고 그 나라의 전통 악기 연주를 하거나 현대 악기를 연주하기도 할 수 있다.

미국의 애니메이션이나 영화 산업에 힘입어서 직원이나 도슨트들이 그 주인공들의 분장을 하고 박물관을 돌아다니면서 반응하기도 한다. 애니메이션 주인공의 옷이 제공되는 기관에서는 아동들이 그 옷을 입고 주인공처럼 되어보기도 한다. 한국에서는 특별한 날에 주로 삐에로들이 분장하며 선물을 나눠주기도 하고, 판토마임같은 예술들은 예술적 목표 하에 예술가가 분장을 하며 박물관을 돌아다니기도 한다.

사례로는 브루클린 어린이박물관에서 과학과 예술을 핵심 주제로 다루고 있는 뱀 시현 프로그램, 동화 구연 프로그램, 아프리카 전통악기 시현 프로그램이 있다.

키즈스페이스 어린이박물관 - 스테이션 프로그램 (스텝이 내부에 들어가서 아동을 응대함)

[그림 11-7] 키즈스페이스 어린이박물관 시현 프로그램

(8) 입주 작가 프로그램

어린이박물관과 미술관을 함께 보유하는 재단 같은 기관은 미술관 레지던시 프로그램으로 입주 예술 작가를 모시고 박물관에서 프로그램을 운영할 수 있다. 예술가들이 수업을 진행하기 때문에 교과는 전문적이며, 아동이 좋아할 만한 주제나 발달에 맞도록 아동이 흥미 있어 하는 작업을 해야 한다.

입주 과학자 프로그램도 있는데 주로 과학관에서 어린이 대상으로 이뤄진다. 과학적 주제들에 대해 학교 모임을 제공하거나 발명 및 과학 탐구를 위한 재료를 학교 내 공간에서 진행하며 이는 박물관이 학교에서 존재감을 가질 수 있도록 만들어 준다.[34]

---

34 Deborah Edward, Programs : The Active Ingredient, In Maher(Ed), Collective Vision : Starting and Sustaining a children's museum, Association of Youth Museums Washington,D.C, 1997

실례로는 경기도어린이박물관 '에코 아틀리에' 갤러리에서 경기창작센터의 레지던시 예술작가를 모시고 아동 수준에 맞는 아트 프로그램을 진행한 사례가 있었다. 해외로는 덴버 어린이박물관에 '아티스트 인 레지던스 프로그램'[35]이 있다.

- **교육명 : '아티스트 인 레지던스 프로그램(Artist-in-Residence Program)'**
  - 아티스트 : 줄리아 라이메르(julia rymer)는 예술가로서의 열정, 호기심 및 궁금증을 만드는 추상적인 화가이자 미술 교육자이다. 그녀의 오픈 스튜디오 시간에 색상을 혼합하고 색상과 감정 사이의 관계를 탐색할 수 있다.
  - 시간 : 줄리아의 공개 스튜디오 시간 매주 금토, 오전 11시 – 오후 2시
  - 내용 : 덴버 어린이박물관에서는 특별하고 독점적인 예술 기회를 제공하기 위해서 콜로라도 예술가들이 박물관에서 일하고 예술을 창작할 뿐만 아니라 모든 연령층의 방문객들에게 기여하도록 한다. 이 프로그램은 조각품, 삽화, 회화 또는 섬유 등 다양한 매체에서 일하는 예술가들에게 열려있으며, 예술가는 The Art Studio에 숍을 세우고 2개월 동안 박물관에서 설치 프로젝트를 진행한다. 어린이와 어른 모두가 이 프로그램에 초대되어 관람객의 창의력을 발휘할 수 있다.

(9) 특별 행사 프로그램 (1회성)

어떤 일정 기간이거나 특별한 날에 진행하는 1회성 프로그램을 말한다. 주로 어린이날, 국가 지정 공휴일인 식목일, 석가탄신일, 성탄절, 선거일 등, 어버이날, 스승의 날 같은 특정일, 명절이나 추석 같은 때에 주로 진행될 수 있는 내용

35_ https://www.mychildsmuseum.org/artist-in-residence

이다. 또 박물관의 개관일, 박물관에서 기념할 만한 내용들의 행사가 있다. 또한 축제로 진행이 되기도 하는데 이럴 때는 주로 전통문화나 예술적인 내용으로 많이 진행되는데, 내용에서 차이점은 행사성이기 때문에 교육적인 목적의 비중보다는 일시적으로 경험하는 느낌으로 하는 것이 좋다. 이런 행사성 프로그램들은 특히 국경일이나 명절 같은 때는 매스컴에서 다루기 때문에 기관 홍보용으로 매우 용이하다. 내용은 기관마다 무궁무진할 수 있다. 한가지 주의할 점은 독립형 어린이박물관에서 민속이나 전통 관련 프로그램 기획 시에는 전통을 응용한 현대와의 조화로운 프로그램을 제안한다. 그래야 과거 – 현재– 미래의 연속선상에서 아동들에게 창조할 수 있는 작은 경험을 제시할 수 있다고 생각한다. 모 박물관이 있는 어린이박물관과는 차이점이라고 사료된다.

실 사례로 경기도어린이박물관 뮤지엄들에서 진행했던 'G뮤지엄 페스티벌' 과 봄방학 프로그램, 세월호 추모 1주기 내용, 국립어린이박물관 등을 소개하고자 한다.

- **프로그램명 : 'G뮤지엄 페스티벌'[36]**
  - 내용 : 경기도의 대표 뮤지엄인 G뮤지엄 파크에서 펼쳐지는 페스티벌은 각 기관의 정체성을 살리면서 질 좋은 예술 공연과 참여를 중심으로 하였다. 이는 뮤지엄들이 예술 공연 체험의 다양한 공간으로 확장이 될 수 있도록 구성하였다. 경기도의 문예진흥지원 단체를 포함하여 무용, 음악극, 인형극, 퍼포먼스, 타악기 연주, 사물놀이, 다원예술 등 다양한 공연 단체는 총 7단체가 공연하고, 공연 내용을 연계할 수 있는 3종의 체험 프로그

36_ https://gcm.ggcf.kr/archives/education/g-festival?term=3&cy=2017

램을 포함하여 총 10종의 프로그램으로 총 34회 진행되었다.

- 일시 : 2017.11.25(토) ~ 11.26(일)

- 장소 : 경기도어린이박물관, 경기도박물관, 백남준아트센터

G뮤지엄 페스티벌의 메인 공연인 대형 인형무용극 '선녀와 나무꾼 (예술무대산)'

[그림 11-8] G뮤지엄 페스티벌의 야외 공연

- **프로그램명 : 경기도어린이박물관 봄방학 프로그램 《가족놀이 대탐험》**[37]

  - 내용 : 2016년 봄방학을 맞아 특별한 세계 놀이 프로그램들과 보드 게임

    들로 다양한 놀이를 가족과 함께 즐기며 겨우내 움츠러들었던 몸과 마음

    을 쭉~ 펴고 스트레스도 풀어보는 내용이다.

  - 기간 : 2016년 2월 6일(토) ~ 2월 28일(일)

---

37 https://gcm.ggcf.kr/archives/education/2016-%ea%b2%bd%ea%b8%b0%eb%8f%8
4%ec%96%b4%eb%a6%b0%ec%9d%b4%eb%b0%95%eb%ac%bc%ea%b4%80-
%eb%b4%84%eb%b0%a9%ed%95%99-%ed%94%84%eb%a1%9c%ea%b7%b8%eb%9e%a
8?term=3&cy=2016&pn=9

- 대상 : 아동과 가족 관람객
- 참가비 : 무료
- 세부 내용 : 세계 전통 놀이와 다양한 보드게임 총 2종으로 준비하였다.

* 가족과 함께 하는 세계 전통 놀이1
- 대상 : 유·초등 동반가족
- 일시 : 2016년 2월 화~일 10~12am, 13:30~4pm
- 장소 : 교육실
- 내용 : 세계 전통 놀이 4종(베트남 : 코코넛 밟기, 중국 : 찌엔쯔 & 한국 제기, 일본 : 캔다마, 한국 : 대형 윷놀이) 활동해보기

* 스트레스 해소! 신나는 보드 게임 2
- 대상 : 유·초등 동반가족
- 일시 : 평일 2:30~4:30pm
- 장소 : 틈새 전시실
- 내용 : 보드게임 7종 (레인보우 스틱, 할리갈리, 텀블링 몽키, 스페이스 페이시스, Socken Zocken, Zitternix, Rapelli)로 가족과 함께 해보는 보드놀이 프로그램이다.

● 프로그램명 : 경기도어린이박물관의 세월호 1주기 희망 프로그램 '희망을 담아날아요'[38]

---

38 https://gcm.ggcf.kr/archives/education/%ec%84%b8%ec%9b%94%ed%98%b8-1%ec%a3%bc%ea%b8%b0-%ed%9d%ac%eb%a7%9d%ed%94%84%eb%a1%9c%ea%b7%b8%eb%9e%a8%e3%80%8a%ed%9d%ac%eb%a7%9d%ec%9d%84-%eb%8b%b4%ec%95%84-%eb%82%a0%ec%95%84%ec%9a%94%e3%80%8b?term=3&cy=2015

- 내용 : 세월호 사건 1주기를 맞아 추모의 마음과 희망의 메시지를 노란 나비 모양 포스트잇에 적어 벽화를 완성해 보는 참여 프로그램이다.
- 기간 : 2015.04.14㈔ ~ 2015.04.26.(일) / 월~금 : 오후 2시~ 5시, 토·일·공휴일 : 10시~12시, 오후 2시~4시
- 장소 : 1층 특별 체험공간
- 대상 : 초등학생 이상
- 참가비 : 무료
- 참가 방법 : 운영 시간 내 자유 참여

● **프로그램명 : 2024년 국립어린이박물관의 어린이날 행사**
- 내용 : 어린이날을 맞아 어린이날 제정의 의미를 되새기는 행사 개최를 통해 아동의 권리와 행복에 대한 공감대 조성
- 기간 : 2024년 5월 5일(일) 10:00~17:00
- 장소 : 국립어린이박물관 전시실 및 야외, 통합운영본부 1층 로비 및 지하 1층(우천시는 야외프로그램은 실내로 장소 변경)
- 대상 : 어린이 및 가족 관람객 등
- 참가비 : 무료
- 참가 방법 : 운영 시간 내 자유 참여
- 행사 내용 : 공연(3종), 체험활동(5종) 등
- 행사 특징 : 공연과 행사성 프로그램의 질을 올리도록 한국인형극협동조합에게 발주하여 기관과 협의로 내용을 결정하였고, 관람객이 많이 몰릴 것을 대비하여 주로 외부와 경영본부의 시설을 이용하여 관람객을 실외로 분산시키도록 하였음. 또한 우천시를 대비 하였는데 당일 비가 와서 야외 행사는 외부 회랑에서 진행하였음.

〈표 11-4〉 2024년 국립어린이박물관 어린이날 행사 안내표

구분	제목	장소	일시	비고
공연 (3종)	인형극 〈생일도둑 도깨비〉	전시실	11:00~11:30(30분) 15:00~15:30(30분)	오전, 오후 각 1회 운영
	공연 〈세종사람 이야기〉	본부 로비	11:50~12:20(30분) 15:50~16:20(30분)	
	공연 〈머리 없는 가족〉		12:30~13:00(30분) 16:30~17:00(30분)	
체험 (5종)	고깔모자 만들기 축하카드 만들기 장갑인형 만들기	본부 지하 1층	11:00~13:00(2시간) 15:00~17:00(2시간)	오전, 오후 각 2시간 운영
	분필아트	본부 야외		
	친환경 전기자동차 모형 조립	본부 지하 1층		BMW코리아 미래재단 주관

국립어린이박물관 2024년 어린이날 행사 안내지

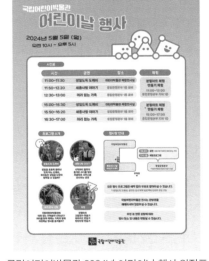

국립어린이박물관 2024년 어린이날 행사 일정표

[그림 11-9] 2024년 국립어린이박물관 어린이날 행사 안내지와 일정표

- 프로그램명 : 2024년 국립어린이박물관의 추석 행사 〈보름달아, 내 소원을 부탁해〉

소원등 만들기

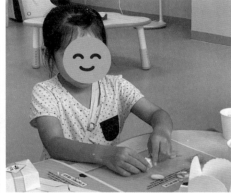
송편 비누 만들기

[그림 11-10] 2024년 국립어린이박물관 추석 행사

- 내용 : 큰 명절인 추석의 다양한 의례 중 보름달에게 소원 빌기, 송편 빚기를 통해 명절의 의미와 가치를 경험해 보는 교육으로 '소원등 만들기'와 '송편 비누 만들기' 2종
- 기간 : 2024. 9. 13.(토) ~ 14.(일), 18일(목) / 3일간
- 장소 : 교육실 2
- 대상 : 아동과 동반 가족
- 참가비 : 3000원(가족당 1재료)
- 참가 방법 : 운영 시간 내 자율 참여
- 운영 횟수 : 총 6회(요일별 오전 3회, 오후 3회)
- 총 참여 인원 : 총 460명 (소원등 만들기 약 160명, 송편 만들기 약 300명)
- 결과 : 오전보다는 오후에 참석율이 더 높았고, 좀더 실용적이고 감각을 사용하는 송편 비누 만들기의 참여가 더 높았다. 또한 전통적인 집안의

놀이나 행사도 최근에는 집안에서 하지 않기 때문에 사회적 문화예술기관으로 이양되는 경향을 보였다.

(11) 아웃리치(out-reach) 프로그램

이 프로그램은 찾아가는 박물관 교실, 박물관학교 명으로 쓰이기도 하고, 특별한 명을 붙이기도 한다. 박물관을 벗어나서 교육을 필요로 하는 현장으로 교보재를 가지고 방문하거나 가져간 교보재로 수업을 하는 것을 말한다. 또한 교보재만을 대여하기도 한다. 박물관의 공간적인 한계를 넘어서 국가나 지역사회를 대상으로 학교, 기관, 센터, 도서관 등으로 찾아가서 교육 목적의 수업과 대여를 할 수 있으며, 기관의 홍보 역할에도 크게 기여한다. 때론 교보재를 넘어서 이동형 가변식 전시를 포함하기도 한다. 심지어 팝업 박물관으로 개관 전이나 리노베이션으로 기관 홍보용 혹은 새로운 전시를 홍보하기 위해서 미리 제작하여 선보이기 위한 전시와 프로그램을 하기도 한다.

실제 사례로는 국립민속박물관 어린이박물관의 다문화 꾸러미, 경기도어린이박물관, 보스톤 어린이박물관 프로그램을 소개하고자 한다.

- ● 국립민속박물관 어린이박물관의 '다문화 꾸러미'[39]
  - 내용 : 민속박물관은 어린이들에게 다문화 체험 기회를 제공하는 다문화 꾸러미 사업을 진행하는데, 다양한 문화 이해와 체험을 위한 몽골꾸러미(센베노 몽골), 베트남 꾸러미(신짜오 베트남), 필리핀 꾸러미(꾸무스따 필리핀), 우즈베키스탄 꾸러미(살롬 우즈베키스탄), 인도네시아 꾸러미(아빠까바르 인도네시

---

39 http://www.kidsnfm.go.kr/culturebox/culturebox/intro/introduce.do

아), 대한민국 꾸러미(안녕 대한민국), 중국 꾸러미(니하오 중국), 일본 꾸러미(곤니치와 일본), 인도 꾸러미(나마스떼 인도) 총9종의 체험자료 전시 상자를 대여한다. 재미있는 문화 체험 상자를 탐색하면서, 오감 체험을 통해 다른 문화에 대한 이해를 높인다. 꾸러미의 소품들을 이용하여 학습할 수 있도록 활용 안내서를 함께 제공한다.

- 대상 : 다문화교육에 관련 있는 기관 및 단체들
- 비용 : 무상 대여

● **경기도어린이박물관의 문화다양성 교구대여 사업 '이심전심'**[40]
- 내용 : 아동 발달 시기에 맞는 문화 다양성 교구재를 제공하며 아동의 놀이와 학습을 통해 문화적 소통과 교감을 할 수 있는 교육의 기회를 제공하고자 한다.
- 대상 : 유아 초등 교육기관 및 공공 유관기관
- 세부 내용 : 여행 보드 게임과 빅북 2종이 있다.
  * 여행보드 게임 : 여러 나라의 환경과 문화적 특성이 담겨있는 교구재로, 유아 초등 저학년의 아동과 여행보드게임1, 초등고학년 여행보드게임2로 다양하게 참여할 수 있다. 게임을 하면서 여러 나라의 문화나 환경을 파악하여 알 수 있게 하였다.
  * 빅북 : 한국의 옛날이야기와 서사구조 소재 등장인물 등에서 유사성이 있는 여러 나라의 옛날 이야기를 한 권의 책으로 엮은 교구재로, 아동들이 이 옛날이야기를 바탕으로 역할극 활동을 할 수 있게 교구를 제공한다.
- 비용 : 무료

---

40 https://gcm.ggcf.kr/resource/edukit/intro

● 해외 어린이박물관의 아웃리치 사업

보스톤 어린이박물관은 오랜 시간 전부터 사회 문화의 실제 소품과 이를 수업에 활용할 수 있도록 교육안을 작성하여 무료 대여 사업을 해왔었다. 수천여 점의 방대한 실물 중심의 대여 사업은 한쪽 수장고를 꽉 채울 만큼 박스 별로 빼곡이 진열되어 있다. 그러나 최근 몇년내 재정이 어려워지면서 이 사업은 중단되어 안타까움을 더한다.

매디슨 어린이박물관은 박물관 버스를 통해서 아웃리치 사업을 한다. 지역사회의 폐기물 및 재생 에너지부와 협업으로 찾아가는 '쓰레기 연구소' 프로그램인데, 쓰레기를 덜 만들고 폐기물과의 관계를 생각하도록 한다. 매립지가 폐기물을 관리하는 방법, 이를 통해서 환경을 보호하고, 쓰레기가 귀중한 자원으로 변하는 중요한 장소로서 매립지를 인식하도록 돕고 있다. 또한 미국 하와이 호놀룰루 미술관 학교에서는 어린이박물관은 아니지만 아웃리치 사업을 아동과 일반인을 대상으로 운영한다. 수천여 점의 실물 문화 소품을 보유하면서 일반인들에게 무상으로 2주간 대여를 한다. 자원봉사자 1인으로 대여 시스템을 운영하고 있으며, 소품이 다소 손상되더라도 다시 보수하며, 교육을 목적으로 하기 때문에 소품이 파손되어도 미술관 학교에서는 개념치 않는다. 진정한 교육을 위해서 헌신하는 관계자들에게 경의를 표하고 싶다.

매디슨어린이박물관의 찾아가는 '쓰레기 연구소' 대형 버스   하와이 호놀룰루 미술관 학교 아웃리치 사업의 수장고

[그림 11-11] 매디슨 어린이박물과 호놀룰루 미술관학교 아웃리치 프로그램들

(11) 팝업 프로그램

갤러리나 야외에서 잠깐 일정 시간에 프로그램을 진행하고 철수 하는 운영 형태를 말한다. 전시품과 연계되는 내용을 진행하거나 야외 행사 시에 부스를 설치하여 진행하기도 한다.

국립어린이박물관에서는 전시품과 연계하여 팝업 프로그램을 진행한다.

● 교육명 : 반짝 수레
  - 내용 : 교육용 키트를 실은 수레를 직원이 전시품과 연계된 갤러리에 와서 20여분 관람객을 대상으로 진행한다.

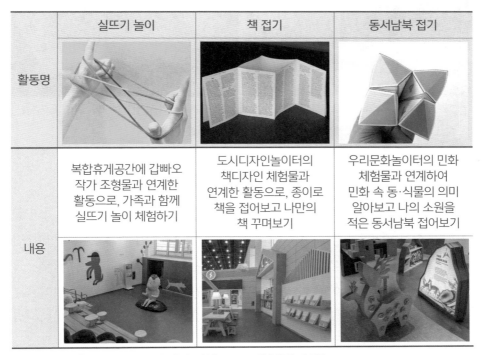

	실뜨기 놀이	책 접기	동서남북 접기
활동명			
내용	복합휴게공간에 갑빠오 작가 조형물과 연계한 활동으로, 가족과 함께 실뜨기 놀이 체험하기	도시디자인놀이터의 책디자인 체험물과 연계한 활동으로, 종이로 책을 접어보고 나만의 책 꾸며보기	우리문화놀이터의 민화 체험물과 연계하여 민화 속 동·식물의 의미 알아보고 나의 소원을 적은 동서남북 접어보기

[그림 11-12] 국립어린이박물관의 팝업 프로그램 '반짝 수레'

(12) 온/오프 연동 프로그램

코로나19로 인하여 박물관들은 온라인 프로그램으로 박차를 가하기 시작하였다. 그 이후는 온라인 프로그램이 정착화되었고, 가장 좋은 것은 온/오프가 같이 있는 프로그램으로 상호 시너지가 있다.

국립어린이박물관의 로비에 전시된 빠끼 작가의 휴게 겸용 의자는 화려한 색으로 매우 디자인적인 기하로 조성이 되어 있다. QR카드를 찍으면 작가의 작품 세계를 유튜브로 볼 수 있다.

빠끼 작가의 휴게 겸용 예술 작품   QR카드로 볼 수 있는 작가 설명의 온라인 프로그램

[그림 11-13] 국립어린이박물관의 온/오프 연동 작가 프로그램

(13) 전시 연계 프로그램

기관의 상설 전시는 특성화되기 때문에 전시 연계 프로그램을 하는 것이 중요하다. 전시 연계의 시그니쳐 프로그램을 개발하는 것이 가장 이상적이다. 전시와 교육이 함께 시너지 효과를 창출 할 수 있어서 경험의 질이 높아진다. 국내 뮤지엄마다 에듀케이터가 있으면서 교육 영역이 전시와는 별개 영역으로 생각하는 경향이 있으나, 뮤지엄의 전시와 교육은 제일 밀접하게 연결되어야 한다.

국립어린이박물관은 미디어 작가의 작품 '우주 여행'이 한 갤러리에 있는데, 이것을 프로그램으로 개발하였다.

- 교육명 : 우주 여행 프로그램
  - 내용 : 우주 여행을 한다고 가정한 가족 대상 백팩 대여 프로그램으로, 우주복도 입어보고, 우주 식량인 동결 건조 식량도 맛보고, 행성 카드 등으로 학습도 해보며 미디어 우주 여행 작품도 경험하고 프로그램도 함께 경험하게 한다.

   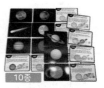

우주여행 작품　　　　어린이 우주복　　　　동결건조 식량　　　　행성카드

[그림 11-14] 국립어린이박물관의 전시 연계 프로그램

(14) 스토리텔링 프로그램

전시장에 연극 강사를 활용하면 극적인 요소가 가미되어서 더 풍성하게 느껴질 수 있다. 전시에서 연관되는 이야기를 강사가 스토리를 들려주는데 드라마틱하게 설명하면서 마치 당시에 살아있는 대상자처럼 관람객과 질의 응답할 수 있다. 예를 들면 우리나라 세종대왕에 관한 전시가 있으면 세종대왕의 분장을 하고 관람객과 대화할 수 있다. 코스프레를 하고 전시장을 다니면서 관람객과 호응할 수도 있다. 보통 역사적인 인물이 있는 전시가 있을 때 잘 운영하는 프로그램이다.

(15) 동화 프로그램

뮤지움에서는 영유아 대상으로 많이 하는 프로그램이다. 동화책을 기반으로 읽어주거나, 빅북을 읽어주거나, 혹은 손가락 인형, 손 인형이나 다양한 재료를 이용해서 구연동화를 들려주기도 한다. 어린이박물관은 책만 읽어주면 집중력이 떨어질 수 있으므로 체험을 할 수 있는 책과 연계되는 활동을 넣기도 한다.

동화 속에 있는 주인공들을 대형탈 인형으로 만들어서 탈 인형이 아동들에게 동화를 들려주게도 한다.

[그림 11-15] 키즈스페이스 어린이박물관 – 나비 분장을 한 아동의 프로그램 참여 모습

3. 프로그램의 실제

기관들은 1년 프로그램의 방향을 전략적으로 수립할 필요가 있다. 어떤 방향으로 나가야 하는지는 회의를 통해서 직원들과 함께 고민하고 공유하며, 방향 설정 후에는 각 담당자별로 프로그램들을 기획한다. 제가 현재 소속해 있는 국립어린이박물관의 사례를 서술하고자 한다.

1) 2024년 국립어린이박물관 교육 방향성

국립어린이박물관은 본격적인 개관 첫 해를 맞이하여 찾아오시는 관람객의 경향성을 파악해야 하며 관람객에게 맞는 프로그램도 파악해야 하기 때문에 여러 고민 끝에 매우 광범위한 주제를 설정하였다. 사실 박물관에서는 상설 전시와 연계한 그 기관만의 특화된 시그니쳐 프로그램이 필요하다. 그럼에도 불구하고 이번 첫 해에는 다양한 내용으로 관람객을 탐색하기로 하며 그 결과치에 따라서 시그니쳐 프로그램을 개발하려고 의도하였다.

생태학자 브뢴펜브뢰네의 생태학적 이론을 기초로 하여 어린이박물관의 근간인 자신과 세상에 대한 이해를 위해서 아동 자신이 나부터, 가족, 동네, 동식물, 지구, 우주까지로 범위를 점차 공간적으로 넓혀갔다. 또한 여러 타 기관과의 콜라보를 할 수 있고, 전시들과 최대한 연계하는 개념으로 접근하고자 하였다.[41]

- ● "살펴보기(Look Into)" : 2024년 교육 주제로 어린이와 가족이 함께 몸, 식물, 지구, 우주를 탐색하며 자신과 주변의 이해를 넓히는 활동
  - 자신과 세상에 대한 이해 : 어린이박물관의 핵심 명제를 적용한다.
  - 전시와 연계 : 전시와 연계할 수 있는 접점에 있는 주제들은 연결하여 전시와 교육의 상호 효과 상승 기대한다.
  - 취약 계층 사업 추진 : 국립박물관의 기능 중 하나인 취약 계층에 대한 프로그램을 기획한다. 최근 추세인 일반 관람객과의 통합프로그램으로써 발달 장애와 문화 다양성의 2개 축으로 추진한다.
  - 유관 기관 협력 : 연관되는 주제에 대해 유관 기관과의 협력을 모색하고 전문성을 향상 시키며 기관간 시너지 효과 기대한다.
  - 어린이, 가족 등 개인 및 단체 약 17종 교육프로그램을 운영한다.

---

41 2024년 국립어린이박물관 교육프로그램 계획안

〈표 11-5〉 2024년 국립어린이박물관의 교육 프로그램 '살펴보기(Look Into)'

구분	대상	교육명(안)	내용	이미지	협력기관/구분
정규(봄)	단체	깔깔깔, 색깔로 상상하기!	유아 및 초등 단체 대상 감각 놀이 활동 중심 교육 진행		감각놀이
	가족	지구 살펴보기	버려진 장난감을 활용해 환경보호와 업사이클링을 이해 및 실천하는 창작 활동 진행		환경
		몸 살펴보기	무용가와 함께 국립어린이박물관 공간을 감각적으로 경험하고 몸을 매개로 한 소통 활동 진행		아르떼, 발달센터 협력
정규(봄)	가족	공감 미술 : 지구의 색깔	환경 주제 현대미술 작품 감상 및 가족 공동 작품 창작		세계시민 포럼, 가족센터 협력 (문화 다양성)
		행복 음악 : 꽃들의 노래	클래식 음악 감상, 꽃을 재료로 가족의 이야기를 표현		
방학 특별(여름)	아동	예술로 마음 살펴보기	유아기부터 외부 경쟁 시대에 살고 있는 아동들의 내면을 들여다보며 표현해보는 맞춤식 프로그램 개발 예정		예술을 통한 힐링
	가족	예술로 가족 살펴보기	다양한 현대의 가족 형태에 따른 가족간의 소외에서 상호 관계를 독려할 수 있는 프로그램 개발 예정		
정규(가을)	단체	요모조모 내얼굴 캔버스	나와 친구들의 생김새와 표정을 관찰하고 미니 캔버스에 개성 넘치는 초상화를 만들어 보기		-
	아동	그림책 속닥속닥	매주 다른 주제의 그림책을 읽어보고 책놀이 활동을 하면서 어린이들이 자신과 주변을 살펴보는 시간		

구분	대상	교육명(안)	내용	이미지	협력 기관/구분
정규 (가을)	가족	추석 특별 교육	둥근 보름달 모양의 한지 소원등과 송편비누 클레이를 만들고 우리 가족의 건강과 행복을 빌며 추석 명절의 의미를 되새기는 시간		–
방학 특별 (겨울)	가족	우주 살펴보기 (우주여행을 떠나요)	강이연 〈우주여행〉 연계 태양계 행성의 특징을 이해하고 우주여행을 계획 해보는 모둠 활동 진행		전시연계
	가족	정원 살펴보기 (즐거운 정원)	조경가와 함께 국립어린이박물관 주변 화단에 계절별 식물을 심고 가꾸며 자연의 아름다움을 발견		아르떼, 수목원 협력
	아동	동물 살펴보기	식물과 대비되는 동물들의 겨울잠이나 동물의 생태에 관해 알아보는 프로그램	–	생물
	가족	동네 살펴보기	동네의 건축 유형이나 디자인 등을 가족이 함께 참여할 수 있는 프로그램 개발	–	전시연계
상시	모두	Art Lab	누구나 무엇이든 그려볼 수 있는 상시프로그램		아트
		반짝 수레	전시실, 로비 등 박물관 내 유휴 공간을 활용한 팝업 프로그램		
		작가를 만나요	국립어린이박물관 참여작가의 소개 및 작업 과정을 설명하는 온라인 동영상 4종		
		활동지	인솔자 안내서, 연령별 기획 및 상설전시와 관련된 사후활동을 진행할 수 있는 활동지 7종		

상기 년중 계획의 틀에 맞추어서 가장 성수기인 여름방학과 겨울방학의 프로그램 계획을 살펴보고자 한다.

(1) 2024년 국립어린이박물관 여름방학 특별 프로그램 "쿨쿨(Cool Cool) 여름나기"[42]

어린이박물관은 최대 성수기인 여름방학 기간에 특별하게 교육프로그램을 기획할 수 있다. 특별한 이슈를 제시하거나 기관의 방향에 맞게 주제를 설정할 수 있다. 국립어린이박물관은 2024년 "살펴보기(Look Into)" 주제로 어린이와 가족이 함께 자신과 세상에 대한 이해를 넓히는 교육 방향에서 어린이와 함께 만들어가는 어린이 자문단인 "어린이 상상단"의 의견을 반영하여 시원함이 연상되는 프로그램, 물 등 계절 관련 콘텐츠 등을 추진하고자 하였다.

- **사업 개요**
  - 사업명 : "쿨쿨(Cool Cool) 여름나기" 여름방학 교육프로그램
  - 기간 : 2024. 7. 23.(화) ~ 8. 23.(금), 약 30여 일
  - 장소 : 교육실 1~3, 워크숍룸 등 실내외 다양한 공간
  - 대상 : 어린이(유아, 초등), 가족 등
  - 내용 : 여름방학 특별 및 대상별 프로그램 14종 개발·운영
  - 교육비 : 유료(2,000~5,000원) ※일부 프로그램 무료
  - 소요 예산 : 금35,000천원

---

42 2024년 국립어린이박물관 여름방학 프로그램 계획안

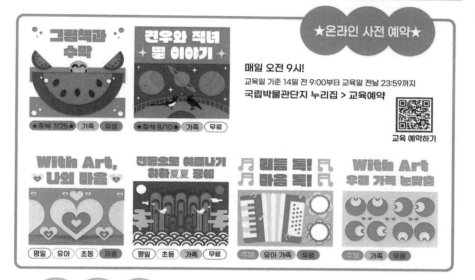

[그림 11-16] 2024 국립어린이박물관 여름방학 프로그램별 홍보 이미지

추진 방향으로는 교육 장르의 다양화, 호기심 전략, 시의성 반영, 지역사회 연계, 자율 참여형으로 참여자 극대화이다.

- 교육 장르의 다양성 : 미술, 전통공예, 음악/무용 등 아동 자신과 가족 간, 세상에 대한 이해를 넓히는 교육 주제 및 활동 내용 다양화
- 호기심 전략 : 교육 내용을 비밀스럽게 숨겨 관람객 호기심 자극
- 시의성 반영 : 여름철 놀이와 절기를 알아보는 계절 특화 교육프로그램 개발 및 운영
- 지역사회 연계 : 한국전통문화대학교의 지원으로 어린이박물관에 맞는 신규 프로그램 제공
- 자율 참여형 참여자 극대화 : 미스트 게이트, 아트 랩, 함께 놀아요 등 모든 관람객이 참여할 수 있는 자율참여형 교육 제공으로 참여자 최대 수용
- 참가비 : 무료 ~ 5천원까지 다양하게 책정
- 예상 수치 : 총 14종, 약 160여회, 2,800여명 참여

〈표 11-6〉 2024 국립어린이박물관 여름방학 프로그램 개요

구분	교육명	대상	내용	교육비	1회(명)
여름 방향성 (예술로 마음과 가족 살펴 보기)	With Art 나의 마음 찾기 I	유아	다양한 감정과 마음을 알아보는 아트 활동	3,000	15
	With Art 나의 마음 찾기 II	초등	마음의 힘을 키우는 아트 활동	3,000	15
	With Art 우리 가족 눈맞춤	가족	가족이 함께 소통하고 친밀감을 높이는 아트 활동	3,000	15
	나의 리듬	가족	나만의 리듬을 찾는 표현 활동	5,000	15
차별화	깜짝 놀이	누구나	새롭게 공개되는 시크릿 팝업 프로그램	무료	20

시의성	그림책과 수박	가족	그림책「수박수영장」 읽기 및 수박 관련 활동	5,000	20
	견우와 직녀 별 이야기	어린이	칠석 이야기로 듣는 별 이야기	무료	20
	전통으로 여름나기 하하夏夏공예 I	초등	한지 일월오봉도 필통 만들기 ※한국전통문화원 협력	무료	15
	전통으로 여름나기 하하夏夏공예 II	가족	여름 식물을 재료로 모빌 만들기 ※한국전통문화원 협력	무료	15
자율 참여형	Art Lab	누구나	박물관 주변 식물 그림 스탬프로 카드 만들기	2,000	20
	미스트 게이트	누구나	더위를 식힐 수 있는 야외 공간	무료	시범운영 후 결정
	함께 놀아요	누구나	문화예술교육 영상 연계 자기 주도형 활동지 비치 ※ 아르떼 협력	무료	10
기타 제공	작가를 만나요		전시 참여 작가 4인의 토크 영상		–
	전시 활동지		자기주도형 전시 활동지 7종		–
합 계 (총 14종)					

① With Art, 나의 마음 찾기 & 우리 가족 눈맞춤

- 일시/장소 : 2024. 7. 23.(화) ~ 8. 23.(금) 평일 15:00 (60분) / 교육실3
- 대상/ 인원 : 어린이 및 가족 (회당 15명)
- 강사 : 마음아트연구소
- 내용 : 자신의 감정을 이해하고 표현하며, 긍정적 상호작용을 통해 가족과도 정서적 지지를 경험하는 아트 활동 진행

〈표 11-7〉 위드 아트의 개별 프로그램명

차시	프로그램명(안)
1주	마블링으로 만든 바다
2주	감사 배너
3주	내 안의 다양한 감정 언어
4주	아코디언 북박스
5주	반짝반짝 캔들 보틀

감사 마음 표현 깃발   내 감정 색칠하기   내 감정을 모양으로 표현하기

[그림 11-17] 위드 아트, 나의 마음 찾기 프로그램 사례들

② 나의 리듬
- 일시/장소 : 2024. 7. 27.(토) ~ 8. 18.(일) 주말 11:00 (60분) / 교육실2
- 대상/인원 : 유아 포함 가족 (회당 15명)
- 강사 : 우와아트랩 (음악×무용)
- 내용 : 음악과 무용 장르 융합교육으로, 라이브 음악과 무용을 즐기며 유아와 보호자의 안정 애착을 돕는 말놀이와 몸놀이 활동 진행

③ 깜짝 놀이
- 일시/ 장소 : 2024. 7. 23.(화) ~ 8. 23.(금) 수, 금, 토, 일 11:00, 15:00 (20분) / 교육실2

- 대상/ 인원 : 누구나 (회당 20명)
- 내용 : 반딧불이와 빙수 만들기 등 매번 다른 여름철 놀이 활동이 깜짝 공개되는 시크릿 팝업 프로그램

반딧불이 목걸이 만들고 매단 아동 모습 　　　팥빙수 만들기는 하고 있는 아동 모습

[그림 11-18] 반딧불이 만들기와 팥빙수 만들기

④ 그림책과 수박
- 일시/장소 : 2024. 7. 25.(목) 중복 11:00, 15:00 (60분) / 교육실 2
- 대상/인원 : 가족 40명(회당 20명)
- 내용 : 삼복(三伏)을 알아보고, 그림책 『수박수영장』 이야기와 수박 쥬스를 먹으며 더위로 지친 몸과 마음을 회복하는 활동 진행

수박 그림책

수박을 용기로 퍼서 그릇에 담고, 모양틀로 만들어보고,
수박물을 만들어서 화채를 만드는 아동과 가족들

[그림 11-19] 그림책『수박수영장』과 가족 활동 모습

⑤ **견우와 직녀 별 이야기**
- 일시/장소 : 2024. 8. 10.(토) 칠석 15:00 (60분) / 교육실2
- 대상/인원 : 어린이 20명
- 강사 : 한국천문연구원 박사
- 내용 : 천문학자를 초청하여 칠석(七夕)과 견우직녀 별의 이야기를 들어보
  는 어린이 대상 특별 강연 및 연계 프로그램 진행

[그림 11-20] 나의 별자리 만들기

⑥ 전통으로 여름나기 하하夏夏공예
- 일시/ 장소 : 2024. 8. 6.(화) ~ 8. 16.(금) 평일 10:00 (90분) / 교육실3
- 대상/ 인원 : 어린이 및 가족 (회당 15명)
- 내용 : 우리문화놀이터 전시 연계 한지 공예(일월오봉도 필통만들기), 직물 공예(모시 모빌 만들기) 진행
- 기타 : 한국전통문화대학교 전통문화교육원 협력 개발·운영

일월오봉도 필통 만들기 활동

모시 모빌 만들기 샘플

[그림 11-21] '하하공예' 교육프로그램

⑦ 물놀이 공간 〈Mist Gate〉 신규 조성
- 일시/ 장소 : 2024. 7. 9.(화) ~ 8. 7.(수) 12:00, 16:00 (50분) / 교육실 야외 공간
- 대상/ 인원 : 누구나 (동시 참여 30여명 내외 예상)
- 내용 : 쿨링 포그를 설치하여 자유롭게 안개 문을 통과하며 더위를 식히고 물의 속

[그림 11-22] 미스트 게이트에서 놀고 있는 아동 모습

성과 성질을 경험하는 체험형 공간 조성, 시범운영 후 이용 인원수 등을 조정하여 운영

⑧ ArtLab : 힐링식물카드 운영
 - 일시/장소 : 2024. 7. 23.(화) ~ 8. 23.(금) 평일 10:00, 14:00 (60분) / 교육실1
 - 대상/인원 : 누구나 (회당 20개)
 - 내용 : '국립어린이박물관 식물 스탬프로 나만의 카드 만들기' 교육자료의 구성물 및 포장재 추가 보완

아트랩의 힐링식물카드 활동모습

박물관단지 주변에 살고있는 식물 그림카드

[그림 11-23] 아트랩 : 힐링 식물카드 활동 모습과 교육자료 이미지

⑨ 워크숍룸 〈함께 놀아요〉 연계 활동지 비치
 - 일시/ 장소 : 2024. 7. 23.(화) ~ 8. 23.(금) 평일 10:00-17:00 / 워크숍룸
 - 대상/ 인원 : 누구나 (동시 참여 가능 인원 10명)
 - 내용 : 한국문화예술교육진흥원 온라인 교육콘텐츠 영상 상영 및 연계 자기주도학습 활동지 제공

워크숍룸 바닥에 활동 안내 연출

아동이 그린 애니메이션 표정 그리기 활동지

[그림 11-24] '함께 놀아요' 워크숍룸 조성 및 활동지

(2) 2024년 국립어린이박물관 겨울방학 특별 프로그램 '동동동(童冬動) 겨울나기'[43]

국립어린이박물관은 겨울방학 프로그램으로 24년 12월 24일부터 25년 2월 말까지를 기간으로 9주 정도로 '동동동(童冬動) 겨울나기'를 기획하였다. 동동동은 추운 겨울에 발을 구르고 있는 의태어와 한자어인 '아이 동'과 '겨울 동'과 '움직일 동'의 겨울에 아동이 움직인다는 뜻으로 해서 이중적인 의미를 부여하였다.

● 사업 개요
 - 사업명 : '동동동(童冬動) 겨울나기'
 - 기간 : 2024. 12. 24.(화) ~ 2025. 2. 28.(금) / 약 9주
 - 장소 : 교육실 1~3, 워크숍룸 등
 - 내용 : 어린이(유아, 초등), 가족, 보호자 등 10종 개발·운영

43_2024~25년 국립어린이박물관 겨울방학 프로그램 계획안

- 교육비 : 유료(2,000원) *일부 프로그램 무료
- 소요 예산 : 약 9천만원

추진 방향은 5가지 요소로 이를 반영하였다.
- 2024년 국립어린이박물관 교육사업의 연간 주제는 "살펴보기"로 겨울의 방향성인 동네와 동물 살펴보기를 반영하였다.
- 국립어린이박물관 자문단인 "어린이 상상단"의 의견 반영
  ⇨ 동물 관련 프로그램, 뛰어놀 수 있는 공간, 계절 특화 콘텐츠 등을 반영하였다.
- 년초 겨울에 실시하였던 관람객이 박물관에 바라는 사항의 조사 결과를 고려하여 신체 놀이 강조, 특히 움츠러들 수 있는 겨울에 동적인 활동을 추진하려는 의도이다.
- 아동과 가족에게 제일 호응있는 미각을 자극하는 먹거리 프로그램 추가하였다.
- 총 10종, 330여회, 4300여명 참석을 예상하였다.

〈표 11-8〉 2024~2025년 국립어린이박물관 겨울방학 프로그램 '동동동 겨울나기'

구분		교육명	대상	내용	교육비 (원)	횟수 (회)	인원 (명)
겨울방학 주제 중심		동동동 미니올림픽	어린이 (유아)	유아체육 강사가 진행하는 올림픽 종목을 체험하는 유아체육 놀이프로그램	무료	18	270
		신나는 양말 스케이팅	누구나	양말을 신고 실내에서 진행하는 스케이팅 활동	무료	110	1,100
전시연계 장르 융합	미술, 건축	동동동네 여행가	가족	세종시를 탐색하고 빛과 도형으로 표현하는 전시 연계 교육	2,000	36	540
	디지털, 미술	AI 와글와글 무지개 연못	어린이 (초등)	AI를 활용한 무지개 연못 서식 생물 창작 활동으로 창작물은 메타버스 탑재	무료	20	300
	과학, 디자인,	오후 3시에 만나요!	어린이	테크니처, 디자인 등 전시물 연계 팝업 교육	무료	18	180
	음악, 미술	무지개 연못 상상 음악회	누구나	무지개 연못에 거주하는 동물들의 이야기를 음악으로 불러보는 공연	무료	4	200
어린이 가족 흥미 반영		동물 탐구생활	가족	연극강사가 진행하는 털(평일), 겨울잠(주말)을 주제로 동물 탐구 활동 진행	2,000	34	510
어린이 가족 흥미 반영		AGAIN 배움 맛보기	누구나	호응도가 높았던 국립어린이박물관의 지난 교육을 다시 경험하는 활동으로 작가의 테크니처 교구 프로그램	무료	110	1,100
		AI 디지털 교과서 알아보기	성인	2025년 초등 AI 디지털 교과서 도입 대비를 위한 보호자 교육 특강	무료	1	25
		방구석 겨울 간식 레시피	성인	집에서 아동과 쉽게 할 수 있는 겨울 간식 고구마 머핀과 케익 레시피 소개와 시식	무료	4	100
합 계					-	355	4,325

① 동동동 미니올림픽

- 일시/장소 : 매주 목요일 11:00, 14:00(회당 40분) / 교육실2
- 대상/인원 : 유아 4~7세 / 회당 15명
- 내용 : 유아체육 강사를 초청하여 딱지치기 등 겨울 신체 놀이를 주제로 아동의 신체 발달과 협동심, 사회성을 기르는 유아 놀이 체육 프로그램 개발·운영

[그림 11-25] 동동동 미니올림픽 예시

② 신나는 양말 스케이팅

- 일시/장소 : 매일 10:00~13:00, 14:00~17:00(정비시간 포함) / 교육실1
- 대상/인원 : 누구나 / 회당 10명 *교육실 상황에 따라 탄력 운영
- 내용 : 겨울 스포츠인 스케이팅을 실내에서 안전하게 양말을 신고 경험할 수 있는 체험형 교육 공간 조성 및 운영

[그림 11-26] 신나는 양말 스케이팅

③ 동동동네 여행가

- 일시/ 장소 : 매주 화, 일 11:00, 14:00(회당 60분) / 교육실3
- 대상/ 인원 : 어린이 가족 / 회당 15명
- 내용 : '도시디자인놀이터' 상설 전시와 연계하여 우리 동네 '세종시' 대표 건축을 알아보고 다양한 빛과 도형 블록으로 표현하고 도시의 소리들도 카드에 녹음해 봄

[그림 11-27] 동동동네 여행가

④ AI 와글와글 무지개 연못

- 일시/ 장소 : 매주 금요일 11:00, 14:00(회당 60분) / 교육실3
- 대상/ 인원 : 아동 8~11세 / 회당 15명
- 내용 : 무지개 연못에 서식하는 생명체를 만드는 상설 전시(무지개 연못) 연

계 인공지능 기술 기반 디지털 앱(오토드로우)으로 패드에서 제작 활동과
가상 현실(spatial)⁴⁴ 속에서 만든 그림 전시하기

AI기반의 그림그리기 활동

메타버스 가상현실 속 전시하기

[그림 11-28] 와글와글 무지개 연못 오토드로우 이미지[45]

⑤ 오후 3시에 만나요!
- 일시/ 장소 : 매주 토, 일 15:00(회당 30분) / 전시실
- 대상/ 인원 : 어린이 가족 / 회당 10명 *교육실 상황에 따라 탄력 운영
- 내용 : 전시실의 테크니처, 디자인 등 전시물 연계 팝업 교육 운영

⑥ 무지개 연못의 상상 음악회
- 일시 : 1~2월 중 2일 11:30, 14:30(회당 40~50분), 총 4회
- 장소 : 상설전시실 무지개 연못
- 대상/인원 : 어린이 가족 / 회당 50명

---

44 https://www.spatial.io/s/museum_arts-Digital-Area-676e06079eedffff1778606b?sha
re=2990336204407943275

45 https://www.aitimes.kr/news/userArticlePhoto.html
https://www.irobotnews.com/news/articleView.html?idxno=10379

- 내용 : 무지개 연못 작품의 사는 겨울 동물들의 소리를 상상하고 음악으로 표현하여 함께 불러보는 음악회

[그림 11-29] 무지개 상상음악회

⑦ 동물 탐구생활
- 일시/장소 : 매주 수, 토 11:00, 14:00(회당 60분) / 교육실3
- 대상/인원 : 어린이 가족 / 회당 15명
- 내용 : 연극 강사를 초대하여 동물의 털과 겨울잠을 주제로 털의 종류와 기능, 동물의 동면, 동물보호 등 다양한 관점에서 동물의 습성 탐구하고, 인간들이 털을 빼앗아 가서 어려운 동물들의 연극놀이를 해보며 간단한 동물 털같은 촉감물 제작, 겨울 잠을 자고 있는 동물 연극놀이

[그림 11-30] 동물 탐구생활

⑧ AGAIN 배움 맛보기

- 일시/ 장소 : 매일 10:00~13:00, 14:00~17:00(정비시간 포함) / 워크숍룸
- 대상/ 인원 : 누구나 (기획전시실 관람객) / 회당 10명
- 내용 : 그동안 호응도가 높았던 교육프로그램 리마인드를 해보고 의미
  와 가치를 다시 느껴보는 프로그램으로 작가의 테크니쳐 교구 미션 활동
  *매주 다른 교육 진행

[그림 11-31] AGAIN 배움 맛보기

⑨ AI 디지털 교과서 알아보기

- 일시/ 장소 : 1~2월 중 1회 (50분) / 교육실3
- 대상/ 인원 : 보호자 등 성인 / 25명
- 내용 : 2025년 AI 디지털 교과서 도입 대비 AI 디지털 교과서를 이해하고
  한계점, 부모 및 교사의 활용 방안 등 주제 강연

⑩ 방구석 겨울 간식 레시피
- 일시/ 장소 : 1~2월 중 4회 (50분) / 피크닉룸
- 대상/ 인원 : 성인 / 25명
- 내용 : 겨울 먹거리에 대해 알아보고, 집에서 아동과 쉽게 렌지를 이용해서
  만들 수 있는 겨울 간식인 고구마 머핀과 케익을 만들어 보는 보호자와 자
  녀 특별프로그램

[그림 11-32] 방구석 겨울 간식 예시

　프랭크 오펜하이머가 남긴 '누구도 박물관에서는 낙제하지 않는다(No one
Flunks Museums)[46]'를 상기하면, 이것이 학교와 차별화되는 박물관 교육 프로그램
의 특징이면서 박물관의 긍정적 학습 이유이다. 그러므로 프로그램을 짜는 기
획자들에게 중요한 팁은 아동들에게 실패의 경험을 절대로 주지 않는 열린 내
용이여야 함을 거듭 강조하고 싶다. 앞으로의 세대는 우리가 성장기 때 한번쯤
이상은 받았을 잘 기획되지 못한 수업으로 인한 실패의 경험이 아동의 자존감
을 떨어뜨리지 않기를 바래본다.

46　Tori Egherman, Program Tune-ups : The Importance of Outside Evaluation, In Maher(Ed),
　　Collective Vision : Starting and Sustaining a children's museum, Association of Youth
　　Museums Washington,D.C, 1997

12장
어린이박물관
운영

1. 입장료

입장료 정책에 대해서는 국내외가 다른데, 국내는 대부분 국공립으로 이뤄져 국민의 세금으로 운영되는 기관이라 입장료가 저렴하다. 그러나 해외는 대부분 사립기관으로 입장료가 비쌀 수 밖에 없다.

해외의 독립형 어린이박물관들은 모박물관이 있는 어린이박물관 보다는 규모가 클 수밖에 없고 대부분 사립 기관이라 입장료가 높은 편이다. 미국과 유럽을 살펴보았을 때 성인과 아동의 차이가 없이 20달러 내외이며, 평균 가격은 3만원 미만이고, 만세 미만은 무료로 하고 있다. 모박물관이 있는 기관인 프랑크푸르트 어린이박물관은 청소년까지 무료로 하고 있고, 트로펜쥬니어 박물관은 유아들까지 무료로 하고 있다.

〈표 12-1〉 해외 어린이박물관의 입장료 정책[47]

NO	기관 명	입장료	비고	분류
1	인디아나폴리스 어린이박물관	$24 Adult, $19 Youth(화수목) $28 Adult, $23 Youth(금토일) (1달러 1445원)	주말권, 평일이 다름	독립형 어린이 박물관
2	플리즈터치 어린이박물관	$22 Child, Adult	성인 아동 동일 가격	
3	보스턴 어린이박물관	$22 Child, Adult	만1세 미만 무료	
4	매디슨 어린이박물관	$14 Children, Adults	만1세 미만 무료, $12 online 할인	
5	콜 어린이박물관	$20 Children, Adult	만1세 미만 무료, $18 Seniors (65+)	
6	피츠버그 어린이박물관	Adults : $19 Children 2 ~18 : $17	Seniors 60+ : $17 만2세 미만 무료	
7	유레카 국립어린이박물관 (영국)	1~2 years : £7.45 (£1 = 약 1800원) 3+ years : £16.95 (약3만원)	만1세 미만 무료 아동 성인 동일 가격	
8	프레다 앤 프리다 어린이박물관 (오스트리아)	Children3+ : €10,40(1유로=약 1500원) Family €27,60	만3세 미만 무료, 가족 관람권 존재	
9	프랑크푸르트 어린이박물관(독일)	Adults 8€ (할인 4€) 만18세 이하 무료	청소년까지 무료	모 박물관 존재
10	트로펜 쥬니어 박물관(네델란드)	Adults : (19 +) : €18 Youth (6 ~ 18) : €7.50 만5세 이하 무료	만5세 이하 무료	

---

47 2025.2.5.작성일 기준의 입장료와 환율임

국내 어린이박물관의 입장료는 독립형 어린이박물관은 무료에서부터 최대 5천원까지를 받고 있다. 또한 단체는 할인을 해주고 있다. 서울시를 제외하고는 경기도, 고양시, 인천시는 도민이나 시민에게 입장료 할인 혜택을 주고 있다. 국립어린이박물관은 상설은 무료, 기획전만 입장료를 징수하고 있으나, 향후 상설과 기획 차이 없이 통일되게 최소한의 입장료를 받는 방향으로 검토할 예정이다. 독립형 어린이박물관들은 규모가 최소 1500평에서 최대 4500평까지로 다양하게 있다. 국립의 모 박물관이 있는 기관들은 모 박물관이 무료이며 이에 따른 어린이박물관도 무료이며 약3백명 내외의 규모이다.

〈표 12-2〉 국내 어린이박물관의 입장료 정책[48]

NO	기관 명	입장료	참고	분류
1	서울상상나라	개인 4천원, 단체 3천원, 연간회원 무료	개인 36개월 이상 단체 20명 이상	독립형 기관
2	경기도 어린이박물관	개인 4천원, 경기도 거주자 및 단체 2천원	개인 12개월 이상 단체 20인 이상	
3	고양어린이박물관	개인 5천원, 고양시민 3500원	개인 36개월 이상 단체 20인 이상	
4	인천어린이과학관	어린이 2천원, 성인 4천원, 어린이 단체 1500원		
5	경기북부 어린이박물관	경기도어린이박물관과 동일함		
6	국립어린이박물관	상설전 무료, 기획전 2천원	개인 7인 이하 단체 20인 이상	

---

48 상동

NO	기관 명	입장료	참고	분류
7	국립중앙박물관 어린이박물관	무료		모 박물관 존재
8	국립민속박물관 어린이박물관	무료		

이상으로 살펴본 입장료 가격들을 보면, 해외는 대부분 사립으로 한화 약3만
원 미만으로 아동과 어른의 차이가 없었다. 국내는 대부분 국공립의 기관으로
가격이 무료부터 5천원까지 있으며 단체는 할인이 있다. 서울을 제외하고 도비
나 시비로 이뤄진 곳은 소속 지역사회의 사람들에게는 입장료 할인 혜택이 있
다. 입장료 면에서 보면 우리나라가 저렴하여 접근성이 좋으니 많은 아동 가족
관람객이 이용해서 세금의 혜택을 누리는 것이 바람직해 보인다.

경험상 물가가 비싸지거나 국민의 생활이 어려워지면, 어린이박물관은 저렴
한 입장 정책으로 인하여 가족 관람객들이 더 방문하게 되는 곳이다. 국내는 아
동을 데리고 나들이가는 테마파크는 비용이 많이 소요되는 반면, 어린이박물
관은 저렴한 비용과 학습 위주의 공간이기 때문에 찾게 되는 곳이다. 따라서 저
렴하게 방문할 수 있는 가족 나들이 공간이므로 어린이박물관이 지자체 곳곳
에 확대된다면 아동 가족들의 문화 복지를 위해서도 좋은 외부 생활 문화 공간
이 생기는 것이다.

2. 홈페이지

홈페이지는 웹사이트 혹은 누리집이라고 부른다. 여기서는 홈페이지라고 통
칭하겠다.

홈페이지의 용도는 기관 이용 안내(예약 및 예매 포함), 기관 각종 홍보용, 기관
아카이브로 크게 세 가지로 나눌 수 있다.

국립어린이박물관 홈페이지 첫 화면[49]

서울상상나라 홈페이지 첫 화면[50]

49 https://child.nmcik.or.kr/
50 https://www.seoulchildrensmuseum.org/

경기도어린이박물관 홈페이지 첫 화면[51]

[그림 12-1] 국내 어린이박물관 홈페이지 첫 화면

첫 화면에서는 상단 좌측에 기관의 아이덴티티인 로고와 심볼이 들어간다. 요즘은 상단 전면에는 롤링 배너와 함께 기관을 대표하거나 중점 사항을 이미지와 함께 노출한다. 앞으로 운영하게 될 기획전시나 특별방학 프로그램 등을 미리 올려서 홍보 효과를 노리기도 한다. 롤링 배너는 기관의 중점 홍보 이미지라고 생각할 수 있다. 첫 화면에 보이는 글자나 이미지를 클릭하여 들어가서 자세한 내용을 들어다 볼 수 있도록 콘텐츠를 연결해 준다.

중반부터 이용 안내와 더불어서 예약 및 예매를 할 수 있게 보여준다. 관람객이 이용할 수 있는 편의 시설의 노출도 중요하다. 가족 나들이 혹은 단체 견학의 장소로써는 아동들에게 어쩌면 관람보다 더 중요한 것이 식사와 간식을 먹는 것이기 때문이다. 따라서 식당이 있는지 아니면 도시락을 지참해서 먹을 수

---

51 https://gcm.ggcf.kr/

있는지, 단체는 도시락 먹을 수 있는 장소가 있는지를 살펴본다.

자주 이용하시는 개인 관람객들은 관람의 질을 더 올리기 위해서 교육 프로그램에 참여한다. 교육 프로그램들은 인원이 제한되어 있는 경우가 많아 예약을 하도록 첫 화면에 노출하는 것이 좋다. 물론 운영상 사정이 생겨서 예약이나 예매를 하더라도 참석을 못하는 예약 부도가 반드시 발생하므로 예약을 못한 관람객을 위하여 현장에서 참여하도록 기회를 열어주어야 한다. 제반 운영 사항을 종합적으로 검토해서 현장에 맞도록 시행착오를 거치면서 수정되어 가는 것이 일반적이다. 따라서 신규 홈페이지를 오픈했어도 최소한 일주일에서 한 달 간의 시범 운영 시간을 가져야한다는 점을 놓치지 말기를 바란다.

콘텐츠는 보통 전시와 교육으로 나눠져 있고, 자료 창에 전시와 교육을 보조하는 활동지나 학술대회 같은 내용이 들어가기도 한다. 전시는 상설전시, 기획 전시, 틈새 전시(기타 전시)로 나눠지는데, 기획전시에서는 현재 전시와 지난 전시로 구분될 수 있다. 보통 대표 일러스트 이미지와 전시장 전경 사진이나 전시품 사진이 올라가 있다. 자료창에는 콘텐츠를 지원하는 모든 자료가 올라갈 수 있다. 박물관 리플렛, 전시 활동지, 교사/ 보호자 지침서, 전문적인 학술자료, 국내외 발표 자료, 교육자료집, 전시자료집, 발간 동화책, 동영상, 유튜브 등 매우 다양하다. 또 매스컴에서 노출된 신문이나 영상도 리스트업 할 수 있다. 최근에는 전시, 교육, 자료 창들에는 기관이 오래될수록 지난 콘텐츠들이 누적되면서 아카이브적 성격을 가지게 되어 기관 역사를 자랑할 수 있게 된다. 이는 기관의 전시와 교육 콘텐츠의 흐름과 발전을 볼 수 있는 훌륭한 자료가 될 수 있다. 그리고 코로나19 상황을 겪으면서 각 기관들 마다 온라인 교육이나 유튜브로 관람객과 소통하였다. 이런 온라인 활동들이 홈페이지에 탑재되면서 지속적으로 영상이 새롭게 유지되기도 한다.

기관에 따라서 조금씩 다르기도 하나 관람객과 홈페이지로 소통하는 기관이 있다. 관람객이 찍은 사진이나 영상을 홈페이지에 노출하기도 한다. 단, 관람객과 소통하는 창구는 유지 관리를 위한 인력이 항시 관리를 해줘야한다는 점이 있다. 보통 홈페이지는 홍보 담당자가 관리를 하되 각 디테일한 콘텐츠 업무들은 담당 학예사의 내용 협조를 받아서 이뤄진다.

해외 사례는 국내에 비해서는 조금 더 자유롭게 구성이 된다. 방문, 탐구, 학습, 기부, 기관 소개의 유형으로 보통 이뤄진다. 요즘은 접근성(Accessibility)에 대한 것이 방문 창의 하위 항목으로 들어가서 장애인들에 대한 배려를 하고 있다. 탐구는 보통 전시장에 대한 소개, 학습은 교육프로그램에 대한 것이 실리는데, 이것도 기관마다 조금씩 다르다. 미국의 경우는 거의 기부, 후원이 운영비의 많은 부분을 차지하기 때문에 기부 창이 노출되어 있다. 기관 소개에는 역사, 인력, 건물, 수상 내역 등의 내용을 포함한다.

새로운 어린이박물관의 첫 화면은 미국 어린이박물관들에서 많이 사용하는 화면 분할을 했다. 중요한 이미지나 사진이 가장 많은 면을 차지하고 있고 주위에 글자로 소개들이 나온다. 첫 화면의 이미지는 와글와글 거리지 않고[52] 매우 얌전하게 보인다. 이 기관은 미술 주제로 특화된 어린이박물관이라 그런지 홈페이지의 화면도 다소 미술관스럽게 얌전하고 시크해 보이는 느낌이다.

영국에 있는 유레카 국립어린이박물관[53]은 할리 팍스에 위치하고 있는데, 유레카를 인터넷에서 찾으면 위럴에 있는 유레카 과학 발견관과 함께 화면이 뜬

---

52 미국 어린이박물관은 많은 곳들이 홈페이지에 와글와글 거리는 느낌이 나도록 이미지를 많이 사용한다. 개인적으로 별로 선호하지를 않아서 예시로 들지 않았다. 너무 상업적인 느낌이 나는 것 같다.

53 이 곳은 명칭만 국립이지 우리나라처럼 세금으로 운영되는 기관이 아니다.

다. 두 기관을 한꺼번에 홍보하는 전략이다. 대신 위치를 분명하게 첫 화면에 명시하고 있다. 홈페이지를 통한 효율적인 전략이며 디자인 면에서 화면을 절반씩 분할 했음[54]에도 매우 우수해 보인다. 하단의 각 링크를 통하면 유레카 어린이박물관의 메인 홈페이지로 이동한다.

하단 예시 그림에서 보이는 멕시코 시티에 있는 빠빠로테 어린이박물관은 롤링 배너가 하단 면을 차지하고 상단에는 티켓을 살 수 있도록 유도하고 있다. 티켓을 클릭해서 들어가보면 달력이 보이면서 운영시간을 보여주고 날짜를 클릭하면 티켓을 살 수 있게 되어 있다. 또한 상단 최 우측에는 분관으로 클릭해서 들어갈 수 있도록 하였다. 다소 작게 되어 있어서 눈에 잘 띄지는 않는 단점은 있다. 그러나 필자가 보는 관점에서는 화면 배치가 티켓 유도가 상단에 있어 티켓팅을 먼저 볼 수 있도록 사용자 입장을 많이 고려한 것으로 보이며, 티켓팅으로 들어가서도 달력이 바로 노출되는 등 복잡하지 않게 디자인되어서 실용적이며 매우 우수해 보인다.

산호세 어린이박물관은 업데이트되어서 첫 화면이 바뀌었는데, 메인 화면이 세로로 길게 되어 있고, 예전에는 주변 여백이 많아서 다소 재미가 없었으나 최근 것은 뒷 배경으로 박물관의 전시품인 교통기관의 사진을 크게 넣었다. 화면이 매우 와글거리고 꽉차 보임에도 롤링 배너로 인하여 집중이 잘 되어 보인다. 그리고 보라색을 메인 색으로 사용하면서 건물의 전면에 채색된 보라색과 일체감을 보이고 있다. 색깔로도 기관의 아이덴티티를 잘 보여주고 있다.

54_보통 디자인에서는 황금 비율을 중시하는 경향이 있는데, 좌우 반으로 정직하게 분할하는 것을 선호하지 않는다.

3. 예약제 및 예매제

　어린이박물관은 아동의 발달에 맞도록 구성한 체험식 박물관이다. 따라서 공간적 범위가 정해져 있고, 전시물 수도 한정적이므로 하루에 찾아오는 모든 관람객을 받기는 어렵다. 이에 관람 인원수를 규정하고, 관람객에게 편안한 관람을 제공하기 위하여 미리 예약제 시스템을 마련하기를 권한다. 예약 행위에 부도율에 대한 책임이 없으면 운영이 어려움이 있기도 하므로 이럴 때는 예매제를 권하고 싶다. 개인 관람객의 부도는 패널티를 주어서 보통 다음 예약까지 2~3개월에 예약이 되지 않도록 한다. 단체의 경우는 일일 일정이 학부모님들께 공지되므로 예약을 해도 취소될 확률이 비교적 적다. 단, 우천시의 경우는 예외적으로 취소되기도 한다. 폭우가 쏟아지지 않은 한 어린이박물관은 실내에서 관람할 것이 있으므로, 일반적으로 단체가 잘 취소하지는 않는다.

　요즘 핵심 관람층이 유아들이므로, 관람 인원 수는 전시갤러리 0.8평당 1명의 유아를 기준으로 할 수 있다. 초등학생까지 방문하므로 최소한 전시갤러리 1평당 1인의 아동을 대상으로 잡으면 합리적이다. 또한 전시품 수를 조사하여서 몇 명의 수용 인원이 나올 것인지도 참고가 된다. 1인 1 전시품을 사용하도록 하되 가족이 옆에서 관찰할 수도 있고, 프로그램을 진행하는 룸같은 경우는 다수가 수용될 수 있다.

　따라서 상기 내용을 종합적으로 판단하여 시간대별로 인원수를 책정할 수 있다. 일반적으로 관람 시간을 1일 평균 2~3시간이다. 단, 어린이박물관 고객층들이나 방학 시에는 가족들이 관람과 식사를 반복하면서 하루 종일 지내고 가기도 하지만, 이럴 때도 강당이나 극장에서 공연으로 많은 관람객 수를 확보하고 있도록 하는 등의 운영의 묘가 요구된다.

　최근의 국내 독립형 어린이박물관들을 코로나19 상황을 겪으면서 자연스럽게 관람 시간을 지정하여서 하루 2~3회 정도로 예매나 예약제로 운영되고 있다. 기존에는 대부분이 입장 시간을 정해놓고 퇴장 시간은 자유롭게 하였다. 기관의 운영으로 볼 때 관람 시간을 지정해 놓는 것이 관람객 입장이나 기관 운영 입장에서 바람직해 보인다. 기관에서는 지정 입장 시간 사이에는 점심시간이나 중간 청소 시간이나 정리 시간들이 확보될 수 있고, 성인 관람객들은 아동들이 나가지 않고 하루 종일 있어서 지칠 수 있으므로 퇴장 시간을 지정해 놓으면 아동 가족 간의 언쟁이 없어서 좋다. 이전에는 아동들이 나가지 않으려고 울기도 하기 때문에 부모님들하고 싸우는 모습들이 많이 노출된다.

4. 회원제

우리나라는 국공립 기관들이 세금으로 운영되므로 어린이박물관 관람료가 무료이거나 비용이 저렴하다. 따라서 회원제를 하는 것이 활성화 되지는 않았다. 관람료가 최소한 5,000원 이상이 되어야 기관에서 회원제를 검토해 볼 수 있다. 왜냐하면 회원제의 가장 큰 혜택은 입장료가 무료이기 때문이다. 해외의 국공립 어린이박물관은 거의 전무하며, 사립으로 이뤄져서 대부분 입장료가 유료이고 높다. 회원제가 매우 활성화 되어 있다. 그들이 수익 재원에도 기여하는 요인이기도 하다.

기관 입장에서 회원제의 장점은 회원들의 많은 방문으로 이들이 일반 관람객들보다 콘텐츠나 시설 이용에 대한 시각이 앞서간다는 점이다. 따라서 이들에게 관람객 설문 조사를 하면 그 결과치가 의미가 있어 관람객의 반응을 미리 예측할 수 있어 운영에 잘 활용할 수 있다. 회원의 입장에서는 제일 먼저 콘텐츠를 경험할 수 있다는 장점이 있다. 예를 들면 회원의 날에 초대를 하여 신규 전시를 미리 경험하게 한 후 박물관에서 필요한 질문에 회원들의 의견 수렴을 할 수 있다. 또한 회원제의 적당한 수입 창출로 인하여 기관 운영에 도움이 된다. 단 회원수를 수입 창출에 이르도록 조정해야 한다. 너무 많은 회원들은 입장 수익에 전혀 도움이 되지 않는다. 회원제 인원수를 살펴보고 수익과 기관의 도움에 대한 수위를 잘 조절해야 한다. 일반적으로 회원제는 연간 관람객 수의 10%정도 내지는 일정한 비율을 유지하여야 박물관의 운영에 도움이 된다.

관람객 입장에서는 회원제는 대부분 가입비만 내면 무료 입장이기 때문에, 자주 방문을 할 경우에는 회원제가 훨씬 저렴하다. 또한 회원 초대 행사, 시범 운영시의 선 경험, 교육과 행사 시에 참가비 할인, 숍에서 할인 등이 이뤄진다.

현재 국내 어린이박물관에서 회원제를 운영하고 있는 곳은 서울상상나라이다. 서울상상나라는 2인 가족은 연회비 30,000원, 3인 가족은 40,000원, 4인 가족은 50,000원으로 가격이 책정되어 있다. 개인 입장료는 4,000원이다. 따라서 2인 가족 연회비 30,000원을 가입하면, 년간 4000원×2인×4회 = 32,000원이 계산되므로, 년간 4회 이상만 방문하면 입장료의 혜택을 보는 것이다. 따라서 기관의 주변이나 자주 방문할 수 있는 곳에 위치한 가족들이 가입하면 좋다. 회원 혜택은 무료입장 및 우선 입장, 회원 대상 프로그램 초대, 함께 있는 어린이대공원 내 기관과 제휴 혜택(예정)이다. 기관의 정책에 따라서 혜택은 변경되기도 한다.

해외는 회원제가 매우 활성화되어 있는데, 특히 생일파티가 큰 혜택으로 있었다. 아동이 년 1회 주인공이 되는 날이기 때문에, 박물관에서 학습적 놀이와 더불어 음식과 축하 파티까지를 제공하여 귀중한 아동의 행사가 되기 때문이다. 국내에서는 생일 파티의 혜택은 어린이박물관에서는 비활성화되었다. 국내의 생일파티 행사는 키즈카페인 상업시설에서 하고 있는 경향을 보인다.

해외는 보스톤 어린이박물관을 사례로 하겠다. 멤버쉽이 세 가지로 나눠져 있다. 가족회원, 기업 회원, 도서관 회원 3종으로 있다. 어린이박물관의 가족 회원이 우리가 보통 생각하는 입장료 무료인 멤버쉽이다.

가족 회원제 내에서도 3종으로 나눠지는데 큰 패키지, 더 큰 패키지, 가장 큰 패키지가 있다. 가족의 모든 패키지는 한 번에 최대 4명이 입장 가능하고, 그 중 한 명은 성인으로 하며, 매번 다른 사람을 데려올 수 있다. 매번 다른 사람을 데려올 수 있다는 것이 특이한 점으로 보인다. 큰 패키지의 혜택은 연간 무료 입장, 어린이박물관협회 네트워크의 100개 이상의 박물관 입장료를 반값에 낼 수 있다. 더 큰 패키지는 큰 패키지 혜택에 추가로 동반자의 입장료 반값 할인, 1회용 입장권 2장 지원이다. 가장 큰 패키지는 상기의 혜택에 추가로 1회용 입장권 4장이 지급된다. 또한 회원제 혜택 언급 중에서 마지막 문구에 박물관에 가장 많은 지원을 제공한다는 것을 명시했다.[55] 관람객의 회원 가입은 어린이박물관을 지원하는 체제라는 언급으로 클라우드 펀딩과 유사하게 가입을 독려한다고 생각된다.

기업 회원은 박물관의 소장품과 전시에 대한 접근을 기업에게 제공하는 프로그램이다. 이 혜택을 활용하여 회원에 가입한 기업 직원의 동기를 부여하고 직원들 즐겁게 하며, 커뮤니티 파트너인 기업과 교류하게 한다. 혜택으로는 이벤트 및 장소 임대 할인, 온라인 및 연례 보고서에서 파트너로 인정, 맞춤형 자원봉사 기회, 학교 방문 후원을 위한 패스 기부 기회 등이다. 50명의 $600 비용부터 2,500명의 $15,000 비용까지 인원수와 비용에 따라서 6단계가 있다.[56]

도서관 회원제는 이 회원들이 보스턴 어린이박물관을 반값 입장료로 방문할 수 있게 하였다. 지역 도서관을 박물관에 연결하게 하고 매주 200개 이상의 도서관 이용자들이 박물관을 방문한다. 각 도서관에 날짜별 쿠폰이 발급되면, 각 쿠폰은 최대 4명의 방문객을 반값 입장료를 내고 입장한다. 박물관은 세 가지

55_ https://bostonchildrensmuseum.org/membership/family-membership/
56_ https://bostonchildrensmuseum.org/membership/

유형의 도서관 회원 자격을 제공한다. 1년 도서관 멤버십($725), 반년 도서관 멤버십($375), 서부 매사추세츠 도서관 멤버십($250)의 주내에 있는 2개의 도서관으로 1년 기간이다.[57]

회원제는 보통 가족회원과 기업회원 정도까지 국내 박물관에서 운영하는 것으로 아는데, 보스톤의 도서관 회원제는 매우 특화되어 보인다. 도서관에서 책의 평면 글과 그림들이, 박물관이라는 공간상의 입체적 만남은 연계성이 좋고, 뮤지움과 가장 유사한 기능을 가진 기관은 도서관이기 때문에 연계를 잘한 것으로 보인다. 특히 미국은 문맹율이 높아서 도서관 회원제는 사회적 이슈에 잘 맞는 어린이박물관 회원제 정책으로 여겨진다.

〈표 12-3〉 국내외 어린이박물관 회원제 비교표

	국내 어린이박물관 (서울상상나라)	국외 어린이박물관 (보스톤 어린이박물관)
가족 회원	회원 혜택은 무료입장 및 우선 입장, 회원 대상 프로그램 초대, 함께 있는 어린이대공원 내 기관과 제휴 혜택(예정) • 2인 가족은 연회비 30,000원 • 3인 가족은 연회비 40,000원 • 4인 가족은 연회비 50,000원	가족의 모든 패키지는 한 번에 최대 4명을 입장 가능하고, 매번 다른 사람을 데려올 수 있다. • 큰 패키지의 혜택은 년간 무료 입장, 어린이박물관협회 네트워크의 100개 이상의 박물관 입장료 반값이다. • 더 큰 패키지는 큰 패키지 혜택에 추가로 동반자의 입장료 반값 할인, 1회용 입장권 2장 지원이다. • 가장 큰 패키지는 상기의 혜택에 추가로 1회용 입장권 4장이 지급된다.
기업 회원	-	이벤트 및 장소 임대 할인, 온라인 및 연례 보고서에서 파트너로 인정, 맞춤형 자원봉사 기회, 학교 방문 후원을 위한 패스 기부 기회 • 50명의 $600 비용부터 ~ 2,500명의 $15,000 비용까지 인원수와 비용에 따라서 6단계가 있다

---

57 https://bostonchildrensmuseum.org/membership/library-membership/

	국내 어린이박물관 (서울상상나라)	국외 어린이박물관 (보스톤 어린이박물관)
도서 관회 원	-	지역 도서관을 박물관에 연결하고 매주 200개 이 상의 도서관 이용자들이 박물관을 방문, 각 도서관 에 날짜별 쿠폰이 발급되면, 각 쿠폰은 최대 4명의 방문객을 반값 입장료를 내고 입장 • 1년 도서관 멤버십($725), 반년 도서관 멤버십 ($375), 서부 매사추세츠 도서관 멤버십($250) 의 주내에 있는 2개의 도서관으로 1년 기간이다.

5. 홍보와 마케팅

오래전 모셨던 공공기관의 모 대표님께서 남기신 말씀이다. '홍보가 아니면 사업을 하지를 말아라'. 당시에는 홍보 업무만을 국한해서 생각해서 다소 이상하다고도 생각했는데 다시 생각해보니 세금으로 운영하는 문화예술 기관에서 하는 일들은 널리 홍보해서 세금을 내는 사람들이 혜택을 보게 하는 것은 당연한 일이었다. 따라서 공기관들은 사업을 널리 홍보할 필요가 있다. 그것이 단지 수혜만이 아니라 이런 일을 하는 것을 널리 알리는 것도 중요한 일이다.

사기업도 마찬가지이다. 사기업의 비영리 사업은 문화예술에 대한 기업 이미지 홍보 차원[58]이다. 비영리이므로 영리 추구를 할 수가 없고, 일부는 수익 차원에서 할 수는 있겠으나 사업 전체에서는 수익이 될 수가 없다. 그러므로 공익적인 사업들은 모두 홍보가 중요하다.

홍보는 인력 수와 직결된다. 어린이박물관이 공기관이면 경영부처에서 홍보팀이 있어 박물관의 홍보 담당자와 협력해서 홍보를 한다. 그러나 어린이박물관에서 전문 홍보 담당자가 있기는 어려운 상황이라 보통 사업 담당자인 학예

---

58 기업의 비영리 사업은 기업의 이미지 관리뿐 아니라 기업의 사회적 환원도 포함된다.

사가 홍보 업무를 하는 것이 현실이다. 사실 홍보는 매우 전문적인 분야이다. 따라서 홍보 및 마케팅의 전문 인력이 고용되어서 홍보 사업을 꾸려나가는 것이 가장 효과적이라고 본다.

홍보의 종류는 다양하다. 너무 다양하기 때문에 핵심 홍보 전략을 집중해서 세우는 것도 바람직하며, 사업 성격에 따라서 홍보 매체가 달라질 수 있다. 따라서 홍보 사업은 1년간의 사업을 파악하고 사업의 대중소에 따라서 매체를 결정해서 계획하에 이뤄지도록 한다. 보통 어린이박물관 개관은 각종 방송사나 신문사에서 다뤄지고 있고, 기획전, 학술대회 같은 것이 연간으로 1~2회 정도 이뤄지기 때문에 신문사와 지역 방송사를 위주로 홍보를 한다. 요즘은 인터넷에 홈페이지, 인터넷 기관 카페, 기관 블로그, SNS가 매우 활성화되어 있어 매체를 다양하게 해서 홍보해야 한다.

- **홍보 매체들**
  - 기관의 홈페이지
  - 중앙 신문이나 지역 신문
  - 각종 방송사들
  - SNS (페이스북, 인스타그램, 블로그 등)
  - 유튜브
  - 유관 공공 기관들
  - 유관 박물관 협회들
  - 어린이집/ 유치원 연합회들
  - 광고 (잡지 광고, 버스 광고, 전단지 광고, 현수막 광고, 전광판 광고 등)

최근에 국내의 행사들은 홈페이지를 기본으로 하되 SNS를 많이 하는 추세이다. SNS에서 콘텐츠 홍보도 하지만 좀 더 관심을 유도하기 위해서 간단한 경품

이벤트를 다루기도 한다.[59] SNS를 주로 이용하는 관람객은 자녀를 가진 주부들이기 때문에 음료 한잔, 케익, 아이스크림 등 간단한 먹거리 종류로 부담감 없는 작은 선물로 운영하는 경향이 있다.

국립어린이박물관 인스타그램 홍보 이벤트

경기북부어린이박물관 인스타그램 홍보 이벤트

[그림 12-2] 인스타그램 매체 미니 경품 홍보

---

59 인스타그램 매체의 경품 이벤트 홍보는 국내에서만 하고 있는 것으로 파악하고 있다.

홍보 전문가가 아닌 상태에서 홍보를 잘 할려면 전문가적인 감각이 있어야 한다. 탁월한 키워드나 카피를 잘 사용해야하고, 카피만 하더라도 고민하고 자료 조사 등의 노력을 해야 한다. 차별화되는 단어나 차별화되는 최대, 최초를 사용할 수 있거나 독창적인 단어가 실려야 신문의 기사로 실릴 수 있다. 어린이박물관은 문화예술 면, 아동 가족 면에 주로 실릴 수 있다. 역으로 말하면 아주 잘해야 양쪽 중에서 한 면이라도 실릴 수 있다는 뜻이다. 따라서 학예사는 항시 카피를 신경써서 전략적으로 업무를 해야한다. 전시와 교육 콘텐츠의 제목도 마찬가지이다. 관람객의 관심을 유도할 수 있는 카피를 고민해야 한다.

홍보과 마케팅은 다른 업무이나 인력이 어려운 기관은 두 가지 업무를 한 사람이 담당하기도 한다. 마케팅은 보통 경영본부에서 이뤄진다. 잠재 고객을 대상으로 관람객으로 찾아오게 만드는 방법이다. 어린이박물관을 대상으로 한다면 산부인과나 소아과들에서 어린이 고객이 있는 엄마들을 대상으로 할 수 있다. 또 자원봉사협회에서 기관 마케팅을 할 수 있다. 자원봉사자들의 가족들을 대상으로 어린이박물관의 잠재 관람객을 삼을 수 있다. 기업들도 후원 마케팅을 유도할 수 있다. 기업 후원을 늘리면 기업 가족들을 대상으로 연간 무료 관람을 시키면서 상호 윈윈할 수 있다. 한가지 유의할 점은 콘텐츠 사업과 함께 홍보와 마케팅이 이뤄져야한다는 것이다. 사업 내용이 없이는 단독으로 홍보나 마케팅이 이뤄질 수 없다. 이 점을 간과해서는 안된다. 또한 인터넷 노출에서 한가지 팁은 사람들이 검색할 때 '방학 때 어린이가 가볼 만한 곳', '주말 아동과 가족이 가볼 만한 곳', '유치원 어린이집 단체 견학처' 등의 검색어를 입력해서 나들이 방문지를 찾고 있다. 따라서 검색어에 들어 갈 수 있도록 키워드를 고려해서 기관이 검색창에 노출될 수 있도록 하는 것이 좋다. 이것도 정기적으로 노출 될 수 있도록 홍보 마케팅 담당자가 지속적으로 관리를 해야한다.

홍보 사업의 또 하나로 부스 설치가 있다. 주로 유관 기관이나 협회 차원에서 주관해서 각 기관들을 집결시킨다. 2024년 10월 초에 유네스코 아태무형유산센터에서 개최하는 제2회 '세계어린이무형유산축제' 행사가 있었다. 전주에 위치한 국립무형유산원에서 개최되었는데 어린이 기관들의 전통 관련 프로그램의 부스들이 나왔고, 전통 공연행사도 이뤄졌었다. 어린이나 청소년으로 구성된 춤사위의 국내외 공연단들이 있었고, 지역의 전통을 이어가는 공연도 이어졌다. 각 홍보 부스에는 전통을 유지하고 있는 유관 기관들의 프로그램겸 엑스배너의 설치와 함께 홍보 부스가 설치되었다. 한눈에 파악되는 각 기관들의 모습을 볼 수 있고, 학예사는 타 기관들의 자료와 정보를 얻을 수 있고, 관람객은 풍성한 무형문화행사를 즐기고 기관들을 인지하기도 하고 행사를 기억할 수 있다.

이외에도 한국박물관협회에서 주최하는 박물관·미술관 박람회가 있다. 2024년 10월 하반기에는 부산 벡스코에서 개최되었다. 여기에도 홍보 부스와 더불어 다양한 프로그램과 학술적 이야기들이 있어 기관들을 널리 홍보하는 기회가 된다.

세계어린이무형유산축제 행사에 참여한
기관들의 홍보 부스들

세계어린이무형유산축제 행사의
베트남 사자춤 공연자의 관람객 접근 모습

[그림 12-3] 제2회 국제어린이무형문화재 홍보 부스 행사

미국 ACM에서는 마켓 플레이스로 홍보 부스가 설치되는데 어린이박물관의 교구재 판매나 전시 업체들의 홍보가 있고 순회전을 보유한 어린이박물관도 홍보 부스를 설치해서 홍보하기도 한다. 국제박물관협회(International Council of Museums, 이하 ICOM)은 3년마다 개최되는데 이곳에서는 국내외 기관들의 홍보 부스가 있다.

6. 상설 공연

어린이박물관에서의 공연 사업은 아동들에게 공연 감상의 기회를 어린 시절부터 제공해 주어 공연 문화를 즐기게끔 해준다. 아동들에게 공연 관람은 매우 신나고 즐거운 일이다. 어린이박물관을 방문했다가 체험도 하고 공연도 함께 보면 알찬 가족 나들이의 하루가 된다. 게다가 어린이박물관의 공연은 기관에서 어느 정도의 질 관리를 하기 때문에 부모님들이 신뢰하고 볼 수 있다는 장점이 있다. 특히 유치원이나 어린이집의 아동 단체들은 박물관의 관람과 공연을 함께 보는 것을 선호한다. 기관에서 대강당이나 공연장, 소극장이 있다면 공간에 맞춘 공연이 가능하다.

경기도어린이박물관 근무 시에 단체의 요구를 반영하여 시범적으로 운영했었던 사례를 들어보고자 한다. 당시 사례 조사를 해 본 결과 세 가지 운영 형태가 있었다.

첫째는 공연 단체에게 공간을 빌려주고 대관비를 받는다. 단, 어린이박물관의 방향에 맞는 단체에게 대관을 해야 박물관의 질이 떨어지지 않는다. 예약부터 시작해서 안전한 관람이 되기까지 공연 단체에서 운영 관련 모든 업무를 한다. 서울 상상나라가 운영했었던 시스템이다.

둘째는 수입금 배분으로 공연 단체와 어린이박물관이 함께 공연 티켓 판매로 인한 수익료를 나눠서 분배한다. 수입금 분배는 5대5부터 9대1까지가 있는데, 공연 단체가 비율이 많은 쪽의 수익료를 가져간다. 이는 상호 손해가 나지 않도록 해야 하며, 경기도어린이박물관에서 시범 운영하여 성공적인 사례가 있었다.

셋째는 어린이박물관에서 직접 공연 단체를 선정하여 공연 비용을 단체에게 지불하고 운영한다. 공모를 통하여 공연 단체를 심의하여 선정한다. 기관의 상황에 따라 공연 횟수나 공연 단체가 결정이 되는데, 보통 한 달에 한 공연을 한다. 주말에는 개인 관람객이 많으니 오전, 오후 총 2회를 운영하고, 평일에는 기관 단체 관객들의 티켓 구입에 따라 공연이 진행되며 티켓 수입은 어린이박물관에서 가져간다. 직영을 하려면 기관에서 홍보도 해야하고 티켓 판매 시스템도 있어야 하고 공연 사업 담당자와 운영 관련 스텝도 몇 명이 있어야 한다. 매우 신경을 많이 써야 한다.

〈표 12-4〉 공연 운영 유형의 장단점

구분	대관	수입금 배분	직영
장점	인건비의 최소화에 따른 수입금의 최대화	배분에 맞는 안정적인 수입금 확보, 공연 단체와 협상으로 질 관리 가능함	공연의 질 관리가 가능하며, 기관의 운영에 적합하게 관리가 가능함
단점	공연의 질을 관리할 수 없음. 공연의 질에 따른 기관 이미지 관리의 어려움	기본적인 관리는 해줘야 하므로 공연 담당 인력이 필요함	공연 사업 전담 인력이 있어야 하며, 안정된 운영을 위하여 운영 스텝과 홍보, 예매 등 노력과 신경을 많이 써야 함

공연의 종류는 매우 다양하다. 대상별로, 주제별로, 예술별 분야로 나누어질 수 있다.

어린이 대상으로는 뮤지컬, 인형극, 대형 탈인형극, 마임, 손인형극, 복합적인 다원 예술, 마술쇼, 마리오네트 등이 있고, 예술 주제의 극, 과학 주제 관련 극이나 버블쇼, 마술쇼, 과학쇼, 풍선아트, 샌드 아트, 예술 분야는 연극, 손인형극, 탈인형극, 마임, 무용, 1인극, 위인 극 등 매우 다양한 공연 행사가 있다. 일반적인 예술 공연과 어린이박물관의 공연이 다른 점은 공연이 어린이 참여가 이뤄지거나 함께 시현을 해본다던가 최소한 공연 종료 후 함께 사진을 찍는 행위 등으로 공연단과 어린이 관객과 거리가 없게 친근하게 이뤄지도록 하는 점이다.

티켓 비는 개인 가족 관람객의 경우에는 운영비를 검토하여 적절하게 책정하는 것이 바람직하다. 단체는 보통 1만원 이내가 가장 이상적이다. 가장 좋은 것은 단체 교사들 대상의 설문지를 통해서 적절한 티켓비를 파악하고 기관에 맞게 비용을 책정하는 것이 바람직하다.

공연 공간은 어린이집이나 유치원들이 많이 관람하는 관계로 학급 수 인원을 고려해야 한다. 요즘은 20~30명 정도가 가장 많이 찾고 있어서 최대 30명×4단체 = 120명 정도가 이상적으로 보인다. 따라서 공연을 하려면 최소한 100명 ~ 200명 정도의 인원이 들어가도록 공연장을 설계하고, 유아들의 경우 신체 비례상 머리 중심이 쏠려있어 뒤로 넘어가는 경우가 있으니 반드시 부드러운 등받이가 있도록 한다. 아동들이 아래로 무대를 바라보도록 하고, 계단식 반원형의 설계가 아동들에게 적합한 어린이 소극장으로 보인다. 서울상상나라의 소극장 설계가 모범 사례로 생각된다. 어린이박물관은 아니지만 유사한 시설로 천안시에서 운영하는 천안어린이꿈누리터에서 직영 운영으로 아동과 가족 공연 행사를 질 좋게 추진하고 있다. 대전의 어린이회관은 공연 단체가 아예 기관에 상주해 있으며 월별로 기획해서 공연을 하고 있다.

<table>
<tr><td>서울상상나라 어린이 극장</td><td>대전 어린이회관 공연장</td></tr>
</table>

[그림 12-4] 어린이 극장

7. 행사

1회성 교육 프로그램이 아닌 어린이박물관의 필요에 의해서 추진하는 1회성 행사를 언급하겠다. 해외에서 활성화 되어 있는데 자금 마련을 위한 갈라쇼나 경매 행사, 벼룩 시장같은 중고물품 행사, 특히 어린이 생일 행사를 많이 하고 있다. 사례로 든 매직하우스의 경매 행사는 목적이 장애인들을 위한 지원 행사라 의미가 더 있다.

- 행사명 : **2024년 매직하우스**(생루이스 어린이박물관)**의 온라인 경매 행사**
  - 내용 : 매직 하우스를 후원하고 온라인 경매에 참여하여 지역사회 어린이들에게 창의력을 불어넣고 호기심을 불러일으키는 놀이 경험을 제공하는 데 도움이 되도록 한다. 경매에 참여는 박물관의 모든 사람인 장애인을 위한 지원도 가능하다. 경매의 당첨자는 놀라운 상품을 받을수 있는 기회도 제공된다.
  - 기간 : 10월 4일 오후 8:30 종료, 당첨자는 문자로 공지한다.
  - 대상 : 아동과 가족
  - 경매 상품 : 야구 글로브, 생루이스 심포니 오케스트라 콘서트 티켓, 매직

하우스 파자마파티 참가, 생루이스의 운동클럽 스위트 참가, 생루이스 야구장 참가 티켓, 리조트 숙박권 등 (주로 지역사회 시설들을 이용하는 티켓을 상품으로 내놓는 경향이 있다)

- 참가 방법 : 뉴스 레터 회원으로 가입한 사람들에게 홈페이지를 통한 참가 유도
- 특징 : 기관의 후원을 통해서 재정을 지원하며, 수익금들은 장애인들을 위한 지원을 행하고 있다. 소외된 학교, 청소년 단체, 군대를 포함한 특수 인구 및 위탁 가정과 협력하여 무료 입장, 현장 학습 및 가족 숙박을 제공한다. 아동과 가족에게 경매에 대한 경험을 제공하여 어려운 이들에게 긍정적인 나눔에 대한 인식 기회 부여한다.

● 생일 파티

주로 해외에서 아동 생애의 주인공이 되는 최고의 날인 생일파티를 어린이박물관에서 할 수 있도록 제공하고 있다. 소정의 비용을 받고 생일자 아동이 초청한 사람들과 더불어서 간단한 먹거리와 박물관 관람을 하게 한다. 박물관 내의 편의 시설인 카페테리아가 있으므로 식음료가 제공될 수 있고, (카페테리아가 없다면 식음료를 가져오거나 주문할 수 있다) 먹기만 하는 것이 아니라 아동들에게 의미있는 놀이터인 박물관 관람의 기회 부여는 건강한 생일 파티 행사를 할 수 있다. 사립 기관에서 할 수 있다면 적극 추천한다. 인디아나폴리스 어린이박물관은 생일파티 행사[60]를 할 수 있도록 제공하고 있다. 스텝핑스톤 어린이박물관에서는 2시간 정도 파티 행사를 할 수 있고, 파티에 보조원으로써 아동들이

---

60 https://www.childrensmuseum.org/visit/birthdays
  * 규모가 큰 박물관이라 생일 파티 뿐 아니라 기업 행사, 웨딩 행사, 사회적 행사, 계절 행사들이 다양하게 준비되어 있다.

정말 좋아하는 대형 탈인형들이 등장하여 이야기도 들려주고 사진도 찍으면서 파티 행사를 돕는다.

8. 카페 및 식사 공간

1) 카페 및 식당

어린이박물관의 카페는 꼭 필요한 시설이다. 아동에게는 보는 것보다 더 중요한 것이 먹거리이다. 카페는 주로 아동과 가족 관람객이 대부분 주로 이용한다. 그러다보니 주말이나 방학 시즌에 가장 붐비는 공간이다. 일반적으로 국내에는 독립 기관들인 어린이박물관에서는 카페와 간단한 간식 꺼리인 스낵이 있다. 보호자용의 음료들과 아동들이 좋아하는 먹거리, 아동용 음료를 준비해 놓으면 도움이 된다. 아동들은 신체가 성인처럼 크지 않기 때문에 신체 구조상 소화도 금방되고 저장 기능도 적어서 에너지를 쓰면 금방 보충해야하므로 간단한 식사나 간식을 제공하는 식당, 매점 같은 곳이 구비되면 좋다. 기관의 관람객 수를 고려하여 식당과 카페의 규모가 정해질 수 있다. 최근에는 유기농 사업의 발달로 질을 위해서 유기농 식자재의 스낵을 준비하기도 한다. 국립중앙박물관 어린이박물관은 모 박물관이 대규모이므로 카페, 식당 등이 다양하게 부대 시설로 갖춰져 있다.

해외는 중대형의 어린이박물관들에 보통 카페테리아가 있다. 여기서 음료와 음식을 선택해서 함께 먹게 되어 있다. 최대 규모인 인디아나폴리스 어린이박물관은 어르신까지 모든 연령이 다 올 수 있는 공간이므로 식당인 푸드코트와 음료만 하는 카페가 따로 분리되어 있다.

경기북부어린이박물관 카페

서울상상나라 카페

키즈스페이스 어린이박물관 카페
- 실내외 개방형 공간

이시카와 현립도서관 카페
- 아동들도 함께 앉을 수 있게 푹신한 긴 좌식 설계

햄머 미술관 카페
- 중정에서 햇살을 받을 수 있는 쉼터의 공간

LA카운티미술관 야외 카페
- 버스를 개조하여 야외 카페 주방을 만듦

[그림 12-5] 국내외 뮤지움의 카페들

카페의 운영은 공간 대관, 위탁 운영, 직영의 세 가지 유형이 있다.

공간 대관은 대관비만 받고 운영에는 일절 관여하지 않는다. 위탁 운영은 공모를 거쳐서 카페 업체가 선정되면 임대세를 수입금으로 받는 형태인데 비용은 기관의 상황에 따라서 다르다. 마치 거주지에도 전세와 월세가 있듯이 생각하면 된다. 직영은 직원을 채용하여 운영하는 형태이다. 공공기관들은 대부분 대관이나 위탁 운영으로 운영하는데, 인건비가 소요되는 직영을 비선호하는 경향이 있다.

〈표 12-5〉 카페의 운영 유형

구분	대관	위탁 운영	직영
내용	어린이박물관은 비영리기관이므로 보통 사회적 기업에게 대관하는 것이 결이 맞음.	공간을 운영할 업체를 공모를 거쳐 선정하며, 공간에 대한 일정 비용 받음. 수입은 기관 상황에 따라 다름.	보통 행정(운영)부서의 직원이 기획과 운영하며, 판매원을 고용해야 함. 모든 식음료 재료지출비, 인건비와 판매 수입금이 어느 정도 비슷하거나 수익이 되어야 가능함.
사례	서울상상나라	국립어린이박물관	경기북부어린이박물관

2) 도시락 식사 공간

단체 관람객은 대부분 도시락과 음료를 지참하기 때문에 카페를 이용하지를 않는다. 따라서 단체를 위한 식사 장소를 따로 시설에서 마련해주는 것이 어린이박물관 운영에서 필수 조건이다. 건축가들이 어린이박물관의 관람객 패턴을 잘 몰라서 국내에서 시행착오가 많았었다. 삼성어린이박물관은 오피스 빌딩이였으나, 지하 공간을 대부분 임대하여 도시락을 먹도록 조치하였고, 개인 관람객은 지하의 매점과 식당이나 주변의 식당을 이용하였다. 그러나 어린이박물관 건립 프로젝트로 벤치마킹을 오신 많은 건축가들이 지하 도시락 공간을 파악하지 못하고 그냥 돌아간 것 같다. 경기도어린이박물관 건립 시에 도시락 식사 장소가 없어서 야외를 권하긴 했지만, 실내 공간이 반드시 필요했었다. 대부분의 단체인 유치원과 어린이집 유아들은 날씨와 기온에 민감하기 때문에 겨울, 여름, 간절기, 우천 시 때는 실내 공간이 있어야 한다. 식사 공간을 가장 잘 확보한 기관이 서울상상나라, 고양어린이박물관이다.

단체는 인원수에 따라서 함께 식사하기 때문에 식사 테이블과 의자가 이동이 용이해야 한다. 요즘은 20~30명 정도가 한 반을 구성하며, 대규모의 단체 기관에는 120~200명까지 함께 이동하기도 한다. 기관의 수용 인원에 따라서 공간을 마련해주고, 이것도 어려울 경우는 돗자리를 비치하여 실내에서 먹도록 배려해야 한다. 야외 공간이 가장 이상적이나 요즘은 미세 먼지로 실내를 선호하는 경향을 보인다.

또한 영유아들은 신체가 빠르게 성장하는데, 큰 연령 범주에 따라서 식사 테이블의 높이가 고려되어야 한다. 초등생용과 영아용은 신체 발달의 차이가 많이 나므로, 초등용을 고려한 테이블에서는 영아들은 팔이 짧아 숟가락을 들고도 식탁 위의 도시락을 먹을 수가 없다. 따라서 영아용의 관람객이 많이 방문하는 추세이므로 바닥에 앉아서 먹는 앉은뱅이 테이블을 권한다. 국립어린이박물관에서는 구비한 앉은뱅이 테이블에 영아 단체가 식사하도록 배려한다. 공간 마련이 어려울 때나 단체 수가 많아서 식사 공간이 모자라는 상황에는 교육실, 소극장을 다목적으로 쓰기도 한다. 이는 기관 상황에 따라 융통적으로 운영해야한다. 단, 음식 냄새가 나기 때문에 공조 시설이 잘되어 있어야 하고, 벌레들이 들어올 수 있어서 수시로 청소를 해야 하며, 세면대, 정수기, 휴지 등이 갖춰져 있어야 한다.

경기북부어린이박물관 식사 공간 　　　　　 서울상상나라 식사 공간

[그림 12-6] 국내 어린이박물관의 도시락 및 식사 공간[61]

9. 뮤지움 숍

　뮤지움 숍 상품은 관람객이 뮤지움의 방문을 기념하고 집으로 돌아가서 기억하기 위한 기념품이다. 어린이박물관은 규모가 보통 중대형 이상인 기관에서 뮤지움 숍을 운영하는데, 기관의 상황에 따라서 운영 상황이 매우 다르다.

　대형의 모 박물관이 있는 어린이박물관은 모 박물관의 뮤지움 숍이 있다. 따라서 상품이 콜렉션 기반부터 매우 다양하고 규모도 크다. 국립중앙박물관은 박물관 재단이 있어서 이곳에서 기획하고 판매까지 하는 조직이 있다. 해외도 대형의 유명한 모 박물관이 있는 어린이박물관도 마찬가지로 숍이 활성화 되어 있고 이윤 추구가 가능하다. 더불어 온라인 숍까지 매우 활성화되어 있다.

　그러나 모 박물관의 없는 독립형 어린이박물관은 상황이 다를 수 있다. 최소한 규모는 중대형 이상이여야 하고 관람객 수가 영향을 주는 요인이 된다. 관람

61　해외에서는 단체에게 제공하는 도시락 식사 공간을 본 적이 없다. 단체들은 카페테리아를 이용하는 것으로 판단된다.

객 수가 많다고 해도 상품 구매력이 있는 것은 아니기 때문에 고민을 많이 해야 한다. 또한 상품 개발과 재고 관리까지 소요되는 비용도 만만치 않다. 따라서 숍의 운영은 이윤 추구가 아닌 관람객 서비스 시설로 간주해야 한다.

숍의 상품은 그 뮤지움 만의 독창적인 상품을 개발해야 하므로 개발 인력이 필요하다. 뮤지움 숍의 시장 조사부터, 어린이들이 어떤 것을 선호하고 구매하는지, 가격 정책, 구매력 등 검토할 것이 수도 없이 많다. 작은 뮤지움에서 숍을 운영하려고 하면 기념품 관련 담당자가 있으면서 개발은 외주를 주고 기념품을 제작하며, 판매자를 관리한다. 소규모 기념품 판매 수준의 숍은 인력을 최소화하기 위해서 매표에서 같이 업무를 보면서 판매하기도 한다.

● 뮤지움 숍 운영시 고려할 점들

- 모 박물관이 있는 부속형 어린이박물관은 콜렉션을 이용한 기념 상품을 출시할 수 있는가?
- 모 박물관이 없는 독립형 어린이박물관은 어떤 상품을 상징적으로 해야하는가? 이 경우는 보통 기관 로고와 심볼을 이용한다.
- 서비스 시설이므로 입구나 로비 부분의 공간이 있는가? 일반적으로 관람 경험시 강한 인상을 남긴 후에 출구 부분에 공간을 구획하여 관람 기억을 집에서도 연장하도록 하며 구매력을 높이게 한다.
- 기획 인력 및 판매 인력을 갖출 수 있는가?
- 기획 자료 조사가 가능한가? (국내외 뮤지움 숍 조사, 국내 어린이 상품 조사 등)
- 기획 상품 개발이 가능한가? 상품 개발 용역을 줄 경우에 구체적으로 가시화 상품으로 될 수 있는가? (디자인 개발은 실제 상품화로 가시화 되는 것이 제작비과 판매비의 가격대 맞지 않아 어려울 수 있다)
- 기획 상품의 종류를 어떤 것으로 할 것 인가?
- 기획 상품 제작이 가능한가? 개발된 상품을 현실적으로 제작할 수 있는가?

- 상품의 단가 책정은 얼마인가? 상품 판매비 정책은 어떻게 수립할 것인가?
- 단가 대비해서 이윤을 어찌 예측하고, 현실적인 운영에서는 수입이 어떻게 되고 있는가?
- 제고 관리를 어찌할 것인가? 판매가 잘 안되는 것은 세일 정책을 할 것인가? 기증 처리 할 것인가? 등
- 지구 환경을 생각해 볼 수 있는 지속가능한 물건들인가? 아니면 중고품 판매 정책이 있는가?

가격 정책은 기관에서 구매력을 가지고 있는 보호자 대상으로 사전에 설문조사를 실시하는 것이 안전하다. 저렴하고 손쉽게 구매하는 것부터 다소 비싼 가격까지 가격대 폭이 있는 것을 제안한다. 예를 들면 손쉽게 구매 가능한 천원대 가격, 중간 가격인 1만원대, 다소 고가인 3만원대까지로 넓게 책정하고 가격에 맞는 상품을 개발 제작해야 한다. 현재 시점으로 보통 최소 비용인 5천원 전후 수준이 잘 팔린다.

국내에서는 경기도어린이박물관, 경기북부어린이박물관에서 뮤지움 숍을 운영하고 있다. 개발 당시 본부에 서비스 개발팀이 있었고, 경기북부어린이박물관에서는 뮤지움 숍의 담당자가 있어서 상품 개발 용역을 냈었다. 개발 상품은 10여 종류가 되었으나, 실제로 제작업체를 찾고 상품이 제작되어 나오기까지는 시간이 다소 소요되었다. 또한 제작해서 상품을 판매해도 단가가 너무 비싼 경우는 판매가 되지 않는다. 따라서 실제 제작되는 상품은 상품 개발된 것의 일부분이 될 수 있다. 다양한 점을 고려하여 뮤지움 숍이 안정되기까지는 오랜 시행착오를 거친다.

상품의 종류로는 전시와 연계된다고 볼 수 있는 학습용 교재, 놀이 교재들, 교육프로그램과 연계되는 프로그램 제작 키트들, 전시와 연계되는 도서들, 유

아들이 좋아하는 동물이나 공룡 인형들, 순수한 기념품인 박물관의 로고가 찍힌 문구류들, 악세사리들 매우 다양하다. 한 가지 팁을 드리면, 뮤지움 숍에서의 상품은 그 박물관의 콘텐츠와 반드시 연결되는 상품이여야 구매력을 높일 수 있다. 전시와 교육 경험이 있고 이후 이에 대한 연장으로 뮤지움 숍의 상품을 사는 것이 뮤지움 숍 상품의 의미이다. 박물관의 콘텐츠와 아무런 연결 고리가 없는 숍의 상품은 그냥 숍인 것이지, 뮤지엄 숍은 아니다. 따라서 상품 종류를 잘 갖춰 놓는 것이 중요하다.

해외는 기획전이 있을 시에 상품 개발이 잘 이뤄지기도 한다. 정말 오래전 30여년전 이긴 하지만 인디아나폴리스 어린이박물관에서 기획전으로 상어전을 했었다. 1층에 이미 뮤지엄 숍이 있었음에도 기획 전시가 중간층에 있었고 기획전 기념품 숍도 그 옆에 큰 공간에 있었다. 아직도 기억을 하고 있는 것을 보면 매우 인상적이었던 것 같다. 아동들의 관심이 많은 상어 주제도 독특했고, 중층에 기획전과 기획전용의 뮤지움 숍이 있었던 것이 매우 차별화되었던 것으로 기억한다. 물론 엄청나게 큰 규모의 어린이박물관이니까 가능한 일이라고 생각은 하지만 기억과 인상이 아직도 생생한 것을 보면 잘 기획하고 공간에 배치한 사례로 생각된다.

상품의 판매를 위해서 디스플레이도 중요하다. 그달의 중점 판매를 위한 상품을 눈에 잘띄게 매대를 놓기도 하고, 세일을 해서 판매를 독려하기도 한다. 또한 대형으로 물건을 제작해서 눈에 띄게 디스플레이도 하고, 학습 교구의 경우에는 아동들이 숍에서 놀이해 볼 수 있는 공간을 조성해서 구매력을 높이는 것도 좋다. 이도 어느 업무와 마찬가지로 담당자와 판매원들이 얼마나 노력을 기울이냐에 따라서 달라질 수 있다.

인디애나폴리스는 공룡이 메인 주제라서 숍에서 디스플레이도 대형 공룡을 설치하여 관심을 끈다. 루이지애나 어린이박물관은 작은 모형나무에 동물인형들을 놓아서 구매력을 높이게 한다. 경기북부어린이박물관에서 오감이란 캐릭터를 이용하여 오감이 양말, 오감이 문구류, 오감이 모자 등의 각종 상품을 만들어서 카페와 함께 운영해서 인력의 효율성을 높이고 있다. 특히 최근에는 지구 환경을 생각해서 지속가능한 품질로 중고 매장 팝업 스토어를 연 사례가 있었다. 빅토리아 알버트 어린이미술관(Young V&A)에서 단체와 협업을 해서 '인근의 새 가계'라는 명칭으로 아동복이나 아동용품을 팝업으로 판매한 경우이다.

모 박물관이 있는 부속형 어린이박물관들은 온라인 숍도 활성화 되어 있다. 국내에는 국립중앙박물관과 해외는 네델란드의 트로펜쥬니어 뮤지움이다. 트로펜쥬니어 뮤지움은 최근에 여러 뮤지엄을 통합하여 워럴드 뮤지엄 명칭을 사용하며 하나의 뮤지엄으로 통합하여 운영하며 온라인 판매도 활발하게 하고 있다. 독립형의 어린이박물관은 경기문화재단에서 운영하는 경기도어린이박물관과 경기북부어린이박물관이 온라인 뮤지움 숍을 운영하고 있다. 해외는 인디애나폴리스 어린이박물관, 루이지애나 어린이박물관 정도로 알고 있다.

경기북부어린이박물관 뮤지움 숍

경기도어린이박물관 뮤지움 숍

풀잎박물관(파리)
- 사립 미술관으로 매표와 함께 숍 운영함[62]

프랑크푸르트 박물관
- 매표와 숍이 함께 운영됨

퐁피두센터 뮤지움숍

비숍박물관(하와이)
- 어린이 기획전 상품을 별도 공간에 진열해 놓음

호놀룰루 미술관 (분관 스팔딩 하우스)
- 기념품숍의 자판기[63]

호놀룰루 미술관 (분관 스팔딩 하우스)
- 기념품 숍의 색연필 상품

62_ 규모가 작은 기관들은 매표에서 안내와 더불어 뮤지움숍을 함께 운영하기도 함. 프랑크푸르트 어린이박물관도 동일하게 운영함.

63_ 뽑기 형식이라 고객이 어떤 상품인지 알 수 가 없는 인기있는 자판기

더 브로드 미술관 (LA)의 기념품숍
- 휴게 공간 확보

루이지애나 미술관(뉴올리언스)의 기념품숍
- 아동 도서 비치공간에서 편하게 볼 수 있게함

키즈스페이스 어린이박물관 기념품숍

키즈스페이스 어린이박물관 기념품숍
- 놀이 공간이 있음

루이지애나 어린이박물관 기념품숍

루이지애나 어린이박물관 기념품숍
- 동물모형 디스플레이

[그림 12-7] 뮤지움 숍

10. 단체 관람객의 이용

단체는 영아, 영유아, 유아, 초등 단체가 있고, 간헐적으로 장애 아동들이 돌보는 성인과 함께 단체로 방문한다. 주말 토요일에는 학원 단체들이 오전에 오기도 하는데 동선들이 일반인과 섞여서 매우 혼잡하기도 하다. 단체와 가족 관람객은 함께 관람이 이뤄지면 두 종류의 관람객 모두에게 불만을 줄 수 있어 되도록 겹치지 않도록 운영 시스템을 만들도록 권한다. 보통 임시공휴일이나 학교장 재량의 샌드위치 공휴일이 해당되는데 이럴 때는 단체가 방문하지 않도록 어린이박물관에서 지침을 가지길 권한다.

영아 단체들의 경우는 발달상 1시간 관람으로도 충분하기 때문에 이런 경우는 단체 관람시간의 조정이 필요하기도 하다. 유아 단체들은 2~3시간 내에 관람과 식사까지 끝마쳐야 한다. 또한 단체를 위한 도시락 식사 공간 제공은 박물관에서는 필수적으로 마련해서 배려해야하는 공간이다.

● **단체 관람의 팁**

- 단체 교사의 사전 방문 : 기관에서는 원활한 관람이 되도록 단체 선생님들에게 사전 방문을 필수적으로 권한다. 이는 관람 시스템을 이해하여 아동들의 편안한 관람과 학습이 되도록 돕는 장점이 있다.
- 교육 기관의 커리큘럼과 연계되는 갤러리 파악 : 교육 기관에서 배우는 학습의 연장과 강화를 위하여 단체 교사는 갤러리 전시품을 파악하고 관람 시 아동들에게 정보를 제공하고 학습과 연결되도록 한다.
- 핵심 전시품 파악 : 1회의 방문으로 모든 갤러리를 파악하기는 어렵기 때문에 핵심으로 체험해야 할 전시품을 파악하는게 중요하다.
- 교육 프로그램 이용 : 학부모님들께 기관 방문을 알리기 위하여 기관에서 '아동이 만든 작품'을 집으로 가져갈 수 있는 프로그램을 이용하면 더 좋다.

- 사전 사후 활동지 이용 : 기관에 따라서 사전 사후 박물관 학습지들이 홈페이지에 제공되기도 하는데 이는 사전 정보를 습득하여 아동의 관람을 돕는 것이다.
- 단체 사진 촬영 장소 파악 : 단체들은 사진을 찍는 장소가 매우 중요하다. 갤러리 체험전시물 앞에서 찍으면 타 단체들의 동선에 방해가 될 수 있으므로, 사진이 잘 나오는 배경을 기관에 물어보고 사진을 찍도록 한다.
- 박물관 브로셔 송부 : 박물관 브로셔를 얻어서 아동의 집으로 보내고 가족 방문으로 재방문 하도록 하여 체험 학습을 더욱 강화도록 한다.

단체와 개인 관람객의 비율은 근무 경험으로 파악한 대략적인 데이터들은 서울 잠실에 위치했었던 삼성어린이박물관은 비율이 년35만명 기준에서 아동 가족(아동30% 부모30%) 60%와 단체30%, 기타 10%였다. 경기도 용인에 위치한 경기도어린이박물관은 년60만 기준에서 아동 가족 80%대 단체20% 혹은 90%대 10%였다. 동두천 소재지의 경기북부어린이박물관의 경우 2019년 약 15만명 관람객 중에서 아동 가족과 단체의 비율이 85% 대 15%로 나타났다. 세종 위치의 국립어린이박물관은 2024년 163,000명 관람객 중 아동 가족 83% 대 단체 17%로 비율을 보였다. 설립된 지역사회마다 단체와 일반인의 비율이 다를 수 있다. 평일은 단체 관람객, 주말은 많은 인원의 가족 관람객이므로, 단체와 가족 관람객은 운영 정책에 반영될 수 있다.

11. 아동과 가족 개인 관람객 방문의 팁

단체 관람객의 팁을 알아보았으니 개인 가족 관람객의 팁도 알아보자.
- 한 번에 모든 것을 체험하려하지 말라. 거주지가 인근이면 지속적인 방문을 권한다. 아동들은 성장하면서 자신이 관심 있어 하는 것을 찾아서 체험한다.

- 아동은 놀이 적응 과정이 있다. 처음 방문으로 놀이하기를 잘하기는 어렵다. 첫 방문일 때 박물관의 환경에 적응하고, 두 번 세 번 지속적 방문으로 자녀가 안정되고 공간에 익숙해질 때 적극적인 탐색과 놀이가 된다. 또한 구성주의적 전시품에서 자녀는 실험하고 발견한다.
- 아동의 자율에 맞겨라. 자녀는 본인의 관심, 발달, 경험에 맞춰서 선호할 수 있는 전시물을 스스로 찾아간다. 자율적인 체험이 되도록 선택권을 주어라. 아동의 자기주도적 관람은 자녀의 자율성을 기르는 데 도움이 된다.
- 보호자들은 자녀가 궁금해하는 것이 파악되면 그때 상호작용 해 주어라.
- 체험한 관련 학습 정보도 자녀가 관심이 있어 하면 그때 제시하라. 자녀가 준비가 되고, 요구가 있으면 적시에 제시하라.
- 관람 동선을 파악할 때 첫 번째 보는 갤러리는 붐비므로 나중에 보도록 하고, 백화점 쇼핑처럼 제일 높은 곳에 위치한 층에서부터 혹은 동선상 제일 먼 공간부터 관람하면 사람들과 부딪치지 않으며 체험을 할 수 있다.
- 기념품 숍에서 박물관 경험의 학습적 연결을 위해서 적합한 비용이라면 상품을 사줄 수 있다.
- 공휴일에는 관람객이 매우 많고 혼잡하다. 본인 경험상 공휴일이 있었던 주의 주말에는 비교적 관람객이 덜 붐빈다. 주말은 늘 붐비는 편이나 토요일보다 일요일 아침에는 개인들의 교회 방문 등이 있어서 덜 붐빈다.
- 어린이박물관의 관람객은 날씨와 밀접한 관계가 있다. 나들이 철인 봄, 가을에는 날씨가 좋아서 야외로 많이 나가게 된다. 따라서 실내 공간인 어린이박물관은 비교적 덜 붐비므로 방문하기를 권한다. 이와 반대로 날씨가 흐리거나 보슬비 수준으로 내리게 되면, 실내 공간인 어린이박물관으로 관람객이 몰리게 된다. 심지어 소음이 높아 시끄러운 편이다. 폭우가 쏟아지거나 폭설일 때는 이동이 불편하므로 관람객들이 퇴장하려는 움직임이 없다. 갑작스런 폭우 시에 실내에 있는 관람객들은 퇴장을 못하여 정체 현상

이 나타나게 된다.

- 여름 방학과 겨울 방학에는 박물관은 실내 냉난방 시설이 잘되어 있어 최고 성수기에 해당되며, 초등생들의 학교 과제도 있어 가족과 함께 많이 찾는다. 또한 간절기에도 냉난방을 잘 구비하고 있고, 특히 영유아 공간은 온도에 민감하게 신경쓰고 있는 쾌적한 공간이다.

12. 코로나19 상황시 어린이박물관 운영

2020년 지구촌에 밀어닥친 코로나19 팬데믹 상황으로 인한 국가적인 지침에 의하여 국공립기관들은 휴관에 들어갔고 사립어린이박물관은 기관장의 판단에 따라서 운영 여부가 결정되었다. 본인이 소속했었던 경기북부 어린이박물관은 2020년 휴관을 하였고, 리모델링 개편에 따라서 11월에 재개관하였다. 어린이박물관이 가장 많은 국가이면서 시발국인 미국 어린이박물관들은 운영이 주정부의 지침에 따라 결정되었고, 휴관을 한 곳과 운영을 하는 곳으로 나뉘었다.

1) 운영 기준

본인이 소속해 있었던 경기도의 어린이박물관의 운영을 기준으로 서술하겠다.

(1) 운영 지침

경기도의 사회적 거리두기 단계의 지침에 의거하여 관람객을 수용 가능 인원으로 산정하였다. 1회 수용가능 인원 기준은 이용면적 4㎡당 1명으로, 1단계~1.5단계시에는 수용인원의 50%를, 2~2.5단계시에는 수용인원의 30%를 입장시켰다. 또한 면적대비로 하여 관람 횟수과 시간을 산정하였고, 2000여평을 기준으로 관람 횟수를 5회에서 3회로 축소하고, 관람 시간도 90분으로 제한하였다. 따라서 1회 입장객은 108명으로 3회를 합치면 1일에 총324명에 국한한다. 용인에 위치한 경기도어린이박물관은 3000여평으로 관람 횟수를 4회에서 3회로 축소하고 관람 시간은 2시간으로 한정하였다. 또한 모든 입장객은 홈페이지 예매제를 이용해야 하는데 100% 예매제로 운영이 되었으나, 2021년 이후 2022년 경우는 온라인에 익숙하지 않은 계층이나 사전 정보 미숙지자를 위해서 1회 수용인원의 10%내에서 현장 이용을 하도록 탄력적으로 입장을 허용하였다.

여기서 운영상의 한 가지 주목할 만한 사실은 코로나 이전에는 입장 시간은 있었으나 퇴장시간이 없었다. 코로나 상황에서는 입장과 퇴장 시간이 정해져 있고 관람객의 수가 제한이 되다 보니 관람의 질이 높아졌다는 점이다. 관람객이 적어서 체험 전시를 사용함에도 쾌적하게 사용하고 관람객들끼리의 부딪힘 현상도 없어졌고, 시간의 제약을 받고 퇴장 시간의 안내가 있다보니 자연스럽게 아동과 나갈 수 있도록 유도되었다. 기존에는 부모님의 일정에 따라서 퇴장을 하다보니 즐겁게 더 놀기를 원하는 자녀와 의견 충돌로 전시장에서 때를 쓰고 우는 아동을 종종 볼 수 있었다. 그런 모습들은 성인들을 안타깝게 만드는 요인들이였지만 지금 상황에서는 현저하게 줄어든 모습을 보여준다. 또한 충분하게 반복적으로 놀지 못하는 관람 시간의 제한으로 재방문율에 대한 욕구에도 기여한다는 점이다.

(2) 일부 제한 공간의 전시장

전시장은 면역이 더 취약한 36개월 미만의 영아존이나 클라이머존 같은 아동 사이의 거리를 유지하지 못하는 공간은 폐쇄 조치를 하기도 한다. 전시장 곳곳에서는 사회적 거리를 유지하도록 안내 문구를 부착하거나 눈에 잘 보이도록 바닥에도 부착하기도 했다.

(3) 발열 체크 및 마스크 착용

입장 시에는 입구에서 체온 측정기 혹은 체온계로 발열 체크를 실시하고 입장한다. 37.5도 이상인 경우는 입장을 불허하였다. 친근감을 주기 위해서 경기 북부 어린이박물관은 휴머노이드 로봇을 통해서 비대면 체온 측정을 하고, 마스크 착용을 확인하기도 했다. 또한 핸드폰을 이용하여 QR코드나 자신의 전화 번호를 기록으로 남겨서 향후 코로나 발생 시 같은 공간에 있었던 사람을 추적 하여 안내를 하고, 코로나 검사를 받아보도록 알려주었다. 코로나 환자 발생 시에는 그 기관은 2주 동안 휴관하였다.

이와 더불어서 관람객은 마스크 착용을 의무화하였다. 아동 관람객도 모두 마스크를 착용하고 관람을 해야 한다. 관람 시간에는 운영 스텝이나 안내 방송을 통해서 마스크를 벗고 관람하지 않도록 안내를 한다.

상기 내용들은 관람객이 지켜줘야 할 수칙들이므로 박물관 홈페이지 첫 화면에 일반적으로 공지하는 것을 필수적으로 권장한다.

(4) 소독제 비치 및 비닐 장갑 이용

체험식 전시장에서는 손소독제를 박물관 입구부터 전시장 곳곳에 비치하거 나 부착한다. 또한 관람객이나 기관 운영직이나 모두 비닐 장갑을 착용하도록 권한다. 아동용 가족용의 1회 비닐 장갑을 착용하거나 운영직인 경우는 비닐 장갑을 착용하여 바이러스 감염이 되지 않도록 노력한다.

(5) 방역 소독

경기북부 어린이박물관은 『감염병의 예방 및 관리에 관한 법률』 제54조 제1 항 및 같은 법 시행규칙 제40조 제2항에 따라 소독을 실시하였다. 휴관일에는 전문 방역업체를 선정하여 전체 살균소독 방역과 매주 1회 휴관일에 연무 소독 을 외주로 진행하였다. 또한 운영 시에는 매 퇴장 종료 후에는 모든 운영 직원

[그림 12-8] 체온측정 기기

[그림 12-9] 휴머노이드형 로봇의 체온체크

[그림 12-10] 개인정보 체크

[그림 12-11] 손소독제 비치

[그림 12-12] 방역 소독

[그림 12-13] 체험전시물 소독

들이 기관의 방역을 실시하였다. 모든 체험전시물의 접촉 부분을 직접 닦아내고, 방역 소독을 실시하고, 창문을 열어 공기를 환기시켰다.

2) 콘텐츠 제시 방법의 확장

어린이박물관들이 코로나 상황에서 추진한 콘텐츠의 핵심은 온라인 프로그램이다. 비대면으로 이뤄지므로 디지털 시대를 더욱 가속화시켜 주면서 송출된다. 온라인 프로그램의 경우 어린이박물관은 체험식 방법이므로 고민을 많이 해야된다. 일방적인 전달식의 온라인 내용은 아동 관람객의 시선을 잡기는 어려워 체험식으로 진행이 되는 것이 기관에 적합하다. 또한 집이라는 공간에서 쉽게 할 수 있는 내용이어야 하며, 컴퓨터의 접속을 부모가 해주거나 아동을 할 수 있어야 한다.

(1) 온라인 프로그램 (유튜브 상영)

경기북부 어린이박물관이 2020년 코로나 상황으로 휴관에 들어감에 따라, 관람객을 다시 맞이하길 기다리며, 온라인으로 프로그램을 만들기 시작했다. 기관의 오감각의 캐릭터[64]를 활용하여 5가지 감각적인 접근의 프로그램을 기본 개념으로 하며 종류로 나누고 추진하였다. 시각, 촉각, 청각, 미각, 후각을 상징하는 각각의 감각 캐릭터가 온라인 프로그램에 등장하면서 친근감을 더해주도록 하였다. 콘텐츠 내용을 오감각과 연결하면서, 기관의 상징적인 공룡을 핵심 주제로 다루었다. 프로그램명은 '어박TV'로 하고 공룡 체조, 골판공룡 만들기, 공룡마라카스 만들기, 공룡만두 만들기 등이다.

---

64 https://ngcm.ggcf.kr/www/contents.do?key=46

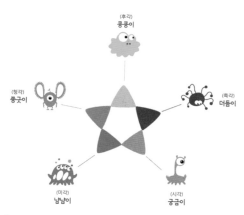

[그림 12-14] 경기북부 어린이박물관의 오감각 캐릭터

〈표 12-6〉 오감각 캐릭터와 온라인 활동의 연결

후각(쿵쿵이) :요리 활동
청각(쫑긋이): 동화 구연, 낭독
미각(냠냠이): 요리 활동
시각(궁금이): 미술 활동
촉각(더듬이): 미술, 신체활동

온라인 활동별로는 일방향으로 하는 동화 구연이나 동화책 읽어주거나 낭독이 있고, 대근육 활동을 하는 신체 놀이나 체조가 있으며, 소근육을 움직이는 요리나 만들기 활동이 있다. 만들기 및 요리 재료나 신체 놀이 도구들은 주로 집에서 쉽게 찾을 수 있는 물건이나 재료를 사용해야 접근이 쉽다.

또한 유아, 초등의 대상층을 고려하여 집중 시간을 가능한 짧게, 그리고 호기심을 불러일으킬 만한 것이어야 한다. 경기북부 어린이박물관 2020년 온라인 프로그램에서는 유아는 5분 내외, 초등은 10분 이상으로 낭독 프로그램을 기획 운영하였다. 박물관에서 일반적으로 회자되는 직원들의 인식 정보로는 온라인 프로그램은 회당 보통 100명이 조회 수라고 한다. 공룡 체조의 경우는 주변 지인들을 통한 입소문과 바이럴 마케팅을 통해서 3000회를 넘기는 조회 수를 기록하였다. 특히 체조의 경우는 코로나로 야외 활동을 못하는 아동들의 성장을 돕는 신체활동으로 아동들이 선호하는 공룡 5점을 선정하여 공룡의 특징있는 움직임을 체조로 교육 강사와 학예사가 함께 기획하고 음원까지 만들고, 직원들이 매일 한 달여간 연습하면서 촬영한 사례였다. 박물관에 오게 되면 공룡 전시장 진입 전에 영상으로 다시 볼 수 있게 하여 온/오프간 공간상의 한계를 극복하고 연계하면서 추진한 프로그램이다.

[그림 12-15] 공룡 마라카스 만들기

[그림 12-16] 골판 공룡 만들기

[그림 12-17] 만두 사우르스 만들기

[그림 12-18] 오감이와 함께하는 공룡 체조

(2) 실시간 온라인 방송 송출 및 사전 재료 발송

박물관에서 실시간 송출하는 만들기 프로그램은 만들기 재료를 준비하기 어려운 상황을 고려하여 제작된다. 이 경우 실시간 온라인 프로그램의 관심을 불러 일으키기 위해서 집에서 재료를 받아보고 프로그램 실시간까지 기다리 도록 하여 사전 기대감을 갖게 함으로써 참여율을 높이는 방법이 효율적인 사례들이 있다. 네이버 밴드나 줌을 이용하여서 서울상상나라, 국립중앙박물관 어린이박물관에서 추진한 사례가 있다.

(3) 가상의 미술관

어린이미술관의 경우는 시각적인 관찰이 가장 주요한 관람에 해당되므로 가상의 미술관을 온라인으로 제공하는 것이 있다. 어린이박물관은 재미를 주기 위하여 미션 수행으로 가상박물관을 펼치기도 한다. 국립중앙박물관 어린이박물관에서 마인드크래프트와 협업하여 온라인프로그램을 실행한 사례, 헬로우뮤지엄에서 가상 미술관을 운영한 사례가 있다.

(4) 온라인 프로그램 정보 제공

세계의 어린이박물관들에서도 온라인 프로그램을 기획하고 운영하였는데, 세계어린이박물관협회인 ACM의 홈페이지에 [Children's Museums at Home][65] 명명으로 지역별 활동별로 각 기관의 프로그램을 찾아볼 수 있는 링크 싸이트를 제공하니 참고하시면 좋겠다.

3) 포스트 코로나의 한국 어린이박물관 언급

코로나 상황이 종료되면서 박물관들은 새로운 '코로나 뉴노멀'[66] 시대를 맞이하였다. 즉 디지털 매체의 가속화는 미래 사회를 더욱 앞당겼고 어린이박물관은 온/오프 양방향의 방법을 추진해야 하는 기관으로 변화하였다고 본다. 특히 온라인의 장점으로는 지역성을 넘어서 국내 어디서나 신청하여 참여가 가능하다는 것이다. 코로나 상황으로 인하여 온라인 프로그램의 시발은 지리적으로 참여가 먼 지역의 아동 가족에게도 기회가 부여되었다는 점이다. 어린이박물

---

65 https://findachildrensmuseum.org/at-home
66 '코로나(COVID-19)'와 시대 변화에 따라 새롭게 떠오르는 표준을 뜻하는 '뉴노멀(New Normal)'의 합성어. 코로나 뉴노멀 시대에 맞게 경제가 '방역', '비대면' 중심으로 기준으로 하고 있다는 뜻이다. (네이버 어학사전)

관에서도 '초연결'이라는 사람과 매체 등의 다양한 접촉이 가능한 초연결 사회 (Hyper Connected Society)[67]의 시대가 본격적으로 열리게 된 것이다.

앞으로는 온라인에서도 기관의 미션과 비전에 맞는 콘텐츠로 박물관에 찾아오기 전/후의 내용으로서 아동 가족 관람객에게 호기심과 학습에 기여하도록 구성해야 할 것이다. 코로나로 기관들이 휴관함에 따라서 전시와 교육을 체험할 수 없었던 아동 가족들은 온라인 프로그램을 이용하여 기관에 대한 콘텐츠를 습득하고, 기관을 방문했을 때 더욱 강화 받을 수 있다. 기관에서 온/오프로 지적 호기심을 충족시켜 주며 아동의 지적 탐구심이 발휘되어 지속적인 학습을 유지하는 것은 아동의 개인적인 능력에 달려있다. 물론 부모님의 조력도 필요하다. 이를 위해서 어린이박물관은 계속 범위를 확장하면서 온/오프로 정진해야할 것으로 보인다. 정리하자면 팬데믹으로 인하여 온/오프상의 하이브리드 연결의 박차가 가해졌고, 어린이박물관은 오프라인 공간상의 만남에서 온라인으로 무한 확장되는 상황으로 전개되었으며, 향후에도 이런 변화는 지속될 것으로 보여진다.

다른 장에서 포스트 코로나 시대의 국내외 어린이박물관의 역할을 살펴보고 한국 어린이박물관의 방향에 대해서 기술하고자 한다.

---

67 인터넷 기술 발달로 사람과 사물, 데이터 등이 연결된 사회(네이버 어학사전)

13장

어린이박물관
경영

본 장에서는 어린이박물관 관련 경영에 대한 이야기를 적어보고자 한다. 어린이박물관의 설립시 경제적 효과, 규모, 예산, 조직, 최근 박물관계의 트렌드 DEIA와 ESG 경영, 협력 사업과 양해 각서 체결, 관람객 맞춤형 노력, AI를 활용하는 법 등에 대해서 기술하고자 한다.

1. 어린이박물관 설립의 경제적 효과

ACM의 연구보고서에 의하면 어린이박물관은 2016년 미국 경제에 55억 달러(한화 약 6천6백억원)를 기여한 것으로 보고되었다. 이와 동시에 어린이박물관의 지출은 15억 달러(1천8백억원)에 달한다고 했다.[68] 미국 어린이박물관의 경제 효과 55억 달러 중에서 15억 달러인 27%가 지출이다. 단순하게 수치만 비교하여도 약 73%의 경제적 효과가 있는 것으로 볼 수 있다. 박물관이 지출하는 돈은 종사자 인건비, 박물관의 한 해 사업비와 운영비, 각종 편의시설에서 지출하는 비용들이 있다. 특히 어린이박물관은 노동집약적인 운영 기관이라서 자원봉사자까지 파생 영향은 더욱 상당할 수 있다.

경제 학자들에 의하면 세 가지 경제적 효과를 언급한다[69]

첫째는 직접적인 경제적 영향으로 어린이박물관에서 지출하는 직접 비용이다. 즉 직원들의 월급이나 박물관 운영에 지출하는 계약 업체들에게 지급하는 비용이다. 둘째는 간접적 경제적 영향이다. 직접적인 지출에 의존하는 하청 사업체의 지출을 말한다. 셋째는 유발된 경제적 영향인데 직원들뿐 아니라 계약 업체, 하청업체들까지의 직원들을 포함해서 그들이 지출하는 비용을 말한다. 세 가지를 모두 합하여 산업이나 국가 경제에 미치는 총 경제적 영향을 설명하는데 이로 인한 경제적 창출 효과가 55억 달러에 이른다는 것이다.

연구 보고를 낸 ACM은 미국의 어린이박물관들이 대부분 기금이나 후원에 의해서 이뤄지므로 이에 대한 연구 보고가 매우 중요한 의의가 있다고 생각한다. 이를 국내에서 검토해 보면, 본인이 종사했었던 경기도어린이박물관은 2016년 한 해 예산 35억원, 기관 종사자 인원수 총 50명으로 미국 상황에 대입하여 지출 비용을 예산 35억원 (27%)로 환산해 보면, 한해 35억원의 지출은 약

---

68 ACM & New Knowledge.org, The Economic Impact of Children's Museums : The Ripple Effect of Spending, ACM Trends : #2.1, 2015 Oct 9

69 ACM & New Knowledge.org, The Economic Impact of Children's Museums : The Ripple Effect of Spending, ACM Trends : #2.1, 2015 Oct 9

130억원(100%)[70]의 효과를 내는 것으로 유추해 볼 수 있다. 물론 미국과 한국의 상황은 매우 다를 수 있음을 감안해야 하고 억지스러운 점은 있으나 그럼에도 불구하고 대략적인 상상만으로도 엄청난 경제 효과가 있는 것으로 보인다. 각 기관의 종사자들도 예산을 대입해서 생각해 볼 수 있다.

2. 어린이박물관 규모

독립형 기관들의 규모 유형은 미국이 주도하고 있는 ACM의 조사 연구 결과들로 살펴볼 수 있다. 규모에 대한 범주가 단지 크기만으로 기준치가 된 것이 아니라 운영비, 연 관람객 수, 직원 수를 포함해서 다루고 있다.

〈표 13-1〉 해외 어린이박물관의 규모 분류 유형[71]

규모	운영비(원[72])	연면적(건물)	연 관람객수	직원 수
소형	약 5.8억원 미만	3,600평 미만	50,000명 미만	14명 미만
중형	소형 ~ 중형 사이	소형 ~ 중형 사이	소형 ~ 중형 사이	소형 ~ 중형 사이
대형	약 27.6억 이상	13,322평 이상	148,667명 이상	41명 이상

---

70 35억원 : 27% = x 비용 : 100% =〉 x는 약130억원

71 Jen Rehkamp, Reflecting on the First Volume of ACM Trends Reports, In The Run Around ACM, 2018 Oct 2

72 * 쉽게 파악하도록 원으로 기재하고, 1달러당 1200원 기준으로 작성

한국에는 독립형 어린이박물관이 많지 않고 세금으로 운영되는 기관들이 주를 이뤄서 ACM의 규모 분류와 다를 수 있다. 아래의 표에서 보듯이 국립어린이박물관을 해외 분류에 대입해 보면 운영비, 연 관람객 수, 직원 수는 대형이고, 연면적은 1500평인데 소형에 해당한다. 경기도어린이박물관을 대입해보면 운영비, 연 관람객 수, 직원 수가 대형이고, 연면적은 3200평인데 소형에 해당한다. 두 기관이 모두 동일하게 분류가 되는데 한국의 어린이박물관의 분류에는 적용하기 어려운 기준으로 사료된다.

〈표 13-2〉 국내 어린이박물관 해외기준의 크기 분류 대입 (국립어린이박물관, 경기도어린이박물관)

크기 분류	운영비(원)	연면적(건물)	연 관람객수	직원 수
소형	약 5.8억 미만	3,600평 미만	50,000명 미만	14명 미만
중형	소형과 중형 사이	소형과 중형 사이	소형과 중형 사이	소형과 중형 사이
대형	약 27.6억 이상	13,322평 이상	148,667명 이상	41명 이상

따라서 해외 기준을 적용하기에는 국내 상황이 다르다. 모 박물관이 있는 소속관들은 어린이갤러리 형태로 300평 정도 규모로 파악하고 있다. 국립박물관 소속 지역 어린이박물관[73]들이 독립형으로 있는 곳이 있는데 규모가 매우 큰 기관들도 있다. 따라서 하단과 같이 규모만으로 아래와 같이 작성하여 보았다.

---

73 * 어린이체험관이라는 명칭을 쓰기도 한다. 체험관도 박물관에 속해 있으므로 어린이박물관으로 모두 간주하고자 한다.

〈표 13-3〉 국내 어린이박물관 연면적 규모 비교

규모	연면적(건물)	해당 기관들
소형	1000평 미만	국립중앙박물관 어린이박물관 (약300평) 국립민속박물관 어린이박물관 (약300평)
중형	소형과 중형 사이 (2000평 전후)	국립어린이박물관 (약1500평) 경기북부어린이박물관 (약1800평) 고양어린이박물관 (약2300평) 서울상상나라 (약2800평)
대형	3000평 이상	경기도어린이박물관 (약3200평) 인천어린이과학관 (약4500평)

상기 구분은 필자의 생각으로 구분해 놓은 것이므로 다르게 분류할 수도 있다. 대형을 2,000평 이상으로 구분할 수도 있다. 향후에 어린이박물관이 많이 생기면 미국 협회처럼 한국어린이박물관협회 차원에서 자료 조사하여 구분할 수 있었으면 하는 바램이다.

3. 예산

독립형의 어린이박물관에서 본인이 근무하였던 경험에 기반하여 여기서는 독립형에 관한 서술만으로 한정한다. 2016년 기준 경기도어린이박물관의 예산은 35억이며 이중 건물 운영을 위한 경상경비와 인건비만 20억으로 소요되고 사업비는 대략 15억 정도의 수준이다. 당시 사업비 내에서 전시장 운영 인력 용역으로 지출이 많고 전시장 유지관리비로 지출이 되어 사실 신규 전시와 신규 교육 등의 사업비가 매우 작았다. 기획전시비로 약 1억 2천 수준이고 교육비는 1억 미만이었다. 결국 신규 사업비는 2억으로 볼 수 있다. 이후에 1개의 상설 전시실 리노베이션으로 5억을 확보하였다. 경기북부어린이박물관도 경기도어린이박물관보다 규모는 작고 약간의 차이는 있으나 출연금의 배분율은 거의 유사하였다.

국립어린이박물관은 독립형이나 조직도상 경영본부에서 인건비와 경상비가 책정되어 있고, 2025년 사업비만 16억을 확보하였다. 이는 비중이 많은 전시장 운영 용역비 10억은 제외한 것이다. 따라서 대략적인 인건비와 경상경비 사업비 등을 나눠 보았다. 기관들은 소속 관할 부처의 예산 상황에 따라서 매우 달라질 수 있다.

〈표 13-4〉 국공립 어린이박물관 예산 상황[74]

분류	년 예산	운영비		신규 사업비 (사업비에서 사업운영비는 제외)	
	총 액	경상경비	인건비	전시비	교육비
경기도	35억 (2016년)	20억(57%)		2억 (6%)	
				1억2천	8천만
경기북부	34억5천 (2024년)	–		4억6천 (13%)	
				3억[75]	1억6천
국립	123.7억[76] (2025년)	–		16.4억 (13%)	
				8억	8억4천

---

74 * 상기 내용은 대략적인 내용으로 세밀하게 정확하지는 않으나 도움이 되길 바라면서 작성해본다. 또한 세 기관 모두 연면적이 다르고 그에 따른 인력 상황도 달라서 여기서는 신규 사업비의 비율만 보면 되겠다.
75 * 해당 기관은 기획전시장이 없어서 1개 상설전시장의 리노베이션비로 갈음됨.
76 * 국립박물관단지의 예산이라 어린이박물관만의 순수한 경상경비와 인건비에 해당하지 않고, 타 부서의 운영비와 경영본부의 비용이 모두 포함된다.

상기의 세 기관 모두 개관 직후에는 상설 전시 리노베이션 비용은 없고 기획 전시비가 중심이 된다. 교육비와 함께 신규 사업비는 약 10% 전후로 파악할 수 있다. 기관이 오래될수록 상설 전시의 리노베이션이 필요하기 때문에 전시 리노베이션비를 책정해야 한다. 경험상으로 볼 때 최대 5년 이상의 상설 전시는 리노베이션의 대상이 된다. 면적 대비 전시 리노베이션비는 다를 수 있고 또 기획 전시냐 아니면 상설 전시냐에 따라서 그리고 주제에 따라서도 비용이 다를 수 있다. 현재 국내 시점으로 필자가 벤치마킹한 결과에 의하면 기관마다 상이했지만 100평 기준으로 대략 약 5억~10억 정도의 수준으로 책정할 수 있었다. 신규 사업비가 많이 책정되어서 부단히 신규 콘텐츠를 만들어서 기관을 새롭게 하면 관람객의 재방문율은 높아진다.

또한 어린이박물관은 건물 시설을 유지하는 경상경비와 더불어서 인건비가 많아 상당히 노동집약적인 기관으로 판단된다. 원래 아동 사업이나 아동 양육 관련은 노동 집약적이다. 이렇게 예산이 갈수록 많이 투자되여야하는 기관을 꾸려가는 것은 쉬운 일이 아니다. 국내는 국공립과 지자체로 어린이박물관들이 형성되어 세금으로 운영되고 있고, 독립형의 미국 어린이박물관들은 문화적 토양이 다른 곳이라 대부분 기금 조성과 후원이 주를 이룬다고 보면 된다.

4. 어린이박물관의 조직 및 인력

1) 조직도
독립된 어린이박물관의 조직체계는 보통 관장 체제하에 학예분야와 행정분야로 이원화된다.

〈표 13-5〉 독립형 어린이박물관 조직도 사례

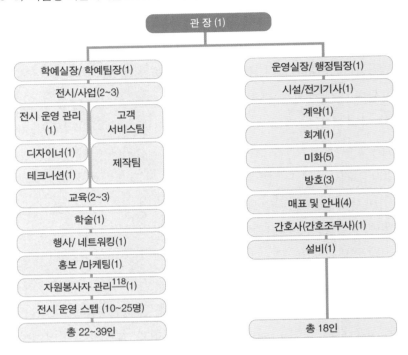

학예실(학예팀)의 업무 중 전시 운영의 테크니션이나 간호사, 행사나 홍보는 기관의 운영 방향에 따라서 운영실(행정팀)에서 업무를 하기도 한다. 특히 학예사는 전문성이 있어야 하므로 순환 보직을 시키는 것은 행정적 생각이라고 말하고 싶다. 이는 기관의 질 보장이 어려워 기관이 발전하지 못하는 결과를 초래할 수도 있다. 기관은 학예사들의 전문성 향상을 위해 연구나 학업 진학 등이

---

77 * 자원봉사자 관리 업무는 기관의 사정에 따라서 소속이 달라질 수 있다. 가장 이상적인 소속은 고객서비스실(팀) 소속으로 운영되는 것이 바람직하다. 자원봉사자 인원수는 기관에 따라 다르나 고정적으로 오시는 분들로 10~20명 정도의 풀을 보유하고 있으면 매우 안정적이다. 또한 지자체의 자원봉사자센터 1369에 기관을 등록하고 자원봉사자를 운영하면 더욱 공신력 있게 기관을 운영할 수 있다.

잘 되도록 시스템과 조직 분위기를 형성하여야 한다고 생각한다. 경기도의 경우는 문화재단의 규모가 크고 도내의 7개 박물관의 행정 부서들을 각 박물관에 두지 않고 때론 통합운영부서로 조직을 운영한 사례가 있었다. 필자의 경험에 의하면 행정 통합이 효율성이 있었다고는 결론을 내기 어려워, 각 기관들이 학예 행정의 두 축이 있어야 잘 운영되는 것으로 판단된다. 직종별 인원수는 독립형 어린이박물관의 1500평 이상의 규모로 판단하여 잡아본 사례이다. 총 40명 ~57명까지 포함되어, 규모에 따라서 약 40~50명 내외로 총 종사자 인원을 볼 수 있다. 현장 운영 업무를 해야 하는 전시 운영직, 미화, 방호, 설비, 매표 및 안내 등은 공무직 혹은 용역직으로 기관 사정에 따라 달리 할 수 있다.

　기관 규모가 대형 어린이박물관일 경우에는 2개 실 이외에 별도로 고객 서비스실(팀)을 만들어 운영하는 것도 제안한다. 창의성을 요하는 기획과 전시장 운영을 동시에 진행하면 업무 집중도 상 어려운 점이 많다.

　해외의 대형 어린이박물관에서는 보통 기금 조성이나 펀딩 비용의 비중이 높아서 마케팅이나 후원 관련 업무가 전문화되어 있기도 하고, 운영에는 고객 서비스팀이 별도로 있기도 하다. 민간에서 주도적인 추진을 하므로 관장은 CEO라 불리기도 하며 기관 운영 기금을 마련하는데 탁월해야 하며, 보통 부관장들이 전문 학예사 출신이다. 국내 독립형 어린이박물관의 관장은 기관의 사정에 따라서 다르나 전문가 관장이 있어야 기관의 질 관리가 잘 되어 갈 수 있다.

　국립중앙박물관에는 어린이박물관과(팀)이 별도로 조직도에 구축되어 있다.

2) 인력 구성

　기관을 총괄하는 관장, 사무실 인력과 현장 인력으로 크게 구분할 수 있으며, 사무실 인력으로는 크게 학예사 인력과 행정 인력으로 나눌 수 있다. 기관에 따라서 실이나 팀으로 명칭한다. 기관이 여유가 된다면 고객 서비스팀을 별도로 두어서 관람객 서비스에 더욱 기여하고 학예팀, 행정팀, 고객 서비스팀의 3개 팀으로 운영하도록 제안한다.

(1) 기관장

어린이박물관을 총괄하는 역할이다. 기관을 대표하는 사람으로써 대외적인 상징을 갖는다. 대내업무는 중단기적으로 임기 동안에 기관의 사업과 운영 방향을 구상하거나 결정한다. 또한 학예팀장이나 운영팀장이 가져오는 사업이나 운영을 결정한다. 국내는 대부분 국공립으로 이뤄져 전문가 면에서 기관의 질 향상을 위해서는 학예 출신 기관장이 바람직해 보인다. 국외는 국고나 주의 지원을 받기도 하지만 대다수가 사립 기관이라 기관장이 기금 조성을 잘 할 수 있는 사람으로 선출한다. 그래서 영문 명함에는 디렉터(Director)가 아닌 CEO로 명기되기도 한다. 학예 출신은 보통 부관장으로 임명된다.

〈표 13-6〉 기관장 인터뷰 사례

● 관장의 역할은 무엇이라 생각하십니다?

어린이박물관의 관장은 어린이를 잘 이해하고, 아동이 급변하는 세상에서 잘 살아갈 수 있도록 세상으로 이끌어주는 촉진제 역할을 박물관이 잘 할 수 있도록 방향 설정을 하는 것이라 생각합니다. 특히 기관의 미션 비전을 잘 수립하고 정책을 타 기관과 차별화되도록 잘 이끌어가야한다고 생각됩니다. 그러기 위해선 여타의 글로벌 기관들을 벤치마킹하고 모델 기관 같은 곳을 몇 군데 설정해서 이를 기반으로 업그레이드 되도록 새로운 환경으로 창조해서 이끌어 가야한다고 생각됩니다.

● 어린이박물관 관장의 필요성은 무엇이라 생각하십니까?

아동들은 미래 사회를 대비해야하므로 현대의 아동 가족 문화를 기반으로 아동과 가족에 대한 전문적인 철학과 이해를 갖춘 사람이 필요해 보입니다. 그래야 그들이 어떻게 이 세상과 미래 세상을 살아가는데 필요한 것들을 콘텐츠로 제시할 수 있으니까요. 그것이 어린이박물관과 타 박물관 관장과는 차별화되는 요건이라 생각합니다. 물론 모 박물관이 있는 기관은 모박물관에 충실한 미션과 비전을 설립해야한다고 생각합니다. 그러나 모박물관과

연결을 하되 모박물관이 있는 어린이박물관에서는 아동이 살아갈 미래 세상과 연결시켜야 한다고 생각합니다. 정치적인 이해 관계들로 인해서 아동 가족에 대한 전문적인 이해없이 관장으로 보직받아 오시는 분들이 있기도 해서 안타깝습니다. 이런 경우는 본인의 정치적 역량으로 기관 발전에 도움이 되도록 지원해주시면 좋겠습니다.

● 어떨 때 기쁘셨나요?

아동과 가족들이 즐거워하면서 콘텐츠 관람과 행사 등에서 만족감을 느끼면서 충분히 즐기고 갈 때입니다. 가족 나들이의 하루가 알찼다고 느끼면서 가는 가족이 있을 때 기뻤습니다. 또한 가끔 전시장에서 부모나 아동들의 요구를 수렴 할 때, 그들을 위해서 무엇인가 개선해서 제공할 때입니다. 오래전 일이지만, 어린이박물관에 바라는 점을 적어보는 의견 수렴의 벽에서 50% 정도가 아동들의 낙서를 보게 되었습니다. 포스티 잇에 그림도 아닌 정말 낙서화 같은 것을 그려놓고 갔어요. 그때 깨달았습니다. 이 연령대의 아동들에게 필요한 것은 낙서의 장이구나! 그 이후 유휴 공간에 영유아들이 마음껏 낙서하고 가도록 벽체와 바닥을 제공하였습니다. 마구 그려진 낙서화를 보면서 영유아들의 자유로움과 발달을 지원한다는 생각이 들었어요. 그리고 이런 어린이박물관이 있다고 좋아하시면서 돌아가시는 부모님들을 보면 기쁩니다.

● 어떨 때 어려운 점이 있으셨나요?

아동 가족 관람객이 요구사항은 많은데, 예산과 인력의 한계상 수용하기 어려울 때입니다. 가능한 선에서 최대한 노력은 하지만, 또한 많은 관람객을 수용하다보니 관람객이 지켜주셔야 하는 관람객 기본 사항이나 예절이 있습니다만, 그것을 관람객들이 통제라고 생각하셔서 항의를 하실 때입니다. 현장에 계신 직원분들이 이런 항의에 매우 감정적으로 상처를 받으실 때가 많습니다. 특히 민망했던 것은 청소년 자원봉사자들에게 막 화를 내셨던 부모님이십니다. 아마도 직원으로 판단하셨던 것 같아요. 성장하는 우리 청소년이 얼마나 상처를 받았을지 제가 성인으로 부끄럽기도 했습니다.

● 개선점

보통 공공기관들은 임기가 2년이라서 사실 비전을 가지고 쭉 실천해서 가시화 시키기에는 촉박한 감이 있습니다. 최소한 지향하는 방향의 실천은 관장의 임기가 3년은 해야한다고 봅니다.

(2) 학예 직군

학예 인력으로는 전시를 기획하는 학예사, 교육을 담당하는 에듀케이터가 있다. 전시를 기획하는 학예사와 교육을 담당하는 에듀케이터는 사실 업무상 나눠지기는 하나, 어린이박물관에서는 상호 보완적이여야 한다. 전시와 교육은 상호 연계가 되면서 보완해야 하기 때문이다. 이를 잘해야 관람객의 박물관 경험 질이 높아진다. 전시품들은 비용 소요가 많아 전시 제작 설치 후는 이에 반영되지 않은 콘텐츠를 교육 프로그램으로 풀어내기도 한다. 또한 교육은 전시품에서 경험한 내용을 더 강조하고 깊어지도록 풀어낼 수 있고, 개인 관람객이 무엇인가를 만들어서 가져갈 수 있게도 한다.

① 학예사

어린이박물관의 학예사 인력은 아동학과 전공이나 유아 교육, 아동 보육 전공이 필수적으로 있어야 아동 발달에 맞추어서 전시를 기획할 수 있다. 여기에 융복합적인 인력으로 박물관 교육, 미술교육, 과학교육, 역사교육의 학예사들이 함께 모여 전시를 기획하면 매우 시너지 효과가 있는 박물관이 된다. 어린이나 아동교육 전공생은 어린이 기관에서는 필수적으로 있어야 하는 인력임을 밝힌다. 만약 어린이 전공생이 없을 경우에는 필수적으로 기획 시에 전공 관련 교수, 교사들에게 연속적 자문을 받아서 업무를 추진하도록 한다. 또한 전시 기획시에는 집단 지성이 되어서 상호 전공들을 보완할 수 있도록 해야 훌륭한 전시 기획을 할 수 있다.

〈표 13-7〉 학예사 인터뷰 사례

● 학예사의 역할
어린이박물관의 학예사는 어린이박물관의 콘텐츠를 개발하고 창출하기 위한 업무를 합니다. 주로 체험 전시를 상설전과 기획전으로 기획 창조하게 됩니다. 타 기관에 비해서 비전과 미션에 맞게 차별화되는 콘텐츠를 개발하고 기관 정체성에 기여하는 콘텐츠를 기획해야 합니다. 특히 체험 전시는 매우 다양한 협업을 해야하는데, 가장 중요한 디자이너랑 잘 소통해서 전시의 전체 창조를 해야합니다. 그리고 다양한 역량을 가지고 있어야 합니다. 아동 발달도 알아야하고, 공간감, 미감, 전시 콘텐츠 조사 등으로 전시를 새롭게 창조하는 기획 역할을 합니다.

● 학예사의 필요성

어린이박물관의 학예사는 특별하게 다학제적인 다양한 전공생이 모여서 함께 시너지를 이루는 협업이 가장 이상적이라고 생각합니다. 아동학과, 박물관 교육, 교육공학, 유아 및 초등교육 전공, 과학교육, 미술교육 등의 전공 인력이 필요합니다, 왜냐면 어린이박물관의 콘텐츠가 다학제적 융복합이기 때문입니다. 학부와 대학원이 다른 1인의 학예사면 더욱 시너지 있는 콘텐츠를 생산할 수 있습니다. 끊임없이 아동이나 가족 문화, 미래 예측, 사회변화, 인간에게 필요한 미래 역량 등을 조사하고 새로운 콘텐츠를 생산하는 역할을 해야합니다. 가족 중심에게 영향을 미치는 사회 문화적인 시각을 가지고 있어야하는게 어린이박물관 학예사가 다른 뮤지엄의 학예사와 다른 점이라고 생각합니다.

● 보람

의도한 전시 기획를 해서 제작 설치 후 전시 오픈때 아동들이 즐겁게 신규 전시를 체험하는 모습을 보면 업에 만족감을 느낍니다. 부모님들과 함께 아동이 매우 잘 체험하니 전시장이 매우 활성화되서 보람을 느낍니다. 다소 시행 착오가 있어서 시범 운영 등으로 보완 수정을 하는 것이 일상적이지만 이런 과정도 관람객에게 더욱 밀착되는 전시를 하는 필수 과정이라고 생각합니다.

● 실망

전시가 의도한 대로 나오지 않고, 아동 관람객의 반응이 생각보다 매우 미미할 때입니다. 최근에 실감 영상이나 대형 미디어가 국내의 트랜드였는데, 어린이박물관에도 대형 공룡 상호작용 미디어를 기획 하여 설치하였는데 아동들은 뒤편에 있는 공룡 피규어들을 전시테이블에서 더 잘 가지고 놀았습니다. 실감 콘텐츠는 주 대상인 영유아 관람객에게는 효과가 미비한 것으로 보이며 아나로그 전시가 더욱 선호된다고 다시 한번 되집어 보게 되었습니다.

● 개선점

어린이 전시는 사실 매우 어려운 전시입니다. 직접 어린이 체험 전시를 담당해서 해 보신 분들은 가장 어려운 전시로 아실 수 있습니다. 발달에 맞추고 주제도 선정하고 제작 방법도 생각해야 하고, 이런 고민들을 함께 나눌 수 있는 인하우스 제작팀을 통해서 프로토타입을 만들어서 관람객에게 실험하는 것이 전시의 질을 높일 수 있는 방법이라 생각합니다. 국립과천과학관에서는 이런 방법으로 전시지원팀이 조성되어서 하고 있다고 알고 있습니다. 아직까지는 국내 어린이박물관에는 인하우스팀이 없습니다.

② 전시실 운영 스텝

전시장에서 아동과 보호자 관람객을 대상으로 운영 관리와 고객 서비스를 함께 한다. 전시물을 잘 경험할 수 있도록 전시 소품의 정리 정돈 및 분실물에 대한 보충을 하고, 고장난 전시물을 즉각 테크니션에게 조치하도록 연락한다. 또한 전시물의 상태가 쾌적하도록 전시물 청소를 담당하기도 한다. 기관에 따라서 행정이나 운영 직군에 속해 있기도 한다. 소속에 따라서 장단점이 있는데, 학예에 있으면 학예사가 의도한 전시나 운영대로 원활하게 소통이 될 수가 있다. 단 전시장 운영 업무인 고객서비스팀이 없으면 학예사가 운영을 전담해야 하는 부담이 있다. 어린이박물관은 전시실 운영직이 고객 접점에 있고 관람객 대상의 박물관이므로 전시 운영직은 학예사와 함께 관람객에게 밀착된 업무를 수행해야 한다.

전시실 운영스텝은 고객 접점에 있어 보통 유니폼을 착용하기도 한다. 기관마다 다르긴 하지만 보통 동절기와 하절기로 상단 유니폼을 기본형으로 하여 봄과 가을을 동일한 유니폼으로 총 3종이 있기도 한다. 제작 비용을 고려해서 간단한 기성품의 티셔츠에 로고를 찍기도 하거나 조끼를 이용하기도 한다. 단가는 높지만 기관의 비용이 넉넉하면 디자인하여 주문 발주하기도 한다.

〈표 13-8〉 전시 운영 스텝 매니저의 인터뷰

● 본인의 업무는?
전시장 운영에 있어 필요한 인력 배치나 스케줄 관리, 직원 서비스 교육 및 박물관 전시물 점검 및 유지 관리, 방문 관람객 서비스 제공 등 운영에 필요한 전반적인 업무를 하고 있습니다.

● 본업의 필요성
어린이박물관은 많은 어린이들이 보고 듣고 직접 만지며 체험할 수 있는 다양한 체험 전시물들과 유익한 정보들로 가득합니다. 이에 아이들이 안전하고 즐겁게 관람하기 위해서 전시장 운영 업무는 매우 중요합니다.

● 업의 보람
어린이박물관은 다양한 관람객들이 오고 가고, 특히 유아들을 동반한 가족 단위의 관람객이 많은 편입니다. 가족과 함께 기분 좋게 방문하여 큰 불편없이 저희 박물관에서 즐거운 시간을 보내고 만족하며 웃으며 돌아갈 때 큰 보람을 느끼고 있습니다.

● 업무상 실망스러웠던 점
모든 서비스직이 그렇겠지만 관람객이 많이 몰리는 주말이나 단체가 많은 평일에 좀 더 원활한 관람을 위해 많은 노력들을 하지만, 가끔 직원들의 힘든 기분이 태도가 되어 나타나 관람객의 민원이나 불만 사항을 접하게 될 때는 많이 속상한 편입니다.

● 업무의 개선점
쾌적한 관람과 전시물 보존, 관람객의 안전 및 서비스 품질을 위해 지속적인 CS 교육, 운영 방법 및 다양한 전시 해설 프로그램 등 끊임없이 연구하고 개발하는 자세가 필요하며, 상호 간의 건강한 소통을 위해 서로의 다름을 배려하는 마음도 필요하다고 생각됩니다.

③ 에듀케이터(교육 학예사)

에듀케이터는 박물관 교육 전공이거나 아동 교육 전공한 인력일 수 있는데, 교육 프로그램을 상호 협의하면서 기획하는 것이 가장 이상적이다. 기관마다 형편이 다르므로 필요한 전공자가 없으면 자문위원이나 인력풀을 조사하여 지속적으로 프로그램 기획에 도움을 받고 콘텐츠에 반영하도록 한다. 교육 프로그램을 년 단위로 기관의 미션과 비전, 한 해의 방향에 맞도록 기획한다. 또한 기획한 내용을 교육 강사를 활용하면서 운영한다. 보통 어린이프로그램은 노동집약적이라 최소한 1개 프로그램당 주 강사와 보조 강사를 함께 쓴다.

- 교육 강사는 인근 지역사회의 교육 강사 인력풀로 해마다 채용해 놓으면 이상적이다. 우수한 인력이면서 직장 근무보다는 프리랜서처럼 일을 해야 하는 인력들에게 좋은 직종에 해당한다. 해를 더할수록 교육 강사의 전문성이 강화된다.

〈표 13-9〉에듀케이터의 인터뷰

● 에듀케이터 역할

어린이 및 가족 대상으로 교육 프로그램을 기획하고 운영합니다. 특히 어린이를 대상으로 하므로 박물관 전시 뿐만 아니라 유아교육 누리과정 및 학교 교육과정과 연계를 고려합니다. 또한 어린이의 감수성과 박물관의 정체성, 그리고 현재 사회의 흐름과 이슈를 접목하는 역할을 한다고 생각해요. 현재 박물관에서 전달하고자 하는 바를 어린이의 시선에 맞춰 교육을 진행해야 하기 때문이지요. 당연히 쉬운 일은 아닙니다. 아주 많은 관심과 정보가 필요해요.

교육 프로그램의 운영에는 예산이 많이 들고, 손도 많이 갑니다. 많은 예산이 투입되고, 손이 많이 갈수록 참여자의 만족도는 높아지겠지만, 운영을 지속하기는 불가능해요. 이러한 부분은 대상 나이가 어릴수록 더욱 민감하게 작용합니다. 따라서 참여자도 만족하면서 운영이 원활할 수 있는 적정점을 찾아 교육프로그램을 기획하는 것이 어린이박물관 에듀케이터의 중요한 역할이라고 생각합니다.

● 에듀케이터 필요성

박물관이나 미술관은 소장품이나 작품들이 있습니다만, 어린이박물관은 체험 전시를 만들어야하는 곳이지요. 결국 비용이 많이 들어갈 수 밖에 없습니다. 그러다 보니 전시에서 풀지 못한 것들이 교육 프로그램화 하는 것이 전시 교육이 연계되면서 가장 시너지가 있다고 생각합니다. 어린이박물관의 교육은 박물관의 임무와 운영 상황, 교육 대상의 연령대별 발달 단계, 교육 강사의 적합성, 소재지의 특성 등 다각적이고 세심한 검토가 필요합니다. 폭넓은 시선을 늘 유지해야 교육의 적절성, 효과성을 토대로 안전하게 운영될 수 있어요. 박물관 사업의 각 담당에서 전문성을 바탕으로 깊이 고찰한다고 하면, 상대적으로 교육은 깊이보다 넓게 보는 것이 필요합니다. 고려되어야 하는 각각의 부분들이 균형을 이룰 때 교육 프로그램이 원활하게 운영될 수 있을뿐더러 박물관 운영 전체에도 시너지 효과를 낼 수 있지요. 이와 같은 역할을 위해 어린이박물관의 에듀케이터가 필요하다고 생각해요.

● 에듀케이터의 차이점
어린이를 주 대상으로 하는 교육 프로그램인 만큼 어린이의 나이에 따른 발달 과정을 고려하여 기획하는 것이 큰 차이점이라고 할 수 있어요. 아동 권리에 관심을 가지고 교육 주제에 반영하고, 어린이의 특성에 따른 운영 방법의 세밀한 검토도 필요하지요

● 에듀케이터의 업의 보람
교육은 사람과 사람 사이에서 일어나는 일이기 때문에, 교육 대상과 교육 강사, 지역민 등을 잘 이해하고 연결해주는 역할을 하게 됩니다. 이런 과정에서 생겨나는 만족도 등의 피드백은 이 일의 보람을 느끼게 해줍니다. 꼭 말과 글이 아니더라도 어린이들의 즐거운 표정과 다시금 찾아오는 발길들이 가장 큰 보상 같아요.

● 에듀케이터의 실망
어느 곳이나 마찬가지로, 박물관의 예산과 인력은 한계가 있어요. 가끔은 교육 프로그램 운영의 탄력성을 오해해서 박물관에서 일어날 수 있는 모든 행사와 체험 등을 교육프로그램 내의 예산과 인력으로 해결하려는 경향이 나타날 때가 있어요. 물론 서로 보완적인 차원에서 협력할 수 있지만, 이러한 상황이 지속되면 결국 어린이박물관 교육 프로그램의 고유성을 찾지 못하고, 해마다 일회성 행사가 생겨나고 사라지게 됩니다. 결국 장기적으로 박물관 운영에도 좋지 않은 결과를 가져오게 되지요. 하지만 이러한 내용을 인식시키는 과정이 가끔은 실망으로 다가올 때가 있어요.

● 개선점
시그니처 교육 프로그램이 기관의 정체성에 맞게 있어야합니다. 또한 정체성에 맞는 고정적인 프로그램들이 몇 가지를 가지고 있어야 하지요. 그리고 기획 전시 관련 프로그램도 있을 수 있고, 행사성 프로그램도 시의성에 맞게 하는 것이 바람직합니다.

④ 디자이너

전시품 창작을 담당하는 인력으로 디자이너가 어린이박물관에서는 필수적인 인력이다. 비단 어린이박물관이 아니더라도 요즘은 국공립 큰 기관에서는 디자이너나 디자인팀이 있는 추세이다. 전시, 교육, 홍보 관련된 기관의 모든 아이덴티티에 관련된 디자인 업무를 담당하며 기획하고, 디자이너가 실제는 디자인 업체에 용역을 주어서 관리하기도 한다. 기관의 디자이너는 기관의 비주얼 아이덴티티를 담당하므로 되도록 정규 인력으로 있는 것이 좋으나, 기관의 사정에 맞추어지기도 한다. 특히 디자이너의 경우는 홍보물 같은 2차원의 시각적인 부분만을 담당해야하는 것이 아니기 때문에 3차원적인 조형 작품 같은 전시품을 디자인해야 하므로 공간디자인이나 산업디자인 혹은 제품디자인 같은 전공자가 더 유리하기도 하다. 어린이박물관이 속성상 전시 기획 시는 아동 관람객의 행동 분석을 통하여 전시 기획에 반영되어야 한다. 아동의 모든 행동을 분석하기 어려우므로 때에 따라서는 운영 현장 스텝의 의견을 받거나 전문가의 자문을 받도록 권한다. 하단에는 전시 운영스텝의 유니폼을 디자인한 사례이다.

〈표 13-10〉 디자이너 인터뷰

● 디자이너 업무는 무엇인가?
어린이를 위한(이에 더해 동반 보호자를 위한) 정보물과 전시 연출을 담당하는 일이라 말하고 싶습니다.

● 디자이너의 필요성
디자인은 어린이박물관에만 국한되지 않고 뮤지엄의 모든 요소에 필요해요. 그럼에도 어린이 뮤지엄에 특히 필요한 이유는 아직 텍스트 기반이 아닌 시각 촉각 기반으로 정보를 습득하고 인지하는 어린이에게 체험의 메세지를 잘 전달하는 방법이 디자인이기 때문이지요.

● 디자이너 업의 보람

우리관 어린이 체험실을 종종 내려가 봅니다. 신나게 놀고 있는 아이들을 보고 있으면 그 자체가 보람이에요. 그런데 먼 훗날 그 어린이들이 성장해서 이곳의 경험을 기억하고 좋았다라고 이야기해준다면 더 바랄 것이 없겠어요.

● 디자이너로 실망스러웠던 점
늘 업무를 하다보면 아쉬운 점들이 있지요. 곰곰 생각해봐도 실망스러웠던 건 기억이 안나네요. 다행인거지요?!

● 업무의 개선점
개인적으로 육아 전과 육아 후 어린이박물관에 대한 생각이 많이 바뀌었어요. 이론과 실제의 차이, 공급자와 사용자 사이의 간극을 깨달았기 때문이에요. 직접 육아 경험이 아니더라도 어린이를 관찰하고 보다 사용자 측면에서 디자인을 하는 것이 필요하겠다는 생각입니다.

국립어린이박물관 하절기 유니폼(앞)
- 작가 작품 이미지 모티브 디자인

국립어린이박물관 하절기 유니폼(뒤)

국립어린이박물관 동절기 유니폼

경기도어린이박물관 동절기 유니폼

[그림 13-1] 어린이박물관의 전시 운영스텝 유니폼 디자인 사례

⑤ 테크니션 (기계 및 유지보수 인력)

시설 담당자와 함께 협업으로 이뤄지면 더욱 시너지가 있다. 전시품들은 소프트하기 때문에 함께 작업해야 하는 경우가 많고, 함께 유지보수를 위해서 고민해야 하기 때문이다. 또한 전기자격증이 있으면 더욱 좋고, 일명 맥가이버를 할 수 있는 여러 손 기술들이 있어야 기관에 도움이 된다. 만약 본인이 유지보수를 위해서 전시물을 못 고칠 경우는 외주를 주어서 고치도록 해야 한다.

〈표 13-11〉 테크니션 인터뷰

● 업무

첫 번째로는 전시장 및 전시물 체크리스트 작성하여 매일 체크하고 검토합니다. 그리고 고장난 것을 수리하고 체험 전시장을 유지하기 위한 관리를 합니다.

● 필요성

체험식 전시장이다 보니 우선적으로 어린이가 안전하게 잘 체험할 수 있는 환경과 여건을 만들어 주는 것입니다. 매일 매일의 전시품의 고장과 파손에 대한 관리와 수리를 해야 하니 반듯이 필요한 인력입니다.

● 보람있었던 점

전시물 고치면서 짜증나고 힘들 때, 즐거워하는 어린이들 모습을 볼 때 제일 보람되었습니다.

● 안타깝고 아쉬웠던 점

어린이 체험 박물관은 직접 체험하면서 몸으로 느끼고 생각하며 공부하는 곳입니다. 키즈 까페처럼 아이들만 자유롭게 뛰어노는 곳이 아닙니다. 이 말을 하는 이유는 부모님이 조금만 같이 신경써서 활동해 주시면 어린이 공부에도 큰 도움이 되고 전시물 고장이 덜 생길 수 있기 때문입니다. 그래야 다른 친구들도 현장의 모든 체험 전시를 같이 누릴 수 있기 때문입니다.

전시물은 만드는 것이 최선이 아닙니다. 유지 관리가 더 중요하다고 생각됩니다. 고장이 나서 전시물을 사용 못 하면 있으나마나 한 것이기 때문입니다. 제 위의 선배님들이 항상 이야기하셨습니다. 전시장 관람객을 늘리려면 전시도 좋아야 하지만 전시물이 고장난 상태로 오래 지속되다 보면 관람객이 줄어든다고요. 관람객이 있어야 전시장들도 생기는 것이기

때문입니다.

제가 다니던 직장의 경우 학예실과 운영실이 따로 나누어져 있었습니다. 학예실의 경우 전시를 기획하고 진행하는 일을 주로 하였습니다. 운영실의 경우 전시장 관리 및 운영을 주로 하였습니다. 그러다 보니 학예실에서 전시를 만들다 보면 전시 유지 관리를 생각못하는게 대부분이었습니다. 그리고 관리하는 운영실로 오면 항상 고장율이 높아 개보수가 필요하였고요. 이렇게 되면 금액적인 부분에서 비용이 크게 발생합니다. 대부분이 기성품이 아닌 제작품이기 때문입니다. 업체를 의존하게 되면 수리가 늦어지는 것을 볼 수 있습니다. 업체도 돈이 안되는 유지 보수는 잘 안하게 됩니다. 이것이 팩트입니다.

● 개선점
테크니션은 학예연구실과 한 부서에서 협력하여 전시를 진행 것이 맞다고 생각됩니다. 예전 선배님들이랑 같이 이야기한 적이 있는데 전문적인 테크니션들을 모아서 자체 기획 전시를 진행하는 것도 전시물 질과 유지보수 부분에서 효과를 얻을 수 있다고 생각됩니다. 초반 예산은 많이 발생하겠지만 전시장 규모나 지속적인 전시장 관리 운영을 따지면 지금 제안하는 방법이 더 효과적인 방법이라고 생각됩니다.

⑥ 전시 제작팀

국외의 대형 어린이박물관에서는 전시 제작팀이 내부 부서로 존재한다. 전시기획자, 디자이너, 목공, 기계 등 몇 사람이 한꺼번에 모여서 한 가지 전시품을 프로토타입으로 발명하기도 하고, 이를 전시장에 시범 사용해서 평가를 거쳐서 전시품의 질을 높여 제작한다. 또한 기 제작품이 고장이 난 것들을 제작팀에서 수리하고 정비한다. 제작팀이 있으면 기관의 전시품들의 수준이 축적되면서 질 좋은 전시를 만들 수 있는 인프라이다. 이 경우에는 테크니션이 제작팀에 속해 있을 수 있다. 국내의 어린이박물관에서는 아직은 없으나, 제가 아는 사례로 국립과천과학관내에 운영디자인팀이 있어서 전시 제작 업무의 일부를 하기도 한다.

⑦ 홍보

기관에 따라서 학예직군이 아닌 행정직이나 운영직군에 속해 있기도 한다. 홍보 인력은 전시와 프로그램, 행사 등 모든 어린이박물관의 업무들에서 홍보 소스를 찾아서 관람 대상자들에게 홍보를 해야 한다. 보통 어린이박물관은 관람객들이 홈페이지를 가장 많이 보고 찾아오고, 인터넷에서 올리는 블로그 등이 홍보의 자원이 되기도 한다. 최근에는 SNS가 홍보 매체로 급부상했고, 경품 추첨같은 것들도 기관의 방문객 유입 효과를 올리기도 한다.

〈표 13-12〉 홍보 담당자 인터뷰

> ● 업무와 필요성
> 관람 예정인 사람, 박물관을 자주 찾은 사람, 어린이와 함께 갈 곳을 찾는 사람들 등의 대상자들에게 기관의 정보를 제공해야 합니다.
>
> ● 타기관 홍보 담당자와의 차이점
> 관람 대상자에게 흥미가 있을 만한 정보를 제공해야 한다는 점입니다. 예를 들면 전시장 소개, 프로그램 소개 등으로 전시나 교육에 대한 상세한 안내 위주고 그게 호응이 좋아요. 예전에 고래 전시물 작동 원리를 안내했을 때 호응이 좋았어요
>
> ● 업무하면서 만족한 점
> 후기 이벤트를 할 때 박물관 전시나 프로그램에 대한 장점을 들을 수 있던 것입니다. 최근에는 대상 연령층에 맞게끔 30대 부모님들과 아동들에게 SNS를 활용하여 이벤트 경품행사를 했는데, 매우 호응이 좋았습니다. 경품을 아동들이 좋아하는 것으로 선정했었거든요. 아이스크림 같은 거, 최근에 아동들이 좋아하는 상품들입니다. 물론 건강을 해치지 않은 선의 것들이지요. 사탕, 이런 것들은 못합니다. 어머님들이 민감하시거든요
>
> ● 업무하면서 아쉬운 점
> 홍보 컨텐츠를 발굴하려면 그만큼의 시간이 필요한데 홍보 업무 자체가 일이 많고 또한 홍보 외에도 여러 업무와 함께해서 현행 유지 또는 관리 수준으로만 할 수 있다는 점입니다. SNS 경품행사를 할 때 그때 팔로우를 하고, 행사 후에는 나가버린다는게 참 아쉽습니다.

(3) 운영 및 행정직군

운영 및 행정 인력으로는 운영 관리직 인력과 행정 지원 인력이 있다.

① 행정직

출납을 담당하는 회계, 각종 계약 처리를 하는 계약 담당, 기관 시설을 담당하는 인력이 있는데 주로 사무실에 있는 인력을 말한다.

가. 시설 담당자

건물을 관리하는 사람으로 건물로 파생될 수 있는 업무들, 건물에 관한 안전 관리 책임이 있다. 각종 재해를 대비하는 대비책을 세워 놓아야 하며, 특히 아동과 관람객이 있을 때 화재를 대비하여 탈출 훈련을 하기도 해야 하며, 지역 소방서에 요청하여 직원 대피 훈련을 실시한다. 시설 담당자는 시설의 전기 사용 총량에 따라 다르긴 하나 전기기사 자격증 소지자를 추천하며, 각종 공문의 국가 지침에 따른 업무들을 추가로 수행해야 한다. 또한 매표와 안내 업무를 함께 관리하기도 한다.

〈표 13-13〉 시설 담당자 인터뷰

● 본인의 업무는?
명절 연휴, 해빙기, 풍수해, 동절기 대비와 같은 특정 시기에 박물관의 시설물에 대한 안전 점검 계획을 수립하고 실시합니다. 또한 노후시설 보수, 시설 안전인 안전 기본계획, 시특법 위 유지관리 계획 등을 수립하고, 건축 소방 전기 통신 조경 등에 대한 시설물 안전 관리를 합니다. 안전 관리자를 선임하고 시설 임대 업무도 수행합니다. 소방 훈련과 민방위 훈련을 실시하고 기관의 자산인 재물조사 및 공유재산을 관리합니다. 또한 박물관의 복합 커뮤니커 공간도 조성하도록 업무가 배정되었습니다.

● 본업의 필요성
어린이박물관처럼 재난에 취약한 계층이 이용하는 시설일수록 안전관리자의 역량에 따라 관리 품질이 현격히 차이가 나고, 현장직(공무직이나 시설도급 용역) 업무 관리 및 소통과 안전 교육 등이 더욱 중요합니다.

● 업의 보람
기본적인 시설물 유지 관리뿐 아니라 시설물의 개선, 노후시설 개보수, 안전 문화 정착을 위한 소방교육 실시 등 개선 업무 후 잘됐다는 체감을 느낄 때 보람찹니다.

● 업무상 실망스러웠던 점
시설 관리, 공연장 관리, 전시장 작품 보수를 위한 테크니션 등 세분화된 업무가 있는데 이분들이 공석 시에 시설만 바라보고 해당팀에서 해결책을 제시하지 못할 때 실망스럽습니다.

● 업무의 개선점
건물 준공이 15년차가 되다보니 전기 기계 소방 등 시설물의 내구 연한을 고려하여 교체 계획과 예산을 수립해야 하는데 이를 위해서 주무 부처와 좀 더 긴밀한 협조가 필요해 보입니다.

나. 회계와 계약 담당자

회계는 업무로 발생되는 숫자 관련 일들, 즉 기관에서 쓰는 지출입 업무를 담당한다. 계약 담당자가 중요한데, 공공 기관들은 공고를 통해서 계약 심사를 하고 업체와 계약으로 이뤄지기 때문에 계약 담당자의 역할이 매우 중요하다. 업무 시에는 학예사들과 긴밀하게 업무에 관한 이해를 시켜야 한다. 학예사 또한 공고와 계약까지에 대한 행정 절차를 잘 파악하고 업무에 임해야 한다.

② 운영 인력

현장 운영 인력으로는 매표나 안내를 담당자, 시설 기술직, 방호, 미화, 숍 담당자가 있다. 기관의 형편에 따라서 직접 계약직으로 쓰거나 용역직으로 계약을 맺기도 한다. 최근에는 국공립기관의 운영 직군들은 무기 계약으로 전환된 사례들이 있다. 아동의 안전사고 등을 대비하여 보건 교사나 간호 조무사를 채용하기도 한다. 어린이 기관은 안전관리가 가장 기본이 되는 제로 베이스이다. 따라서 시설 관련 전기, 소방, 방호 등 기술직의 인력이 안전 관리상 문제가 없도록 업무에 임해야한다.

가. 매표, 안내

박물관의 첫 인상을 주는 인력으로 매우 밝은 이미지와 친절한 응대 서비스를 해야 한다. 시시콜콜한 사항들도 질문이 많고, 때로는 불만 고객들로 인해서 감정적인 노동에 시달릴 수 있으므로 회복 탄력성이 높고 유연성이 많은 능력을 가지고 있는 인력이 좋다.

나. 보건 교사 (간호 조무사)

어린이박물관에서는 안전 사고가 자주 나기도 한다. 어린이 기관이면 대부분 해당되는 사항인데, 현장에서 신속한 조치를 할 수 있는 장점이 있다. 병원으로 후송할 경우는 인근에 MOU를 체결한 종합병원이나 병원으로 후송하도록 119를 부른다. 기관에서 사고가 난 경우에는 보험처리가 가능하도록 돕는 역할도 한다.

〈표 13-14〉 보건교사 인터뷰

● 본인의 업무는?
방문하는 모든 관람객들에게 응급상황이 발생했을 때 적절한 응급처치 시행으로 관람객의 생명과 건강 보호를 합니다. 코로나19와 같은 감염성 질환 발생 시 관람객 및 직원들의 건강을 위한 감염 예방 보건 업무를 합니다

● 본업의 필요성

전시물과 상호작용하며, 직접 체험을 통해 어린이들의 꿈과 상상력을 키워가는 어린이박물관은 어린이를 중심으로 일 년에 35만 명 이상의 가족 단위, 유치원 단체, 초등학교 학생 관람객들이 방문하고 있습니다. 그래서 체험을 하는 전시실 곳곳에서 예고 없이 각종 사고들이 발생하기도 합니다. 아이들끼리 서로 부딪혀 발생하는 치아와 안면, 팔과 다리 골절 사고 및 열상, 어르신의 저혈당, 저혈압으로 인한 실신, 사탕을 먹다가 질식한 유치원생, 식당에서의 뜨거운 음식물에 의한 화상 등 생각지 못한 곳에서 다양한 사고가 발생하고 있어서 그에 맞는 신속한 응급처치를 통해 관람객의 건강을 보호할 수 있는 보건교사가 필요합니다

● 보람
생명이 위험해질 수 있는 사고가 발생한 경우 신속하고 적절한 응급처치를 해서 병원으로 후송 조치한 후에 해당 가족으로부터 감사했다는 전화를 받았을 때 보람을 느낍니다. 어린이들이 의무실 방문 처치를 한 후 제가 선물로 준 밴드와 소독제가 든 응급키트를 받고 기뻐할 때도 기분이 좋습니다.

● 실망스러웠던 점
전시물에 의한 사고가 발생한 경우, 응급처치 후 병원 이송 전에 최우선적으로 치료를 통해 건강 회복이 될 수 있도록 보호자에게 보험 처리에 대한 상세한 설명을 해주고 있습니다. 가끔 보호자가 어린이의 상태를 살펴보지 않고서 먼저 손해보상금을 노골적으로 요구할 때 내심 실망스럽습니다. 그런 경우에도 차분하게 보험 절차에 대한 설명을 해주어 보호자가 안심하고 치료에 전념할 수 있도록 노력합니다.

● 개선점
정기적으로 응급 처치에 대한 교육을 받아서 위기 상황에 대한 능력을 꾸준히 키워야 한다고 생각합니다. 보호자 중에는 심리적으로 심하게 불안정한 사람들이 가끔 오기도 해서 혼자 처치할 수 없는 돌발 상황이 발생한 경우, 응급벨이 안내데스크나 보안팀으로 연결될 수 있는 장치가 필요할 듯합니다.

다. 카페 운영 인력

부대 시설로 음료나 간단한 다과를 판매한다. 기관에 따라서는 카페에서 간단한 일품요리의 음식을 판매하기도 한다. 기관에서 직접 채용하기도 하고, 기관 상황에 따라 기념품 숍과 마찬가지로 외주 인력이 와서 위탁 운영하기도 한다.

라. 숍 판매 인력

대형 박물관이거나 독립형 어린이박물관 내에 기념품 숍이 있기도 하다. 기념품이 많이 없을 경우에는 매표에서 함께 판매하는 사례도 있다. 숍은 누차 강조하지만 관람객 서비스에 해당하는 사업으로 국내외의 유명세 있는 박물관을 제외하면 수익 사업으로 보긴 어렵다.

마. 시설 직군들

실제 시설에서 일어나는 모든 수리 및 보수 업무들을 담당하고, 필요시 용역사를 불러서 업무를 추진한다. 내외부의 시설물 관리, 안전 기준치, 소방 관련 업무들, 조경 관리 등 매우 다양한 업무들을 한다. 기관의 규모에 따라서 다르지만 최소 2인이 상주해 있다.

- 방호 : 어린이박물관의 안전 지킴이에 해당되는 인력이다. 위험한 사람으로 보이거나 싸움의지가 있거나 어린이의 안전에 위해가 되는 사람들을 저지해주는 역할을 한다. 보통 2인이 있다.
- 미화 : 박물관을 깨끗하고 청정하게 만들어주는 역할을 한다. 내외부 시설을 전부 청정하게 해야 하므로 남녀가 함께 업무를 하면 더 효율적일 수 있다.

(4) 자원봉사자

직원은 아니지만 현장 인력으로 필요한 자원봉사자들이 있다. 모든 인력을 채용하는 것은 엄청난 비용이 들어가므로 현대 박물관들은 자원봉사자들의 도움을 적극적으로 받는다. 기관이 위치한 지역사회의 자원봉사자분들이 봉사를 해주시며, 방학 때에는 학생이나 청소년 자원봉사자들이 오기도 한다. 기관에서 '1365 자원봉사포털'에 등록하면 필요한 인력을 지원받을 수 있다.

자원봉사자들은 봉사자들의 그룹 형태에 따라서 고유한 봉사의 목적이 있다. 그들의 목적에 기관이 잘 부합하게 운영되어야 한다. 문화자원봉사자들은 문화기관에서 본인이 의미있는 자원봉사와 소일꺼리를 원한다. 청소년은 봉사시간을 획득해야 하므로 이들에게도 의미있는 기회가 되어야 한다. 단지 시간을 보내고 가기만 하거나, 혹은 자원봉사가 너무 힘들어서 부정적인 인식이 되지 않도록 자원봉사 담당 직원이 힘써야 한다. 때로는 사기업에서는 특수한 무료 자원봉사자 그룹들이 있기도 하며, 특수한 목적으로 재능을 기부하시는 자원봉사자들도 있다. 삼성 임직원 부인 출신들로 구성된 샘터회가 있고, 재능 기부에 매우 용이한 구연동화회가 있다. 특수 목적일 경우는 그들의 목적에 맞는 회합의 장이여야 한다. 기관과 자원봉사자들이 상호 합목적을 이뤄야 기관에서 자원봉사자로 임할 수 있다.

전시장에서 지원해 주는 인력으로 고객 접점에 있으므로 일반적으로 유니폼을 착용한다. 유니폼은 보통 조끼로 제작하여 입는 경우가 가장 많다.

〈표 13-15〉 자원봉사자 인터뷰

● 본인이 하시는 일은?
봉사하는 기관에서 필요한 자원봉사 업무들 중에서 자원봉사자들의 조를 편성해서 상설전시장의 각 코너에서 쓰이는 물품 정리와 체험 전시들의 조작하는 법을 설명해줍니다. 참고로 저희는 샘터회라는 자원봉사 단체에서 출발해서 개관 때부터 어떠한 대가없이 순수한 자원봉사 업무를 하고 있습니다.

● 자원봉사의 필요성
전시장을 운영 관리하는 직원의 손길이 미쳐 닿지 않은 곳에서 전시 이용법의 설명과 아동가족 관람객의 질서 유지를 담당하고 있습니다. 기관이 크고 게다가 아동을 대상으로 하기 때문에 세심한 곳까지 손길이 매우 필요하다고 생각합니다.

● 보람
박물관에 대한 이해와 설명을 잘 읽고 오지를 않으실 때, 관람객들이 체험과 관람을 놓치는 부분이 있어 이런 것을 모두 참여할 수 있게 안내해 드릴 때가 보람됩니다.

● 실망스러웠던 점

오래도록 했었지만 아직은 없는 듯합니다. 그래서 지금도 하고 있는 것 같습니다. 자원봉사
자 그룹들이 활성화가 잘 되지 않는 듯 할 때 약간의 실망감이 있는 듯도 하였으나 그때 개
선하려고 시도 합니다.

● 개선점

다소 소극적인 참여가 있는데 권한의 한계인 듯합니다. 예를 들면, 동반해 온 선생님들의 아
이들을 불친절하게 대하는 태도를 보고도 말을 할 수 없다는 점입니다. 참여의 경계가 좀
애매할 때가 종종 있긴 하지만 직원같은 마음으로 적극 임해야겠다. 봉사인지, 기관의 업무
인지의 경계성인 것이 가끔 있기 때문입니다.

경기도어린이박물관 자원봉사자 동계 유니폼(앞)　　경기도어린이박물관 자원봉사자 동계 유니폼(뒤)

[그림 13-2] 경기도어린이박물관 자원봉사자 유니폼

(5) 운영 자문 위원회

기관에서 기관장이 운영에 도움이 되는 자문을 얻을 사람들을 모시는 위원
들이다. 관련 학계 교수, 유관 기관의 관계자, 어린이 학습 기관의 교사, 지역사
회 교육청이나 어린이집 협회장 혹은 유치원 협회장, 타 기관의 홍보 마케팅 인
력, 기관의 주무처 관리자, 기관 본부의 상급 관리자, 기타 운영에 도움을 받을

수 있는 사람을 모신다.

기관의 규정과 규칙에 명시된 기준으로 회의를 개최하며, 경기도의 어린이 박물관들은 년 2회 정도를 하는 것이 평균 횟수이다. 첫 회기시에는 올해 사업 발표로 시작해서 아이디어나 도움을 얻고, 두 번째 회기 시에는 하반기에 사업 결과에 대한 피드백을 얻어 내년도에 반영하는 것이 상례적이다. 기관에서 필요하다고 판단되면 년간으로 위원회를 구성하지 않고, 1회성의 도움이 되는 필요한 위원으로 구성하여 도움 말씀을 경청할 수도 있고 기관에 필요한 것들은 사업에 반영하기도 한다.

(6) 어린이 자문위원회

기관의 운영을 추진하는 사람은 성인이며, 어린이 전공의 전문가가 있더라도, 어린이의 의견이나 목소리에 대한 경청은 반드시 필요하다. 어린이 전문가가 모든 관련 사항을 예측하기 어려운 점이있기도 하고, 사회문화가 변하듯이 어린이들의 문화도 변화가 있고 또 아동 가족문화가 변하기 마련이다. 이런 면에서 아동들의 의견을 경청하고 전시나 프로그램, 운영 등에서 아이디어를 얻어서 콘텐츠나 운영에 반영하는 것이 정답으로 보인다.

자문위원회는 자기의 사고를 의사 표현으로 정확히 말할 수 있는 최소한 3학년 이상의 초등생을 대상으로 하는 것을 추천한다. 삼성어린이박물관에서 '어린이 자문단' 이란 명칭으로 국내에서 처음으로 시작하였다. 경기도어린이박물관의 경우는 년 5~6회 정도로 모임을 하여 전시 기획, 프로그램 기획 시에 아이디어를 얻는다. 현재까지 지난 업무 경험상 아동들이 1년여 정도의 자문위원회 경험을 토대로 전시 기획시에 무에서 유로 창조되는 과정을 경험한 후, 자존감이 높아지기도 하며, 아이디어 도출을 위한 토론 과정에서 상호 의견이 다른 점을 조율하는 법도 배운다. 2년차 시에는 지난 1년간의 결실을 토대로 창의적인 아이디어를 발산하는 경우가 많았다. 3년 차에는 매우 노련한 창의적 기획자가 되어 있었다. 임기는 보통 1~2년까지로 하는 것이 좋고, 원하는 경우는 연임을 하기도 했다. 자문위원회 아동을 선발할 때는 부모님에게 자문위원회의 명백한 목적을 인식시키는 것이 바람직하다. 무엇인가를 물질적으로 얻어가거나 어떤 보이는 혜택이 있는 것이 아님을 명시할 필요가 있다. 선발 시에 상호 기대치가 다름에 따른 시행착오를 예방하기 위해서다. 경기도어린이박물관과 국립어린이박물관은 아동과 부모님의 면접을 실시한 후에 상호 기대치를 맞추어서 선발하여 정착이 되었다. 의사 표현을 잘 못하여 탈락한 아동들은 1년 후에 다시 지원하도록 제안하고, 이때는 선발해서 활동하게 하여 탈락으로 인한 부정적인 경험을 없도록 배려한다. 경기북부 어린이박물관에서는 개관시에 '서포터즈'라는 명칭으로 기관 홍보 대사의 역할을 수행하기도 하였다. 서울상 상나라는 '어린이 큐레이터'라는 명칭으로 활동을 하고 있다. 국립어린이박물관은 '어린이 상상단'이라는 명칭을 쓴다.

5. 어린이박물관의 DEIA 전략

최근 어린이박물관계의 주요 트렌드는 두 가지로 사료된다. DEIA 추진과 ESG 경영이다. 국외에서 활발하게 추진되는 DEIA는 포용적이고 누구에게나 열린 공평한 박물관을 만들기 위한 노력들이다. 몇 년전 국립중앙박물관에서 추진 전략 중의 하나로 포용적 박물관을 발표한 것으로 안다. 또 한가지는 국내에서 활발한 ESG 경영이다. 이것은 경기문화재단에서 전략적으로 박물관에 적용하는 것으로 아는데 경기도어린이박물관과 경기북부어린이박물관의 기관 평가시에 적용하고 있다.

DEIA는 다양성(Diversity), 형평성(Equity), 포용성(Inclusion), 그리고 접근성(Accessibility)을 의미한다. 박물관이 보다 포용적이고 공평한 환경을 조성하기

위해 중요한 원칙으로 삼는 요소들이다. 각 의미는 다음과 같다.[78]

- 다양성 (Diversity): 박물관의 직원, 관람객, 그리고 전시 내용이 다양한 배경, 문화, 인종, 성별, 연령대, 능력을 포괄하는 것을 의미한다.[79] 다양성을 존중하고 강화하기 위한 노력의 일환으로 나와 타인의 다름을 인정하고 차별과 편견이 없는 세상을 만들어 가고자 하는 것이다. 특히 미국은 다인종과 다국적 출신의 국민이므로 매우 강조되고 있는 내용이다. 따라서 국내 어린이박물관계에서도 활발하게 적용된다고 할 수 있다.

- 형평성 (Equity): 모든 사람이 공정한 기회를 받을 수 있도록 불평등을 해소하고, 특정 그룹이 겪는 구조적 장벽을 제거하는 것을 목표로 한다. 형평성은 단순히 평등이 아니라 각자의 필요에 맞는 지원과 자원을 제공하는 것을 의미한다.

- 포용성 (Inclusion): 다양한 배경을 가진 사람들이 박물관 활동에 활발히 참여할 수 있도록 포용적인 환경을 조성하는 것을 의미한다. 이는 단지 물리적 참여를 넘어서, 그들의 의견과 목소리가 존중되고 반영되는 것을 포함한다.

- 접근성 (Accessibility): 모든 사람이 박물관의 자원과 경험을 쉽게 이용할 수 있도록 물리적, 심리적, 디지털적 접근성을 보장하는 것이다. 장애를 가진 사람들도 박물관을 자유롭게 이용할 수 있도록 시설이나 프로그램을 조정하는 노력이 포함된다.

  즉, DEIA 원칙은 박물관이 다양한 지역 사회에 보다 깊이 연결되고, 모든 사람들이 교육과 문화적 경험을 동등하게 누릴 수 있도록 돕는 프레임 워크이다.

78_https://chatgpt.com/c/66fcbdcf-3370-8007-99ea-78d50dbfe77d
79_https://chatgpt.com/c/66fcbdcf-3370-8007-99ea-78d50dbfe77d

사례를 보면 미네소타 어린이박물관에서 매우 강조하고 있다. 본 기관은 다양성, 형평성, 포용성이 놀이를 통해 어린이의 학습을 촉진한다는 사명을 필수적이라고 믿고 있다. 이를 위해 박물관은 수천 가족을 위한 지역사회 자원으로서 모든 사람을 위한 다양하고 환영하는 장소가 되어야 한다고 언급한다. 모든 사람을 소중히 여기고 유사점과 차이점을 포용하는 다양성을 중시하고, 물리적 공간에서뿐만 아니라 모든 일과 말에서 환영하고 포용적인 태도를 갖기 위해 포용성을 중시하고, 불평등에 직면한 사람들이 잠재력을 최대한 발휘할 수 있도록 형평성을 중시한다.[80]

이에 따라서 미네소타 어린이박물관에서 장애 아동을 위한 사용 가능한 자원들은 아래와 같이 홈페이지에 명시하였다.[81]

- 휠체어 접근성 : 박물관의 모든 전시는 휠체어로 접근이 가능하도록 설계되었다. 문턱이 없다는 것이다.
- 시각적 자극 : 스프라우츠 갤러리, 팁탑 테라스와 독서 공간은 박물관에서 시각적 자극 수준이 가장 낮은 곳에 속한다.
- 쉬운 출입 : 운전하는 경우, 박물관에 들어가거나 나가는 가장 쉬운 방법은 센터 램프의 3층에 주차하는 것이다. 박물관 매표소로 가는 스카이웨이가 있다. 4층에 주차하고 "출구" 표지판을 따라 3층으로 가면 램프에서 계단/엘리베이터를 사용하지 않아도 된다.
- 휴게실 : 시각적 자극 수준이 낮은 작고 조용한 휴게실은 모험 갤러리 근처 1층과 스프라우츠 갤러리 2층에 있다. 자녀와 함께 휴식 가능하다.
- 개인 돌봄 담당자 : 돌봄 담당자는 자신이 돕는 사람과 동행하는 경우 박물

80_ https://mcm.org/diversity-equity-inclusion/
81_ https://mcm.org/accessibility/

관을 무료로 입장할 수 있다.

- 사용 가능한 자원들 : 시각적 타이머로 매표소에서 타이머를 확인하여 자녀가 다음 활동으로 넘어갈 시간을 알 수 있다. 소음 차단 헤드폰으로 매표소에서 대여 가능하다. 유니버설 커프스[82]로 매표소에서 구입할 수 있다.

미시시피 어린이박물관에서는 '감각 지도(Sensory Maps)'와 '감각 백팩'이 있다.[83] 감각 장애는 환경으로부터 정보를 받아들이고 처리하거나 반응하는 데 문제가 있는 것으로 감각 장애 아동은 빛, 소리, 촉각, 미각, 냄새 등 감각을 자극하는 모든 것에 혐오감을 느낄 수 있다. 따라서 미시시피 어린이박물관에서의 감각 지도는 방문객이 각 전시에서 경험하게 될 감각 유형을 설명하고 낮음, 중간, 높음 등급을 알게 하고 있다. 감각 장애가 있는 방문객은 감각 지도를 사용하여 감각이 필요한 영역에서 작업하거나 박물관에서 어려울 수 있는 영역을 피할 수 있다. 또한 감각 지도의 뒷면에는 '사회적 이야기'가 있다. 간단하고 목표 중심적인 이야기와 그림을 사용하여 아이들이 관람 경험시의 특정 상황에 대한 올바른 행동을 배울 수 있도록 도와준다. '감각 백팩'이 있는데 박물관에서 장애 아동이 더 나은 경험을 하는 데 사용할 수 있는 유용한 자료가 있다. 이 가방에는 헤드폰, 선글라스, 안절부절 장난감 등이 포함되어 이용하도록 한다.[84]

매직하우스에서는 홈페이지 첫 화면에서 장애인을 위한 화면의 배려가 보인다. 좌측 중간 정도의 위치에서 접근성에 대한 클릭을 하도록 되어있다. 소리,

---

82 *장애인이나 손의 기능이 제한된 사람을 위해 제작된 보조 기구로 도구나 일상 생활용품을 손쉽게 잡을 수 있다.

83 https://mschildrensmuseum.org/museum-updates/sensory-map-2/

84 https://mschildrensmuseum.org/museum-updates/sensory-map-2/

빛, 흑백 등의 화면으로 장애인들을 위해서 조절해 볼 있다. 기관의 첫 이미지부터 섬세한 배려는 기관이 얼마나 그들을 위한 고민을 하는지 강한 이미지를 확보 할 수 있다. 각 기관에서 홈페이지를 새롭게 개편할 때 접근성을 잘 확보하면 좋겠다.

인디아나폴리스 어린이박물관에서는 '박물관 나의 길' 이라는 프로그램을 하고 있다. 일정 비용을 받고 장애가 있거나 감각이 예민한 가족을 대상으로 박물관에서 길드 60주년으로 설치한 '유령의 집' 체험을 할 수 있도록 날짜를 홈페이지에 공지하고 있다. 아동들에게는 선물 가방과 감각 장난감이 제공되고, '유령의 집' 공간 체험에서는 부드러운 배경 음악, 깜빡이는 불빛이 없는 일정한 조명, 유령 의상을 입을 수 있는 배려, 휠체어로 접근 가능한 공간이다.[85] 또한 박물관 갤러리 대부분은 장애인이 접근 가능하도록 되어 있는데 '스포츠 체험'도 가능하며, 청각 장애인들을 위한 서비스로 청각 보조 장치를 제공하여 극장이나 천문관과 우주 극장 이용이 가능하다. 수화 언어 공연에는 통역사가 제공되기도 한다.

국내에는 국립중앙박물관 어린이박물관과 국립어린이박물관의 사례가 있다.

국립중앙박물관 어린이박물관에서는 안정을 취하는 방으로 '마음 보듬소'라는 공간을 마련하여 발달 장애를 가진 아동을 위해 배려하였다. 더불어 스트레스가 심하거나 안정이 필요한 아동들도 이용할 수 있도록 빛 소리 등을 조절하여 사용하도록 하였다.

국립어린이박물관에서는 접근성을 높이기 위해서 2024년에 '모두를 위한 감각 지도'를 개발하고 있다. 발달장애인 및 동반 보호자 대상의 워크숍을 실시하고 개발 과정 중에 특수교육 전문가의 검토를 받았다. 박물관 관람시에 감각으

85_https://www.childrensmuseum.org/visit/calendar/event/465

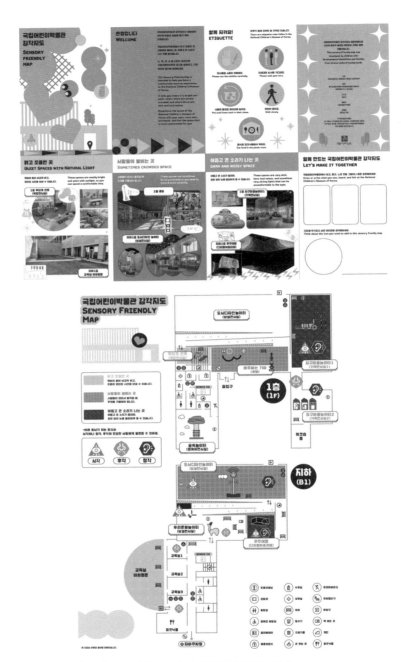

[그림 13-3] 국립 어린이박물관 감각 지도

로 경험하는데 밝기, 온도, 소음, 냄새, 밀집도 등을 기록하고 각 공간의 풍경과 사물을 그려보며, 공간에서 숨겨진 보물찾기를 하도록 한다. 지도에는 전시물에 대한 쉬운 글과 의사소통을 위한 이미지 카드를 제작할 예정이다. 또한 연속사업으로 2025년에는 '감각 백팩'도 함께 제작하여 소리가 많은 공간에는 헤드폰을 끼거나 빛을 차단할 수 있는 도구 등을 넣어 장애 아동들에게 박물관에서 긍정적이고 즐거운 경험을 하도록 접근성을 높이고자 한다.

6. 어린이박물관과 ESG 경영

ESG라 함은 환경(Environmental), 사회(Social), 지배구조(Governance)의 세 가지 요소를 중심으로 한 기업 경영 전략을 말한다. 기업이 단순히 이윤을 추구하는 것을 넘어서, 지속 가능한 발전을 도모하고 사회적 책임을 다하는 방향으로 나아가는 것을 목표로 한다. 각 요소는 다음과 같은 측면을 포함한다.[86]

- 환경 (Environmental): 기업 활동이 환경에 미치는 영향을 최소화하고, 지속 가능한 환경 관리를 추구하는 것이다. 여기에는 탄소 배출 저감, 자원 절약, 재생 가능 에너지 사용, 친환경 제품 개발 등이 포함된다.
- 사회 (Social): 기업이 사회적 책임을 다하고, 다양한 이해관계자(고객, 직원, 지역사회 등)와의 관계를 잘 관리하는 것을 의미한다. 여기에는 노동권 보호, 다양성과 포용성 증진, 지역 사회에의 기여, 고객 안전과 건강 등이 포함된다.
- 지배구조 (Governance): 기업의 경영 구조와 관련된 요소로, 투명하고 윤리적인 경영 방식을 추구하는 것을 의미한다. 주주와의 관계, 이사회 운영, 경영 투명성, 내부 감사 체계 강화 등이 중요한 부분이다.

86_ https://chatgpt.com/c/66fcfa3c-dc00-8007-8350-38775522cb69

따라서 ESG 경영은 장기적인 관점으로 지속 가능성을 높이고, 투자자와 소비자에게 긍정적인 인식을 줄 수 있는 중요한 전략으로 자리잡고 있다.

경기문화재단에서는 5~6년 전부터 ESG 경영을 추진하여 왔다. 기관의 경영 평가를 위하여 도입한 것으로 산하기관인 박물관들도 모두 ESG 경영으로 부서 평가를 한다. 따라서 경기도어린이박물관, 경기북부어린이박물관도 이에 해당된다. 아래는 어린이박물관에서 ESG 경영을 할 수 있는 사업 범주로 나눠 보았다.

〈표 13-16〉 어린이박물관에서의 ESG 사업 사례들

요소	사업 내용
환경 (Environmental)	친환경 재료 사용의 전시 친환경 주제의 전시 기획전 친환경 교구재 제작 친환경 인증 건물 추진 등
사회 (Social)	교류 협력 사업들의 순회 전시 지역사회 기관과 단체들과의 콜라보 교육 사업, MOU 추진 문화 소외 계층 사업, 나눔 사업 아나바다 운동 추진 등
지배구조 (Governance)	관람객 설문 조사의 요구도 반영 고객 민원 사항 반영 자원봉사자 참여 기관 일경험 인력 참여 기관 등

또한 사업을 지속적으로 연속성을 가지고 하기 위해선 결과에 대한 평가와 향후 방향을 설정하고 업데이트하는 것이다. 경기북부어린이박물관은 주제가 생태 환경에 대한 어린이박물관이라 매우 유리한 조건을 갖추었다. 하단의 내용을 참고하면 되겠다.

〈표 13-17〉 어린이박물관의 ESG 경영 성과 및 환류

평가 항목	2023년 사업 내용	2023년 ESG 성과
환경보호 (Environment)	〈ANTI - FREEZE : 얼어붙지 않을 거야!〉전시 〈오감이 환경동화 작가전 2 소중한 약속〉전시 〈생태교육 프로그램〉운영 〈친환경 교구재 제작〉 〈친환경 카페 운영〉	박물관 전 사업에서 친환경 경영 이념 방영 및 실천 재단 [E 문화로 탄소중립] 추진 전략과 박물관 상설전시 주제인 '숲·생태·환경'과 연계한 독창성 있는 전시 콘텐츠를 기획 운영하며, 유엔 〈지속 가능발전목표(UN SDGs 2030)〉, 우리나라 〈2050 탄소중립 선언〉, 기업의 〈ESG 경영평가〉, 〈RE 100 캠페인〉 등 친한경 패러다임의 변화 속에서 어린이들이 '환경 보호'에 대한 개념을 이해할 수 있는 전시, 교육, 학술 연구를 운영하여 친환경 의식을 함양하고 순회전시를 통해 전시에서 할 수 있는 가장 큰 자원 순환을 실천 노력함.
	2024년 반영 계획	
	● '숲·생태·환경'이라는 박물관 주제 특화 신규 전시 콘텐츠 개발 및 상설전시 개편 기획 ● 경기도 내 환경 단체 및 환경 기관과의 협력망을 구축하여 교육 콘텐츠 확장 및 연계 틈새전시 기획 운영 ● 지속 가능한 박물관 운영 노력 지속	
사회 (Social)	〈교육 나눔 프로그램〉 〈징검다리 일자리사업참여〉 〈학술 세미나〉 〈전시장 운영 및 유지 보수〉 〈동두천소방서 교류 협력 프로그램〉 〈새파란 것들아 돋아나거라〉 〈2023 생태로 만나는 음악 이야기 가족 음악극〉 〈계절(겨울) 프로그램〉	박물관 사회적 역할 강화를 통한 지역 사회 공헌 활동 S 재단 [S 문화로 상생공생] 추진 전략에 따라 박물관의 관람객인 '어린이'를 대상으로 한 특화 사업을 운영하기 위해, 문화 사각지대(장애인, 다문화 가정) 문화 격자 완화, 어린이박물관 가치 확산을 위한 문화 예술 행사 운영, 대내외 고객을 위한 안전한 한경 조성을 위한 안전 체험 프로그램 운영, 어린이의 권리를 신장하기 위한 어린이날 주간 행사 등 지속 가능한 예술 생태계 조성 및 문화 다양성 사업 확대를 위해 노력함.
	2024 년 반영 계획	
	● 문화 예술 소외 계층의 문화 향유 기회 확대를 위하여 박물관 콘텐츠 다양화 및 콘텐츠 확산 전략 수립 ● 어린이박물관의 가치 확산을 위한 학술 연구 용역 추진 및 어린이박물관의 소장 자료 수집 기반 마련 ● 어린이 인권 신장 캠페인의 일한으로 어린이날 특별 프로그램 기획 운영	

투명 운영 (Governance)	〈리플릿 다양화〉 〈관람객 접근성 강화 연구〉 〈고객 민원 대응 VOC〉〈혁신교육지구 사업 운영〉〈동두천문화원 협력 사업〉〈자원봉사자 운영〉 〈지역 유관 기관 업무 협약〉 〈따따따 나팔봅니다!〉	지역 사회 및 이해관계자와 적극적으로 소통하는 박물관 구축 G 재단 [G 문화로 경영혁신] 추진 전략에 따라 박물관 지역 사회의 공유지 역할을 위하여 유관 및 지역 협력 가능 기관과 긴밀히 연계하여 적극적인 소통 및 협업을 활성화하고 사업 진행 과정에 다양한 이해관계자의 의견을 수렴하여 '함께 만들어 가는 박물관'을 실현하고자 노력함
	2024년 반영 계획	
	● 사회적 약자를 고려한 박물관 공간 및 시설 개선 사업 추진 ● 지역 교육청, 교육 기관 등 지역 사회 내 네트워크를 강화하고 협력 사업 지속 추진 ● 박물관 전반에 관한 고객 및 전문가 의견 수렴을 통해 발전적인 박물관 운영 계획 수립	

경기북부어린이박물관의 ESG 성과 결과와 차기년도 사업 반영 사항들[87]

7. 어린이박물관의 협업 사업들

어린이박물관은 협업 사업을 잘 활성화해서 지역사회 네트워크, 콘텐츠의 전문성, 예산, 물품, 인력 지원 등 여러 가지 면으로 자원과 역량을 효율적으로 활용한다. 최근에는 국내는 소속 부처가 다름에도 불구하고 협업을 추구하는 교육청과 어린이박물관의 콜라보 사업들이 있다.

미국에서는 팬데믹 이후로도 건강과 웰빙에 대한 프로그램은 여전히 협업의 핵심으로 있다고 한다. 미국 어린이박물관들의 협업 목표는 치유, 학습, 지역사

---

87 경기북부어린이박물관, 2023년 경기북부어린이박물관 부서 평가보고서, 경기북부어린이박물관 p45, 2024

회로 연결되었다고 언급한다.[88] 또한 2023년 미국 어린이박물관 59개 박물관에서 응답한 512개의 협업에 적용할 수 있는 목표에서

첫째는 새로운 목표 관람객에게 다가가기,

둘째는 공식과 비공식 교육 강화,

셋째는 직접 전시물 개발,

넷째는 전통적으로 소외된 관람객에게 다가가기 순으로 가장 많이 나타났다.[89]

박물관의 협업에 대해서 논의할 때 특정 목표를 다른 목표와 연결하는 경향이 있으며 이는 세 가지 패턴이라 말했다.

첫째로 지역사회 건강과 웰빙 증가를 선택한 사람은 충격적이거나 비극적인 사건 해결과 지역사회 또는 사회 문제 해결을 선택하는 경향을 보이며, 이는 치유에 해당한다.

둘째로 공식과 비공식 교육의 강화를 선택한 사람은 가상 프로그램 개발과 직접 전시와 프로그램 개발을 선택할 가능성이 높았다. 이 구성 요소는 학습이라 한다.

셋째로 새로운 청중에게 다가가기를 목표로 한 사람은 전통적으로 소외된 관람객에게 다가가기를 선택하는 경우가 많았다. 이 구성 요소는 지역사회였다.[90]

88 ACM & Knology, Understanding Museums' Collaboration Goals, ACM Trends #6.3, Aug 17 2023, p1

89 ACM & Knology, Understanding Museums' Collaboration Goals, ACM Trends #6.3, Aug 17 2023, p2

90 ACM & Knology, Understanding Museums' Collaboration Goals, ACM Trends #6.3, Aug 17 2023,p2

〈표 13-18〉 협업의 목표와 사업들의 적용 사례

	협업 목표	협업에 적용 가능한 목표	협업의 목표와 다른 목표 연결	국내 협업 사례
1	치유	건강과 웰빙	● 충격/ 비극적 사건 해결 ● 지역사회/사회 문제 해결	
2	학습	공식/비공식 교육 강화	● 가상 프로그램 개발 ● 직접 전시와 프로그램 개발	● 경기도어린이박물관 다수 ● 국립어린이박물관 다수 ● 서울상상나라+장욱진미술관
3	지역사회	새로운 청중 다가가기	● 소외된 관람객 다가가기	● 경기도어린이박물관 소수 ● 국립어린이박물관 소수

국내 어린이박물관도 협업 사업을 다양하게 한다. 제가 종사한 두 기관을 기준으로 설명하고자 한다.

경기도어린이박물관에서 개관부터 5년 이내에 협업사업들을 보면, 순회 전시를 위한 유관 기관들 협력, 상설 워크숍 공간의 아트 작업을 위한 재활용품 수거 지원에 화성시여성기업협회, 방학 콘텐츠 및 물품 지원으로 풀무원, 기후변화의 '날씨' 주제의 방학 프로그램 지원을 위한 조명 박물관, 부모교육 프로그램 지원비로 한샘에서, 소외 계층의 아동 지원과 협력을 위한 지역아동센터와 지역다문화센터, 지역 육아종합지원센터, 청소년 자원봉사자들을 위한 거주시 내의 이우학교 등이다. 매우 스펙트럼의 종류가 다양했다.

서울상상나라와 양주시립 장욱진미술관은 함께 특별 교류전 추진하였다. 〈발견 가방 – 장욱진의 그림 상자〉는 두 기관이 공동 개발한 이동형 예술 놀이 체험 전시이다.

2022년 12월말부터 2023년 2월말까지 약 2개월 동안 전시하였다. 개발한 발견 상자 박스들은 상호 교환하며 장욱진 미술관에서도 동일하게 전시하였다. 박스들은 이동이 용이하도록 바퀴가 달려있고 스토퍼가 있어서 유휴 공간을 이용하여 설치하였다. 장욱진 작품을 대형으로 제작하여 그림 속의 모티브들인 사람, 소, 까치 등을 후면에 자석으로 부착하고 작품 배경 화면 뒷면에는 철판을 부착하여 아동들이 모티브들을 화면 여기저기에 붙여보면서 작품 속에 배치해보도록 한다.

국립어린이박물관은 2023년 12월 개관후 2024년 8월 기준으로 1년 미만이지만 다양한 협력이 추진되었다. 전시 콘텐츠 지원으로 서울 상상나라와 국립부산과학관 협력 사업, 방학 전통문화 프로그램 지원을 위한 한국전통문화대학교, 가을 식물 프로그램 지원을 위한 국립세종수목원, 한글 콘텐츠와 다양한 행사 지원을 위한 세종문화재단과 세종시, 예술문화 교육 지원을 위한 한국문화예술교육진흥원, 다문화 가족을 위한 사단법인 세계시민포럼(프로그램 중 기후 변화 및 동물보호 내용이 있었음), 다문화 가족 홍보를 위한 세종가족센터, 장애아동의 관람 지원을 위한 장애인예술문화원 등이다. 이 중에서 국립어린이박물관은 기관이 위치한 지역사회인 세종시와 협력이 지속적으로 이뤄질 수 있는데, 첫 시발로 세종문화관광재단에서 추진하고 있는 한글문화도시 사업의 일환으로 '한글문화특별 기획전'을 협조하였다. 향후에도 지속적으로 한글문화도시 사업을 협력할 예정이다.

〈표 13-19〉 2024년 국립어린이박물관 협력 사업

구분	협력 사업명	협력 기관	협력 내용
문화 취약계층	문화다양성 교육 사업 협력	세종시가족센터, (사)세계시민포럼	다문화 어린이 가족 참여자 모집, 교육 운영 등
	한국장애인개발원 세종센터 교육사 업협력	한국장애인개발원 세종센터(세종발달 장애인지원센터)	발달장애인 아동·가족의 문화예술교육 프로그램 참여 기회 증진 및 사회적 관계 확장을 위한 상호 협력

구분	협력 사업명	협력 기관	협력 내용
지역 사회	전통공예교육협력	한국전통문화대학교 전통문화교육원	우리문화놀이터 연계 전통 공예 교육 협력 운영 등
	교육 교구재 교육 협력	국립세종수목원	박물관 주변 식물을 활용한 교육으로 국립세종수목원과 교육 협력 운영
	한글문화특별기획전 교육협력	세종시문화관광재단	한글문화도시 세종의 도시 정체성 확립을 위한 특별전 연계 교육 협력 운영 등
유관 기관 네트워크	How Fun 축제	국립아시아문화전당	국내 어린이 대상의 문화축제로 어린이 대상 교육 참여 및 유관기관 관계 확장을 위한 기반 마련
	세계어린이 무형유산축제	유네스코아태 무형유산센터	어린이 대상의 형식, 비형식 교육의 중요성을 강조하는 교육 방향과 결을 같이 하고, 유관기관 네트워크 확장을 위한 기반 마련
	arte와 함께하는 통합예술교육을 위한 업무협약	한국문화예술교육 진흥원	어린이 가족 문화예술교육 개발, 운영, 연수,연구 교류 등

한글을 창제한 세종대왕 대형 설치   한글 도시 그래픽 전시들   한글 퍼즐 조각 체험물

[그림 13-4] 국립어린이박물관에 설치된 '한글문화 특별기획전'

상기 협업의 목표들을 적용해 볼 때에, 두 기관 모두 학습에 대한 협업이 가장 많았고, 지역사회의 소외 계층을 위한 협업이 일부분을 차지하고 있었는데 공공기관으로써 역할을 수행하기 위함이다. 학습에 관한 프로그램을 협업하면서 프로그램의 일부로 지구촌의 화두인 기후 변화나 날씨, 생태계의 동물 보호

에 대한 것을 다루기도 하였다. 건강과 웰빙은 중요한 화두이므로 국내에서 가장 취약한 것이 치유 목표인데 추후 지속적으로 다뤄질 수 있을 것으로 예상하고 있다. 아직 협업까지는 아니지만 국립어린이박물관에서는 미술 치유를 프로그램으로 시도하여 보았고 이를 지향하고자 한다. 이는 정신 건강에 해당하므로 건강과 웰빙에 해당하는 내용이다.

8. 양해 각서

기관들은 사업의 목적을 위하여 상호 협력하며 원원하기 위해서 양해각서를 체결한다. 어린이박물관에서도 상호 업무 협력을 위해서 양해각서를 체결한다. 보통 영문의 앞자리를 사용하여 MOU라 부르기도 한다.

양해각서(諒解覺書, memorandum of understanding)의 뜻은 국가 간에 문서로 된 합의로 법적 구속력을 갖는 것은 아니나, 민간 기업 간 양해각서는 일반적으로 어떤 사업의 이해당사자들이 계약 체결 이전에 교섭 중간결과를 바탕으로 서로 양해된 사항을 확인·기록할 때 사용한다[91]고 정의한다.

그러나 어린이박물관에서는 일반적으로 사업 개요에서 상호 사업 업무의 협조를 위해서 양해 각서를 체결한다. 하고자 하는 사업의 대략적인 내용의 틀이나 방향이 어느 정도 결정된 후에 추진하는 것이 통상적이다. 또한 양해 각서는 양쪽 기관이 상생할 수 있는 업무 협력도 중요하지만 상호 기관의 홍보 효과도 있어서 주목을 받을 수 있다. 두 기관만이 아니라 여러 기관이 함께 공동의 목표를 위해서 체결하기도 한다.

---

91 한경 경제용어사전, 20240902
  https://terms.naver.com/entry.naver?docId=2074841&cid=42107&categoryId=42107

어린이박물관은 장소성이 있어서 어떤 지역에 위치하므로, 떨어져 있는 타 지역의 기관들하고 협력 사업을 하기 위해서 양해 각서를 체결하기도 한다. 또한 목적성 사업을 위해서 해외 혹은 국내 공공 기관들과 맺기도 한다. 기업 후원인 경우에도 양해 각서를 체결하며 기업의 목적을 실어주면서 박물관의 사업 방향과 같게 다양하게 업무 추진할 수 있다.

경기도어린이박물관은 2012년 개관 1주년 기념의 국제 세미나를 위해서 보스톤 어린이박물관과 양해 각서를 체결하여 국제세미나 사업을 펼쳤고, 연사로 오신 보스톤 어린이박물관 '레슬리 스왈츠' 부관장과 학예사들과 더불어서 전시 개발 자문을 하기도 하였다. 또한 당시 뮤지오 팜바타의 관장이자 아시아 어린이박물관 컨퍼런스를 개최한 '니나 유손 림'의 방문으로 양해 각서를 체결하면서 아시아어린이박물관 컨퍼런스를 추후에 개최하게 되는 발판을 마련하기도 하였다. 또한 소외 계층인 지역아동센터와 지역복지센터, 이주민 가정의 다문화센터 등과 각서를 체결하고 운영함으로써 공공 기관 역할을 추진할 수 있었다. 국내의 공기관들은 세금으로 운영되므로 전시콘텐츠에 기업 후원이 이뤄지긴 어려워 양해 각서의 체결은 매우 드물다. 그러나 교육 프로그램들은 지역사회 인근에 있는 기업이나 프로그램의 주제 및 시의성에 맞게 비교적 활발하게 양해 각서가 체결된다. 유기농의 모기업에서 후원하며 어린이박물관에서 간단한 유기농 요리 프로그램[92], 모 기업에서 각종 미술 재료를 후원하는 프로그램, 모 기업에서 후원하는 부모교육 프로그램, 조명 관련 기업의 프로그램 등 매우 활발하게 하기도 한다. 또한 공기관들끼리 가능한데, 어린이박물관은

---

92 박물관에서는 요리 프로그램시에 가열하는 것이 제한되어 있어서 가열이 없는 프로그램을 진행하였다.

인근 지역의 교육청과 함께 박물관 방문 프로그램과 찾아가는 박물관 프로그램 등이 함께 하면서 양해 각서를 맺기도 한다.

순회 전시는 보통 양해 각서 체결이 이뤄지는 사업이다. 여러 기관들이 함께 체결하기도 하고, 순회 전시를 하는 기관별로 이뤄지기도 한다. 오래전 삼성어린이박물관의 화폐 전시 사례, 경기도어린이박물관의 애완동물 전시 사례 등이 양해 각서 체결로 업무 추진이 되었다.

국립어린이박물관은 국립의 성격에 맞고 예술적 방향을 추진하기 위하여 한국문화예술교육진흥원과 양해 각서를 체결하였다. 해당 기관의 온라인 예술프로그램의 노출과 국립어린이박물관에서 개발한 활동지를 활용하여 전시장에 비치하여 운영하고 있다. 향후 관련 예산을 확보로 사업을 함께 진행할 예정이다. 또한 국립부산과학관과의 양해 각서 체결로 전시품 협찬을 받았다. 아동들에게 매우 인기 있는 몇 교통기관의 아이템들이 국립어린이박물관과 맥락이 맞아 본 기관에 설치할 예정이다. 또한 국립어린이박물관이 위치한 세종시의 문화예술기관인 세종문화관광재단과 함께 양해 각서 체결후 지속적으로 사업을 공동 목표를 위해 펼쳐갈 예정이다. 세종시의 한글 사업, 한글 축제, 한글 놀이터 등 다양한 내용이 포함된다.

양해 각서의 종류는 많으나 몇 가지 종류로 분류해 보겠다.
- 상호 공공 기관
- 전시 콘텐츠 내용
- 교육 프로그램 내용
- 행사성 프로그램 내용
- 순회 전시 내용
- 기업 후원 관련 내용
- 상호 기관 홍보 및 모집 협조

– 직원 파견 혹은 인턴 쉽 내용 등

　추진하는 업무 성격에 따라서 무궁무진하게 양해 각서는 가능하다. 단지 한 가지는 1회성으로 끝나는 종류의 일보다는 지속적으로 함께 업무를 추진하는 것이 바람직한 방향으로 보인다. 기간은 1년~2년 정도 사업의 성격에 따라서 다를 수 있다. 최근에는 양해 각서가 단발성으로 끝나지 않고 지속적으로 추진하는 업무 성격으로 변해가고 있는 추세이다.

9. 관람객 맞춤형 박물관 지향 노력

　어린이박물관은 아동 가족 관람객 중심의 박물관이기 때문에 고객인 관람객의 특성을 분석하고 파악하는 것이 중요하다. 이에 관람객 설문 조사, 혹은 선호도 조사를 해서 관람객을 파악하고 도출된 결과들은 향후 박물관의 방향을 설정하는데 유용하게 활용해야 한다. 경기북부어린이박물관과 국립어린이박물관에서 설문 조사한 결과치를 살펴보고자 한다.

1) 관람객 설문 조사

(1) 경기북부어린이박물관 관람객 설문 조사
　본 기관은 2022년 10월부터 11월(총 36일)간 개인 관람객 대상으로 총130명 조사를 실시하였다.[93]

93　경기북부어린이박물관, '2022년 경기북부어린이박물관 관람객 만족도 조사 결과 보고' 보고 자료, 경기북부어린이박물관, 2022

〈표 13-20〉 2022년 경기북부어린이박물관 관람객 만족도 조사 결과표[94]

◇ 전년도 조사 대비 결과 비교

● 관람객 정보

구 분	2021년	2022년	비교
방문 연령	49개월~유치원 28.9% 〉 13개월~36개월 26.9% 〉 37개월~48개월 20.2% 〉 초등 1~3년 15.3% 〉 초등 4~6년 6.2% 〉 1개월~12개월 2.5%	49개월~유치원 41.0% 〉 13개월~36개월 22.9% 〉 초등 1~3년 16.8% 〉 37개월~48개월 15.7% 〉 1개월~12개월 2.4% 〉 초등 4~6년 1.2%	주 관람객: 49개월~유치원 지속 증가, 36개월미만(영유아존) 2위
동반인 관계	부모 93.2% 〉 조부모 2.6% 〉 친척, 친구의 부모 2.1%	부모 85.4% 〉 친구의 부모 9.3% 〉 조부모 3.8% 〉 친척 1.5%	부모 동반 비율 유지
거주 지역	경기도 73.8% 〉 서울 23.0% 〉 기타 3.1%	경기도 59.2% 〉 서울 30.8% 〉 기타 10.0%	서울시민 (23%→30.8%) 방문율 증가
재방문율	처음 방문 59.2% 〉 재방문 40.8%	재방문 50.8% 〉 처음 방문 46.9%	재방문율(50.8%)이 첫방문자보다 비율높음

● 관람 전반

구 분	2021년	2022년	비교
방문 목적	전시 체험 66.3% 〉 저렴한 관람료 18.8% 〉 교육 프로그램 참여 9.6% 〉 기타 3.1% 〉 공연 관람 2.3%	전시 체험 61.1% 〉 저렴한 관람료 20.2% 〉 교육 프로그램 참여 9.1% 〉 공연 관람 7.6% 〉 기타 2%	● 전시 체험이 주된 방문 목적, 저렴한관람료 ● 공연 프로그램 수요 일부 증가
박물관 정보 획득 경로	박물관 홈페이지 50.3% 〉 개인 블로그 23% 〉 박물관 SNS 16.2% 〉 기타 10.5%	박물관 홈페이지 57.7% 〉 박물관 SNS 22.3% 〉 개인 블로그 17.7% 〉 기타 1.5% 〉 전화 문의 0.8%	홈페이지 개편 및 SNS 홍보 활성화로 인한 정보 접근성 향상

94_ 상동

- 전시 및 프로그램

구 분	2021년	2022년	비교
전시 체험 만족도	매우 만족 + 만족 93.1% 계곡물존 93.0% 〉 숲생태존 91.8% 〉 공룡존 88.1% 〉 오감숲존 86.8% 〉 미디어랩 76.5%	매우 만족 + 만족 95.38점 ※ 5점 척도 기준 100점 환산 영유아존 92.3% 〉 숲생태존 78.4% 〉 오감숲존 70.8% 〉 계곡물존 56.1% 〉 공룡존 49.2% 〉 미디어랩 47.7% 〉 클라이머존 43.1%	상설전시 콘텐츠 개선 사업의 효과로 전시 체험 만족도 향상(영유아존, 숲생태존) (21년코로나로 클라이머, 영유아 관람불가)
강화 희망 콘텐츠	미술 32.4% 〉 음악, 과학 19.2% 〉 생태 · 자연 14.3% 〉 융복합 11.5% 〉 인문학 1.6% 〉 사회 1.1% 〉 기타 0.5%	음악 28.4% 〉 미술 21.9% 〉 과학 16.8% 〉 생태 · 자연 14.8% 〉 융복합 11.0% 〉 인문학 3.9% 〉 사회 1.9% 〉 기타 1.3%	음악과 미술 등 예술 분야의 콘텐츠 요구(관람객 수요에 부합하는 신규 콘텐츠 개발 필요)

- 관람 전반

구 분	2021년	2022년	비교
편의 시설 이용 만족도	매우 만족 + 만족 94.6% 화장실 97.0% 〉 수유실 95.2% 〉 초록계단 92.1% 〉 오손도손 룸 90.6% 〉 의무실 87.0% 〉 옥상정원 83.3%	매우 만족 + 만족 96.9% 초록계단 98.6% 〉 수유실 95.1% 〉 화장실 93.8% 〉 옥상정원 93.2% 〉 의무실 89.4% 〉 오손도손룸 83.6%	다양한 프로그램이 진행되는 다목적 공간인 초록계단의 만족도 상승
직원 서비스 만족도	매우 만족 + 만족 94.7%	매우 만족 + 만족 97.7%	직원 서비스 지속적 유지 노력
개선 희망 순위	교육 프로그램 · 행사 45.6% 〉 전시실 27.2% 〉 카페테리아 7.8% 〉 레스토랑, 홈페이지 5.8% 〉 아트숍, 화장실 2.9% 〉 수유실 1.9%	레스토랑 23.1% 〉 교육 프로그램 · 행사 19.2% 〉 카페테리아 18.5% 〉 전시실 13.8% 〉 기타 12.4% 〉 아트숍 3.8% 〉 화장실 3.1% 〉 수유실, 홈페이지 2.3% 〉 의무실 1.5%	사회적거리두기 해지로 박물관 운영화에 따라 관람객 식사 공간인 레스토랑에 대한 수요 증가(카페에서 다과 및 음료 필요로 해결) ● 교육프로그램 및 행사 2위 (공연행사로 일부 요구도 해소 기여)

관람객 조사 결과를 볼 때 아래와 같은 사항을 결정할 수 있다.

첫째, 경기북부어린이박물관 관람객의 추이를 볼 때 유아 대상이 가장 높고, 영유아 36개월 미만이 다음 순위이다. 관람객의 다수를 차지하는 대상자가 파악이 되었을 때, 기관은 타겟의 방향을 정해야 한다. 다수라고 보여지는 관람객을 위한 내용을 더 강조하여 사업을 추진할 것인가 혹은 대상 관람객이 적은 연령대를 위한 사업을 추진할 것인가?

- 일반적으로 기관의 규모가 대상 연령의 폭과 비례한다. 규모가 큰 대형 박물관은 3천평 이상 정도되는 곳이면 초등 고학년까지 모두 포함해서 사업을 추진할 수 있다.
- 국내의 어린이박물관 연령층을 고려할 필요가 있다. 제가 근무하였던 4개의 국내의 어린이박물관(삼성어린이박물관, 경기도어린이박물관, 경기북부어린이박물관, 국립어린이박물관) 현황을 보면 초등학교 저학년 정도까지 방문하는 경향을 보인다.
- 한가지 유의할 점은 경기북부어린이박물관의 설문조사 결과치에서 보이듯이 재방문율이 51%로 첫 방문자보다 더 높은 기관이다. 따라서 제반 사항을 모두 고려해서 의사결정을 하는 것이 좋다.
  결론적으로는 재방문율이 높은 점을 고려하여 많은 방문객이 오는 연령층을 위한 콘텐츠를 강화하는 것이 더 기관을 잘 운영하는 것이라고 본다.

둘째로 경기도민이 대다수 방문객이나, 서울권의 방문객이 증가하는 추세를 보였다. 즉, 년 대비 23%에서 30%로 증가하였다. 이는 당시 박물관의 공식 홈페이지가 개설되고 SNS 홍보 활성화를 추진한 결과로 보인다. 노력한 만큼의 성과가 있는 것이다. 지속성을 위해서는 재방문율을 높이는 것인데, 서울권의 관람객에게 경기북부어린이박물관의 호감은 도심에서 볼 수 없는 소요산 자락 입구에 있는 숲 생태 환경을 위한 주제의 박물관이 매우 강점으로 작용한다. 최근의 환경에 대한 관심도와 함께 더욱 발전할 수 있어 관람객들에게 매력을 줄 수 있는 기관이다.

셋째 방문 목적으로 전시 체험이 우위에 있고 다음은 저렴한 관람료이다. 아동의 발달에 맞는 체험 전시를 관람하며 기관 취지에 잘 맞고 있다. 도립 기관으로써 경기도민은 입장료의 50%를 할인받아서 1인당 2000원을 받고 있다. 3인 가족이라면 총 6000원으로 입장이 가능하다. 수도권 내에서 한 가족이 자녀를 위해서 의미있는 가족 나들이 공간으로써 매우 착한 가격이다. 입장 정책은 성공적인 것으로 보여진다. 공연 관람은 공연 행사를 개최한 결과 다소 증가한 추세를 보인다. 해당 기관은 공연장이 없지만 다목적 공간이나 소강당을 위해서 공간 최고 효율을 올리고 있다.

넷째로 전시 체험물의 만족도이다. 만족도는 최고치 90% 이상을 보여주고 있어 매우 긍정적이다. 전시장별 만족도 면에서 보면, 전시장을 개편하거나 추가 전시물을 설치한 공간이 만족도가 제일 높았다. 22년 영유아존 보강사업과 21년 숲생태존의 보강 사업이 효과를 본 것으로 보이고, 21년은 계곡물존을 전면 개편하여서 만족도가 제일 높았다. 따라서 전시장을 지속적으로 보강하거나 개편하면 결국 관람객은 정직하게 만족도를 높게 평가한다.

다섯째 희망 콘텐츠로는 2년 연속으로 미술, 음악의 예술과 다음 순위로는 과학이였다. 따라서 유휴 공간을 적극적으로 이용한 음악 행사나 교육 프로그램으로 미술을 추진하여 관람객의 요구를 수용해야 한다. 파악한 년도에 어려우면 다음해 사업으로 수행하도록 설문 조사 결과를 예산 편성시에 근거로 활용하면 된다.

여섯째 편의 시설 만족도에서 초록 계단이 우위를 보였다. 이 공간에서 음악 공연, 순회 전시 유치, 교육 전시와 프로그램 등을 다양하게 활용하였다. 특히 경기북부어린이박물관에는 기획전 공간이 없기 때문에 초록 계단이라는 공간을 적극적으로 활용한 결과치이다.

일곱째, 직원 서비스 만족도도 지속적으로 조금씩 증가 추세를 보였다. 감정 노동자인 현장 직원들의 스트레스 관리와 고객 만족법 교육을 지속적으로 해 주어야 한다.

여덟째, 식당 공간에 대한 요구가 가장 많았다. 코로나19 상황으로 카페가 운 영을 할 수 없어서 관람객 불편이 있었다. 코로나 상황 해지로 인해서 카페가 영업을 시작하였고 음료와 간단한 스넥을 판매하고 있다. 또한 두 번째 순위였 던 교육 및 행사 프로그램은 공연 개최로 요구 비율이 다소 줄어 들었으나 지 속적인 수요를 가지고 있다.

따라서 상기처럼 1년의 사업을 점검해 보고 기관에서 가능하게 할 수 있는 것들을 모색해 보며 관람객에게 맞춤형 콘텐츠로 다가가는 것이 중요하다.

(2) 국립어린이박물관 관람객 설문 조사

2023년말 개관 이래로 현재까지 지속적으로 관람객 설문 조사를 실시하고 있다. 겨울방학, 봄학기, 가을학기까지 관람객 데이터가 모이고 있다.

〈표 13-21〉 2024년 국립어린이박물관 관람객 설문조사 분석표[95]

• 국립어린이박물관 관람객 특성 분석(개인)

질문 내용	'24년 1~2월 (겨울방학) 1순위 답변(%)	'24년 3~7월 (봄학기) 1순위 답변(%)	'24년 7~8월 (여름방학) 1순위 답변(%)	분 석
보호자 관계	모 (70.0%)	모 (61%)	모(66%)	모친 비중 가장 높음
보호자 나이	30대 (48.5%)	30대 (53%)	30대(50%)	40대 47.2%/ 44%/ 45%

---

95 김진희, 2024년 국립어린이박물관 콜로키움 발표 자료, 국립어린이박물관, 2024

질문 내용	'24년 1~2월 (겨울방학) 1순위 답변(%)	'24년 3~7월 (봄학기) 1순위 답변(%)	'24년 7~8월 (여름방학) 1순위 답변(%)	분 석
보호자 거주지	세종 (64.9%)	세종 (35%)	세종(32%)	2순위 봄학기(27%) : 대전 여름방학 (23%): 기타 지역 점차 국내로 확대
어린이 수	1명 (48.5%)	1명/2명 (45%)	1명(46%)	2명 42%/ 45% / 43%
어린이 나이 (중복 선택 가능)	초등 1~3학년 (47.1%)	초등1~3학년 (26%)	초등1~3학년 (30%)	2순위 6~7세 30%/ 23%/ 22% 학기중 유아 비중이 다소 높은 편
어린이의 성별 (중복 선택 가능)	여 (61%)	여 (67%)	남/녀(64%)	여아 비중이 다소 높음
관람 정보 알게 된 경로	지역 정보소통 카페(44.6%)	박물관 공식 웹 사이트, SNS 등 (39%)	박물관 공식 웹 사이트, SNS 등 (45%)	공식 웹사이트 활용 으로 전환
방문 회차	1회차(53.5%)	1회차(56%)	1회차(57%)	1회차 방문 높음

● 국립어린이박물관 관람객 특성 분석(개인)

질문 내용	'24년 1~2월 (겨울방학) 1순위 답변(%)	'24년 3~7월 (봄학기) 1순위 답변(%)	'24년 7~8월 (여름방학) 1순위 답변(%)	분 석
전시 만족도	매우 그렇다 (47%)	매우 그렇다 (58%)	매우 그렇다 (58%)	
가장 만족 전시실	도시디자인 (36%)	도시디자인 (35%)	도시디자인 (37%)	
기획전시 바람놀이 만족도	미설치	매우 만족 (57%)	매우 만족 (55%)	전시실별로 조사 최고치 (바람전시품들)

질문 내용	'24년 1~2월 (겨울방학) 1순위 답변(%)	'24년 3~7월 (봄학기) 1순위 답변(%)	'24년 7~8월 (여름방학) 1순위 답변(%)	분 석
적절 관람 시간	2시간(54%)	1~2시간(53%)	1~2시간(53%)	
재방문 의사	매우 그렇다 (53%)	매우 그렇다 (65%)	매우 그렇다 (65%)	증가 추세
박물관 직원 응대 만족도	매우 그렇다 (69%)	매우 그렇다 (76%)	매우 그렇다 (77%)	증가 추세
추가 전시가 있었던 갤러리들			전시장 만족도 모두 상승하였음 단, 영유아 및 복합은 추가 전시물이 없었고 만족도 상승이 없었음	

● 국립어린이박물관 관람객 특성 분석(단체)

질문 내용	'24년 1~2월 (겨울방학) 1순위 답변(%)	'24년 3~7월 (봄학기) 1순위 답변(%)	분 석
방문 기관 유형	어린이집(55%)	어린이집(57%)	어린이집
관람 인원 수	20~30명(93%)	50명 이상(45%)	단체의 관람 인원 수 증가
방문 기관 주소지	세종(34%)	대전(57%)	대전 지역 방문 가장 우위로 전환
동반 어린이 나이 (중복 선택 가능)	6~7세(26%)	6~7세(42%)	단체 6~7세 유아
관람 정보 알게 된 경로	지원센터 웹사이트, SNS 등 (28%)	박물관 누리집, SNS 등 (47%)	공식적 기관 온라인
방문 회차	1회차 (62%)	1회차 (98%)	

● 국립어린이박물관 교육 참가자 특성 분석(개인) – 전시 관람객과 유사

질문 내용	'24년 1~2월 (겨울방학) 1순위 답변(%)	'24년 3~7월 (봄학기) 1순위 답변(%)	'24년 7~8월 (여름방학) 1순위 답변(%)	분 석
보호자 관계	모 (70.0%)	모 (60.5%)	모(66.3%)	전시대비 여름방학 교육참가 모친비율 높음
보호자 나이	30대 (49%)	30대 (53.2%)	30대(50.5%)	
보호자 거주지	세종 (65%)	세종 (35%)	세종 (32%)	2순위 겨울 대전 (5%) / 봄학기 대전 (27%) 여름방학 (23%) : 기타지역 점차 국내로 확대
어린이 수	1명 (48.6%)	1명/2명(44.7%)	1명(45.7%)	
어린이 나이 (중복 선택 가능)	초등 1~3학년 (35%)	초등1~3학년 (26%)	초등1~3학년 (30%)	2순위 6~7세 21%/ 23.8%/ 22.2% 학기중 유아 비중이 높은 편
어린이의 성별 (중복 선택 가능)	여 (51%)	여 (52%)	남/(50.2%)	
관람 정보 알게 된 경로	지역 정보소통 카페(44.6%)	박물관 공식 웹사이트, SNS 등 (39%)	박물관 공식 웹사이트, SNS 등(45%)	공식 웹사이트 활용 으로 전환
방문 회차	1회차 (54%)	1회차(55.1%)	1회차(56.4%)	1회차 방문 높음

● 국립어린이박물관 교육 참가자 특성 분석(개인)

질문 내용	'24년 1~2월 (겨울방학) 1순위 답변(%)	'24년 3~7월 (봄학기) 1순위 답변(%)	'24년 7~8월 (여름방학) 1순위 답변(%)	분 석
개설 희망 교육 (중복선택)	전시연계 신체 활동 (51%)	전시연계 신체 활동 (55%)	현장참여교육 (39%)	여름방학 : 현장참여, 자율체험 (30%)교육 선호
교육운영시간	1시간 (43%)	1시간미만 (48%)	1시간미만 (46%)	1시간 미만 선호
교육 희망 요일 (중복 가능)	토 (35%)	토 (44.4%)	토(38.4%)	2순위 일요일
교육희망 시간	오전 11시 (29%)	오후 1시 (31%)	오전 11시 (32%)	방학시기 11시, 학기중 1시 선호
교육 참가비	오천원 미만 (45%)	오천원 미만 (51%)	오천원 미만 (53%)	오천원 미만
교육 참여 인원	10명 내외 (67%)	10명 내외 (66%)	10명 내외 (66%)	2순위는 15명 내외
희망 교육 형태	어린이 (54%)	어린이 (47%)	어린이 (47.6%)	2순위는 가족 대상
개설 희망 교육 연령대	초등 저 (38%)	초등 저 (28%)	초등 저 (31%)	기타 3세~5세, 6~7세 교육 수요 증가

상기의 3분기로 나눠진 설문 조사 결과는 여름방학 때의 결과치로 잘 귀결되어 질 수 있었다. 즉 여름방학에 가장 많은 관람객이 다녀간 상황에서 관람객의 1순위의 우위가 3분기에도 연속적으로 이뤄지고 있다고 볼 수 있다. 이때 항시 유의해야 할 사항은 2순위의 데이터이다. 어떤 변동 사항이 있을 수 있으므로 2순위의 비율을 잘 따져서 살펴보는 것이 좋다.

첫째로 세종시에 위치한 국립어린이박물관은 주로 개인 관람객일 때 모와 자녀의 방문 형태로 이뤄지며 모는 주로 30대~40대이다. 또한 세종 거주민이 가장 많으나 2순위로 봄방학 때는 대전 지역, 여름 방학 때는 기타 지역인 전국에서 방문하고 있어서 전국적인 방문객의 형태를 보이고 있음을 파악할 수 있다. 따라서 국립기관으로써 전국 아동 가족을 대상으로 점차 그 역할을 하고 있다고 간주할 수 있다.

둘째로 아동 관람객은 1명이 가장 우위이고, 초등학교 저학년이 가장 많다. 2순위가 6~7세의 유아이며, 여아의 비중이 다소 높게 나왔다. 국립어린이박물관은 특별하게 초등 저학년이 가장 많은 관람객인 것이 특징적이다. 따라서 콘텐츠의 수준을 초등 저학년으로 우선 맞추고, 다음 차순으로 유아를 고려하는 것이 바람직할 것으로 판단된다.

셋째로 아직 1회차의 방문이 높은 것은 개관 1주년이 되지 않은 곳이라 첫 방문객이 많은 것으로 판단된다. 재방문율은 10% 정도로 나타났다.

넷째로 전시실의 만족도가 '매우 그렇다'(5점 척도)로 점차 높아져서 58%의 비율을 보였다. 가장 만족한 전시실은 도시디자인인 상설 메인 전시였고, 기획전시장에 설치한 바람 전시품은 각 전시실에서 최고의 만족도를 보였다. 아동들이 선호하는 아이템[96]이기 때문으로 사료된다.

다섯째 관람의 적절한 시간은 2시간 내외이고, 재방문 의사는 증가 추세이며 직원 만족도도 증가 추세이다.

여섯째, 굉장히 중요한 점인데 각각의 전시장별로 만족도를 조사하였는데 3분기에 걸쳐서 전시장 만족도가 상승하였는데, 이는 모두 추가 전시물로 보강

96_ 아동들이 선호하는 아이템은 물 모래 바람 공 등 주로 무형의 자연 요소와 더불어서 공룡, 동물, 교통기관, 공, 기어, 크레인. 다양한 역할 놀이들 이다.

을 해주었던 전시장만 상승하였다. 추가적 보완을 해주지 않았던 전시장인 영유아 공간이나 복합 계단은 만족도 상승이 없었다. 관람객은 정말 정직하게 잘 피드백을 해주고 간다.

단체는 관람 가능했던 학기 중의 기간에만 설문이 가능하다. 봄방학 시기 전이였던 겨울과 봄학기에 단체 교사로부터 받은 결과치이다. 첫째로 어린이집이 다수이며, 50명 이상의 단체들로 증가해서 방문하였고, 세종에서 대전 지역으로 우위 순위가 바뀌었다. 단체도 점차 인근에 떨어지며 확대되는 경향을 보이고 있다. 단체는 유아들이 가장 많았고 1회차 방문객이 대부분이였다. 따라서 단체를 위해서 교육 프로그램을 준비할 때는 유아 대상의 단체 프로그램으로 추진할 수 있겠고 단체 기관들에게 프로그램 운영에 대한 홍보를 하는 것이 좋겠다.

교육 참가자들을 대상으로 한 설문 결과도 개인 관람객은 우선 순위가 박물관 전체 조사인 상기 내용과 동일하였다. 교육 참가자 대상의 설문 결과에서 여름 방학 때를 살펴보면 가장 우위가 있는 것을 파악할 수 있다. 교육 프로그램도 예매를 해야 하는데, 입장할 때 관람권 예매를 하고 교육 프로그램까지 예매하는 것보다는 현장에서 참가비를 내는 것을 선호하였다. 또한 교육 시간은 1시간내, 주로 토요일을 가장 선호하고 방학 시기는 11시, 학기 중은 1시를 선호하였다. 재미난 것은 학기 중의 1시 선호는 학교를 다니고 있으므로, 주말에 오전 중에는 쉬고 오후부터 참여를 원하는 것으로 사료되었다. 비용은 오천원 미만, 참여 인원은 10여명, 참여 유형을 어린이 대상 프로그램과 2순위가 가족 프로그램을 원하였다. 교육 희망 연령대는 역시 초등 저학년이였다. 설문에서 가장 우위를 차지한 내용을 기본적으로 하여 가감하면서 펼쳐가도록 할 예정이다. 주말도 토요일 선호가 높으므로 추가 프로그램이 생기면 토요일에 횟수를 증가시키는 것이 좋겠다.

(3) 경기북부어린이박물관과 국립어린이박물관의 관람객 설문 조사 비교

상기의 내용을 바탕으로 경기북부 어린이박물관과 국립어린이박물관의 관람객 조사 특징을 비교해보자.

〈표 13-22〉 두 기관의 관람객 설문 비교

종류	경기북부어린이박물관(동두천)	국립어린이박물관(세종)
관람객 대상층	유아	초등 저학년
관람객 거주	경기도 우선, 서울권 확대	세종권 우선, 대전과 전국구로 확대
전시장 만족도	전시장을 개편하거나 추가하면 만족도 증가	전시장에 전시품을 추가하면 만족도 상승
희망 콘텐츠	예술(미술, 음악)	신체 놀이

첫째로는 두 기관의 관람객 층이 달랐는데 경기북부어린이박물관은 대부분의 어린이박물관 연령층인 유아였는데 국립어린이박물관은 초등 저학년이 우위였다. 이는 지역에 위치한 세종시의 특이사항으로 판단된다.

둘째로 관람객 거주는 위치한 경기북부가 우선이였으나 가장 가까운 서울권으로 확대되었고, 국립도 이와 유사하게 세종권이였고 전국구로 확대되었다. 두 기관 모두 경기도와 국립은 전국구로 관람객이 확대되면서 관람객이 방문하는 국공립으로써 역할을 하고 있었다.

셋째로는 두 기관 모두 공통 사항이였는데 전시장의 개편이나 전시품 추가가 있으면 관람객 만족도가 상승하였다. 관람객이 정확하게 알고 있고 파악하고 있다는 것이 정직하게 설문 조사 결과에서 드러난다.

다섯째로 희망 콘텐츠로 경기 북부는 예술이 대한 요구가 높았고, 국립어린이박물관은 클라이머 전시가 없다보니 신체 놀이에 대한 요구가 높았다. 경기 북부는 클라이머 브라키오 전시가 있다. 양 기관 모두 관람객의 요구도를 반영할 예정에 있다.

따라서 어린이박물관은 대상 중심의 박물관이기 때문에 관람객 설문 조사를 반영해야 하고, 관람객에게 맞춤형으로써 지속적으로 성장하고 변화하는 모습을 보여주어야 살아있고 숨쉬는 박물관이 된다.

2) 관람객 선호 조사

관람객에게 콘텐츠의 방향이나 주제도 설정할 수 있다. 국립어린이박물관은 2025년 사업으로 상설 전시와 기획 전시를 개편할 예산을 확보하였다. 고민되는 사항은 독립적 어린이박물관에 필수적으로 있는 클라이머 전시와 물 전시가 없어서, 공간상 클라이머 전시를 상설 전시 주제에 맞게 도시의 마천루에 오르는 컨셉으로 할 수 있다. 또한 관람객 설문 조사에서도 가장 많이 원했던 신체 활동의 요소이기도 하다.

관람객 선호도 조사 팝업 스탠드

[그림 13-5] 관람객 콘텐츠 선호도 조사

기획 전시 또한 교체해서 신규 전시를 해야 하는 상황에 있는데, 예산으로 기획 전시 개편과 상설 전시를 둘다 보강할 수 있다. 그러나 비용이 많이 들어가는 클라이머 전시는 하나만 할 수 있는 상황이라 두 가지 중에 하나를 선택해야 했다. 이에 관람객에게 의견을 물어보기 위해 전시장에 전시 선호도 팝업 스탠드를 설치하였다. 기관 종사자들의 견해가 관람객 의견을 수렴하고 있음을 보여주고, 노력하는 발전적인 박물관의 이미지를 홍보하는 효과도 있다. 간단한 팝업 스탠드이지만 이중적인 의미를 담고 있다. 이때 사진 이미지들은 둘 다 흥미를 줄 수 있는 이미지를 선정해야 선호도 선택 시에 관람객의 솔림 현상 없이 선택할 수 있다. 요즘은 선호의 바이러스를 없애기 위해서 큐알코드를 활용하는 것이 대세이다.

3) 관람객의 쪽지 행사

국립어린이박물관에서는 2024년 1월에 한달 간 개관 기념으로 국립어린이박물관에 바라는 사항을 조사하였다.[97] '내 마음 담기' 라는 팝업 형태로 종이나무에 관람객이 바라는 의견을 부착하였다. 총 2240명이 참여하였고 나무에는 관람객의 바램으로 가득한 종이 꽃과 나뭇잎이 달렸다. 의견을 분류하여 보았더니 총 5종으로 묶음을 할 수 있었다. 박물관에 바라는 소망보다는 가족에 대한 사랑과 새해 소망의 글이 40%로 가장 많았고, 나머지는 박물관에 대한 관람 후기 30% , 전시물에 대한 이야기 20%, 공간 및 편의시설 이야기 6% , 교육 프로그램에 대한 것이 4%로 비중을 보였다.

- 가족에 대한 이야기내에서는 가족 사랑 60%, 새해소망이 40%를 보였다. 나타난 비중을 볼 때 가족 사랑에 대한 표현의 기회를 콘텐츠, 즉 전시· 교육 · 행사에 잘 반영해주면 좋다. 2024년 교육 프로그램에 가족 참여를 필수적으로 하였고, 가족과 함께 몸을 사용하는 놀이 프로그램, 가족간 내마음 들여다보기 프로그램을 실시하였다.

---

97 국립어린이박물관, 국립어린이박물관에 내 마음 담기 운영 결과보고서, 국립어린이박물관, 2024

순위	내용		사진
1	가족	가족 사랑해와 새해소망에 대한 글이 가장 많았음	
2	관람 후기	재밌어요, 또 오고싶어요, 좋아요 의견이 대부분이며, 기획전시 예매 어려움과 현장 예약 및 관람 인원 확충 요청이 있었음	
3	전시 및 전시물	다양한 체험활동(실내/실외 놀이터, 징검다리 등) 재밌는 것, 새로운 전시에 대한 의견이 많은 비율을 차지하였고, 디지털 체험/게임, 캐릭터(애니메이션) 전시, 동물/물고기(아쿠아리움)에 대한 요구가 있었음	
4	공간 및 편의시설	매점 및 음식에 대한 요청이 가장 많았으며, 버스 정류장 신설, 전시실 내 화장실, 공기정화에 대한 요청이 있었음	
5	교육 프로그램	다양한 프로그램에 대한 요구가 가장 많았으며, 재미있는 수업과 만들기에 대한 의견이 있었음	

관람객의 박물관에 바라는 사항들 | 관람객의 바라는 사항 분류

[그림 13-6] 2024년 국립어린이박물관의 내 마음 담기 사진 및 내용 분류

〈표 13-23〉 국립어린이박물관 관람객 바라는 사항의 반영 사항들

순위	분류	내용	반영 사항
1	가족 (40%)	• 가족 사랑표현 60% • 새해 소망 40%	24년 교육프로그램을 가족 참여 필수 실시 • 가족간 몸을 사용하는 놀이 프로그램 • 가족간 내마음 들여다보기 프로그램
2	관람 후기 (30%)	• 재방문 원하고, 좋아요 • 예매 어려움 • 현장 예약 및 관람수 확충	• 예매 어려움은 홈페이지 개편으로 기관에서 예매 관리 가능, 노쇼 정책 도입으로 부도 관리 가능해짐 • 현장 예약 편의성 확보, 관람객 수는 어린이날 같은 특별한 날 추가 확보

순위	분류	내용	반영 사항
3	전시(20%)	• 다양한 체험활동(실내외 놀이터) • 재미난 것, 새로운 전시 • 디지털 체험/게임, 캐릭터/ 애니 • 동물 /물고기/아쿠아리움	• 실내외 놀이터 : 신체놀이에 대한 요구가 높아서 대형 클라이머 추진 중 • 새로운 전시 : 기획전 1,2 추가 전시 개편, 상설 전시 2종 추가 개편 • 디지털은 현재도 많아서 보류 • 동물 물고기 아쿠라리움 : 야외 물전시로 중장기 추진중, 동물 주제는 연말 프로그램 실시
4	공간/ 편의시설 (6%)	• 매점 • 버스정류장 신설 • 화장실 개설 • 공기 정화	• 단지내에 식음료를 판매하는 카페 신설 완료 • 버스정류장은 인근 거리 정류장 확보 • 화장실은 개설 어려움으로 부분적으로 해결함 • 공기 정화는 완료
5	교육(4%)	• 다양한 프로그램 • 재미난 수업/만들기	• 24년은 '세상 살펴보기(Look Into)'로 주제를 선정하여 다양한 프로그램을 추진하였음.

- 관람 후기로써 예매나 이용의 어려움들은 하반기 홈페이지 개편으로 일정 부분이 해소되면서 상설전의 무료에 따른 예약 부도가 많아 이에 대한 정책을 수립하면서 부도율을 낮추고 있다.
- 전시는 다양한 체험활동을 원하는 중에서도 신체놀이에 대한 요구가 많아서 대형 클라이머를 추진 중에 있다. 또한 새로운 전시로는 기획 전시도 부분 개편을 하였고, 상설 전시를 부분 개편을 하였다. 디지털 매체는 지금도 많아서 보류 중에 있으며 물이나 동물 주제는 야외 대형 물테이블 전시를 위해 중단기 계획을 수립하였고, 여름에 물 분사를 하는 미스트 게이트를 설치하여 운영하였고, 하반기에는 동물 주제의 프로그램을 실시했다.
- 공간과 편의 시설 부분에서는 매점에 대한 요구는 식음료를 판매하는 카페를 신설하여 운영하고 있으며 공기 정화를 신경써서 적정선을 유지하고 있다. 버스 정류장이나 화장실의 문제는 인근 지역에 버스 정류장이 설치가 되었고, 화장실도 부분 해소하여 관람객의 편의를 도왔다.

– 교육 프로그램은 다양한 프로그램에 대한 요구로 24년의 교육 주제의 다양하게 하기 위해서 '세상 살펴보기(look into)'로 설정하여 자신으로부터 가족, 도시, 동식물, 지구환경, 우주까지로 설정하여 요구를 반영하였다. 이것으로써 24년 개관 초에 관람객이 박물관에 대해 바라는 사항을 한 두 가지 사항을 제외한 모든 수준으로 반영하였고, 연말이 다가오는 시점에서 현재도 추진 중에 있다.

4) 어린이자문단 의견 반영

국립어린이박물관, 경기도어린이박물관, 경기북부어린이박물관, 서울상상나라 등의 독립기관들이 초등학생을 대상으로 어린이 위원회 형식으로 인원을 구성하여 아동의 의견을 수렴하여 박물관에 적용하여 아동들의 눈높이와 선호를 맞추어 가고 있다. 국립어린이박물관은 24년에 '어린이 상상단'으로 명명하고 아동들을 선정하여 운영하였다. 참여율과 사명감을 높이기 위해서 아동과 보호자와 함께 면접 전형을 거쳐서 선정하였고, 혹시 의사 표현이 다소 어려운 아동은 1년뒤 지원하면 합격하여 활동할 수 있도록 조치하였다. 어린이박물관에서 만큼은 아동들에게 실패나 불합격의 경험을 최소화시키고자 한다.

- '2024년 국립어린이박물관 어린이상상단'
  - 운영일시 : 2023. 12. 16.(토) ~ 2024. 10. 26.(토) (총6회)
  - 장소 : 상설 및 기획전시실·워크숍룸·교육실
  - 대상 : 초등3~5학년 어린이 20명
  - 운영방식 : 전시실 관람 및 교육 프로그램 참여, 자문활동지 작성
  - 신청방법 : 이메일 접수 후 서류심사·면접
  - 신청기간 : 2023. 12. 5.(화)~12. 7.(목)
  - 서류전형 : 2023. 12. 8.(금)

- 서류합격자 발표 : 2023. 12. 9.(토)
- 면접전형 : 2023. 12. 12.(화) 15:00 면접
- 최종합격자 발표 : 2023. 12. 14.(목)

〈표 13-24〉 24년 국립어린이박물관 어린이상상단 일정표

회차	날 짜	내 용	장 소
1	2023.12.16.(토)	• 국립어린이박물관 소개 (10") • 일정 안내 및 참가자 인사 (20") • 전시실 관람 및 프로그램 참여 (60")	전시실· 워크숍룸· 교육실
2	2024.4.27.(토)	• 〈숨바꼭질 댄스댄스〉 프로그램 참여 (50") • 기획전시실 '지구마을놀이터' 체험 (40") • 자문 활동지 작성 (30")	
3	2024.5.25.(토)	• 〈업사이클링 장난감 탐험대〉 프로그램 참여 (50") • 상설전시실 '디지털아뜰리에' 등 체험 (40") • 자문 활동지 작성 (30")	
4	2024.6.29.(토)	• 여름방학 교육 프로그램 사전 참여 (50") • 상설전시실 '우리문화놀이터' 체험 및 기획 예정 전시 개발 참여(40") • 자문 활동지 작성 (30")	
5	2024.9.28.(토)	• 하반기 정규 교육 프로그램 참여 (50") • 상설전시실 '도시디자인놀이터' 체험 및 기획 예정 전시 개발 참여 (40") • 자문 활동지 작성 (30")	
6	2024.10.26.(토)	• 하반기 정규 교육 프로그램 참여 (50") • 〈상상단 프로젝트〉 • 내가 하고 싶은 전시나 교육프로그램 기획 (50") • 자문 활동지 및 설문지 작성 (20")	

※ 위의 일정은 박물관 사정에 따라 일부 변경될 수 있습니다.

재미있었던 활동 사례는 국립어린이박물관에서 클라이머 전시 설치를 검토 중에 있었고, 상상단 아동들에게 이에 대한 해외 사례를 보여주고 우리 박물관에 적합한 상설전시장인 도시디자인놀이터에 마천루 형식의 클라이머를 그려 보도록 하였다. 재미나고 가능한 디자인부터 무궁무진하게 심지어 현실적으로 구현 가능하기 힘든 디자인들이 나왔다. 이런 경험이 비단 가시화되는 것뿐이 아니라 아동들에게는 상상을 해보도록 하는 인지적인 자극이 되는 점에서 매우 의의가 있다.

시커먼 매연과 구름을 형상화하고
다크한 도심의 모습을 구현해
관심을 끄는 클라이머

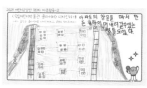

건물과 미끄럼틀을 컨셉으로 한
클라이머

아파트들과 연결을 컨셉으로 한
클라이머

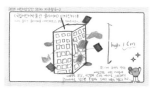

대형 건물 컨셉을 활용한 클라이머

클라이머 발판에 도시의 구성인
집, 부동산, 가계 등의 컨셉을
적용한 클라이머

집라인과 VR을 접목한 클라이머

[그림 13-7] 어린이상상단의 도심속 클라이머 전시에 관한 아이디어 스케치

　또한 어린이상상단 아동들에게 2024년 여름 특별 프로그램 기획하기 전에 어떤 주제나 요소들을 다루었으면 좋겠는지를 의견을 취합하였다. 가장 많이 나왔던 것들이 물에 관련된 시원한 내용들, 수박, 얼음, 빙수 등이었다. 따라서 국립어린이박물관의 개관 첫해에는 '쿨쿨 여름나기'로 주제를 선정하여 '미스트 게이트'를 설치하여 아동들이 대형 원형 게이트 안으로 들어가며 나가면서

안개 분사되는 물을 맞게 하였다. 시원한 여름의 느낌과 걷고 운동을 할 수 있게 조성하였다. 일회성으로 수박 동화와 함께 수박으로 한 가족이 모여서 다양한 모양도 만들어 보고 최종에는 수박을 먹게 하였다. 또 주1회로 팥빙수 만들기도 실시하였는데, 기본 재료인 얼음을 빙수 기계로 돌려서 얼음 가루로 만들어보고 팥도 올리고 토핑을 얹어서 한 가족이 먹을 수 있게 하였다.

이와 같이 아동의 의견이 반영될 수 있도록 어린이박물관들은 수요자 니즈에 맞춤형으로 접근하는 것이 바람직하다고 할 수 있다.

5) 관람객의 목소리인 VOC(Voice of Customer) 의견 수렴

홈페이지를 통한 민원 라인이 아닌 보통 기관 현장에서는 종이나 QR 코드의 글로 남기는 형식으로 이뤄진다. 의견을 수렴하는 것으로 끝나지 않고 어떻게 고객 의견을 수렴했는지를 가시화하여 실제 공간에서 보여주고 책도 만들어 낸 사례가 있다. 이는 년 백만명의 관람객이 방문하는 국립세종수목원에서 보여준 사례가 있어서 소개 한다. 이곳에 오는 관람객들은 기관이 얼마나 고객에게 맞춤형으로 하고 있는지를 보여주고 책자까지 만들 정도이면 종류가 많다는 것을 보여줄 수 있다. 어린이박물관이야말로 고객 중심의 박물관이기 때문에 특별히 적용해 볼 수 있는 좋은 사례로 보인다.

10. AI의 활용

인공 지능 개발이 활발한 가운데 AI의 출현은 우리 삶이 급변할 것이라 세상 사람들의 화두가 된다. 오래전 컴퓨터의 발명으로 인간이 사회적 교류보다는 기계와의 접촉으로 인간의 사회성이 말살되는 듯 했지만 아니었다. 인터넷 시대가 처음 도래했을 때, 또한 세상의 정보가 과하게 노출되어 정보의 바다에서 내가 원하는 것을 어떻게 얻어야 할지 막막한 느낌과 AI가 발명된 지금이 그때와 유사한 듯하다. 이에 더하여 인공 지능은 마치 인간의 주도성이나 창의성을 다 빼앗긴 듯도 하다. 그러나 테크놀로지의 발달은 인간 삶에 막대한 영향을 미쳤지만 인간은 거기에 적응하면서 계속 기술 개발로 삶을 이어갔다. 인터넷과 하이퍼 컨넥션으로 우리는 온라인의 글로벌 교류가 가능해졌고 심지어 핸드폰의 발달로 온라인의 실시간 교류와 정보 검색이 가능하다. 그러므로 인공지능 또한 우리의 삶에 막대한 영향을 미칠 예정이지만, 이것을 우리의 삶에 잘 적용해보는 것이 중요한 듯 하다.

인공지능인 챗지피티(ChatGPT)에게는 빅데이터가 있고 체계적이므로 뭐든지 질문하면 답을 얻을 수 있다. 이때 질문을 다각도로 하는 것이 오류가 없을 듯 하다.[98] 그래서 어디까지 답변을 잘하는 지 실험삼아 질문해 보았다.

질문은 '한국의 어린이박물관의 건립 계획과 콘텐츠를 기획해 줘' 였다.

〈표 13-25〉 한국의 어린이박물관의 건립계획에 대한 인공지능의 답변서[99]

한국의 어린이박물관을 기획하는 데 있어서는 어린이들이 주도적으로 참여할 수 있는 체험 중심의 콘텐츠와 지역 사회의 필요를 반영한 교육 프로그램이 중요합니다. 아래는 건립 계획과 콘텐츠 기획에 대한 제안을 정리한 것입니다.

1. 박물관의 비전과 목표 설정
- 비전: "모든 어린이가 창의적이고 주체적인 시민으로 성장할 수 있는 공간"
- 목표: 다양한 연령대의 어린이들이 놀이와 학습을 통해 자신의 잠재력을 발휘하고, 지역 사회와 연계하여 지속 가능한 성장과 공감을 경험할 수 있도록 함.

---

98 입력어(Prompt)에 따라서 대답이 달라지기도 하는데 때로는 전혀 반대되는 대답을 하기도 한다. 이때 지속적으로 세부 내용의 입력어를 시도했더니 오류와 반대 정보 걸러낼 수가 있다.

99 https://chatgpt.com/c/66e29f72-4e38-8007-8a0c-8a747483a770, 20240913

2. 박물관 건립 계획

2.1. 입지 선정

- 접근성: 교통이 편리한 지역, 어린이와 가족이 쉽게 접근할 수 있는 도심지 혹은 교외에 위치.
- 자연과의 조화: 주변에 공원이 있거나 자연 환경과 연계될 수 있는 장소를 선택하여 생태 교육과 연관된 콘텐츠 기획 가능.

2.2. 건축 디자인

- 자연 친화적 디자인: 에너지 효율이 높은 친환경 건축을 통해 지속 가능성을 강조하고, 외부와 내부의 자연 요소를 통합한 설계.
- 유연한 공간 활용: 고정된 전시 공간 외에도 다양한 용도로 사용 가능한 다목적 공간 확보, 어린이의 발달 수준에 맞춘 유동적인 전시물 배치.

3. 콘텐츠 및 전시 기획

3.1. 주요 전시 테마

- 환경과 지속 가능성: 어린이들이 기후 변화와 환경 문제를 이해하고, 이를 해결할 수 있는 창의적인 방법을 탐구할 수 있는 전시. 예를 들어, 재활용 체험, 에너지 절약 게임, 가상 현실을 이용한 지구 탐험 등.
- 과학과 기술: 과학적 탐구와 기술적 혁신에 대한 호기심을 자극하는 전시. 로봇 공학, 프로그래밍 체험, 가상/증강 현실 기술을 활용한 인터랙티브 체험.
- 전통과 현대 문화: 한국의 전통 문화를 어린이들이 자연스럽게 접할 수 있는 전시와 현대 문화 체험 프로그램. 예를 들어, 한복 입어보기, 전통 놀이 체험, 그리고 현대적 놀이 문화 비교 등.
- 예술과 창의성: 다양한 미술과 음악 체험을 통해 창의적인 사고를 키우는 공간. 디지털 미디어 아트와 아날로그 예술을 결합한 프로그램, 실내외 예술 창작 공간 제공.

3.2. 특별 프로그램 및 워크숍

- 환경 보호 캠프: 지역 사회와 연계하여 어린이들이 직접 자연을 체험하고 환경 보호 활동에 참여할 수 있는 캠프 및 워크숍.
- 다문화 체험 프로그램: 다양한 문화권의 전통 놀이와 음식을 경험할 수 있는 프로그램을 운영하여 다문화 감수성을 높임.
- 미래 직업 체험: 어린이들이 다양한 직업을 체험해 볼 수 있는 가상 직업 체험 공간. 이를 통해 어린이들이 다양한 사회적 역할을 경험하고 장래 희망을 구체화할 수 있도록 돕는다.

3.3. 디지털 교육과 인터랙티브 전시

- '증강 현실(AR) 및 가상 현실(VR)'을 통해 현실에서는 체험하기 힘든 역사, 자연 현상 등을 간접 체험.
- IoT 및 스마트 기술을 활용한 전시물로 어린이들이 직접 상호작용하며 학습할 수 있는 환경 조성.
- 온라인 연계 학습: 박물관에서 배운 내용을 집에서도 학습할 수 있도록 연계된 온라인 학습 콘텐츠 제공.

4. 운영 및 관리 전략

4.1. 커뮤니티 연계

- 지역 주민 및 학교와 협력하여 정기적인 어린이 박람회, 지역 행사와의 연계 프로그램 운영.
- 지역 예술가 및 과학자들과의 협력을 통해 맞춤형 교육 프로그램 제공.

4.2. 자원봉사자 및 청소년 멘토링 프로그램

- 지역 청소년들이 어린이들에게 멘토링을 제공하거나 박물관 내에서 자원봉사자로 참여할 수 있는 프로그램 운영. 이러한 프로그램을 통해 청소년들은 사회적 책임감을 기르고, 어린이들은 멘토와의 소통을 통해 다양한 학습 기회를 얻음.

5. 마케팅 및 홍보 전략

- 소셜 미디어와 유튜브 채널 운영: 어린이와 부모가 쉽게 접근할 수 있는 플랫폼을 통해 콘텐츠를 제공하고, 온라인 상호작용 강화.
- 가족 회원제: 가족 단위로 정기 방문할 수 있는 회원제를 도입하여 지속적인 방문 유도.
- 지역 언론과의 협력: 지역 TV, 라디오, 신문을 통해 박물관의 특별 전시나 프로그램을 홍보.

6. 기타 사항

- 포용적 디자인: 장애를 가진 어린이와 그 가족들도 자유롭게 이용할 수 있는 무장애 공간과 프로그램 제공.
- 다국어 지원: 다문화 가정을 위한 다국어 서비스와 안내 자료 제공.

이러한 계획을 바탕으로 어린이박물관을 기획한다면, 한국의 어린이들에게 창의적이고 다채로운 경험을 제공할 수 있을 것입니다.

상기의 인공지능의 건립 계획과 내용들을 보면 웬만한 용역 보고서처럼 틀을 갖추고 있어서 좀 놀라웠다. 게다가 내용도 최근에 트렌드에 맞춰서 잘 답변하였다. 심지어 건물이나 전시 그림도 보여준다. 하단은 한국 어린이박물관 이미지에 대한 요청을 해보았는데, 역시 창조적인 영역에서는 수준이 낮아서 미흡하다고 판단된다. 따라서 창조적 영역은 보조적인 수단으로만 참고하면 될 것으로 보인다.

한국의 어린이박물관 건물 이미지[100]
- 전통과 조화로운 건물 요청

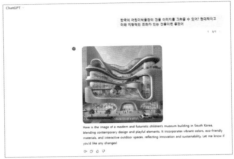

한국의 어린이박물관 건물 이미지[101]
- 현대적이고 미래 지향적 건물 요청

[그림 13-8] 인공지능을 이용한 한국 어린이박물관 건물 이미지

그러나 한가지, 어린이박물관은 공간적인 입지가 있어서 어떤 곳에 위치하는지가 중요하다. 지역사회에 맞는 사람 중심의 박물관을 만드는 것이 바람직하되, 소속 기관의 정체성을 따라줘야 한다. 따라서 국공립이면 국립이나 공립의 성격에 맞게 사업을 추진해야 하고, 지자체는 시민을 대상으로 하는 사업을 실행해야 한다. 단, 사립은 대표의 설립 의도에 따라서 기관의 사업이 정해진

---

100 https://xn--chatgpt-v256a.com/c/66f3ad43-7e44-8007-84b3-f7a9e2253de5

101 티chatgpt.com/c/66f3ad43-7e44-8007-84b3-f7a9e2253de5

다. 그럼에도 불구하고 한 가지 분명한 것은 지역사회에 공헌하고 협조를 얻어 내는 환영받는 어린이박물관을 조성하는 것이 바람직하다. 소속 박물관의 미션에 맞고 기관이 위치한 지역사회의 아동과 가족 관람객의 경향 그리고 지역 사회를 넘어서 찾아오는 방문자들을 파악하여 그들의 요구사항들을 반영하는 것이 중요하다.

기획 전시 제안서도 요청하여 보았는데, 이 수준은 평점 이상은 가는 수준이 였다. 한국의 아동들이 스트레스가 많아서 '스트레스' 라는 것이 무엇이며 극복하는 법을 알아보는 것이 필요하다고 생각해서 인공 지능에게 기획 전시 주제로 물어보았다.

〈표 13-26〉 한국의 어린이박물관의 기획 전시 제안서 (스트레스 주제) 대한 인공 지능의 답변서[102]

한국 아동의 스트레스를 주제로 한 어린이박물관 기획 전시 제안서는 아이들의 감정과 스트레스 관리에 대한 이해를 높이고, 이를 통해 건강한 심리적 발달을 돕는 방향으로 작성될 수 있습니다. 다음은 그 제안서에 포함될 수 있는 주요 구성 요소들입니다:

제목: "마음의 쉼표: 아이들의 스트레스와 감정 관리 전시"

1. 전시 개요
현대 한국 아동들은 학업, 사회적 압력, 부모님의 기대 등 다양한 이유로 스트레스를 경험하고 있습니다. 본 전시는 아이들이 스트레스가 무엇인지 이해하고, 효과적으로 감정과 스트레스를 관리할 수 있는 방법을 배우도록 돕습니다.

2. 전시 목표
아동들이 스트레스와 감정에 대해 배우고 이를 긍정적으로 대처하는 방법을 익힌다.
가족과 함께 참여할 수 있는 활동을 통해 스트레스를 완화하고 공감 능력을 증진시킨다.
창의적인 활동과 예술을 통해 감정 표현의 중요성을 이해시킨다.

---

102 티chatgpt.com/c/66f3ad43-7e44-8007-84b3-f7a9e2253de5

3. 타겟 관객
주 대상: 5~12세 아동
부 대상: 학부모 및 교사
가족 단위 방문객

4. 주요 섹션
스트레스란 무엇인가요?
스트레스의 개념을 시각적 자료와 짧은 애니메이션을 통해 설명.
어린이들이 스트레스를 언제 느끼는지 이해할 수 있는 자기 진단 코너.

감정의 색깔: 감정을 색으로 표현하기
다양한 감정(기쁨, 슬픔, 화, 두려움 등)을 색과 이미지로 표현할 수 있는 인터랙티브 공간.
자신의 감정을 그림이나 조각으로 표현할 수 있는 창작 활동 제공.

스트레스 풀기 체험 존
다양한 감각 자극 활동(예: 촉각 자극, 소리, 조명)을 통해 즉각적인 스트레스 해소를 체험.
심호흡과 명상, 요가 등 간단한 스트레스 완화 기법을 가르치는 워크숍 코너.

놀이로 풀어보는 스트레스
팀으로 참여할 수 있는 게임이나 협동 활동을 통해 스트레스를 해소하는 방법을 학습.
놀이와 신체 활동의 중요성을 강조.

예술로 감정 표현하기
미술 치료 개념을 도입한 창의적 예술 활동 존. 아동들이 음악, 그림, 조각 등으로 감정을 표현하고 스트레스를 풀 수 있는 공간 제공.

가족과 함께하는 공감의 시간
부모와 함께 스트레스 관리법을 배우는 세션. 아이와 부모가 서로의 감정에 대해 이야기하고, 서로 공감하는 방법을 배우는 프로그램.

힐링 존: 자연과의 만남
자연의 소리, 식물, 조명 등을 활용한 힐링 공간. 도시 생활 속에서 자연의 고요함과 치유력을 느끼는 경험 제공.

5. 프로그램 및 워크숍
아동 심리 전문가 강연: 스트레스 관리법과 건강한 정서 발달을 주제로 한 강연.
부모와 함께하는 스트레스 해소 워크숍: 부모와 자녀가 함께 참여할 수 있는 스트레스 관리법 학습.
미술 치료 워크숍: 감정 표현을 돕는 창작 활동을 중심으로 한 워크숍.

6. 기대 효과
아이들이 스트레스와 감정을 건강하게 인식하고 관리하는 법을 배운다.
부모와 자녀가 서로의 감정을 이해하고, 스트레스를 함께 극복할 수 있는 방법을 익힌다.
방문객들이 어린이들의 정신 건강에 대한 관심을 높이고, 감정 관리의 중요성을 인식한다.

7. 파트너 및 협력 기관
아동 심리 전문가, 미술 치료사, 학교 및 지역 커뮤니티.
관련 교육 기관 및 보건 단체와의 협력.

이런 형식으로 제안서를 작성하면 전시의 목적과 구체적인 내용을 효과적으로 전달할 수 있을 것입니다.

상기 내용에 본인이 아이디어 차원에서 첨언을 하자면, 어린이박물관의 전시는 통합적이고 융복합적인 전시들이 있어야 한다.

- 전시 관람의 동기 부여로써 입구에는 아동들에게 너의 스트레스는 무엇인지 물어보는 전시가 있어서 이를 아동들이 적거나 컴퓨터에 입력하도록 한다.
- 스트레스를 느끼게 되는 인체에 대한 이해를 돕는 전시 구역,
- 긍적적인 스트레스도 있다는 점, 약간의 스트레스는 개인 발전에 동력이 된다는 점
- 심한 스트레스는 여러 가지 병을 유발할 수 있다는 점,
- 아동들의 학업 스트레스, 친구 간의 갈등으로 유발되는 스트레스, 왕따 같은 차별 스트레스 등

- 부모님들과 가족의 스트레스도 알아보는 전시
- 식물과 동물은 스트레스가 없다고 생각할 수 있으나 그들의 스트레스도 알아보는 점
- 지구의 기후 변화로 인한 지구의 스트레스까지 확장해서 볼 수 있다.
- 스트레스를 한국말로 뭐라고 할까? 한국 단어로 지어보기 예) 압박, 억압, 내 마음의 불편함
- 스트레스를 물리치며 감정을 회복하는 여러 가지 방법 모색 등을 더 추가해야 완성된 전시 제안서로 보여진다.

하단 표에 아이디어 차원을 푸른색으로 첨언하여 보았다. 인공지능을 이용하여 아이디어를 활용하는데 참고하면 좋을 듯하다. 초안의 수준이라 다양한 전문가들과 기획안을 발전하도록 논의해야 한다.

〈표 13-27〉 인공지능의 어린이박물관 기획전 '스트레스' 기획안에 필자가 추가한 기획안(파란색)

제목: "이게 뭘까? 내 마음을 압박하는 감정!" - 우리의 스트레스 -

1. 전시 개요
현대 한국 아동들은 학업, 부모의 기대, 학교에서 교우 관계, 놀 기회 부족, 사회적 경쟁 등 다양한 이유로 스트레스를 경험하고 있다. 본 전시는 아동들과 그의 보호자들이 스트레스가 무엇인지 과학적으로 이해하고, 효과적으로 감정과 스트레스를 관리할 수 있는 방법을 배우고, 나아가 동식물 그리고 지구 환경의 스트레스까지 확장하여 함께 공존하는 법을 배우고자 한다.

2. 전시 목표
  • 아동들의 스트레스와 감정에 대해 과학적, 심리적 현상에 대해 배우고 이해한다.
  • 가족(보호자)과 함께 참여할 수 있는 활동을 통해 스트레스를 완화하고 공감 능력을 증진시킨다.
  • 창의적인 활동과 예술을 통해 감정을 해소하는 방법을 알고 또한 스트레스에 대해 긍정적으로 대처하는 방법을 익힌다.

• 자신만의 스트레스를 알아보고 교류를 통해서 해소하는 방법을 알아본다.

3. 타겟 관객
주 대상: 5~12세 아동
부 대상: 학부모 및 교사, 가족 단위 방문객

4. 주요 섹션
1) 시작 동기 부여 : 아동인 너의 스트레스는 무엇인가? 포스트 잇에 적어보게 한다.
* 기획전 입구에 자신의 스트레스가 무엇인지 알아보고 포스트 잇에 적어서 벽면에 부착한다. 기획전은 한바퀴 돌고 마지막 출구가 입구와 동일한 공간에 와서, 자신이 스트레스 해결법을 스스로 발견하고 적어보도록 한다. (단, 입구에 타 관람객과 겹치지 않도록 시차별로 관람객 입장을 유도한다)

2) 스트레스 알아보기
• 스트레스가 무엇인지 알아보도록, 인체의 작용이 어찌 일어나는지를 파악하는 영상 프로그램 온/오프 또한 인체와 심리적 현상이 어떻게 함께 반응하는 지도 알아볼 수 있다.
• 어린이들의 스트레스가 어떤 종류가 있는지 영상 프로그램으로 설문 조사에 응해보고 결과가 누적되는 것을 보도록 한다. 예) 부모님에게 받는 스트레스, 학업 스트레스, 교우관계간 스트레스, 형제 관계간 스트레스, 왕따, 외톨이 등
• 스트레스의 여러 가지 모습들 : 약간의 스트레스는 자기 발전을 위해서 동기유발이 됨을 파악하도록 한다. 부정적인 스트레스가 너무 많을 때는 도움을 청하도록 한다. 긍정적인 스트레스도 사람을 약간 흥분하게 만들어 이를 조절하는 방법을 파악하도록 한다. 예) 터치 영상 프로그램, 퍼즐 조각 맞추기, 벽면 대형 시트지로 길 찾아가기 등 다양한 연출 기법을 활용한다.

3) 감정의 색깔
• 다양한 감정(기쁨, 슬픔, 화, 두려움 등)을 색과 이미지로 표현할 수 있는 인터랙티브 공간.
• 대형 디지털 인터렉티브로 화면에 나타나는 부정적인 감정들 없애버리는 터치스크린 공간 (신체 놀이로 해소)

4) 어른들도 스트레스도 있을까?
• 부모님/ 조부모님들의 스트레스 파악하고 해소법을 알아본다.

4) 동식물/ 지구도 스트레스가 있을까?
• 동식물의 스트레스를 알아본다

- 동식물의 스트레스 해소 방법을 알아보고, 실천할 수 있는 방법을 생각해본다.
- 지구촌이 스트레스는 무엇일까? 환경 교육의 일환으로 지구가 생태계로 이뤄져 있음을 알고 내가 환경을 위해서 실천할 수 있는 방법을 파악해본다. 예) 분리수거, 재활용 및 새활용, 에너지 절감 등

4) 스트레스 풀기 활동 존
*각 존을 미니 공간으로 구획하여 소그룹의 활동 중심으로 조성한다.
- 다양한 감각 자극 활동(예: 촉각 자극, 소리, 조명)을 통해 즉각적인 스트레스 해소를 체험. 예) 마음껏 소리 질러 보는 작은 폐쇄 공간(흡음 장치)
- 심호흡과 명상, 요가 등 간단한 스트레스 완화 기법을 가르치는 활동 코너.
- 놀이로 풀어보는 스트레스 : 팀으로 참여할 수 있는 게임이나 협동 활동을 통해 스트레스를 해소하는 방법을 학습.
- 예술로 감정 표현하기 : 미술 치료 개념을 도입한 창의적 예술 활동 존. 아동들이 음악, 그림, 조각 등으로 감정을 표현하고 스트레스를 풀 수 있는 공간 제공.
- 가족과 함께하는 공감의 시간 : 부모와 함께 스트레스 관리법을 배우는 세션. 아이와 부모가 서로의 감정에 대해 이야기하고, 서로 공감하는 방법을 배우는 프로그램.
- 힐링 존(자연과의 만남) : 자연의 소리, 식물, 조명 등을 활용한 힐링 공간. 도시 생활 속에서 자연의 고요함과 치유력을 느끼는 경험 제공.

5) 나의 스트레스 해소 방법/ 상호 교류법
- 출구에서 내가 입장시 적은 스트레스에 대한 방법론을 적어본다. 적어놓은 포스트잇을 그래도 전시하여 타인들도 볼 수 있도록 한다. 전시 종료 후에 수거하여 스트레스를 분류하고 해결법도 정리하여 아동과 가족의 사회 문화적 현상에 대한 자료를 만들어 놓는다.
- 기타 : 스트레스를 한국어로 만들어 본다.

5. 전문가 워크숍
- 아동 심리 전문가 강연: 스트레스 관리법과 건강한 정서 발달을 주제로 한 강연.
- 부모와 함께하는 스트레스 해소 워크숍: 부모와 자녀가 함께 참여할 수 있는 스트레스 관리법 학습.
- 예술/미술 치료 워크숍: 감정 표현을 돕는 창작 활동을 중심으로 한 워크숍.
- 스트레칭/ 요가 프로그램 : 신체적인 이완을 돕는 운동 워크숍

6. 기대 효과
아이들이 스트레스와 감정을 건강하게 인식하고 관리하는 법을 배운다.

부모와 자녀가 서로의 감정을 이해하고, 스트레스를 함께 극복할 수 있는 방법을 익힌다.
방문객들이 어린이들의 정신 건강에 대한 관심을 높이고, 감정 관리의 중요성을 인식한다.
타자에 대한 스트레스를 파악하고 그들을 위한 이타주의를 지향한다.

7. 파트너 및 협력 기관
아동 심리 전문가, 예술 치료사, 학교 및 지역 커뮤니티. 관련 교육 기관 및 보건 단체와의 협력.
환경 단체

최근 ACM에서 계간으로 발간하는 뉴스레터인 '핸드 투 핸드(Hand to hand)'에서 '인공지능 세계에서 어린이박물관'을 주제로 다루었다. 그 중에서 어린이박물관 현장에서 인공지능을 활용하는 6가지 해결법을 제안하였다.

첫째는 과거의 흥미있는 텍스트를 찾아내기,
둘째 회의 보조용,
셋째 수업 계획 발전기,
넷째 콘텐츠 마케팅과 스토리텔링,
다섯째 목표가 된 사회적 매체,
여섯째 연구자의 도움 역할을 언급하였다.[103]

박물관의 학예사라면 흔히 짐작할 수 있는 내용으로 인공지능을 활용하려면 검색어 입력이 가장 중요하다. 정보 오류가 나올 수 있어서 여러 번 유사한 단어를 검색하여서 정보 오류를 없애야 한다. 인공지능을 활용하는 것은 좋으나

---

103 ACM, 6 AI Solution for the Children's Museum Field, In the Hand to Hand at ACM Vol 37 No 1, 2024

창의성 부분은 어려운 것으로 보인다. 흥미있는 텍스트를 찾는 것과 수업 계획의 발전기 역할도 보조적인 수준의 이미지나 검색어를 입력해서 도움을 받는 수준으로 보인다.

14장

위성 박물관과
뮤지엄 컴플렉스

1. 위성 어린이박물관 (Satellite Children's Musuem)

위성 박물관에 대한 정의를 살펴보고자 한다. 위성(Satellite)이라 함은 행성의
주위를 행성이 끌어당기는 인력에 의해 운행하는 천체를 말하며, 달은 지구의
하나뿐인 위성[104]을 말한다. 이 부분에 대해서 고민 끝에 여기서는 위성 박물관
을 본관이 있고 파생된 독립된 자매관이나 타 공간에 세운 분관, 공간까지를 모
두 포함하여 서술하고자 한다. 자매관(Sister Museum)은 본관과 어깨를 나란히 하
는 성격이나 조직 기구는 통합 되어있는 기관을 말한다. 또한 분관(Branch)이라

---

104 https://terms.naver.com/entry.naver?docId=1023960&cid=47309&categoryId=47309

함은 본관에서 나누어 따로 세운 부속적인 건물을 말한다.[105] 현재 국내에서는 위성 박물관이라는 용어를 박물관계에서는 잘 쓰지 않는 것으로 파악하고 있다. 그만큼 국내 박물관 환경과 여건은 해외와는 다르나 향후에 확장이 될 수 있는 사항들이라 이를 살펴보고자 한다.

1) 브루클린 어린이박물관(Brooklyn Children's Museum)의 스파크(Spark)

위성 공간인 스파크(Spark)는 2016년에 공공 공원에 비교적 부유한 새 아파트 건물 1층에 생겼다. 이는 2014년에 '브루클린 다리 공원 공사'와 비영리 공원 개발자가 함께 브루클린 어린이박물관에 접촉하여 성사된 결과이다.

브루클린 어린이박물관에서는 이 공간을 크게 3가지 요건으로 검토하였다. 본관과는 약 8키로미터 이상의 거리가 떨어져 있어서 관람객이 교차하지 않고, 대상 층은 영아를 고려하여 6개월에서 6세 사이의 영유아들, 유치원에 다니지 않는 유아, 건물에 거주하는 약 40가구로 본관과 겹치지 않은 대상층이고, 콘텐츠를 예술과 놀이로 차별화 하였다. 공간 임대는 1년간 1달러로 5년간 임대하였고, 입장료는 15$로 본관인 11$보다는 가격 책정이 높고 면적은 약 600평 정도이다. 두 가지로 형태로 운영되는데 유료 입장료는 예술 기반의 아침 클라스, 오후 1회성 관람객 대상의 아트 스튜디오는 무료 입장료로 진행하고, 놀이 공간도 오후에는 무료이다.[106] 또한 본관에서 인기 있었던 브루클린 블록 랩(Brooklyn Block Lab)전시의 전초 기지이자 매일 예술 워크숍, 음악 수업, 생일 파티 등을 선보인다.[107]

---

105 https://terms.naver.com/search.naver?query=%EB%B6%84%EA%B4%80

106 Stephanie Wilchfort, "Spark Brooklyn, New york," In Hands to hand 2018 Volume 32, Number 1, Association of Children's Museum (2018)

107 https://kidpass.com/providers/1713/spark-by-brooklyn-childrens-museum

그러나 브루클린 어린이박물관은 2024년 8월말 이 공간을 폐쇄했다. 브루클린 어린이박물관 측에서는 '본관에 새로운 전시를 만들고 프로그램을 확장하는 데 중점을 둔 전략적 계획을 시작했고, 이를 통해 박물관은 자료들을 통합하기로 했다'[108]고 언급하였다. 8년간 위성 공간을 운영하였다가 폐쇄하였고, 축적된 노하우로 2025년에 본관에서 전략적 계획으로 수립된 더 확충된 새로운 모습을 기대해 본다.

2) 미네소타 어린이박물관, 로체스터 (Minnesota Children's Museum, Rochester)

본관은 1981년에 창고를 개조해서 어린이박물관을 첫 개관하였고, 이후 장소를 옮겨서 오래된 대장간을 개조하여 개관하였다. 1995년 현재의 미네소타 어린이박물관이 있는 세인트폴 도심으로 옮겨서 새 건물에서 개관하며 새로운 어린이박물관 시대를 열었다. 2005년에 갤러리를 개선하고 옥상 예술공원도 확장하고, 순회 전시들을 개최하여 영역과 공간을 확장하였다. 2017년에 대대적인 확장 및 리노베이션을 거쳐서 새롭게 재개관하였다. 10개의 새로운 전시와 더 넓은 공간, 더 나은 편의시설, 개방적이고 아동 주도 놀이에 초점을 담은 더 대담한 디자인이 특징이다.[109]

자매관은 최초에 로체스터 학부모 그룹에 의해 어린이박물관의 필요성이 인식되어 2007년 '로체스터 어린이박물관'의 비영리 기관을 설립하였다. 이후 미네소타 어린이박물관과 양해각서(MOU)에 서명하여 공식 논의를 시작해서 기관을 포함한 운영 평가를 실시했다. 그 결과를 반영하여 공식적으로 이름을 미네소타 어린이박물관, 로체스터(Minnesota Children's Museum, Rochester)로 변경하

---

108 https://brooklynbridgeparents.com/spark-playspace-in-dumbo-closing/
109 https://mcm.org/about/

였다. 3년간의 개발 기간을 거쳤고, 2011년 양 기관의 이사회가 합병을 결정하였다.[110] 2012년 개관하여, 300,000명 이상의 관람객을 맞이하였다.[111] 그 이후 아파치 몰의 더 큰 공간으로 이전 계획을 갖고 2020년 2월에 폐관하였다. 이후 '스파크, 로체스터 어린이박물관(Spark, The Children's Museum of Rochester)'이라는 새로운 명칭으로 2020년 여름에 새롭게 문을 열었고, 이 조직은 미네소타 어린이박물관과는 별개의 조직이 되었다.[112]

정리하자면 로체스터의 어린이박물관은 교육 도시 세인트폴의 미네소타 어린이박물관과 협력하여 자가 차량으로 90여분 떨어진 곳에서 개관하여 관람객 30만명 방문 성과를 이뤘다. 이후 8년만에 양 기관이 협의를 거쳐 분사되면서 '스파크, 로체스터 어린이박물관' 명칭의 별개의 조직으로 운영되고 있다.

3) 미시시피 어린이박물관, 메리디언 (Missisipi Children's Museum, Merdian)

미시시피 어린이박물관(MCM)은 1994년 지역사회 자원봉사자 그룹에서 프로젝트를 시작하여, 16년만에 2010년에 12,000평으로 개관하였다. 이후 4000평의 야외 문해 정원인 야외 놀이터를 개장하였는데 80개의 놀이 활동이 있고, 세계 최초로 베드라(Wedra)라는 놀이 구조물이 있다.

자매관의 출발은 동부 미시시피 메리디언시 지역의 자녀가 있는 젊은 주부들을 포함한 자원봉사자들에 의해서다. 그들은 미시시피 어린이박물관에 연락을 했고, 타당성 검토를 거쳐서 아동을 위해 자본 모집 캠페인을 착수했다. 이후 지방 정부와 현지의 재단으로부터 후원을 받아 2021년 '미시시피 어린이박

---

110 Dianne Krizan
111 https://sparkrochestermn.org/about-us/
112 https://mcm.org/about/

물관, 메리디언'을 8층 신축 건물로 연면적 2900평과 야외 7600평으로 개관하였다. 미국 최초의 상설 전시 '굿나잇 문' 있다고 자랑한다. 본관과 동일한 아동 연령대인 0~12세를 대상으로 하고, 콘텐츠는 유사한 주제나 도시의 수송과 메리디언의 역사에 대한 것은 차별화된다.[113]

두 기관은 모든 어린이에게 우수성과 평생 학습의 기쁨을 고취할 수 있는 비교할 수 없는 경험을 창조한다는 사명을 갖는다. 5가지 기본 계획을 중심으로 콘텐츠가 설계되었고 이는 읽고 쓰기, STEAM, 건강 및 영양, 문화 예술, 미시시피 유산 등이다. 5가지 기본 계획은 건강하고 생산적인 성인 학습자로 성장하도록 돕는 열쇠라고 생각한다. 2021년 미시시피 어린이박물관에 미국 최고의 영예인 박물관 및 도서관 서비스 연구소의 국립 메달(Institute of Museum and Library Services National Medal)을 수상하였다.

4) 빠빠로테 어린이박물관, 쿠에르나바카 (Papalote museo del Nino, Cuernavaca)

30년이 넘는 역사를 자랑하는 멕시코 시에 위치한 어린이박물관은 당시 대통령 부인에 의해서 사업이 추진되었다. 빠빠로테(Papalote)는 아이들이 날리는 '연'을 의미하는 멕시코 단어이다. 멕시코시의 중심 드넓은 공원 내인 차풀테펙(Chapultepec)에 위치하며, 필자가 94년 방문 당시에 엄청난 규모에 매우 놀랐다. 이곳은 멕시코의 아동들을 위해서 조성된 곳이라 아동들이 실컷 하루 종일 즐기다 간다는 생각이 들었다. 마치 한국의 학부모들이 바라는 것처럼 안전한 환경에서 하루 종일 교육적 자극을 주면서 아동들이 체험하는 곳이였다. 현재 전시는 나의 몸, 멕시코 라이브, 집과 가족, 내 도시, 아이디어 연구소로 구성되어

---

113 Susan Branson, Missisipi Children's Museum, In Hands to hand 2018 Volume 32, Number 1, Association of Children's Museum (2018)

있다.[114]

이 곳은 멕시코와 라틴 아메리카의 박물관뿐만 아니라 수천 명의 가족, 교사 및 멕시코 학생들을 위한 놀이를 통한 학습과 재미있는 경험 측면에서 중요한 기관이 되었다. 현재는 정부 보조금 없이 입장료, 공간 임대 및 할인료를 통해 수입을 창출한다. 민간과 공공 부문으로부터 기부와 후원을 받아 콘텐츠를 갱신하고 새로운 경험과 전시를 창조하고, 이사회의 관리를 받는 비영리 시민 협회를 통해 관리된다.[115] 분관은 본관에서 자가 차량으로 90분 거리의 쿠에르나바카(Cuernavaca)지역에 있다.

쿠에르나바카 지역은 사회적으로 우범 지대에 위치하고 있다. 다양한 워크숍을 통해서 사회 구조를 치유하고 웰빙 조건을 개발하는데 기여하고자 했다. 초등생과 청소년 대상으로 예술 문화워크숍, 유아 대상의 정서 및 감각적 워크숍, 보호자 대상의 의식있는 워크숍을 제공한다.[116] 건물은 2개 층으로 이뤄져 있으며 과학과 예술 전시품이 주종을 이루고 있다. 영아는 별도의 공간이 아니라 만 2세부터 상설 전시를 즐길 수 있게 한다고 홈페이지에 언급했다. 뮤지움에서의 예술 감상이나 워크숍은 인간의 정서나 인지에 긍정적인 영향을 준다는 최근 연구들이 나오고 있어, 이 지역에 분관 개관은 사회적으로 매우 의미 있는 역할이라고 할 수 있다.

---

114 https://www.papalote.org.mx/actividades/

115 https://www.papalote.org.mx/nosotros/

116 https://cuernavaca.papalote.org.mx/papalote-y-tu-colonia/

5) 경기도의 어린이박물관 (경기도어린이박물관, 경기북부 어린이박물관)

경기도는 2011년 용인 지역에 경기도어린이박물관을 개관하였다. 국내 최초의 독립 건물로써 최대 규모로 연면적 3400평을 가지고 위용을 자랑한다. 개관초에 년간 65만명이 방문하면서 어린이박물관으로서는 경기도를 넘어 박물관 역사에 획기적이라고 할 수 있는 엄청난 관람객 수로 국내에서 사랑받는 어린이박물관이 되었다. 클라이머인 '잭크와 콩나무'의 전시와 대형 물전시가 가장 인기 있었으나 물 전시는 운영상 철거되고, 현재 바람 전시로 특화되어 있다.

경기도어린이박물관의 개관 성공에 힘입어 경기도에서 시와 협력하여 어린이박물관 개관을 추진하였는데, 고양과 동두천시가 선정되어 도비와 시비를 50%씩 지원하면서 2016년에 개관하게 되었다. 고양시는 고양문화재단으로 위탁되면서 운영을 할 수 있었고, 동두천시는 문화재단이 없이 시에서 직접 직영하게 되었다. 동두천시는 운영 주체를 경기도와 협의하여 어린이박물관 사업을 경기문화재단으로 이관하였다. 이에 경기문화재단은 경기도어린이박물관과 경기북부 어린이박물관 두 곳을 운영하여 자매관이 되었다.

경기북부 어린이박물관은 시설과 콘텐츠의 일부 리노베니션을 거쳐서 2020년 재개관하였다. 연면적은 1800평으로 동두천시에서 주제로 한 숲, 생태, 환경을 지속적인 개념으로 하여 차별화 주제를 유지하고 있다. 어린이들에게 가장 사랑받는 전시는 클라이머존으로 아동들이 씨앗이 되어 대형 공룡의 몸속으로 들어가서 영양분을 주고 미끄럼을 타고 내려오면서 똥이 되어 나온다는 설정이다.

두 기관이 위치한 곳인 경기도 북부와 남부는 지역적인 차이가 다소 있고 관람객은 설문조사 결과에서 보면 인근 지역에서 가장 많이 온다. 경기도어린이박물관은 용인, 수원. 화성 순으로 관람객이 주류를 이루고 있고, 경기북부 어린이박물관은 동두천, 양주, 의정부 순으로 관람객이 방문하고 있다. 해가 지날수록 서울이나 수도권을 넘은 관람객이 조금씩 증가하는 추세이다. 관람객 중

심의 어린이박물관은 기관의 사정을 고려한 관람객의 요구를 반영하며 운영이
되면 관람객들에게 지속적으로 사랑받는 박물관이 될 수 있다.

경기도어린이박물관 건물 전경

경기북부 어린이박물관 건물 전경

경기도어린이박물관의 '바람의 나라' 전시

경기북부 어린이박물관의 '클라이머존'

[그림 14-1] 경기도어린이박물관과 경기북부 어린이박물관

　　브루클린의 사례를 보면 위성 박물관이라기 보다는 위성 공간(전시장)을 조성
하여 지역사회의 요구에 잘 부흥한 것으로 보인다. 입장료는 본관보다 다소 비
싸나 무료로 이용도 하게 했다. 그러나 24년도에 폐관하여 본관에 주력하는 것
을 보면, 기관 운영이 쉽지 않음을 알 수 있다. 또한 미네소타 어린이박물관, 로
체스터의 경우도 첫 스타트를 자매관으로 출발하였고 본관의 도움을 받은 시
너지가 있었으나, 현재는 독립된 다른 기구에서 운영하고 있다. 우연히도 브루
클린과 미네소타 어린이박물관은 위성관이 스파크(Spark)라는 명칭을 사용하였
다. '불러 일으키다'라는 뜻인데 그만큼 어린이박물관이 아동들에게 영감과 호

기심을 주는 기관임을 강조하고 싶었다고 사료되며, 국내에는 잘 사용하지는 않는 단어이다.

〈표 14-1〉 국내외 위성 박물관들의 비교표

위성 기관 명	스파크	스파크 로체스터 어린이박물관	미시시피 어린이박물관, 메리디언	빠빠로테 어린이박물관, 쿠에르나바카	경기북부 어린이박물관
유형	위성 공간	독립함	자매관	분관	자매관
본관	브루클린 어린이박물관	미네소타 어린이박물관	미시시피 어린 이박물관– 잭슨	빠빠로테 어린이 박물관	경기도 어린이박물관
개관 년도	2016 ~2024년	2012년	2021년	2015년	2016년 개관, 2020년 재개관
위치	브루클린 공원	로체스터시	메리디언시	쿠에르나바카	동두천시
연면적	600평	–	2900평 (실외 7600평)	1000평	1800평
대상	2세~6세	어린이	0~12세	2세~청소년	0~12세
콘텐츠	예술, 놀이	–	5개 주제 본관과 동일, 단, 수상과 메리디언 역사로 차별화	예술, 과학	숲 생태 환경
기타	폐관	자매관이였으 나 분사됨.	지역사회의 소득 격차가 심한 지역	우범 지역	열악한 도시 활성화를 위해 조성됨

멕시코의 빠빠로테 어린이박물관, 쿠에르나바카의 경우 우범 지역이고, 미시시피 어린이박물관, 메리디언의 경우도 소득 격차가 심한 지역이다. 더불어 브루클린 어린이박물관에서 오래전 브루클린 자체 지역구가 매우 열악한 곳이

라 어린이박물관에서 방과후 프로그램으로 지역구의 아동을 훌륭하게 성장시
키고 이끌어간 사례도 있다. 두 기관들은 지역사회를 위한 뮤지움의 사회적인
형평성 역할들을 잘 수행하고 있다고 생각된다.

　결론적으로 정리하자면 위성 박물관들은 그 기관이 위치한 지역사회의 주
관람객의 요구에 맞춰 콘텐츠나 시설에 반영하는 본관과는 차별화되는 어린이
박물관이 된다. 또한 본관과 상호 네트워크가 조성되어 상호 업무적 지식과 정
보를 공유하고 개관에 도움을 얻고 운영 시에도 상호 시너지를 낼 수 있는 커
다란 장점이 있다. 그러나 단점으로는 예산, 인력이 잘 수반되어야 하는 것이
며, 본관과의 관계에서도 과연 효율적으로 운영이 되고 있는가의 문제가 있다.
여기 언급한 기관들의 미래를 잘 살펴보면 답을 얻을 수 있을 것으로 보인다.

2. 어린이박물관이 있는 뮤지움 콤플렉스

　뮤지움들이 함께 집결하여 문화 단지를 이루는 곳을 콤플렉스라고 한다. 필
자가 알고 있는 콤플렉스가 있는 어린이박물관들을 언급하면, 피츠버그 어린
이박물관, 미시시피 어린이박물관, 줌 어린이박물관, 국립어린이박물관, 경기
도어린이박물관이 있다. 어린이박물관이 있는 기관들은 어린 시절부터 아동들
이 뮤지엄을 방문하면서 향후 박물관의 문턱을 높게 생각하지 않아 성장하면
서 자연스럽게 방문하게 되는 최대 장점인 접근성이 수월하다. 어린 시절부터
문화 소양을 쌓을 수 있게 성장하며, 성인이 되고, 노후에도 지속적으로 문화
기관인 박물관을 즐길 수 있는 뮤지엄 고어가 될 수 있다.

1) 피츠버그 어린이 문화 캠퍼스 : 피츠버그 어린이박물관
　피츠버그 어린이박물관은 ACM에서 인증하는 년 1회 우수 기관의 수상과 매
거진 '미국 오늘(USA Today)'에서 매년 수상하는 베스트 초이스상에서 자주 수

상 되는 기관이다. 필자가 방문했을 때 2016년 전시 기법이 매우 독창적으로 이뤄져 본인이 매우 선호하는 기관이기도 하다. 2022년 '리더스 초이스 10 (10 Best Readers' Choice)' 상에서 미국 최고의 어린이박물관 10개 기관 중 하나로 선정된 곳이다. 2019년도 307,000명 이상의 방문객, 평균 년 300,000명 정도 방문한다. 예술가들과 함께 협업하여 갤러리마다 우수하고 독창적인 전시를 선보이며, 레시던시 프로그램으로 매년 예술 작가를 선발하여 '텅 아트(tough art)' 라는 체험식 예술 전시를 선보인다.

1983년에 구 우체국 건물 지하에 개관하였다. 현재의 3층 건물은 역사적인 옛 건물인 우체국과 천체관으로 연결되었다. 중앙 건물은 환경 예술가 네드 칸 (Ned Kahn)의 인공적인 구름 (Articulated Cloud)이라 명명하며, 바람이 불 때마다 반짝이는 스테인레스 조각으로 구성되어 마치 살아있는 듯한 건물의 모습이다. 2006년 옛 천체관을 대대적 리노베이션으로 확장 공사하여 미국 친환경 인증상 은상(Silver LEED)을 수상했다. 물 절약, 에너지 관리, 폐기물 관리, 재활용 재료 사용에 중점을 둔 자원 재사용 및 실내 공기 질 개선과 같은 지속 가능한 원칙을 사용했다.

2019년에는 옆 건물인 역사적인 카네기 무료 도서관을 개조하여 10세 이상 어린이를 위한 '뮤지움 랩(MuseumLab)'을 개관했다. 최첨단 제작, 예술 및 기술 경험을 제공하며 2020년에 친환경 그린 빌딩으로 금상(Gold LEED)을 수상했다.[117]

중앙 공원에는 네드 칸이 제작한 물을 분사하는 안개 예술 작품이 설치되어 있어 아동과 가족에게 예술적인 영감을 주고 있으며 어린이부터 청소년, 성인까지를 아우르는 미국 최대 아동 가족 문화 공간이다. 지역 주민의 행사인 결혼

---

117 https://pittsburghkids.org/about/our-story/

식장으로도 운영되기도 한다.

2) 르플레르 블러프 콤플렉스 : 미시시피 어린이박물관

미시시피 어린이박물관은 르플레르 블러프 주립 공원(LeFleur's Bluff State Park) 내 위치하여, 여기에는 미시시피 자연과학관, 르플뢰르 뮤지움 디스트릭트, 미시시피 농업과 숲 박물관 총 4개의 뮤지움이 형성되어 있다. 미시시피 어린이박물관은 과학관과 협력하여 과학 페스트벌 개최가 아주 큰 행사이다. 자매관인 메리디언 건립, 지역사회와 밀착된 콘텐츠, 계절 전시가 타 기관과 차별화된다. 또한 장애인을 위한 감각 지도 및 백팩을 제공하며, 프로그램으로는 슈퍼림픽 및 어둠이 내린 공원 프로그램이 특별하다. 코로나 이후에는 온라인과 운영 프로그램을 방과 후 주력으로 전환하였다.

가장 인근에 있는 미시시피 자연과학관은 약 90년 동안 컬렉션, 연구, 과학 데이터베이스, 교육 및 전시를 통해 미시시피의 생물 다양성에 대한 이해와 감상을 증진한다는 사명을 추구했다. 주 주민들이 환경을 존중하고 미시시피의 자연을 보존하도록 영감을 준다. 미시시피 야생동물, 어업, 공원 자연과학 박물관은 300에이커 규모의 자연 경관, 야외 원형 극장, 2.5마일 길이의 자연 산책로가 있다.

3) 뮤지엄 콰터 빈(Museums Quartier Wien) : 줌(ZOOM) 어린이박물관

비엔나 중심부에 30,000평 넘는 면적에 60개의 문화 기관을 아우르는 뮤지엄 콰더는 세계에서 가장 큰 현대 미술 및 문화 지구 중 하나이다. 역사적 건축물과 현대적 디자인이 있고 고급 문화와 하위 문화가 만나는 장이다. 미술, 건축, 음악, 패션, 연극, 무용, 문학, 아동 문화, 게임 문화, 거리 예술에서 디자인과

사진까지 정말 다양하다.[118]

　기원은 18세기 초에 비엔나의 제국 마구간 단지 건설로 시작되어, 추후에 무역 박람회 및 전시회 장소로 사용하였다. 300년 이후에 2001년에 뮤지엄 콰터가 마침내 문을 열어 세계에서 가장 큰 예술과 문화 단지 중 하나로 발전했다. 개장시에 현대 건물을 추가로 확장하여 바로크와 현대 건축이 혼합된 이 단지는 독특한 특성을 상징한다.[119]

　이곳은 세계에서 가장 큰 에곤 쉴레 소장품을 보유하고 있는 오스트리아 황제의 이름을 딴 레오폴트 뮤지움(Leopold Museum), 국제 현대 미술에 초점을 맞춘 쿤스트할레 빈(Kunsthalle Wien), 뮤목(Mumok), 할레 이 플러스 지 (Halle E + G), MQ 문화 세입자, 슌겔 빈, 줌 어린이박물관 등이 있다. 여러 기관들이 함께 조성되어 옛 합스부르크 제국의 엄청난 위용을 자랑하며 예술적인 영감을 불러일으키고, 문화 세입자인 레지던시로 예술인들을 지원하고 있다. 또한 함께 집결하고 있는 각 기관들의 시너지를 위한 행사는 야외에서 대대적으로 이뤄지고 있다. 예를 들면 Q 섬머뷔네로 5월부터 10월초까지 여름 무대로 거의 매일 콘서트, 아티스트 토크, 공연, 토론, 강의 등 다양한 무료 이벤트가 열린다.

　오래전 필자가 방문 시에 줌 어린이박물관을 들렸다. 6~12세 아동 대상으로 500여평 규모에 4개의 전시장인 줌 전시, 줌 스튜디오, 줌 애니메이션 스튜디오, 줌 바다로 조성되었다. 줌 스튜디오에서 3~12세의 아동이 예술가와 함께 놀이를 통해 예술적 기법을 탐구한다. 그림 그리기, 잘라내기, 쌓기, 분무, 펠팅, 붙이기, 붙이기, 모델링 등이 있다. 멀티미디어 랩인 줌 애니메이션 필름 스튜디오에서 8~14세 어린이가 각본가, 감독, 카메라맨, 사진작가, 음향 기술자의

118　https://www.mqw.at/en/about-us
119　https://www.mqw.at/en/about-us

역할을 맡고, 상설 전시인 줌 바다는 8개월~6세 어린이가 놀고 모험할 수 있는 다양한 공간을 제공한다.[120] 이외에 기획전 공간이 100여평 규모로 조성되어 어린이들에게 우수한 체험을 통해서 학습적 영감을 불러 일으킨다.

4) 국립박물관단지 : 국립어린이박물관

국립박물관단지는 대한민국의 중심인 중서부 세종시에 위치하며 2005년에 「행복도시법」제정 시 박물관건립 등 법정 근거를 마련하여 추진되었다. 2012년 '국립박물관단지 조성 협약' 체결을 정부의 각 부처인 행정안전부, 문화체육관광부, 국토해양부, 문화재청, 행정중심복합도시건설청(행복청)의 5개 부처의 양해각서(MOU)로 본격 추진되었다. 2017년 국립박물관단지 건립 마스터플랜 수립하였고, 2023년 '국립박물관단지 통합운영지원센터' 법인이 설립되었다. 2023년 12월 26일에는 첫 번째 뮤지엄으로 '국립어린이박물관'을 개관하였다.[121]

국민의 문화 욕구 충족 및 지역 간 균형발전 도모, 도시 자족 기능 확충 등을 위해 국내 최초로 5개 개별박물관을 집적화한 고품격 문화시설인 국립박물관단지 건립은 2030년 모든 기관의 완공을 바라보면서 현재도 활발히 추진 중이다. 필자는 경기도어린이박물관 재직 시절에 행복청에서 벤치마킹으로 다녀가면서 면담을 1시간여 이상을 했었다. 공공기관 추진의 일들은 행정절차를 거쳐서 보통 10여년 뒤에 개관을 하는 것으로 알고 있다. 추진처는 모 박물관이 없는 어린이박물관이라 콘텐츠에 대한 고민도 많았던 것으로 안다. 현재의 기관 콘텐츠는 함께 건립되는 박물관 주제들을 어린이 버전의 체험식으로 구성되었다.

---

120 https://www.mqw.at/en/institutions/zoom-kindermuseum
121 https://www.nmcik.or.kr/nmck/sub01/sub0102.do?mId=2005

5개 기관의 건립 목표들은 아래와 같다.[122]

- 국립어린이박물관은 '자연과 함께 어린이가 성장하는 공원 속 박물관'으로 어린이들의 창의적 사고 증진 및 융합인재 양성을 목표로 한다.
- 국립도시건축박물관은 국내·외 건축 문화활동의 허브로 도시·건축에 대한 국내·외 자료의 수집·보관·전시를 통해 연구 거점 기능 수행하고자 한다.
- 국립디자인박물관은 우리나라 고유의 디자인을 수집·보관·전시하여 디자인 경쟁력을 확보하고 새로운 디자인 창출의 원동력 제공하고자 한다.
- 국립디지털문화유산센터은 다양한 디지털 기술·자원을 문화유산에 활용하여 색다른 전시 콘텐츠 제공 및 문화유산 자원의 중요성 고취하고자 한다.
- 국립국가기록박물관은 대한민국 기록의 역사와 자료의 보관 및 연구 거점 시설로 국내 기록문화 향유 토대 마련하고자 한다.

2030년경에는 5개 박물관이 건립되고, 옆 부지인 제2구역에 국립민속박물관이 이전을 하고, 반대편에는 년간 83만명이 다녀가는 대형 부지의 국립세종수목원이 있다. 국내 어디서도 소요 시간이 비슷한 거리의 중심인 세종에 위치하고 있어 접근성이 좋고, 향후 단지는 동북아 최대의 문화 콤플렉스 지역이 될 것으로 기대된다.

5) G뮤지엄파크 : 경기도어린이박물관

경기도는 용인시 기흥구 상갈동 일대 문화 예술 산책로, 체험, 쉼의 3가지 개념으로 경기도박물관, 백남준아트센터, 경기도어린이박물관과 상갈 근린 공원을 복합 문화 예술 클러스터로 조성하고자 한다. 뮤지엄 공간 간 내부 동선 연

---

122 https://www.nmcik.or.kr/nmck/sub02/sub0201.do?mId=2011

결을 통해 원활한 소통과 시각적, 공간적 연속성을 확보하여 경기도의 대표적 문화의 장, 랜드 마크로 육성하고자 하는 계획을 가지고 있다.[123]

2011년 경기도어린이박물관 개관으로 뮤지엄이 3개가 조성되면서 뮤지엄파크 활성화 방안을 주무부처인 경기문화재단과 경기도에서 추진하고자 하였다. 첫 시발로는 2012년 어린이날을 맞이하여 세 개의 뮤지움이 함께 어린이날 행사를 운영하게 되었다. 이후에 경기 뮤지엄파크의 3기관들은 어린이날을 맞이하여 프로그램을 크고 작게 지속적으로 운영하였다. 그러나 3개의 기관들은 주요 관람 대상층이 매우 다르다. 경기도어린이박물관은 어린이와 가족 단위, 경기도박물관은 역사에 관심있는 대상층, 백남준아트센터는 미디어 아트를 선호하는 젊은 대상으로 볼 수 있다. 따라서 기관간의 연계가 매우 힘들고 뮤지엄파크로의 추진도 박차를 가하지는 못하였다. 경기도나 재단 차원에서 뮤지엄파크 발전 용역이나 여러 추진 사항들이 검토되었으나 조성을 위해서는 막대한 비용이 들어가 활성화는 어려운 상황이다. 그러나 지속적으로 활성화를 위한 시도와 노력이 있으니 혁신적인 업무 박차가 있기를 기대해 본다. 뮤지엄파크가 있는 상갈 공원은 용뫼산이 주된 지역이며 지역 주민들의 산책로로 이용하고 있다.

---

123 https://musenet.ggcf.kr/pages/museumpark

〈표 14-2〉 국내외 어린이박물관이 있는 뮤지엄 콤플렉스 비교표

기관 명	피츠버그 어린이박물관	미시시피 어린이박물관	줌 어린이박물관	국립 어린이박물관	경기도 어린이박물관
컴플렉스 명	피츠버그 문화 캠퍼스	르플레르 블러프 콤플렉스	뮤지엄 콰터 빈	국립박물관단지 (조성 진행중)	G뮤지엄파크
위치	피츠버그시	미시시피주	빈시	세종시	용인시
입지 환경	공원	공원	대형 광장	공원	공원
조성 기관들	뮤지엄 랩	미시시피 자연과학관, 뮤지움 디스트릭트, 농업과 숲박물관	레오폴트 뮤지움, 쿤스트할레 빈, 뮤목, 할레 이 플러스 지, MQ 문화 세입자, 슌겔 빈	국립도시건축 박물관, 국립디 자인박물관, 국 립디지털 문화유산센터, 국가기록 박물관	경기도박물관, 백남준 아트센터
공통 행사	갈라, 결혼식 등	과학 페스티벌, 야간 개장	큐 섬머뷔네로 (여름 행사), 야간 개장	어린이날 행사	어린이날 행사, G뮤지엄 페스티벌

국내외 몇 기관들을 살펴보면, 공통된 점이 대부분 공원을 중심으로 이뤄지고 있고, 최소한 4~5개 이상의 뮤지엄들이 있고, 관람객들을 위해서 행사 중심과 야간 개장으로 활성화하는 것으로 보인다. 각 기관들이 목적이 분명하므로 공통된 콘텐츠는 사실 없으며 주로 행사 중심으로 이뤄진다.

이렇게 어린이박물관이 있는 뮤지엄 콤플렉스는 어린 시절부터 박물관을 방문하면서 뮤지엄의 벽을 없애고 자연스럽게 성장하면서도 뮤지엄을 찾고 문화와 더불어서 평생 학습의 기회의 장으로 활용할 수 있다. 우리의 아동들이 뮤지엄 콤플렉스들을 잘 이용하여 지적이고 감성적인 문화와 더불어 사는 글로벌 시민이 되기를 기대해 본다.

15장

어린이박물관
역할의 확장

1. 예술과 미술 치유

1) 박물관의 미술 치료

최근 필자는 우연한 기회에 미술 치료에 관심을 가지게 되어 진학하여 공부하게 되었다. 다행히 미술 교육을 석사로 전공한 덕분에 어렵지 않게 입문하게 되었다. 또한 예술이 인간을 치유하는데 효과가 있다는 것은 이미 검증되었다. 이에 어린이박물관 근무로 인해서 자연스럽게 박물관에서의 활용 방법을 생각하게 되었다. 해외에서는 몬트리올 미술관, 뉴올리언스 미술관, 퀸즈 박물관 등 몇 군데의 미술관들이 미술 치료를 활발히 하고 있다는 것을 알게 되었다.

이 장에서는 국내외에 미술 치료 사례를 살펴보고 어린이박물관의 적용에 대해서 생각해 보는 계기가 되길 기대해 본다. 또한 미술 치료 혹은 예방적 차원인 미술 치유 차원에서도 검토해 보고자 한다.

(1) 미술 치료(art therapy)와 미술 치유(Art Healing)의 정의

미술 치료는 두 분야에서 정의한 것이 있는데, 의학 분야에서의 정의와 상담학 쪽에서의 정의를 살펴보자. 의학 분야에서는 심리 치료의 일종으로 미술 활동을 통해 감정이나 내면 세계를 표현하고 기분의 이완과 감정적 스트레스를 완화시키는 방법[124]으로 설명한다. 또 말로써 표현하기 힘든 느낌, 생각들을 미술 활동을 통해 표현하여 안도감과 감정의 정화를 경험하게 하고 내면의 마음을 돌아볼 수 있도록 하며 자아 성장을 촉진시키는 치료법이다.[125] 상담학에서 미술 치료는 그림이나 점토 세공과 같은 회화나 조형 활동을 심리 치료나 재활 치료에 적용하는 조력 활동으로 예술의 창조적 과정, 상징화, 미디어 등을 심리적 어려움을 해결하도록 조력하는 활동에 적용하는 심리 치료적 접근법[126]으로 정의한다. 따라서 미술 치료는 두 분야에서 질병이나 장애를 대상으로 한 임상적인 성격으로 미술 활동을 통해서 말로는 표현하기 어려운 것, 내면 세계인 심리적인 힘듬이나 마음의 문제를 표현하거나 감정을 완화시키는 심리 치료법으로 볼 수 있다.

미술 치유는 사전적 정의는 찾지를 못하였고 논문에서 찾아보았다. 미술 치유는 미술을 도구로 하여 인간의 심리적인 사회적인 문제를 개선하고 회복하여 성장에 이르게 하는 것으로 신체적, 심리적, 정신적 건강과 안녕을 추구한다.[127] 쳇지피티에서는 명확한 치료의 목적보다는 예술 활동을 통해 심리적 안

---

124 네이버지식백과, 서울대학교병원 의학정보, 서울대학교병원, 2024
     https://terms.naver.com/entry.naver?docId=927815&cid=51007&categoryId=51007
125 네이버지식백과, 서울대학교병원 의학정보, 서울대학교병원, 2024
     https://terms.naver.com/entry.naver?docId=927815&cid=51007&categoryId=51007
126 네이버지식백과, 상담학 사전,
     2024,https://terms.naver.com/entry.naver?docId=5677327&cid=62841&categoryId=62841
127 김은진, 미술관의 치유적 기능에 대한 가능성 탐색, 한국 콘텐츠 학회논문지, Vol 15, No
     10, 2015, p55

정감을 느끼며 창작의 기쁨을 누리며 내적 치유를 경험하는 것을 주 목적으로 한다고 나와 있다.[128] 그리고 개인의 예술 활동으로 스트레스나 불안을 해소하고 정신적 평온을 찾는 방법[129]으로 기술했다.

이에 따라 미술 치료와 미술 치유는 다소의 차이점이 있다. 이들은 예술을 통해서 정신적 치유를 추구하지만, 접근 방식과 목표가 다르다.[130] 미술 치료는 전문적 치료 환경에서 이뤄지고, 미술 치유는 더 자유로운 비공식 방식으로 개인의 심리 안정을 돕는다.[131]

〈표 15-1〉 미술 치료와 미술 치유의 비교[132]

구분	미술 치료	미술 치유
목표	개인의 내면 세계 탐구, 심리문제 해결, 자아 성장 도모, 결과 작품은 예술치료사와 함께 분석	치료적 목적보다는 예술 활동을 통한 심리적 안정, 창작 기쁨, 내적 치유 경험
접근 방식	정신건강 전문가가 주도하는 치료 기법	개인이 예술 활동을 통해서 스트레스 불안해소, 정신적 평온을 찾는 방법
과정/ 결과	결과물보다는 과정 중심으로 내담자의 감정과 생각에 집중	결과와 과정을 모두 중요시하는 것으로 과정과 더불어서 결과물은 성취감을 줄 수 있음

---

128 GhatGPT, 2024.8.22.

129 GhatGPT, 2024.8.22.

130 GhatGPT, 2024.8.22.

131 GhatGPT, 2024.8.22.

132 GhatGPT, 2024.8.22.

따라서 필자가 정리를 하자면, 미술 치료는 질병을 가진 내담자를 정신건강 전문가와 예술치료사들이 관여되는 것으로 의학적인 면에서 아픈 사람들의 심리적 개선을 높이는 것을 말하며, 미술 치유는 심리적으로 지친 사람들이나 예방적 차원에서 정식적인 평온을 찾는 사람들의 내적 치유와 더불어서 창작 과정과 결과도 즐긴다고 사료된다.

(2) 박물관에서 미술 치료와 미술 치유의 사례들

박물관의 미술 치료는 뮤지오 테라피(Museothrapy)라는 용어로 사용한다. 2024년 ICOM코리아와 국립민속박물관 공동 주관의 학술대회에서 뮤지엄 미술치료를 발표한 사례가 있다. 뮤지엄 학예사이면서 미술 치료를 운영한 나타리 본딜(Nathalia Bondil)은 뮤지오 테라피는 개인과 집단의 정신적, 육체적, 사회적 건강을 증진하기 위해 시각 예술과 뮤지엄을 사용하는 것으로 정의된다[133]고 언급했다. 또한 문화 민주화와 결합된 건강 민주화라는 논리하에 뮤지엄은 공중 보건 정책의 중요한 전략적 축을 담당한다고 강조하며, 뮤지엄 방문자는 아름다움에 대한 욕구, 최소한 미적 감각은 철학적이거나 문화적인 것이 아니라 생리적으로 필요한 것이라 언급하였다.[134] 따라서 그녀의 언급들에서 뮤지엄의 뮤지오 테라피는 건강 민주화와 더불어 생리적으로 필요한 것이라는 당위성을 확보한다.

해외 박물관에서의 미술 치료는 1990년대부터 연구되기 시작하여, 미국박물

---

133 Nathalia Bondil, From care to Cure: Caring Museum And Museothrapy For A Healthier Society, In 박물관과 지속가능발전목표 : 2030년을 향하여, ICOM Korea & 국립민속박물관 학술대회, 2024 p59

134 Nathalia Bondil, From care to Cure: Caring Museum And Museothrapy For A Healthier Society, In 박물관과 지속가능발전목표 : 2030년을 향하여, ICOM Korea & 국립민속박물관 학술대회, 2024 p59

관협회에서는 치매, 자폐성 스펙트럼 장애, 질병 예방 같은 의료 관련 부분에서 뮤지엄 경험이 기여하고 있다고 보고서를 발간했다.[135] 해외 박물관에서 이뤄진 뮤지오 테라피는 암환자 대상으로 투병 경험을 시각적으로 표현한 캐나다 본의 미술관, 알츠하이머 환자 대상의 단기 포커스 투어 프로그램을 진행한 보스톤 미술관, 학습장애 성인 대상으로 뮤지엄 자연 체험 프로그램을 진행한 노튼 수도회 뮤지엄과 정원, 알츠하이머 대상 미적 감각을 키우는 프로그램을 진행한 뉴욕 현대미술관이 있다.[136] 또 박물관은 아니지만, 이태리의 '민디 마드 디자인(MinD Mad in Design)협회'가 개발한 '루오기 코무니(Luog Comuni)' 프로젝트에서는 정신 건강이 취약한 개인들의 박물관 참여, 특정 취약 그룹에 대한 문화 기관들의 인식을 높이고자 진행한 것이 있다.[137] 취약한 공동체를 위한 일상적인 장소로서의 박물관 관람에 대한 내용이다. 이 프로젝트는 환자들과 정신건강 전문가들 사이에서 박물관이나 문화 센터가 전통적인 의료 시설을 효과적으로 보완하는 역할을 하며, 정신적 웰빙의 장소가 될 수 있다는 인식을 높였다. 또 정신 건강이라는 주제를 둘러싼 편견을 줄이고 문화 기관내 서비스 수준을 향상시키기 위한 가치있는 통찰을 제공하였다고 한다.[138] 2018년 몬트리올 미술관에서는 '박물관 처방(Museum Prescription)'이라는 첫 아이디어를 소개했고,

135 황현주, 국내외 박물관 미술관 미술치유 현황과 발전 방안, 차의과학대학교 미술치료대학원 석사학위 논문, 2020, p6

136 김은진, 미술관의 치유적 기능에 대한 가능성 탐색, 한국콘텐츠학회논문지 Vol 15 No 10, 2015, p55-65

137 Giulia Mezzalama, Improving Mental health through museums: Italy's Exploation of the healing Potential of Museum Spaces, ICOM Voices, Nov 29, 2023

138 Giulia Mezzalama, Improving Mental health through museums: Italy's Exploation of the healing Potential of Museum Spaces, ICOM Voices, Nov 29, 2023

최근 브뤼셀의 5개 박물관에서는 이를 하고 있다.[139]

어린이 대상으로 박물관에서 진행한 프로그램은 트라우마 관련 내용이 있다. 뉴올리언스 미술관에서 2012년 진행한 허리케인 카트리나 피해 이재민 아동과 가족이 참여하여 작품을 전시하였는데 〈어린이의 눈으로 본 카트리나 : 르네상스 마을 이재민 어린이들의 작품〉을 통해서 트라우마, 상실, 우울 경험을 표현하였다. 뉴욕시립미술관과 뉴욕대학교 아동연구센터에서 트라우마 관련 정신건강 이슈를 가진 만 5~19세 참여자 대상으로 911테러로 인한 정서와 감정표현, 트라우마 증상 이해를 돕는 총 80여점 작품 전시 〈우리의 세상이 변했던 그날 : 911 관련 아동 미술 작품〉 전시, 뉴욕 어린이미술관에서 911테러로 트라우마를 겪은 아동을 대상으로 12주 이상을 진행한 프로그램으로 전시 〈치유 활동 : 테러의 어둠 속에서〉를 통한 외상 경험에 관한 어린이 감정 표현과 미래의 희망 표현이 있다.[140] 상기의 내용들은 재해로 인한 트라우마가 있는 아동을 대상으로 미술 활동으로 그린 작품을 전시하며 본인들의 내적 역량도 강화하고 관람객에게 트라우마 관련 정신 건강에 대한 인식을 증진하기 위해서 기획되었다.

부모 양육이 어려운 가정의 아동과 가족들을 위한 프로그램도 있다. 미국 프로비던스 어린이박물관은 '가족이 다 함께' 프로그램으로 1991년 아동 복지 제도의 일환으로 법원 분리 명령을 받은 가정 방문 치료 프로그램이다. 미술관 직원으로 구성된 임상 전문팀으로 미국 전역에서 프로그램의 우수함을 인정받았다. 또한 미술관 환경도 조성되어 가족이 긍정적인 방문을 하도록 하였다. 이는

---

139 Giulia Mezzalama, Improving Mental health through museums: Italy's Exploation of the healing Potential of Museum Spaces, ICOM Voices, Nov 29, 2023

140 Mitrahani Ghadim & lauren Daugherty, 역) 주하나, 뮤지엄 미술치료(Museum-Based Art Therapy), 안그라픽스, 2023, p59

뉴욕 어린이미술관에 영향을 주어 2009년 뉴욕 어린이미술관은 지역 위탁 양육 기관과 파트너 협력을 맺어서 '예술로 다 함께' 프로그램을 진행하였다. 참가자 모두 가문을 상징하는 문장의 가족 방패와 가족 구성원 각자의 강점과 열정의 의미하는 조각을 이어 퀼트를 만들었다.[141]

국내의 사례들로는 환기미술관에서 2013년 지역사회 치매 환자 대상의 미술 치료를 진행하였고, 대구미술관도 치매 프로그램의 진행, 국립현대미술관에서 치매 환자 대상의 프로그램 정도로 알고 있다. 아직 국내에서는 뮤지오 테라피가 단기적으로 행해지며 활성화되지는 않은 것으로 판단된다.

뮤지엄의 경험은 타 공간과는 차별화되는 전시와 프로그램이 있어 미술 치유 활동으로는 최적의 공간으로 보인다. 어린이박물관에서는 국내 사례가 전무하였으나, 2024년 국립어린이박물관에서는 세종가족지원센터 홍보 협조로 사)세계시민포럼과 함께 세종에 위치한 인근 지역의 다문화 아동과 가족을 위한 음악과 미술이 함께 어우러지는 예술치유 프로그램을 4주간, 총8회 무료로 진행하였다. 4주 연속으로 참석하시는 아동 가족, 다문화 가정이라 주말 참여가 어려운 가족, 꽃꽂이와 음악이 있는 프로그램을 참석한 부자 가정 등 예술로의 향유는 우리의 삶의 질을 높이고 건강하게 만들어 주었다. 또한 2024년 여름방학 프로그램으로 진행한 아동 자신과 가족의 마음을 들여다 볼 수 있는 프로그램을 일부 진행하였다. 바쁜 생활 속에서 자신과 가족의 정서와 감정을 인식하고 느껴 볼 수 있는 내용으로 미술 심리치료사 강사를 섭외하여 프로그램으로 운영하였다. 현재 관람객 인식 결과를 체크하고 있는 중이다.

---

141 Mitrahani Ghadim & lauren Daugherty, 역) 주하나, 뮤지엄 미술치료(Museum-Based Art Therapy), 안그라픽스, 2023, p174-175

〈표 15-2〉 국내외 뮤지움에서 어린이 대상 미술 치료 및 치유 프로그램 사례

	기관명	대상	프로그램 명	내용	분류
해외	뉴올리언즈 미술관	허리케인 카트리나 이재민 아동 가족	〈어린이 눈으로 본 카트리나 : 르네상스 마을 이재민 어린이들의 작품 〉	작품 전시, 트라우마, 상실, 우울 경험을 표현	미술 치료
	뉴욕시립 미술관	정신건강의 이슈를 가진 만5~19세	〈 우리의 세상이 변했던 그날 : 911 관련 아동 미술 작품〉	911테러로 인한 정서와 감정 표현, 트라우마 증상 작품 전시	
	뉴욕 어린이 미술관	911테러로 트라우마를 겪은 아동	〈 치유 활동 : 테러의 어둠 속에서〉	외상 경험에 관한 어린이 감정 표현과 미래의 희망 표현 전시	
국내	국립 어린이 박물관	소외 계층 (다문화 아동 가족)	〈공감 미술: 지구 색깔〉	자연과 인간의 조화를 주제로 자연물과 재활용품의 균형 맞추는 작품 만들	미술 치유
			〈행복 음악: 꽃들의 노래〉	음악과 애니메이션을 보고 동물 그림과 꽃꽂이를 해보기	
		일반 아동과 가족	〈위드 아트 우리 가족 눈맞춤〉	가족의 마음을 들여다 보면 언어와 아트로 표현 해보기	
		일반 아동	〈위드 아트 나의 마음〉	나의 마음을 들여다보고 색깔로 표현하기 등	

필자는 추후에 필요성을 검토하여 국립어린이박물관에서 미술 치료가 아닌 회복 탄력성이 약한 요즘의 어린이들을 위해서 미술 치유 프로그램을 지속성 있게 운영을 고려해 볼 예정이다. 예를 들자면 미술치료사와 에듀케이터가 협력해서 프로그램을 개발하고 다소 자존감이 떨어질 수 있는 소외 계층의 아동들을 대상으로 자존감 고취를 위해서 일회성이 아닌 지속적인 회기와 활동을 검토할 예정이다. 또한 특별한 계층이 아닌 스트레스가 많은 요즘 아동과 가족을 대상으로도 고려 중이다. 그리고 미술 활동의 결과물을 전시하고, 가족들을 초대해서 개막식도 하고, 또 전시 관련 관람객 대상의 미니 프로그램도 함께 된다면 미술 치유로 만나는 긍정적인 정서가 충만한 결과를 가질 수 있을 것으로 기대한다.

2. 어린이 뮤즈랩

본 장에서는 기관에서 업무 추진 시에 작성해보는 기획 제안서 사례를 기술하였다. 경기문화재단 근무 시에 업무차 제안해 본 어린이 아트 공간의 내용이다. 구체화되지는 못하였지만 구상하는 동안 즐거웠던 기억이 있다. 학예사들은 수없이 많은 기획안을 작성해보고 그중에서 일부만 구체화할 수 있다. 기획안 작성은 많은 국내외 자료의 조사와 고민 끝에 나오는 것이므로 개인 역량이 높아지는 계기가 되기도 한다.

국내 첫 시도
GG Children's MuseLab (경기어린이뮤즈랩)

우린 모두 다르게 태어났다.

우린 상호 다른 점인 차이를 인정하고 존중하면서 갈등 없는 주관성을 가지고 살아야 평화로운 공존이 된다. 이것이 예술이 중요한 위치를 차지하는 포인트이다.

모두가 다름과 차이를 인정할 수 있는 것은 예술로 잘 드러난다.

우린 정답이 없는 삶을 살아가며 때로는 도전, 때로는 후퇴, 때로는 진보를 획득해 가며 인간적인 삶을 살아가고자 한다.

앞으로 빛의 속도로 진화하는 미래 시공간에서

아동들에게 미래 생존 역량을 위한 최고의 배움으로 예술을 추천한다.

미래 주인공인 아동들을 위해서 지금 세대가 해줄 수 있는 선물, 예술 실험실을 구상하여 본다.

2019.2.20.

경기문화재단 정책실 김진희

1) 필요성

- 신세대 가족과 자녀들의 돌봄과 역량을 개발하여 미래를 살아가는 새로운 예술 융복합 트랜드를 구축하여 경기도가 국내외를 리드할 수 있는 가능성 (*국내 최대의 메가급 3천평의 경기어박 2011년 개관, 아시아 선도하는 어린이문화의 기존인 프라 구축 존재)

- 왕따나 학교 폭력, 위험 노출, 소외 계층 등 부정적 또래 분위기를 긍정적인 에너지로 전환 발산토록 추진 필요 (* 멕시코 어린이박물관 분관 프로그램, 브루클린 어린이박물관의 프로그램 사례 존재 등)

- 아동을 둘러싼 부모, 조부모 등 3세대 및 한부모 가족, 조손 가족 등 개별화 되어가는 다양한 가족 계층을 포괄할 수 있는 예술 프로그램 필요

- 21세기 필요한 조기 학습으로 문화재단에서 최고 시너지를 낼 수 있는 신규 사업 추진 (* 조기 학습 6종 : 창의성, 기술 문맹 퇴치, 사회 정서적 발달, 비판적 사고, 협업, 의사소통, reference 21st Century Skills Early Learning 보고서)

- 뉴트랜드(DIY, 메이커)를 실험할 수 있는 공방 및 예술 감상 및 작업 상설 공간 필요, 예술을 통한 융복합적 사고력 및 실험으로 사고 및 작업 기술 개발 가능

- 최근 추세로 동네마다 있는 아동발달 상담소의 아동 발달을 위한 예술 치료 역할 필요

2) Concept

국내외 첫 번째로 아트를 중심으로 한 융복합 실험소로 아동과 다양한 가족들이 즐기고 있고 실제로 제작 체험할 수 있는 필드로 구성함. 아트 스튜디오, 공방, 전시실, 미술 치료실 등 순수 미술실부터 응용 미술, 융복합 3D프린터 사용 공방, 목공실, 예술 치료, 야외 예술 놀이터까지를 아우르는 다양한 LAB형의 공간 구축으로 문화재단의 시너지 창출.

- 아트를 중심으로 한 어린이 프로그램 개발과 공간 구축, 기타 전시나 치료 등의 지원 체계를 구축하여 국내외 첫 아트 트랜드 개발
- 아동을 중심으로 한 다양한 가족을 위한 아트 순수 프로그램과 실용 프로그램으로 창의성 및 사고력을 개발시키고, 특히 디지털 세대의 아동들에게 부족한 핸즈온으로써 손을 직접 사용하는 기술을 개발
- 융복합으로써 예술을 중심으로 과학과 목공 등의 접목으로 퍼포먼스, 문학, 사회문화 등 예술로 리터치된 종합예술공간
- 프로그램과 전시가 함께 공존하여 이용자가 몰입할 수 있는 최적의 공간 구성으로 시너지 추진
- 예술 놀이, 예술 심리 치료, 메이커 페어 등 최근 시대에 필요로 하는 프로그램으로 구성하여 시대적 흐름에 발맞추며 요구되는 공간
- 대상 연령은 3~12세로 핵심 타켓층은 취학전 후(5~10세) 해당, 영아실 별도 구비 필요(*어린이박물관의 해외 및 국내 추세로는 대상 연령층이 점차 하향화, 유아 및 영아 대상으로 방문함)

3) 공간 구성

아트 스튜디오, 예술 공방, 전시와 워크숍, 전시실, 예술치료실, 야외 예술놀이터 등으로 아동을 둘러싼 융복합인 예술 교육의 모든 것(All about Art Education)으로 구비.

〈표 15-3〉 공간 구성의 예시 사례들

주요 Lab	내 용
아트 스튜디오	순수한 예술을 위한 공간으로 그리기, 판화, 물감, 클레이 등 다양한 공간 구비 / 최소 150평

주요 Lab	내 용
예술 공방	예술과 과학 기술이 접목되어 인공 지능시대를 대비한 생활 품목 혹은 예술 접목의 기구, 실험기구 들을 제작 실험해 볼 수 있는 공간. 3D프린터 구비, 상설 메이커 페어, 목공실 등 / 최소 200평
전시와 워크숍	전시와 프로그램이 함께 공존하는 공간으로 어느 정도의 환경 구성의 골조가 있고, 거기에 관련된 워크숍 프로그램을 하는 공간. 책상과 의자 등 구비되어 가변형 공간이 될 수 있음. 빛을 차단하여 아트 디지털 프로그램 공간을 함께 구비할 수 있음. / 최소 300평 예시1) 작가가 집의 골조를 만들어 놓으면, 그 벽면을 꾸미거나 그리거나 원하는 내용을 부착하여 보는 공간 예시2) 디지털 바닷속으로 아동이 인터렉티브로 바다 속 환경을 변화시키는 디지털 미디어 벽면 공간
전시실	아동의 눈높이에 맞는 예술 작가 기획 전시실로 예술 놀이 가능함. 규칙이 없이 아동들이 무궁무진하게 움직여 볼 수 있는 페타이어 전시, 모듈화형 전시 등을 예시로 들 수 있음. / 최소300평
예술 치료실	한국의 아동들은 인지 개발을 위한 사교육 중심의 생활이 이뤄져, 정서 발달을 지원하는 체계가 부족하여 상담 치료를 받는 아동이 많음. 이를 위한 해결책으로 예술치료가 활성화되고 있음./ 최소 50평
실내 콘텐츠 총 공간	
야외 예술 놀이터	예술가들에 의해서 구성된 실외 예술놀이터의 개념으로 아동의 대근육 신체 발달을 촉진하도록 하는 놀이터 공간. 몸을 자유롭게 사용하도록 하여 한국의 아동들에게 꼭 필요한 공간임. / 최소 300평이상

※ 기타로 영아실, 다목적실, 사무실, 창고, 화장실 등의 부대 시설의 실내 공간 별도, 또한 가능하다면 야외 예술공연장 구비

4) 운영 방법

● 프로그램 운영

　– 아트 스튜디오는 예술 환경을 세팅하고 그리기, 판화, 클레이 등의 예술 기본형 프로그램을 기획하여 구성함. 예술 전공생의 상주 인력과 도내 대

학교 연계하여 인턴 지원생으로 충원(경기대학교, 강남대학교 등)

- 아트 공방은 과학으로만 활성화되어 있는 국립과천과학관의 무한상상실을 전국으로 확산시킨 사례가 있으므로 과학관 부처와 예술인의 협력체계로 구성, 과학 기술과 예술가의 협업체계 프로그램 기획
- 전시와 워크숍실은 환경 구성을 기본 골조가 이뤄지도록 제작한 후, 아동들이 워크숍으로 구성해 보는 전시 워크숍 일체형의 공간 구성
- 전시실은 아동에게 접근 가능한 창작센터 레지던시 작가 전시 및 아동용 연계 프로그램 기획이 가능하며, 상상캠퍼스의 청년 작가 등의 연계 프로그램 실시 가능함. 이외에도 예술작가들이 아동의 눈높이에서 작업하는 작가들 조사, 전시로 꾸밈.
- 예술치료실은 한국예술치료학회(안)와 협업하여 예술치료실을 1대1로 구비하여 아동의 정상적인 발달을 지원하는 체계로 구성
- 상기 기획프로그램 실시 외 시간에는 오픈 실로 자유롭게 작업할 수 있도록 운영함.

● **인력 및 조직도**[142]
- 예술인 일자리 창출에 기여하며, 1개의 lab에 따른 1실 1인 총6인 콘텐츠 기획 인력 필요(운영 인력 별로), 재단 내 전공 인력 일부는 존재함.
- 건물을 구축하기 위한 행정 지원이 필요하므로 기존 어린이박물관의 행정팀장 수행 경력의 인력 필요(어린이 시설 구비는 매우 소프트하여 티테일이 필요하며, 기 경력자가 선호됨)
- 예술인복지재단, 예술대학 등의 협조로 구성

142_공간 및 평수에 따라 변동 가능

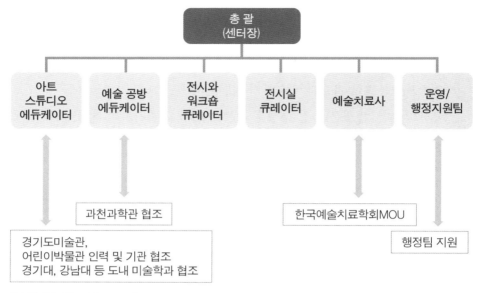

[그림 15-1] 조직도 구상

5) 추진 방법

● 장소 선정 방향

- 현재 상상캠퍼스 부지의 구 건물은 아동에게 적합한 저층의 층고이며, 비상시나 위험시에 탈출하기에 적합하며 (비상 탈출구 설치 필요), 적당한 야외 잔디 공간을 보유하여 최적의 공간으로 판단됨. 상상캠퍼스의 인프라에 청년과 성인 그리고 아동과 가족 단위로 대상층을 확대하여 더욱 활성화시킬 수 있는 여건으로 보임.

- 신축을 위해서는 비용과 시간이 상당히 소요되므로, 현재 있는 건물에서 시범적 사업으로 추진하고, 안정과 효율성을 확보한 뒤 경기도 지역 아동이 많은 젊은 부부 중심의 신도시(남양주, 하남, 위례, 의정부 등)으로 지역에 맞는 형으로 확산

- 외부 공간 구성
  - 경기상상캠퍼스내 구 건물 및 앞뒷 마당 활용

- 조직내 구성
  - 재단 기구 조직내에 '예술교육 지원센터'에서는 지원 업무들이 있으므로, 그 맥과 함께 '예술교육 센터'(가칭)에서 구체적 운영이 되는 필드를 구축하는 것을 제안함.

- 자원 충당
  - 국가 주도의 지자체 지원 사업들 조사 : 국민 여가활성화 기본계획 (2018.6. 문체부 문화예술정책실 지역문화정책관)에서 '생애주기 맞춤형 여가 공간 조성'에서 아동과 노인 여가 공간 지원 조사, '수요 창출형 여가 프로그램 개발 지원'에서 창의형, 치유형, 예방형, 자율형 프로그램을 기획하여 지원 확보 검토 예상(안)
  - 구축 필요 예산 : 1500평 내외의 리모델링비와 인테리어 및 프로그램 구성비 등 (* 참조 : 2018년 상상캠퍼스 조성비 38억, 2011년 경기도어린이박물관 신축비 350 억원) (개관 후 운영비 별도)

6) 국내 어린이기관 유사 사례 및 차별화

- 어린이기관의 유사 사례

〈표 15-4〉 어린이 기관들 비교

구분	기관명	개요
문화 시설	경기도 어린이박물관	2011년 9월 개관, 년간 50~60만 관람객 방문, 국내 최대 및 최초 독립건물의 어린이박물관, 1천평 핸즈온 전시 중심의 박물관, 3천여평
	국립 아시아문화원내 어린이체험관	2015년 11월 개관, 아시아문화원내의 어린이 시설로 어린이 아시아문화 체험실 (1천평), 어린이도서관, 어린이교육, 어린이공연 등 3천여평
아동 보육	남양주 어린이비전센터	2015년 7월 개관, 체험전시실, 4차산업 체험장, 감성체험놀이, 테마휴게공간, 육아지원센터, 야외는 라바 캐릭터 오락놀이공간 2천여평
	화성시어린이문화센터	2019년 5월 개관, 어린이극장, 진로체험관, 환경체험관, 육아종합지원센터, 어 린이도서관 등 3천여평

※ 상기 시설들은 개관전 경기도어린이박물관을 벤치마킹으로 하여 수 차례 다녀가고 종사자와
  면담 및 자문회의를 진행하였음.

● **어린이 랩의 차별화**

 - 국내외 어린이 예술기관으로써 Lab형식의 프로그램 중심으로 콘텐츠가
   채워진 기관은 전무함. 예술을 중심으로 한 순수미술, 응용미술, 생활미
   술, 예술과학을 총망라하며, 이를 지원하는 전시 환경까지, 일반 아동 대
   상부터 소외 아동까지, 심리적 트라우마로 발달상 문제점이 있는 치유형
   예술 치료까지를 포함하는 기관임.

비교)

* 어린이 체험관: 문화 체험전시 중심과 이를 중심으로 한 부수적인 교육활
  동이 이뤄지는 공간임

* 어린이 센터: 일반적으로 아동보육 차원에서 이뤄져서 예술이나 문화적 소
  양쪽으로는 부족한 현실임

* 어린이 미술관: 미술 전시 중심으로 기관을 운영하고 프로그램을 같이 병행함.

7) 기대 효과

- 기존 건물을 활용하여 건립의 경제성을 살리고, 이미 어린이 문화사업의 인프라가 있는 재단에서, 기 구축되어 있는 상상캠퍼스를 더욱 활성화시켜 경기도가 문화기관으로써 국내외 어린이 예술교육 및 가족문화를 국내에서 선도하며, 문화 기관으로써 생애 모든 대상층을 아우르는 관람객 방문의 가시적 효과 획득, 향후에는 경기도내 타 부지 건립 등의 기대 효과 예상

- 소외계층으로 열외시 되거나 왕따, 학교 폭력 등의 문제가 될 수 있는 아동을 예술 예방형과 치료형으로 지원하여 긍정적 능력 에너지로 전환하여 바람직한 인성 개발로 사회적 기여

- 민선 7기의 문체국 사업인 '유휴시설 및 폐공간 활용 창작공간 조성'을 활용하여, 이를 아동과 가족에게 어필하는 복합문화공간으로 조성하여 현대의 다양한 가족 형태에 어필

- 경제적 효과성 기대로 예술 계통 일자리 창출, 경기도의 예술 특화 기대, 아동과 가족에 대한 교육적 효과, 안전한 시설 제공, 이를 통한 지역 사회에 기여 (* 이와 유사한 형태의 미국 어린이박물관계는 2016년에 1.5억 달러(약1800억)를 지출하여 경제파급 효과를 가짐, reference The Economic Impact of Children's Museum : The Ripple Effect of Spending 보고서)

- 21세기 신세대 자녀들의 역량을 개발하여 앞으로 살아갈 미래를 준비하는 새로운 아트 트랜드 구축하는 사회적 효과 획득으로 경기도가 어린이박물관에 이어 다시 어린이 예술문화계 선점

- 인지발달 중심의 학교 교육의 반대급부로 부상한 21세기 국내 대안교육이 확산됨에 따라, 이에 발맞춘 사회적 비형식 예술교육 기관으로 최적화된 환경을 활용하여 국내에 최초의 아동 예술 시설로 선점

8) 해외벤치마킹 대상지 및 이미지들

- 해외 벤치마킹 기관들
  - 호놀룰루 미술관 학교 : 미술관과 별도의 건물로 구성된 예술교육 프로그램실
  - 새로운 어린이박물관 : 예술가와 접목된 예술 주제의 전시와 프로그램
  - 매디슨 어린이박물관 : 전시과 프로그램의 통합형
  - 피츠버그 어린이박물관 : 공방, 아트 스튜디오, 창의적 전시들로 구성
  - 뉴욕 어린이미술관 : 도심에 위치한 미술관으로 갤러리, 아틀리에, 클레이실, 방송촬영실 구비
  - 멕시코 어린이박물관 분관 : 어린이 전용 예술관으로 우범 지역내 아동 교화용
  - 루이지애나 미술관 어린이윙(덴마크): 어린이 전용 대형 워크숍 프로그램

3. 심신 치유의 장, 어린이박물관[143]

1) 서론

문명과 기술의 발달로 사람들은 지난 과거보다는 생활이 편리해지고, 점점 더 많은 업무를 보다 신속하게 처리할 수 있게 되었다. 그러나 불행히도 그만큼 우리의 삶이 더 행복해졌고 여유가 있어졌다고는 말할 수 있을까? 많은 업무 처리는 양이 늘어난 만큼 여유있는 시간을 가지게 되는 것이 아니라 업무 과부화가 걸리게 되었고, 어느 순간부터 복잡해진 사회에서 사람들에게 힐링이라는 말이 회자되면서 바쁘고 숨가픈 삶을 잠시 멈추고 휴식과 치유를 찾기 시작한 듯하다.

여기 어린이박물관의 장에서는 또 하나의 역할이 될 수 있는 치유에 대한 이야기를 공유하고자 한다. 먼저 치유를 정의하자면 '치료하여 병을 낫게 함', 영어로는 'heal'로 '아픈 사람을 치료하다, 마음을 치료하다'[144]로 명시되었다. 한자로는 治癒, 다른 출처의 사전적 정의는 '치료하여 병을 낫게 함이다. 정신적 육체적으로 안도감이 찾아올 때, 치유된다라고 말하기도 한다'[145]로 되어 있다. 치유는 심리적인 안정감을 주는 것, 또는 그것을 주는 능력을 가진 존재의 속성이다. 다른 곳에선 치유는 '치료랑 비슷한 의미로, 병을 치료하다는 뜻도 있으나, 치료는 심리적으로 안정감을 준다는 의미는 없다'라고 명기되었다[146]. 따라서

---

143 김진희. '심신 치유의 장, 어린이박물관', 국립중앙박물관 교육논문집 「박물관교육」 2020년 제4집, 2020의 발표자료임

144 네이버 어학사전, https://dict.naver.com/

145 https://namu.wiki/w/

146 https://ko.wikipedia.org/wiki/

필자는 치유의 의미를 '정신적 육체적인 심신의 개선과 내적 안정감 및 회복'으로 해석하고자 한다.

이에 따라 국내외 어린이박물관에서 치유에 대한 예시를 본인이 해외 컨퍼런스에 참석해서 발표를 들었던 사례와 국내는 본인 소속의 박물관에서 있었던 사례 등을 중심으로 언급하고자 한다.

2) 해외 어린이박물관 컨퍼런스 발표 사례

(1) 어린이박물관협회 (ACM : Association of Children's Museums) 컨퍼런스 발표 사례

2015년 5월 12일부터 5월 14일까지 미국 인디아나폴리스 어린이박물관 (Indianapolis Children's Museum)의 주관으로 인디애나폴리스 다운타운 메리어트 호텔에서 개최되었다. 주제는 '세계를 아동과 가족들에게 가져가기(Bring the World to Children and Families)'로 많은 세션의 발표들이 있었다.

그 중의 하나인 5월 14일 발표 세션 '지역사회에서 박물관이 비극에 반응하는 법(How Museums Respond to Tragrdies in Their Communities)'이 있었다. 이 세션은 당시에 매우 낯설은 주제였으나 지금 돌이켜 생각해 보면 시대를 매우 앞서간 주제였었다고 생각된다. 발표한 어린이박물관들의 주 내용은 재난이나 재해 상황에 대한 대응이었다. 즉, 지역사회에서 어린이박물관이 아동과 가족들이 처한 사회적 비극에 대한 어떤 역할을 하였는지 사례 발표와 토론의 자리였다. 세계 각국의 박물관 관계자들이 각 나라의 사례들을 공유하고 정서적으로 공감하면서 미래의 방향성에 대한 자극을 주었다. 어린이박물관의 많은 역할 중의 하나로 아동과 가족에게 심리적 안정감을 주고 정서적 치유를 어떻게 해야하는지를 고민하게 만드는 시간이었다.

[그림 15-2] 2015년 ACM 개최

[그림 15-3] '지역사회에서 박물관이 비극에 반응하는 법' 발표 세션 모습

① 보스톤 어린이박물관(Boston Children's Museum)

보스턴 마라톤 폭발 사건은 2013년 4월 15일 미국 매사추세츠주 보스턴에서 개최된 '2013 보스턴 마라톤'에서 결승선 직전에서 두 개의 폭탄이 터져 관중들과 참가자 및 일반 시민들을 다치게 한 사건이다.[147] 당시만 해도 이런 테러 사건이 흔치 않았고 대도시에서 사건이 일어나 세계 사람들에게 엄청난 충격을 주었었다.

[그림 15-4] 보스톤 어린이박물관 전경

---

147 위키백과 ko.wikipedia.org

레슬리 스왈츠(Leslie Swartz) 부관장이 발표하길 보스톤 마라톤 테러로 도시민은 매우 충격에 빠졌다고 했고, 도시가 마비되며 학교들이 휴교를 하였었다고 말했다. 보스톤 어린이박물관에서는 운영은 하고 있었으나 찾아오는 사람이 없을 줄 알았더니, 한 두명씩 가족들이 이런 상황에서도 박물관을 찾아오기 시작하였다고 했다. 찾아오는 관람객들에게 자극을 받은 보스톤 어린이박물관은 가족들이 이런 어려운 상황에서도 일상적인 활동을 하고 박물관을 찾아올 수 있도록 격려하기 위하여 한 달간 무료로 개관하며 가족 치유의 장으로써 기여하였다고 보고했다.

② 루이지애나 어린이박물관(Louisana Children's Museum)

뉴올리언스는 2005년 미국에서 역사상 가장 강력한 열대 폭풍으로 기록된 허리케인 '카트리나'로 인해 1000여명의 사상자와 수십만 명의 이재민이 발생하는 피해를 겪었다. 뉴올리언스는 미시시피강을 경계로 미시시피주와 인접해 있는 도시이다. 시가지 면적의 반 이상이 해수면보다 낮은 지대에 있어 홍수에 매우 취약한 지형을 갖고 있다. 당시 도시의 80%가 물바다로 침수되었다고 신문에 보도되었다.[148]

카트리나 피해로 인한 뉴올리언스 홍수로 도시는 10년간의 재건해야 할 상황이였다. 줄리아 브랜드(Julia Bland) 관장은 어려운 상황에서 어린이들이 놀이를 통해 성장, 발전, 치유할 수 있도록 배려하는 프로그램을 기획, 사회와 창의적 협업을 하기 시작하였다고 보고했다. 사례로써 홍수로 인해 아동들이 박물관과 학교를 갈 수 없게 되자, 야외 천막에서 박물관이 수업을 진행하였고 여기

---

148 http://news.chosun.com/site/data/html_dir/2019/05/13/2019051301566.html

에서 학교도 물에 잠겼으니 자연스럽게 학교 교사와의 교류가 이뤄지면서, 학교 개교 이후로도 박물관과 연계되는 계기가 되었다고 하였다. 우리나라의 경우는 어린이박물관과 학교 교육과정의 연계들이 쉽지 않은 현황에서 이런 어려운 재난 상황에서 꽃을 피운 것은 매우 긍정적 사례라고 보인다.

③ 경기도어린이박물관

우리에게 너무 아픈 기억인 2014년의 세월호 사건에 대한 이야기를 경기도어린이박물관에서 당시 학예부장이 매우 조심스럽게 발표하였다.

1차로는 참여형 공연을 진행하였는데 '풍요나라의 보물'이라는 제목으로 물난리에 대한 은유적 내용의 공연으로 약 한 달간 운영하였다. 창작동화의 공연으로 물난리의 마을 상황을 어린이의 눈높이에서 이해하도록 풀어갔으며, 초등과 동반 가족이 총 200여명 참석하였다. 공연은 어려운 마을 상황을 아동과 가족의 참여로 재난을 극복하도록 하는 내용으로 이끌어갔다.

'풍요 나라의 보물' 이야기

옛날 풍요 나라에는 우물 속에 보물이 있다는 전설이 전해 내려왔다. 어른들은 보물을 차지하기 위해 서로 헐 뜯고 거짓말을 하게 된다. 그로 인해 우물은 분노해서 물난리가 나고 마을의 아이들은 위기에 처하게 된다. 어른들은 화해하고 힘을 합쳐 어린이들을 구해내고, 우물에서는 전설 속의 보물인 '희망의 열매'가 나타난다. 그 희망의 열매는 우리 아이들이기도 하다. 가족들은 열매에 각자의 소망을 적어보고, 나무에 매달아 본다.

아동들의 반응은 세월호 사건에 대해 정확한 인지는 하고 있지 않으나, 이 극을 통해 가족들과 함께 어려움을 극복하고 희망을 찾아가는 줄거리로 이해하였다. 참여식 공연이라 어른들이 위기에 빠진 아이들을 구해내는 행동을 같이 함으로써 어른들이 세월호 아이들을 구해내진 못하였지만 공연에서 아동을 구해내는 역할을 함으로써 간접적인 감정 치료에 기여하였고, 공연극의 말미에 눈물을 흘리는 부모들이 눈에 띄게 많았는데, 감정 이입을 통해 슬픔을 통한 스트레스 해소와 정서적 공감을 불러일으키는 사례였다.

2차로 진행한 내용은 세월호 1주기 프로그램인 '희망을 담아 날아요'이다. 나비 모양의 포스트잇에 추모 메시지 적어보기를 약 1주일 진행하였는데, 185개의 메시지 중에서 55%가 세월호와 직접적인 추모의 내용이 적혔다. 우리 부모님들의 정서는 아픈 기억들에 대해서 어린 자녀들에게 드러내놓고 싶어하지 않는 분위기라서, 경기도어린이박물관에서는 되도록 직접적인 노출보다는 세월호 사건에 대한 사진과 이미지가 아닌 '세월호 추모 1주기'는 글자로만 명기하되 '희망을 담아 날아요'라는 프로그램 제목으로써 세월호 추모의 의미를 은유적으로 노출하여 운영하였다.

[그림 15-5] 세월호 모습[149]   [그림 15-6] '풍요나라의 보물' 공연 모습   [그림 15-7] '희망을 담아 날아요' 메시지 적어보기

---

149 https://news.naver.com/main/read.nhn?oid=047&aid=0002054000

이외에도 2016년 ACM의 포스터 발표에서 해외 인사와 교류에서 듣게 된 정보로써 멕시코에서 예술적 콘텐츠로 아동의 삶을 치유하도록 기여하는 어린이 박물관과 미국에서 듣게 된 어린이박물관의 사례로 힘든 어려움을 극복하고 아동과 가족의 삶을 개선하고 치유하게 기여한 두 기관을 언급하고자 한다.

④ 빠빠로테 어린이박물관, 쿠에르나바카(Papalote Museo del Nino, Cuernavaca)
1993년 멕시코시의 한 공원 내에 아동의 전인 발달을 지원하는 어린이박물관을 설립하였다. 당시 대통령의 영부인이 기금 조성을 하였고 연면적 5000평으로 건축가 리골레타가 설계하고 그 이후 증축도 리골레타가 하였다. 필자는 2016년 ACM 주관 포스터 발표장에서 빠빠로테 어린이박물관장과 포스트 발표를 하는 자리가 마련되어 그녀에게 분관 설립의 정보를 듣게 되었다.

그녀는 언급하길 폭력 비행 지역에 아동을 위해서 '예술' 주제의 분관을 설립하였고, 이 지역의 아동을 건강한 삶으로 이끌며 개선하도록 한다고 했다. 이곳을 자료를 인터넷에서 찾아보았더니, 카지노 건물을 어린이박물관으로 개보수하였고, 예술을 통한 어린이의 미적 경험에 중점을 두고 도면, 그림, 사진, 조각, 설치 및 비디오 중 300개가 넘는 작품이 전시되고 있다. 몇 년 동안 이 건물에 정체성을 부여한 유명한 벽화, 반 고흐 (Van Gogh)의 푸른 방에서 카메라 옵스큐라, 칸딘스키(Kandinsky)의 특정 거대한 피아노의 음표를 조화시킬 수 있는 체험 전시가 있다고 했다.[150]

---

150 상동

⑤ 브루클린 어린이박물관(Brooklyn Children's Museum)

세계 최초의 어린이박물관으로 1899년에 윌리엄 뉴톤 아담스 하우스(William Newton Adams house)에서 개관하였다. 브루클린 어린이박물관은 당시 위치한 곳이 브루클린 구역의 저소득층이 거주하는 곳이었다. 박물관은 방과후 프로그램을 지속적으로 운영하여 사회에서 일탈되는 비행을 막고 아동의 성장과 발달에 기여하며 아동들이 건강한 성인이 되도록 기여한 사례가 있었다.

⑥ 맨하탄 어린이박물관(Manhatan Children's Museum)[151]

2001년 9월 11일 미국에서 민간 항공기를 납치하여 벌인 대규모 자살 테러로 뉴욕의 세계무역센터 쌍둥이 빌딩이 폭발하는 사건이 발생하였다. 영상이 전 세계에 보도되면서 영화보다도 더 영화같은 실제 사건이여서 세계가 충격에 빠졌었고 수도 없이 많은 희생자를 내었다.

어린이박물관에서 아동과 가족들은 911 테러의 비극을 소방관 체험놀이로 사람을 구조한다고 가상으로 생각하는 역할놀이를 하면서 희생의 아픔을 치료하고 달래었다. 이런 가상적 놀이는 치유의 힘이 있다.

(2) 아시아퍼시픽 어린이박물관 (APCM : Asia Pacific Children's Museum Conference) 컨퍼런스 발표 사례

2016년 10월 19일부터 21일까지 하와이 컨벤션센터에서 열린 아시아퍼시픽 어린이박물관 컨퍼런스는 '평화'를 주제로 열렸다. 해외 어린이박물관 관계자

---

151 필자는 맨하탄어린이박물관으로 추정한다. 정확한 어린이박물관이 명칭이 기억이 나지 않음에도 불구하고 좋은 사례라 예를 들었다.

들이 약 50여명 이상이 참석한 가운데 연사들의 발표가 이뤄졌다. 이 발표들 중에서 저소득층과 난민 어린이들이 처한 어려움에 대해 이야기하고자 한다.

① 팜바타 어린이박물관의 평화 프로젝트 (Museo Pambata's Peace Initiatives)

APCM 컨퍼런스의 개최 설립자인 니나 림 유손(Nina Lim Yuson)이 발표한 것으로 관장으로 있는 팜바타 어린이박물관의 프로그램 내용이다. 현재 필리핀의 마닐라시는 교육을 받지 못하는 많은 아이들이 길거리에서 방황하고 있고, 소외 계층 아이들은 보통 초등 3학년전 자퇴후 마약이나 다른 범죄들에 쉽게 노출된다고 한다. 팜바타 어린이박물관은 가난한 아이들이 좀 더 나은 환경에서 배우고 발전할 수 있게 도와주고 있다. [평화 프로젝트]중 하나의 예를 들면 군인들이 썼던 낡고 어두운 색깔의 헬리콥터를 평화 프로젝트라는 이름으로 밝은 색깔의 페인트와 귀여운 모양으로 아동들하고 함께 다시 꾸몄던 예술 치료 프로그램이다.

또한 다양한 분야의 사람들이 자원봉사자로 봉사 활동을 많이 해주고 기부 또한 많이 하고 있는데, 그들은 마닐라시의 어려운 환경의 아동들에게 노래와 연극 등을 가르치고 있다. 이 어려운 아동들이 자라면서 많은 영향을 받고 더 나은 삶을 살고 즐길 수 있도록 해주는 것이 기관 프로그램 목표이다. 박물관에서의 활동 등을 통해서 배웠던 어려움에 처한 아동들이 성장하여 현재의 자원봉사로써 다른 아동들을 가르치며 대를 이어가며 도와주고 있다고 했다.

② 프리다 앤 프레드 어린이박물관의 유럽에서 난민 상황에 응답하기

(Responding to the Refugee Situation in Europe)

오스트리아의 외르그 에트리버그(Joerg Ehtreiber) 프리다 앤 프레드 어린이박물관장은 난민의 위기는 사실 인류의 위기라고 할 수 있다고 말하며, 박물관들이 함께 대처해야 한다고 말했다. 이 전시회는 유럽이 다른 도시민들의 이민,

이주의 차이를 이해하고 포용하기 위한 프리다 앤 프레드 어린이박물관의 작업이다.

참고로 유럽 난민 위기 (European migrant crisis)는 2015년 들어 지중해 또는 남동유럽을 통해 유럽 연합내로 망명하는 난민과 이민자가 급증하면서 발생한 위기이다.

전시 명은 [도망 중인 삶 혹은 떠도는 삶]으로 2016년에서 2017년에 걸쳐서 빈의 줌어린이박물관에서 운영하였다. 성인을 위해 설계되었으나, 만 6세에서 12세 아동들도 난민 캠프의 하루 일상에 대해 알아가고 ,또 어떻게 난민들을 도울 지에 대해 생각할 수 있다. 전시된 몇 개의 난민 캠프를 방문하여, 음식, 물, 사적인 공간의 부족함과 같은 필수적인 욕구를 채우기가 얼마나 힘든지를 보고 깨닫게 해준다.

상기 어린이박물관 사례들을 아래의 표로 정리하여 비교해 보았다.

〈표 15-5〉 치유 프로그램의 어린이박물관 사례 비교표

박물관명	치유 사례	내용/ 방법	사회 문화적 환경	분류
보스톤 어린이박물관	재난 시에 가족들이 일상적 삶을 유지할 수 있도록 박물관 환경 무료 개방	박물관이 가족들이 일상적 방문 독려차 한 달간 무료 개방 (학교 휴교 상황)	2013년 보스톤 마라톤 테러 사건으로 시가 학교까지 휴교	테러
루이지애나 어린이박물관	재난 시에 아동이 박물관의 야외 수업을 통해서 치유할 수 있도록 프로그램 실행	아동이 학교 휴교 상황에 박물관 야외에 프로그램 실행	2005년 허리케인 카트리나로 도시의 80%가 홍수, 도시 마비	자연 재해

박물관명	치유 사례	내용/ 방법	사회 문화적 환경	분류
경기도 어린이박물관	공연 프로그램 실행으로 간접적인 감정 치유 기여/ 추모 메세지로 감정 여과	아동 가족 관람객의 참여적 공연으로 은유적 동화 내용으로 간접적 감정 해소/ 포스트잇에 세월호 추모 메시지 적기	2014년 세월호 탑승자 인명 피해 사건	사고
빠빠로테 어린이박물관, 쿠에르나바카	예술 콘텐츠 프로그램 운영으로 예술 치료 지원	예술 분관 설립으로 아동에게 미적 경험과 예술 프로그램 실행	멕시코시 폭력 우범 지역에 어린이박물관 분관 설립	우범 지역
브루클린 어린이박물관	방과 후 갈 곳 없은 아동들이 우범 지역에서 비행으로 빠지지 않고 건강하게 성장하도록 지원	저소득층 아동을 대상으로 방과 후 프로그램 지속 실행	뉴욕 저소득층의 거주 지역구에 어린이 박물관 설립	우범 지역
맨하탄 어린이박물관	가상 역할놀이로 소방관이 되어 사람들 구조 활동, 부모에게도 구조한다는 가상의 감정 치유 제공	소방관 구조 체험 전시를 설치하여 아동이 참여하도록 운영	2001년 뉴욕911 테러 사건 발생	테러
팜바타 어린이박물관	비행에 노출될 수 있는 아동과 함께 어둡고 낡은 헬리콥터를 아름답게 리뉴얼하여 예술 치료 기여	아동을 대상으로 환경에 대해 배우도록 '평화 프로젝트' 실행	마닐라시에는 초등3년전 자퇴후 마약과 범죄에 노출	범죄 환경
프리다 앤 프레드 어린이박물관	열악한 난민 아동의 삶이 인간으로써 필수적인 욕구조차도 채워지지 않음을 아동이 경험하여 포용적 공존 및 난민 아동의 삶의 개선 치유 간접적 유도	프리다 앤 프레드 어린이박물관에서 기획한 [도망 중인 삶]을 줌 어린이박물관에 순회 전시로 운영하여 난민 아동의 삶을 공감하도록 함	2015년 유럽으로 난민과 이민자가 급증하면서 생긴 위기	난민 위기

총 8종의 어린이박물관 사례를 제시하였고, 이 중에서도 공통된 유형을 3가지로 분류할 수 있었다.

첫째, 보스톤 어린이박물관과 루이지애나 어린이박물관은 사회적 재난과 자연 재해에서 두 기관 모두 학습적 환경을 지원하여 아동과 가족의 삶을 개선 치유하도록 기여하였다.

둘째, 경기도어린이박물관과 맨하탄 어린이박물관은 세월호, 뉴욕 911테러로 재난과 사고 상황에서 인명 구조 활동을 가상과 은유적 콘텐츠 프로그램으로 제공하여 아동은 가상적인 상상을 할 수 있도록 하였다. 동반 성인 부모에게도 피해 상황을 상기하고 슬픔을 달래며 감정적 여과로 걸러지도록 하였다.

셋째, 빠빠로테 어린이박물관, 브루클린 어린이박물관, 그리고 팜바타 어린이박물관은 저소득층 지역, 폭력 지역, 우범 및 비행 지역적 특수성이 있는 곳에서 긍정적 프로그램을 제공함으로써 예술 치유 및 건전한 삶을 살아가도록 기여하였다.

따라서 사회적 비극이나 어려운 환경들 개선하기 위한 치유 프로그램들은 사실 다소 드문 어린이박물관의 사례들이지만 정리하면 아래와 같으며 아동 가족의 삶을 개선, 감정 정화작용, 건전한 삶 지원이다.

가) 학습적 환경을 지원하며 아동과 가족의 삶을 개선,

나) 가상과 은유적 콘텐츠 프로그램 제공으로 감정 정화작용,

다) 우범 지역이나 열악한 지역 환경의 아동에게 긍정 프로그램 제공하여 건전한 삶을 지원

3) 국내 어린이박물관의 스트레스 상황에서 심신 개선 사례

여기에서는 치유 프로그램의 일부분이 포함될 수도 있으나, 스트레스 상황에서 심신의 개선점에 좀 더 초점이 맞추어진 프로그램을 소개하고자 한다.

아동들의 스트레스 해소와 신체 발달을 지원하는 클라이머 전시들, 부모 역할 지원 및 스트레스 개선 강의들, 코로나 상황에서 심신 개선을 위한 온라인 프로그램이다.

(1) 대근육 운동으로 신체 발달을 위한 클라이머

심신의 건강한 성장과 균형 잡힌 발달을 위해서는 우리나라 아동들에게 부족한 신체 발달을 위한 대·소근육 놀이가 필요하다. 아동기 즐거운 신체 활동 경험은 청소년기의 정신 건강에 기여하는 바는 크다.[152] 뿐만 아니라 지능 발달의 측면에서도 신체 발달과 인지 발달, 정서 발달의 고른 조화가 아동의 뇌 발달을 위해 효과적이다. 따라서 신체 발달을 이루는 대근육 놀이는 부정적인 스트레스를 해소하고 정신을 건강하게 만들며, 학원과 학업으로 점철되어 있는 우리나라의 아동들에게 자유롭게 몸을 사용하고 신체를 건강하게 만들어주는 개선 방법 중의 하나로 볼 수 있다.

① 아동 발달

어린이박물관의 주 대상이 되는 취학전의 유아 운동 발달을 살펴보겠다.

유아기의 운동 발달은 골격, 근육, 신경계의 발달과 밀접한 관계를 가지며, 아동의 신체 발달은 성장하는 아동들의 인지 발달에도 상호 영향을 주므로 이 시기를 놓치지 않고 잘 성장하도록 발달을 촉진하는게 중요하다. 대근육 발달과 소근육 발달의 두 종류가 있는데 이는 아래와 같다.[153]

－ 대근육 운동 발달 : 근육이 발달하고 신경 계통이 성숙해지고 운동 능력을

---

152 조한무, 2010, 뇌 발달을 위한 신체놀이, 학지사
153 이기숙 외 6인, 2017, 영유아발달, 양서원

획득해 가면서 자신이 원하는 대로 자유롭게 움직이고 조절하기 위해 큰 근육을 사용하는 신체적 활동이다. 예를 들자면 걷기와 달리기, 뛰기, 균형 잡기, 계단 오르내리기, 공던지기 등이다.

- 소근육 운동 발달 : 유아기는 소근육 운동 발달도 급격히 이뤄지는데, 눈과 손의 협응력과 소근육의 통제 기능이 급격히 증진되면서 발달, 지각이나 운동을 뒷받침해주는 중추 신경 및 대뇌 발달이 수반되어야 가능하다. 예를 들면 손가락으로 물건 잡기, 그림그리기, 가위질하기, 단추 채우기, 블록 쌓기, 신발 끈 매기, 연필로 글씨쓰기, 젓가락질하기 등이다.

학자들은 유아기 동안 신체 발달 중의 하나는 뇌와 신경계의 계속적인 성장, 대뇌보다는 소뇌(신체 평형/조직)의 발달이 현저하며 운동 반응의 잠재력이 크게 증가한다[154]고 했다.

여기서 갈라휴(Gallahue)의 근육 발달 수명 모델을 잠시 살펴보겠다.[155]
그는 환경과 유전의 양축을 중심으로 아동의 동작기를 4단계로 구분하였다. 반사적 동작기 (태내~ 1년), 초보적 동작기 (출생~ 2년,3년), 기본적 동작기(2년,3년~ 7년,8년,9년,10년), 전문화된 동작기 (7년,8년,9년,10년~14년이상)이다. 어린이박물관의 주된 대상은 기본적 동작기를 중심으로 전후의 시기에 해당된다. 이런 4단계 동작기의 발달이 이뤄져서 성장하며 근육 운동 능력이 발달하는 것이다.

---

154 상동
155 David L. Gallahue(2003), Developmental Physical Education for All Children's, Human Kinetics

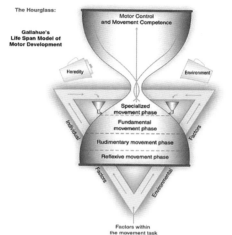

FIGURE 2.3 The hourglass offers a descriptive view of human development in terms of *what* the typical phases and stages of development are. The triangle offers a visual reference for asking *why* questions as to how heredity and the environment impact on the tasks of movement skill development.

Reprinted, by permission, from D.L. Gallahue and J.C. Ozmun, 2002, *Understanding motor development* (Boston: McGraw-Hill), 53.

[그림 15-8] 갈라휴의 근육 발달 수명 모델도[156]

② 사교육 현황

사교육 참여율은 2019년 KOSIS(통계청, 초·중·고 사교육비조사)에 의하면 초등이 83.5% 이다.[157] 초등은 일반 교과 중에서 수학 45.6%, 영어 43.6%순으로 가장 높다. 또한 연합뉴스에서 보도한 2019년 초등학생 사교육 현황 조사에 의하면 [158] 영어, 수학이 수강과목 1,2 순위이며, 1인당 월평균 사교육비는 30~50만원이 제일 많은 1순위이다. 따라서 80% 이상의 사교육 참여는 아동기에 필요한 균형적 발달을 이루기엔 어려운 교육적 환경이다. 이런 조사들을 기반으로 어린이박

---

156 David L. Gallahue(2003), Developmental Physical Education for All Children's, Human Kinetics

157 http://kosis.kr/statHtml/statHtml.do?orgId=101&tblId=DT_1PE301&checkFlag=N

158 https://www.yna.co.kr/view/GYH20200308001800044?input=1363m

물관의 핵심 연령층인 유아들은 초등학생 시기 전의 상황으로 유추해서 짐작해 볼 수 있겠다.

③ 국내 어린이박물관 클라이머 설치 사례

대근육 놀이로 어린이박물관에서 대표적인 클라이머 전시는 공간을 많이 차지하는 규모라서 주로 대형 어린이박물관에 설치되어 있다. 이에 반해서 손을 주로 사용하는 조작적인 체험 활동들은 다양한 소근육 활동의 장이 되면서 정보 제공 및 인지발달을 도와준다.

국내 어린이박물관에 클라이머가 설치된 곳은 현재까지 세 기관으로 알고 있어 소개하고자 한다. 국내 아동들의 지식 중심의 교육환경에서 자유롭게 몸을 사용하며 아동의 대근육 발달을 돕고 있는 설치물이다.

가) 경기도어린이박물관

층고 16미터 높이의 클라이머로 아동들이 한 단계씩 올라가면서 도전과 모험심을 기를 수 있다. 한 단계씩 발판을 오르면서 최종에는 상부까지 오를 수 있다. 어린이박물관 계에서 클라이머 제작 설치로 유명한 룩키(Luckey)사에서 제작하였다.

나) 경기북부 어린이박물관

동두천 소재의 경기북부 어린이박물관은 입구에 상징적으로 브라키오 클라이머가 있다. 시차별로 20여명씩 운영되며, 스토리가 있는데, 아동들은 브라키오가 먹는 식물이 되어서 공룡 몸속으로 들어가서 위석과 섞이다가 미끄럼을 타고 가상으로 공룡의 똥이 되어서 내려오고, 이 똥은 땅에서 미생물의 양분이 되고 가상으로 나무가 쑥쑥 자라나도록 하는데, 아동은 이를 상징하는 트리 타

워에 올라 상부 꼭대기에서 사진을 찍어볼 수 있다.

다) 고양 어린이박물관

고양시의 지역사회를 살리면서 다양한 전시를 펼치고 있는 어린이박물관으로 '아이그루'라는 명칭으로 나무와 둥지같은 클라이머는 아동의 대근육 발달을 지원하고 있다.

[그림 15-9] '21세기 잭과 콩나무' 클라이머

[그림 15-10] '클라이머존'의 브라키오와 트리타워

[그림 15-11] '아이그루' 클라이머

2) 부모 역할 지원 및 스트레스 개선 사례 : 경기도어린이박물관의 행복 수업

부모 교육 프로그램인 '행복 수업'은 경기도어린이박물관에서 2014년 이후 지속적으로 기획 및 운영하는 강연 프로그램이다. 아동들에게 가장 직접적인 영향을 미치는 보호자를 위한 프로그램인데 어머님들 대상으로 강의를 한다. 옛날처럼 대가족인 집에서 자연스럽게 배울 수 있었던 자녀 양육에 대한 내용을 현대의 가족 형태에서는 배울 기회가 없으니, 부모님들에게는 자녀의 출산과 양육과 교육이 모두 새로운 과제이다. 현대 부모님들의 자녀 양육에 대한 스트레스를 줄이고, 본인의 건강한 정서뿐 아니라 건강한 자녀 양육을 돕고자 의도한 프로그램이다. 매년 주제를 설정하는데, 2019년은 필자를 포함해서 1인이

부모 2인의 역할을 모두 감당해야하는 여성 가장 한부모 가정을 대상으로 하였다.

(1) 2015년 경기도어린이박물관 행복수업
- 주제 : 건강한 자녀와 행복한 가정 만들기
- 일정 : 2015.05.19(화)~06.18(목) 화, 목요일 10:30 ~ 11:50
- 대상 : 유아 및 초등학생 자녀를 둔 부모님 200분
- 시간 : 80분
- 참가비 : 무료

[그림 15-12] 2015년 행복수업 웹배너[159]

프로그램은 대단위 강의 형식으로 진행되었는데, 주제는 전문 강사마다 전문성을 살려서 진행되었다. 자녀 교육은 인성부터 시작함을 강조하는 강좌, 놀이의 중요성, 아동의 자존감을 키우는 육아법, 아들 양육에 적절한 이해, 스마트시대의 자녀 양육법, 행복이 가득한 가정과 행복한 아이로 키우는 법이였다. 강

---

159 https://gcm.ggcf.kr/archives/education/happy-home?term=7&cy=2015&pn=2&ptype=education

좌들은 아동에게 필요한 인성, 정서, 놀이, 행복, 자존감 영역으로 아동기에 충족되어야 할 정서적인 영역이나 놀이가 주종을 이루는 내용으로 진행되었다.

(2) 2016년 경기도어린이박물관 행복수업

- 주제 : 행복한 가정 만들기
- 일정 : 2016.04.5.(화)~06.15.(수) 화, 목요일 10:30 ~ 11:50
- 대상 : 유아 및 초등 자녀를 둔 부모님 150명
- 시간 : 80분
- 참가비 : 무료

2015년에 이어서 2016년에도 행복 수업이 진행되었는데 이번에 강좌의 초점은 아동이 아니라 엄마, 주부, 양육자다. 자녀를 키우는 엄마가 행복하고 자존감이 높아야만 자녀에게도 좋은 부모가 될 수 있기 때문에 엄마의 자존감을 높이고 행복감을 증진시키는 내용으로 강좌가 이뤄졌다. 괜찮은 여자로 사는 법, 엄마 마음 아프지 않게, 결혼과 여성, 우리 엄마가 달라졌어요, 우리 가족 안아주기, 행복한 가정을 만드는 소통, 가족 관계를 위한 부부코칭 등 이였다.

(3) 2019 행복수업 〈The 행복한 우리〉

- 내용 : 부모교육 치유 프로그램 행복수업(집단 강의 토론, 자녀와 운동, 만들기 프로그램 등)
- 대상 : 여성 가장 한부모 가정, 1기당 10가족 (아동 연령은 6세이상)
- 기간 : 2019.8.17.(1기). 8.24(2기). 8.31(3기) 매주 토 9:30~15:30
- 수업료 : 무료
- 후원 : (주)한샘
- 협찬 : 한국한부모가정사랑회

프로그램은 한부모와 자녀가 함께 '마음 열기'로 시작하여서, 한부모 대상으로 집단상담 '나와 가족', '자녀와의 소통'으로 이뤄졌고, 아동 자녀 대상으로는 미술치료로써 '마음 탐색', '자신 표현'으로 진행되었으며, 마지막에는 '마음 보듬기'로 종결되었다.

상기의 내용들은 필자가 2대 경기도어린이박물관 관장으로 재임 시 기획 관리를 하고, 직접 강의를 들었던 년도의 '행복수업'을 예시로 들었다. 정신과 교수 하지현은 '사람들은 울면서 일종의 카타르시스를 느끼게 된다'며 '이것은 일종의 감정의 환기를 불러 일시적으로 스트레스를 어느 정도 떨어뜨릴 수 있다'고 말했다.[160] 또한 세이트루이스 심리학 연구팀은 스트레스도 감기처럼 옮을 수 있다는 결론의 연구를 얻었고[161], 캘리포니아 대학과 뉴욕 대학의 공동연구 결과도 모자간의 연구를 통해서 어머니의 심박수가 높을수록 자녀의 심박수가 높다고 연구 결과[162]가 나와 '간접 스트레스' 현상을 뒷받침하였다. 따라서 '행복 수업'은 자녀를 키우는 어머님이 양육의 부정적 스트레스없이 건강한 자녀를 키울 수 있도록 지원하는 프로그램으로 양육 정보와 심리적 공감을 유도하는 내용이었다. '행복수업'에는 많은 어머님들이 고정적으로 매주 참석해주셨고, 강사의 열정적 강연으로 감동 받고 자녀 양육의 어려움에 처한 자신의 모습들에 공감하면서 가끔씩 우시는 분들도 많았다. 울음으로 스트레스를 떨어드리며 감정적인 환기를 일으키도록 하였고, 이런 교육은 지속성이 매우 중요한 요건이었다. 사실 자녀 교육에 정답이 있는 것도 아니므로 어머님들은 많은 혼란과 양육의 어려움, 자녀 교육에 스트레스가 많으시므로 이런 프로그램은

160_ https://blog.naver.com/ophhong/10015368455
161_ https://blog.naver.com/sunyeab/220052974393
162_ https://blog.naver.com/sunyeab/220052974393

어린이박물관에서 여건이 된다면 부모님의 심적 어려움을 해소하고 안정감을 회복하고 힐링되도록 적극 권하고 싶다. 강의 결과 설문지에 많은 어머님들이 공감하며 재참여 의사를 원하였다.

3) 코로나19 상황에서 심신 개선을 위한 온라인 프로그램
: 경기북부 어린이박물관

코로나 상황으로 인해서 박물관을 찾지 못하고 학교도 등교가 어려운 시점에서 집에서 온라인 프로그램을 듣도록 개발한 것이다. 신체 발달을 도모하면서 심신이 개선 치유되도록 긍정적 시간을 보내기 바라는 마음으로 직원들과 함께 만든 프로그램의 예시이다.

더불어 ACM 온라인 프로그램의 정보를 소개하고자 한다. 코로나 현황에서 해외 어린이박물관들에서도 다양하게 온라인 프로그램을 개발하여 운영하고 있다. ACM에서는 이런 정보를 볼 수 있는 링크 싸이트를 만들었다. 아래 싸이트로 들어가 보면 해외 어린이박물관에서 운영하는 온라인 프로그램을 박물관별로 분류 설명들과 함께 볼 수가 있다.

https://findachildrensmuseum.org/at-home

코로나로 인하여 박물관들이 휴관에 들어감에 따라 박물관 관계자들은 비대면인 온라인 프로그램들을 모색하고 운영하게 되었다. 필자는 코로나 이후의 박물관들은 온/오프라인 양 방향으로 운영하리라 전망한다. 여기에서는 국내 사례로 본인이 당시 소속해 있었던 어린이박물관의 내용을 소개하고자 한다.

2020년 5월 4일 '어박TV' 온라인 프로그램을 만들었다. 코로나 상황으로 박물관이 휴관으로 들어감에 따라 집에서 특히 성장기 아동에게 대소근육의 신체를 움직이도록 유도하며 답답함을 해소하고 학습에 집중할 수 있도록 아동들이 볼 수 있는 온라인 교육프로그램을 만들게 되었다. 프로그램의 방향은 성장기 아동에게 필요한 5가지 감각을 모두 사용할 수 있도록 기획하였고, 홈페이지에 업그레이드를 지정 요일에 지속적으로 하였다. 시각, 청각, 촉각, 미각, 후각으로 분류하여 경기북부 어린이박물관은 동화, 요리, 공룡체조, 공룡 만들기 등이 있다. 당시 본인의 소속된 경기북부 어린이박물관은 '공룡 클라이머'가 상징적인 전시라서 공룡을 소재로 캐릭터 오감이와 함께 등장하도록 프로그램을 구성하였다. 학예사와 교육 강사들이 몇 차례의 회의를 거치며 '공룡 체조' 개발하여 재미와 신체 발달을 도모하고, 공룡 만들기로는 '공룡 발자국 마라카스 만들기', '골판 공룡 만들기' 등이 있다.

공룡 체조의 동영상 URL은 다음과 같다.

https://www.youtube.com/watch?v=ifT8uAYwjrk

하늘의 지배자 프테라노돈 어디든 갈 수 있는 프테라노돈
쿵쿵 쾅쾅 쿵쿵 크앙 (먹이를 낚아 채세요!)
목이 쭉쭉 브라키오 사우르스 꼬리도 쭉쭉 브라키오 사우르스
꼬리도 흔들흔들 꼬리도 흔들흔들
쿵쿵 쾅쾅 쿵쿵 크앙 (엉덩이를 뒤로 빼고 흔들 흔들)
바닷 속 지배자 엘라스모 사우르스 수영을 잘하는 엘라스모 사우르스
쿵쿵 쾅쾅 쿵쿵 크앙 (누워서 수영을 어푸 어푸)
머리에 뿔 3개 트라케라톱스 내 맘대로 찔러 트리케라톱스
쿵쿵 쾅쾅 쿵쿵 크앙 (네발로 기어볼까요?)
힘세고 강한 턱 티라노 사우르스 잡아먹을지도 몰라 어서 도망가!

[그림 15-13] 공룡 발자 [그림 15-14] 골판 공룡 만들기
국 마라카스 만들기

〈표 15-6〉 국내 어린이박물관 심신 치유 사례

박물관명	치유 사례	내용/ 방법	사회 문화적 환경	분류
독립형 어린이박물관	사교육 단점을 해소하는 아동 스트레스 해소 및 신체 발달 도모	대형 클라이머 전시에 대근육 놀이 활동	사교육화 현상으로 인한 신체발달 기회 부족	스트레스 해소, 신체발달 도모
경기도 어린이박물관	부모님들의 자녀 양육 스트레스 해소 및 육아법 강의	부모 교육 대강의, 집단 토의 등	부모 되기 및 자녀 양육법 교육 부재	스트레스 해소, 자녀양육법 교육
경기북부 어린이박물관	코로나 상황의 바깥 출입 및 놀이 부재 해소, 아동 발달 지원 교육	동화, 요리, 공룡 체조, 공룡 만들기 등 다양한 온라인 교육	코로나19상황 바깥 출입 어려운 상황	스트레스 해소, 아동교육으로 발달 지원

상기 예시로 든 사례들을 보면, 국내는 사회 문화적 환경에 따른 여러 상황으로 인해서 발생되는 스트레스를 해소하고 아동 발달 및 교육 지원, 부모의 자녀 양육법 교육 등이 있었다. 향후에도 한국 어린이박물관들은 심신이 건강한 아동 가족의 문화를 형성하기 위해서 콘텐츠를 개발하고 지원해야할 것을 보인다.

4) 결론

어린이박물관은 아동과 가족의 삶에 여러 가지 긍정적인 환경을 제공하는 장이다. 이 중에서 심신 치유의 장으로써의 어린이박물관의 사례를 국내외로 살펴보았다. 해외 어린이박물관 컨퍼런스에서 발표 제시되었던 사례들과 국내는 본인이 근무하고 귀속하였던 어린이박물관을 중심으로 사례를 살펴보았다.

해외 발표 사례로는 세 가지 종류로 분류할 수 있는데 첫째, 보스톤 어린이박물관과 루이지애나 어린이박물관은 재난과 재해에서 모두 학습적 환경을 지원하여 아동과 가족의 삶을 개선 치유하도록 기여하였다. 둘째, 경기도어린이박물관과 맨하탄어린이박물관은 재난과 사고 상황에서 인명의 구조 활동을 아동에게 가상과 은유적 콘텐츠 프로그램으로 제공하였다. 부모에게도 감정적 여과로써 걸러지도록 기여하였다. 셋째, 빠빠로테 어린이박물관, 브루클린 어린이박물관, 그리고 팜바타 어린이박물관은 저소득층 지역, 폭력 지역 등의 지역적 특수성이 있는 곳에서 건강한 프로그램을 제공함으로써 예술 치유 및 건전한 삶을 살아가도록 기여하였다.

국내 사례로는 사회문화적 여러 스트레스 상황에서 심신의 개선 사례들을 예로 들었다. 한국 아동의 사회적 환경적 현황에서 아동에게 꼭 필요한 심신의 균형 잡힌 발달을 도모하는 신체 발달을 위한 어린이박물관의 대근육놀이 사례 '클라이머' 전시 사례들을 예시하였다. 또한 한국의 자녀 양육에 1차적 책임을 맡고 있는 어머님에게 경기도어린이박물관은 '행복 수업' 이라는 부모 교육 프로그램을 지속적으로 추진하면서, 건강한 양육 정보와 지식을 제공하고, 심리적 공감과 스트레스 치유가 될 수 있는 장을 제공하였다. 그리고 2020년 코로나19 상황으로 경기북부어린이박물관은 온라인 프로그램을 운영하면서 집에서 모니터로 프로그램을 보면서 답답한 일상을 치유하는 프로그램을 제공하는 어린이박물관이 되어갔다. 앞으로 어린이박물관은 온/오프라인 쌍방향의 환경으로 전환되어야 갈 것이다.

어린이박물관은 끊임없이 자연적, 사회적, 환경적 상황에서 대응하고 아동과 가족의 성장과 건강한 삶을 지원하고 치유하며 진화해가는 어린이박물관이 되어야 할 것이다. 앞으로도 아동과 가족이 있는 곳에서 어린이박물관의 진화는 계속될 것으로 보인다.

참고문헌

네이버 어학사전, https://dict.naver.com/

위키백과 ko.wikipedia.org

이기숙 외 6인, 2017, 영유아발달, 양서원

조한무, 2010, 뇌 발달을 위한 신체놀이, 학지사

David L. Gallahue(2003), Developmental Physical Education for All Children's, Human Kinetics

https://namu.wiki/w/

https://ko.wikipedia.org/wiki/

https://cafe.naver.com/wishloan/35

https://www.bostonchildrensmuseum.org/about

http://news.chosun.com/site/data/html_dir/2019/05/13/2019051301566.html

https://news.naver.com/main/read.nhn?oid=032&aid=0002939376

https://www.lcm.org/about/new-location

https://namu.wiki/w/%ED%95%98%EC%99%80%EC%9D%B4%20%EC%A3%BC?from=%ED%95%98%EC%99%80%EC%9D%B4#s-6

https://blog.naver.com/traveltipshawaii/222039560832

https://news.naver.com/main/read.nhn?oid=047&aid=0002054000

https://www.philstar.com/lifestyle/cassandra/2018/01/21/1779642/museo-pambata-celebrates-23rd-year

https://www.wikidata.org/wiki/Q2110432

https://pop.inquirer.net/88478/museo-pambata-continues-to-celebrate-filipino-kids-on-its-25th-year

https://www.express.co.uk/news/world/635278/World-Migrant-Crisis-Refugee-numbers-reach-60-MILLION-how-can-Europe-house-them-all

https://www.kindermuseum.at/zoom-programmangebot/zoom-ausstellung/ruckblick-zoom-ausstellungen/_38

https://www.brownstoner.com/history/past-and-present-brooklyn-children%E2%80%99s
-museum/

https://www.chilango.com/ocio/aniversario-del-papalote-museo-del-nino

https://canalonce.mx/itinerario/papalote-museo-del-nino-cuernavaca

https://terms.naver.com/entry.nhn?docId=1216566&cid=40942&categoryId=31787

https://www.chicagochildrensmuseum.org/play-it-safe

https://gcm.ggcf.kr/archives/education/the-happy-us?term=3&cy=2019&pn=4&ptyp
e=education

https://gcm.ggcf.kr/archives/education/happy-home?term=7&cy=2015&pn=2&ptype
=education

https://gcm.ggcf.kr/archives/education/2016-%ec%83%81%eb%b0%98%ea%b8%b0-
%ed%96%89%eb%b3%b5%ed%95%9c-%ea%b0%80%ec%a0%95-%eb%
a7%8c%eb%93%a4%ea%b8%b0%eb%a5%bc-%ec%9c%84%ed%95%b4-
-%ea%b8%b0%ed%9a%8d%eb%90%9c-%ea%b5%ad%eb%82%b4-%ec%b5
%9c?term=7&cy=2016&pn=3&ptype=education

http://kosis.kr/statHtml/statHtml.do?orgId=101&tblId=DT_1PE301&checkFlag=N

https://www.yna.co.kr/view/GYH20200308001800044?input=1363m

https://namu.wiki/w/%EB%AF%B8%EC%84%B8%EB%A8%BC%EC%A7%80

http://gcm.ggcf.kr/exhibition/health

https://ngcm.ggcf.kr/www/contents.do?key=50

http://www.goyangcm.or.kr/exhibition/eyetrees/

https://blog.naver.com/ophhong/10015368455

https://blog.naver.com/sunyeab/220052974393

4. 포스트 코로나 시대, 한국어린이박물관 역할의 확장[163]

1) 서론

2020년부터 지구촌을 강타한 코로나19는 메르스, 사스, 에볼라 등의 발병과는 차원이 다른 현상으로 우리나라에도 심각한 영향을 주었다. 처음에는 3개월 정도 이후에 사라지겠거니, 1년이면 끝이나겠거니 했다. 그러나 2년이 지난 2022년 봄에서야 야외에서 마스크를 벗을 수 있었고, 지구촌은 아직도 코로나가 재확산되고 있고 끝나지 않았었다. 그 결과 2년여 이상의 기간은 사회 경제에 엄청난 변곡점이 되어 미래 세계를 더욱 가속화시켰다.

그럼 과연 핸즈온 체험식 전시를 특징으로 하는 어린이박물관은 어떠한 변화를 가져왔는가? 바이러스 때문에 접촉은 당연히 못하고, 집단으로 모이지를 못하니, 어린이박물관은 운영이 중지되었고, 이후 국가 방역체계에 따라서 관람객 인원수를 줄이고 조정하면서 방역시스템으로 운영을 하게 되었다. 어린이박물관의 모국이며 가장 많은 어린이박물관을 보유하고 어린이박물관 분야를 선도하고 있는 미국은 대부분 어린이박물관이 사립기관이라 운영을 못하는 상황이 되니 엄청난 재정적 부담을 안았다. 일부는 영구적 폐관을 했고, 대부분은 생존을 위한 운영 방안을 모색하였다. 다행히 국내의 어린이박물관은 대다수가 국공립의 세금으로 이뤄진 기관들이라 재정적 부담이 덜하였고, 관람객에게 더 다가갈 수 있는 방법으로 사업을 전환하였다.

이에 관람객 중심의 어린이박물관은 운영 사례에서 그 답을 찾을 수 있다고 판단되어 코로나 시대의 국내외 여러 사례를 검토해 보고, 국내 어린이와 가족

---

163 2022년 제11회 국립민속박물관 어린이박물관 학술대회 '포스트 팬데믹, 아이들이 맞는 새 일상과 박물관의 역할'의 발표본을 기반으로 함

들의 동향, ACM에서 언급한 어린이박물관의 4가지 차원, 그리고 어린이박물관의 미래 방향으로 필자가 투고한 어린이박물관 백서의 원고를 고려하면서, 향후 포스트 코로나 시대의 한국어린이박물관의 역할을 제시해 보고자 한다.

2) 본론

(1) 코로나 시대의 국내외 어린이박물관의 현황

생존을 위한 전환, 지역사회 요구로의 전환, 더 밀착된 디지털 세상

미국의 어린이박물관들은 대다수 사립으로 기관마다 비율은 상이하나, 주나 정부의 지원이 소규모로 있고, 박물관의 입장료나 부대 수입에 의존하고, 많은 기부금으로 운영이 된다. 코로나로 운영이 어려워 수입이 없으니 엄청난 재정적 압박으로 박물관의 존속을 유지하기 위한 다양한 모색을 시작했다. 미국 사회과학 연구단체인 노로지(Knology)에 의하면 어린이박물관협회(Association of Children's Museum) 트렌드 씨리즈의 일환으로 회원 박물관들에게 3번의 설문조사를 팬데믹 기간동안 실행하여 응답을 받았다.[164] 96개의 박물관중 59개 박물관이 팬데믹 기간동안 푸드뱅크, 노숙자 보호소, 지역사회 건강 클리닉, 병원을 포함한 사회 및 건강 서비스 조직과 기존 협력을 확장하거나 새로운 협력을 시작했다고 보고했으며 전염병 기간 동안에 아동 가족 및 지역사회를 위한 중요

---

164 https://knology.org/article/understanding-the-impact-of-covid-19-on-children-s-museums

한 지원 생태계를 개발하는데 도움을 주었다고 했다.[165]

이에 ACM에서는 전염병 대응에 영구적인 변화를 만든 혁신적인 박물관의 16개의 사례들[166]을 보고했다. 그 중에서 의미있다고 생각되는 몇 가지를 소개하며 덧붙여 역사 박물관과 과학관의 어린이프로그램 사례도 언급하고자 한다.

국내 어린이박물관들은 해외와는 다르게 대부분 국공립으로 이뤄져 있다. 한국어린이박물관협회와 공동 기획한 국립중앙박물관의 책자 '한국어린이백서 2016~2018'[167]에 의하면 수록 기관 31개 중에서 사립박물관은 3개 기관 정도로 매우 소수이다. 대부분 세금으로 운영되는 기관이기 때문에 미국과는 다른 양상을 보이고 있다. 대부분 임시 운영 중지를 하거나 아니면 코로나 국가 대응 단계에 맞추어서 입장객 수를 제한하였다. 또한 디지털 강국에 맞게 온라인 프로그램으로의 전환과 가상현실이나 증강현실, 메타버스의 세계로의 촉진이 빠르게 이뤄졌다. 제시한 국내 사례들은 수도권 내의 기관의 홈페이지 검색으로 이뤄져 각 기관들의 사례를 모두 다루지 못함을 밝힌다.

① 해외 어린이박물관 프로그램

ACM의 대표이사인 '로라 에르타 미구스(Laura Huerta Migus)'는 300여개의 어린이박물관들 중 175개의 어린이박물관이 방문을 못하게 임시 폐관되었고, 팬데믹 5개월 동안 수익이 전혀 발생하지 않았으며, 영구 폐쇄를 피하기 위해 기

---

165 https://knology.org/article/understanding-the-impact-of-covid-19-on-children-s-museums

166 https://childrensmuseums.org/2021/03/11/new-issue-of-hand-to-hand-forged-in-fire-new-models/

167 국립중앙박물관, 2019, 『한국어린이박물관백서 2016~2018』, 국립중앙박물관

관은 공간을 창의적으로 만들어야 했다고 언급했다.[168] 이처럼 미국은 대부분 사립기관으로 재정적 어려움이 가장 커 기관 생존을 위한 자구책을 모색해야 했다.

ACM에서 어린이박물관 회원 300명 이상을 대상으로 설문조사를 실시하였다. 미국 34개주의 어린이박물관과 외국의 87개의 박물관에서 가상 학습에서 활동 키트, 학교 및 지역사회 파트너쉽, 육아 리소스, 소규모 학습 모임에 이르기까지 195개의 프로그램이 조사되었다.

코로나 상황에서 어린이박물관의 4차원에 대해서 어떤 역할을 했는지가 조사되었다.(Kari Ross Nelson & Stephen Ashton (2021))[169] 보고된 자료를 요약하면,

첫째 지역적 행선지로써는 박물관 관람이 어려우므로, 가상 공간에서의 관람과 일부는 소규모 학습모임, 특별 그룹의 방문, 확장된 야외 전시의 형태로 물리적 공간을 조정하였다. 둘째 교육적 실험실의 차원은 직원들은 학습이론, 아동발달, 교육학에 대한 전문지식을 사용하고, 의미있는 프로그램을 실행하여 놀이 기반의 원격 학습 가능성을 테스트하였다.

셋째 지역사회 자원의 차원은 박물관들은 부모나 보호자를 위한 자료를 제작했는데, 아이들이 고립, 공포, 슬픔에 찬 새로운 환경에 대한 과정을 돕고, 팬데믹에서 육아를 탐색하며 부모나 보호자가 서로 연결되도록 지원하였다. 다른 박물관들은 농부 시장, 거리 예술, 사회적 거리를 둔 축제와 같은 야외 커뮤니티 행사를 시작했다.

넷째 아동의 옹호차원은 많은 박물관들이 온라인 프로그래밍과 활동 키트를

---

168 https://sites.tufts.edu/museumstudents/?s=pandemic+Museum

169 Kari Ross Nelson and Stephen Ashton (2021), Intention and Resolve: Moving into a New Better, in ACM Hand to Hand(Ed), "Inside the Curve: Business as (Not Quite) Usual", November 10, 2021 / News & Blog

만들어, 음식은행, 학교, 도서관, 다른 지역사회 기관들을 통해서 배포하는 방식으로 전환하였다.

또한 설문조사에서 팬데믹 상황에서의 박물관에서 8가지 뚜렷한 영향을 보고했는데, 미션의 재조망, 새로운 관람객에게 서비스, 새로운 기술, 지역사회 조직과의 새 협력이 70% 이상으로 나타나는 뚜렷하게 보이는 현상이였다.[170]

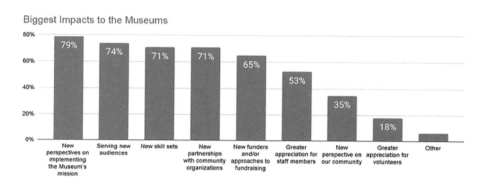

[그림 15-15] 어린이박물관에 가장 커다란 영향들[171]

그리고 지역 사회에서는 박물관에 대한 7가지의 뚜렷한 변화가 있었는데, 신규 관람객의 확대, 사회적 요구 만남, 뮤지엄 인식 증가가 70% 이상을 차지한 변화였다.

---

170 상동

171 Kari Ross Nelson and Stephen Ashton (2021), Intention and Resolve: Moving into a New Better, in ACM Hand to Hand(Ed), "Inside the Curve: Business as (Not Quite) Usual", November 10, 2021 / News & Blog

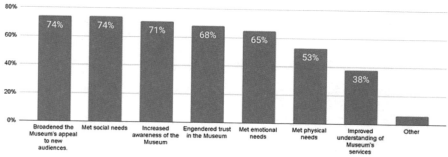

Biggest Impacts to the Community

[그림 15-16] 박물관의 지역 사회에서의 가장 커다란 영향들 [172]

다음으로는 구체적인 해외 사례를 알아보고자 한다.

가) 이스트엔드 어린이박물관(The East End Children's Museum)과 미드허드슨 어린이박물관(Mid-Hudson Children's Museum)

생존 식품 제공과 농작물의 직거래

뉴욕주 롱아일랜드의 동쪽에 있는 이 지역은 빈곤율이 높고 주거 수준이 낮은 이민자 인구들이 많다. 라틴계 학생은 인구의 50%이며, 이스트엔드 어린이박물관 관람객의 1/3을 차지한다. 어린이박물관은 2020년 운영 중단으로 재정적 손실과 더불어 어린이박물관의 임무를 어찌 수행할지가 가장 큰 위기였다. 이에 따라 온라인 설문조사로 대부분 퇴직 처리된 자원봉사자에게 필요한 것이 무엇인지를 조사하였고, 가장 중요한 걱정은 음식과 월세였다. 거주민들은

---

172 상동

마을 식품 창고의 지원을 받아 음식을 먹을 수 있으나, 거주민 허가 수속 중인 사람들은 식품을 배당받지 못하고 이민 허가를 기다리면서 굶고 있었다. 아동들이 배가 고프면 배우고 놀 수 없기 때문에 박물관은 음식을 그들에게 가져가는 방법을 모색하였다. 식품을 조달할 수 있는 '음식 2 놀이(Food 2 Play)' 기금 조성을 하여 300,000달러 (당시 약360,000천원) 이상의 지원으로 개관 이래 가장 많은 지원을 받게 되었다. 덕분에 이전 자원봉사자 100여명은 다시 일하게 되어, 음식을 주문부터 포장하고 준비하게 되었다. 그들의 어린아이들도 함께 와서 자원봉사 경험으로 영향을 받았고, 식품 저장고에서 식품들을 분류하고 일하는 것을 배웠다. 결국 박물관은 80가정을 위해 식품 저장고를 매주 운영하고, 총 187명 가정과 804명에게 음식을 제공하여 인간으로써의 존엄성과 커뮤니티 의식을 촉진시켰다.[173]

다른 유사 사례로는 뉴욕주의 미드허드슨 어린이박물관(Mid-Hudson Children's Museum)에서 2017년 여름에 마켓을 개장하여 도시 가족에게 신선하고 저렴한 가격의 현지 생산 식재료를 연결시켰다. 도식의 식량 불안에 대응하고, 지역사회의 건강 증진을 시키며 공공을 위해서 농작물을 직거래 장터를 여는 첫 번째 어린이박물관이 되었다[174].

나) 마법의 집, 생루이스 어린이박물관(The Magic House, St. Louis Children's Museum)

지역사회 부모들의 요구를 반영한 대면 프로그램의 확장

---

173 https://childrensmuseums.org/2021/03/11/food-pantry-fulfills-a-need-and-opens-a-world-of-possibilities/
174 상동

2020년 운영 중단과 시 보건 부서에서 승인한 기준으로 박물관 관람객 75% 수용으로 입장료와 멤버쉽 등의 수입원이 삭감되었다. 박물관은 자구책을 모색하다, 부모들의 열망이 일상에서의 놀이, 창의성 및 사회적 상호작용을 원하는 것을 파악하였다. 박물관은 학교의 방역기준들을 준수하면서 한 교실에 8~20명의 아동을 수용하고 테이블에 막을 설치하며, 관심이 낮은 전시 갤러리를 교실로 전환하였고, 모든 캠프는 매진되었다. 학교가 온/오프 하이브리드 모델로 수업을 진행하자, 박물관은 여름 캠프를 대면으로 전환하고, 아동의 온라인 학교 수업을 도우며 학교 학습을 지원하였다. 120명의 k-5학년이 등록하였고, 박물관 카페는 학교 급식을 제공하고, 야외 놀이공간은 휴식지로 야영자들은 실내 전시장에서 놀았다. 학습 캠프는 약 150,000달러의 수익 창출과 지역사회의 필요를 충족시켰다.[175]

그리고 개관시간 외를 운영하였는데, 주말 오전 9-10시, 최대 6가족이 박물관 공간의 1/8을 100달러에 빌려주었고, 금요일 저녁 피크닉 및 놀이 시간을 제공하여 2시간 동안 10가족이 박물관을 이용할 수 있게 하였다. 야외 경험을 확대하기 위해서는 모래 해변은 여름 내내 운영했고, 전시를 월별로 바꾸고, 사회적 거리두기와 함께 야외 썰매와 산타 방문을 제공하였고, 저녁 이벤트로 조명, 야외 스노우볼 카니발, 쿠키와 우유가 있는 이야기 시간 등을 행사로 만들었고, 대부분 매진되었고 30,000달러 이상을 모금하였다.[176]

---

175 https://childrensmuseums.org/2021/03/11/expanding-the-earned-income-menu-camps-seasonal-fun-family-play/

176 https://childrensmuseums.org/2021/03/11/expanding-the-earned-income-menu-camps-seasonal-fun-family-play/

다) 루이지애나 어린이박물관 (The Lousiana Children's Museum)

정신건강연구소 협업과 임시 휴관시 학교의 사용을 허용

코로나 바이러스 상황으로 박물관은 폐관후 '툴레인 영유아 정신건강 연구소'와 협업으로 지역 가족에게 3가지 프로젝트를 시작했다. 첫째, 정신건강 전문가가 제공하는 '대화'라는 Zoom으로 사회적 거리를 두면서 아동들이 '우정'을 유지하는 것 같은 주제에 대한 정보를 제공했다. 둘째로, 40개의 자료로 코로나를 이겨내려는 '복원력'이라는 리소스 세트를 개발하였다. 셋째는 부모가 자녀의 중요한 양육자로서의 역할을 하도록 돕는 '첫 1000일'이라는 새로운 시도를 만들었다.

또한 폐관 기간 동안에 가까운 차터스쿨(Charter School)[177]에게 박물관을 오픈하여 120명의 프리K ~ k 학생들이 7개월 동안 박물관을 사용할 수 있도록 하였다.[178]

라) 창의적 발견 박물관(The Creative Discovery Museum), 피닉스 어린이박물관
(Phenix Children's Museum), 우드랜드 어린이박물관(Woodlands Children's museum)

온라인 학업 환경을 지원하는 프로그램 추진, 가상 견학 요청

창의적 발견 박물관은 직원에게 '직원아동정책'을 통해서 가족 우선 환경을

---

177 _ 미국의 대안학교 성격의 공립학교
178 _ https://childrensmuseums.org/2021/03/11/an-ongoing-journey-of-healing/

제공했다. 직원들은 생산성이 저하되지 않은 한 자녀·손자녀 또는 형제·자매를 직장에 데려왔다.

박물관은 지역사회의 아동과 가족을 지원하려고 유치원부터 5학년까지 어린이 학업 지원 프로그램인 'DD@CDM(Destination Discovery @CDM)'을 시작했다. 박물관의 교실 당 최대 10명의 학생들을 월~금요일 8:30~17:00의 시간에 가상 학업을 박물관의 교사가 도왔다. 이 프로그램은 2020년 가을에 시작된 이래 총 600건의 등록을 받았다. 유연근무제를 박물관 직원에게 적용하였고, 집에서 학교 교육과 보육을 하도록 하며, 박물관에서는 이 프로그램에 자녀를 참석시키도록 하여 가정과 업무 균형을 맞추도록 하였다.[179]

또한 피닉스 어린이박물관에서는 온라인 작업에 어려움을 겪는 원거리 유치원생을 위해서 4000개의 '생각놀이창작자 상자(ThinkerPlayerCreator Boxes)'를 제작하여, 중도 탈락률을 급격히 감소시켰다.[180] 시카고의 한 초등학교에서는 유튜브에서의 우드랜드 어린이박물관(Woodlands Children's museum)의 영상을 보고 연락이 해서, 자신들의 학생을 위한 그림자 인형극 기술을 가르칠 수 있는 가상 견학을 계획해달라는 요청을 했고, 이는 박물관이 새로운 관람객에게 미션을 달성 할 수 있는 예[181]로 볼 수 있다.

마) 포츠워드 과학역사 박물관 (The Fort Worth Museum of Science and History's Museum)과 포트 디스커버리 어린이박물관(Port Discovery Children's museum)

---

179 https://childrensmuseums.org/2021/03/11/an-ongoing-journey-of-healing/
180 상동
181 Kari Ross Nelson and Stephen Ashton (2021), Intention and Resolve: Moving into a New Better, in ACM Hand to Hand(Ed), "Inside the Curve: Business as (Not Quite) Usual", November 10, 2021 / News & Blog

지역사회 불평등 해소 기회 균등화, 차터스쿨 설립 추진

코로나의 유행은 불충분한 인터넷 접속부터, 주택의 불안정, 식량의 불안정에 이르기까지 전국의 학생들이 직면한 많은 불평등을 드러냈다. 포츠워드 과학역사 박물관은 전염병 기간 동안 가상으로 학습하는 학생들의 요구를 충족시키기 위해 교육 서비스를 확장했다. 2021년 가을 학기에도 지역 학교가 휴교하자 박물관의 교육 프로그램을 학생들을 지원하는 새로운 역할로 전환하였다. '박물관 학교(Museum School)'는 교육팀이 주도하는 Zoom 가상으로 전환하고, 나중에는 소규모 학급 대면 학습으로 운영하였고, 박물관 교사는 1학년~ 8학년까지 학생들에게 제공할 학습용품 가방을 만들었다. 이 프로그램 덕분에 해고된 직원들은 다시 돌아왔고, 박물관의 과학 표본 및 역사적 유물의 대규모 교육 컬렉션 관찰, 살아있는 동물과의 상호 작용, 박물관 전시 및 천문관 방문, 과학 전문가와의 교류 및 견학을 포함하여 학습을 위한 독특한 환경을 제공했다.

박물관은 이런 성공을 바탕으로 지역사회의 취약 인구를 위한 평등한 학습 공간을 제공할 지역 교육구 내 '차터 스쿨'을 만들기 위해 협력을 모색하게 되었다. 유치원부터 5학년까지 대상으로 박물관 현장에서 정식 초등교육을 제공하려고 텍사스주의 기금으로 2023년 가을에 개교할 차터 스쿨을 만드는 과정에 있고 학생에게 무료로 운영할 계획에 있다.[182]

또한 포트 디스커버리 어린이박물관(Port Discovery Children's museum)은 노숙자와 놀고 배울수 없는 어려움에 처한 아동과 가족에게 플레이팩을 배포하였는데, 협력사인 학교를 통한 조기 교육서비스를 제공하는 쥬디 센터(Judy Center)에

---

182 https://www.aam-us.org/2022/01/19/in-the-pandemic-a-new-museum-charter-school-is-born/

서는 세 가지로 플레이팩, 점심식사, 포츠디스커버리 교육자의 생방송을 제공하였다.[183]

바) 뉴욕 과학관(The New York Hall of Science)[184]

사업 범위의 전환

코로나 전염병의 영향으로 큰 영향을 받은 뉴욕 퀸즈에 있는 과학관이다. 아동들이 전시물에 참여하는 장소로 넓은 야외 공간과 과학 체험 전시들, 모의 우주 탐사선 콘트롤, 디지털 환경 탐험, 회로 실험, 대형 인터렉티브 미디어룸 등을 운영 한다. 코로나로 운영을 중단했으나 지역사회에 대한 기여를 중단한 것이 아니라, 수천 번의 식사를 기부하고 주차장을 자동차 극장으로 바꾸었으며, 연구를 장려했고, 모바일 실험을 주최했다.[185]

② **국내 어린이박물관 현황**

가) 국립중앙박물관 어린이박물관

'언택트 국립중앙박물관 어린이박물관'은 온라인 게임인 마인크래프트에 기반하여 어린이박물관을 가상 공간으로 만들었다. 게임으로 구현하여 서버에서 제시된 게임 미션을 해결해 나가면서 즐거운 박물관 경험을 시키고자 하였다.

---

183 상동

184 이 기관은 체험식 과학전시가 주류를 이루며 아동 관람객이 주 고객인 곳이라 예시를 들었음

185 https://sites.tufts.edu/museumstudents/?s=pandemic+Museum

또한 메타버스 특별전시 '모두가 어린이'를 어린이날 100회를 기념하여 메타버스 플랫폼 '제페토'에서 온라인 특별전을 개최하였다.[186]

나) 국립민속박물관 어린이박물관

코로나19 겨울방학 교육프로그램으로 '랜선으로 떠나는 박물관 여행'을 운영하였다. 민속박물관의 시그니쳐라고 할 수 있는 '다문화 꾸러미'를 대체할 교구재를 배포하여 비대면 박물관 교육을 진행하였다. 또한 야외 전시 연계 모바일 활동지 '아다초의 대탈출'를 실시하였는데, 휴대 전화를 이용해 야외 전시 자료를 탐색해 볼 수 있는 모바일 콘텐츠이다. 주말 교육 프로그램으로 '활짝 메타버스, 솟을 대문을 열어라!'는 메타버스 플랫폼 '게더 타운'에 기반하여 상설 전시 연계 프로그램을 운영하였다.[187]

다) 서울상상나라

'온라인 서울상상나라'라는 기존에 진행하던 여러 가지 콘텐츠를 비대면으로 매우 다양하게 박물관 교육 프로그램으로 운영하였다. 특히 아동을 고려하여 체험 교육키트를 선 발송하고 온라인으로 만들기를 하면서 프로그램을 진행하였다. '메타 상상나라'는 메타버스 플랫폼 '제페토'에 기반하여 전시 관람, 미로 탈출, 퀴즈 게임 등 다양한 콘텐츠를 제공하였다.[188]

---

186 https://www.museum.go.kr/site/child/exhibit/online/list

187 https://nfm.go.kr/kids/nfmkid/education/selectEducation.do?e_seq=12547&pageIndex=1&e_to_target=&cheketarget=&searchCont=&searchDateFrom=&searchDateTo=&subType=&e_receipt_type=

188 https://www.seoulchildrensmuseum.org/news/boardView.do?id=930&bbsCnum=500&bbs_id=10&page=1&searchKey=

라) 고양 어린이박물관

2020 처음 만나는 On-tact 어린이·가족 페스티벌인 '들썩들썩 놀자'를 진행하였다. 코로나19 장기화로 인해 제한적 활동에 지친 어린이 가족을 위한 온라인 참여형 축제 내용이었다. 또한 2021년 11월에 '메이커스 데이 소소한 게이머'라는 코딩과 AI 및 VR의 원리를 알아보고 미션을 수행하는 어린이 메이커 해결사를 행사로 진행한 사례가 있다.[189]

마) 경기북부 어린이박물관

유튜브에 온라인 프로그램인 '어박TV'를 경기도어린이박물관과 더불어 각자의 지향하는 콘텐츠에 맞게 프로그램을 개발하여 홈페이지에 올렸다. 코로나로 인해 부족해진 대근육 운동을 지원하는 공룡 체조 및 요가, 그리고 되도록 오감각적인 체험이 가능하도록 개발하였다. 숲·환경·생태의 콘텐츠를 기반으로 종이공룡 만들기, 공룡만두 요리하기, 인형극, 숲생태 관련 애니매이션 개발 3종 등을 추진하였다. 또한 동두천양주시 교육청과 협력하여 온라인 프로그램의 3종 애니매이션을 개발하여서 [깜깜한 밤이 싫어],[숲속의 보물을 찾아서], [딸기에게 무슨일이?]로 활동 만들기 상자, 화분심기, 정리함 만들기를 활동 키트로 제작하여 지역사회 동두천 초등학교로 '찾아가는 박물관 프로그램'을 실시하였다.[190] 2021년에 [AR 싸우르스] 앱의 개발로 박물관, 야외, 어디에서 나의 가상적인 공룡과 관람객과의 만남이 이뤄졌고, 특별한 요구를 가진 장애 부모를 위한 꽃소재를 이용한 아트 힐링 프로그램을 개발하여 운영하였다.

---

189 https://goyangcm.or.kr/special/special_detail.asp?cateid=122&idx=3384
190 https://www.youtube.com/channel/UCMMjlwcfEN7icOZ4WANf7Jg

(2) 국내 어린이 현황

① 아동의 뇌 발달

먼저 아동 발달 측면에서 살펴보고자 하는데, 여기서는 인간에게 가장 중요한 뇌발달 측면을 간단히 요약해 보고자 한다. 뇌의학자인 서유헌에 의하면 인간의 뇌를 구분하면, 꼬불꼬불한 대뇌피질로 되어있으며 크게 전두엽, 측두엽, 두정엽, 후두엽 등이다. [191]

- 영아기(만 0~3세) : 뇌가 가장 활발하고 고르게 발달하는데, 특히 정서가 발달한다. 이 시기에는 감정의 뇌가 일생 중에서 가장 빠르게 그리고 예민하게 발달하기 때문에, 사랑의 결핍은 후일 정신 및 정서 장애로 연결되는 경향이 많다.
- 유아기(만 3~6세) : 인간성을 길러줘라. 세 살 버릇이 여든 간다. 전두엽이 최고 발달하는 시기로 인간의 종합적인 사고와 창의력, 판단력, 주의 집중력, 감정의 뇌를 조절하는 가장 중요한 부위일 뿐만 아니라 전두엽은 인간성, 도덕성, 종교성 등 최고의 기능을 담당하는 곳이다.
- 유·아동기(만 6~12세) : 두정엽의 입체·논리적 사고와 측두엽의 언어 능력이 마구 자란다. 언어와 청각기능을 관장하는 측두엽이 발달하는 시기로 외국어 교육을 비롯한 4R 교육이 효과적으로 이루어질 수 있다. 또한, 공간 입체적인 사고, 즉 수학·물리학적 사고를 담당하는 두정엽도 이때 빨리 발달한다.[192]

상기에서 살펴본 뇌발달들은 코로나 상황으로 염려되는 점들이 많을 수 밖

---

191 서유헌 (2009) 뇌를 알고 가르치자, 네이버캐스트
192 서유헌 (2009) 뇌를 알고 가르치자, 네이버캐스트

에 없고, 특히 전조작기의 유아기는 어린이집이나 유치원에서의 사회적 교우 관계들을 경험하지 못하여 전두엽의 개발이 지연되거나, 갱에이지로 들어가는 아동기의 두정엽과 측두엽의 논리적 사고와 언어 능력들이 자극을 못 받아 발달이 어려울 수 밖에 없는 상황들이다.

② 코로나 시기의 아동 현황

팬데믹 시대의 국내 어린이들에게 가장 밀접한 영향을 미치는 아동 가족들의 현황을 체크해보고자 한다. 먼저 보도된 내용을 살펴보고자 한다.

발달 지연 우려, 가족간 밀접 증가

연합뉴스(2022.4.19.)에 의하면 서울시는 '코로나 시대'에 태어나 '포스트 코로나' 환경 속에서 자라는 영유아의 건강한 성장환경 조성을 위한 조사와 지원에 나선다고 밝혔다.[193] 전문가로 구성된 자문단은 '코로나19의 가장 큰 피해자는 영유아'라며 마스크를 쓴 채 이뤄지는 상호작용과 체험활동의 부족 등으로 인해 뇌발달 지연의 우려가 매우 높아 이에 대한 대책 마련이 시급하다는 의견을 냈다고 서울시는 전했다.[194] 이는 뇌발달의 지연 우려를 낳고 영유아 시기의 정서 및 인간의 고등기능인 전두엽의 종합적 사고능력이 발달 지연이 있을 수 있는 염려를 뒷받침해 주는 소식이다.

2021년 5월 25일에 개최된 '코로나19 시기, 우리 사회 아동은 행복한가?'를

---

[193] https://www.yna.co.kr/view/AKR20220419069900004
[194] https://www.yna.co.kr/view/AKR20220419069900004

주제로 열린 코로나19 대응 아동정책 토론회에서였다. '아동권리보장원'에서 2020년 11월부터 4주에 걸쳐 전국 17개 시도에 거주하는 만0세부터 18세까지의 아동 7만 5096명(만0~9세는 보호자가 응답함)과 보호자(부모) 8만 4839명을 대상으로 아동종합 실태조사를 진행했다.[195] 이 조사의 발표 토론회에서는 '코로나19 이후 가족이 함께 하는 시간이 늘어나며, 자녀가 미취학 아동이거나 초등학생일 경우 보호자의 양육 스트레스가 상대적으로 높고, 아동이 어릴수록 보호자의 정신건강 상태에 부정적 영향을 받는다'고 언급되었다. 특히 저소득·취약 계층일수록 자녀를 방임하거나 신체·정서적으로 학대하는 경우가 많았고, 아침 식사를 거르는 일도 많았다고 보고했다. 실태 조사 결과 가정의 사회경제적 지위 등에 따라 코로나19의 영향이 다르게 나타났고, '전염병은 불평등했다'고 강조했다.[196] 2020년 미국의 '뉴잉글랜드 의학저널' 학술지에는 코로나19로 집에서 지내는 시간이 많아지면서 가까운 사람끼리의 폭력이 증가했다고 보고했다.[197]

결국 가정 생활은 코로나19로 보호자의 실직, 직장모, 재택근무, 온라인 학교 및 유치원 교육 등의 돌봄으로 가정에서 가족원들끼리의 밀접도가 높아지고, 함께 보내는 시간이 길어지면서, 스트레스와 불안은 가장 약자인 아동에게 피해가 제일 많이 몰리게 되고, 특히 취약계층은 더욱 심하다는 것이다. 이로 인하여 불평등은 심화되고, 엄마의 역할이 가중되며, 저소득층의 돌봄이나 엄마의 스트레스 치료도 필요하며 어린이박물관은 아동 가족에 대한 형평성과 포

---

195 https://www.ibabynews.com/news/articleView.html?idxno=95434

196 https://www.ibabynews.com/news/articleView.html?idxno=95434

197 하지현, 2021, 『포스트코로나, 아이들 마음부터 챙깁니다』 창비, p.26

용성 있는 태도를 지향해야 할 것으로 보인다.

그리고 학교를 등교하지 못하는 온라인 수업의 아동들을 살펴보자. 온라인 수업을 할 수 있는 컴퓨터나 노트북, 최소한 핸드폰으로 집에서 교육을 받아야 하는데, 이를 위한 장비가 있고 네트워크 접속을 잘 해야 가능하다. 비대면이라 잘 따라하지 못하면 제대로 수업을 소화하기도 어렵다. 특히 취약계층들이나 조손 가정이나 한부모 가정 같은 경우는 더한 어려움이 예상된다. 또한 초등학교로 바로 진학한 2020년 1학년은 정교육의 집단 생활 자체를 경험하지 못하여 규칙적인 생활이나 사회화 기능이 현저하게 떨어진다고 초등학교 교사들의 말을 들은 기억도 있다.

공감 능력과 감정 읽기의 어려움

교육부의 교육통계서비스에 따르면 2020년 1학년 학생은 1,347,085명으로 전체 학생의 25.2%에 달한다고 한다.[198] 정신건강학과 하지현 교수는 2학기부터는 초등 1학년의 등교를 최우선 정책으로 시작된 것은 교육 당국이 1학년 문제의 심각성을 인식한 것이라고 언급했다.[199]

또한 그는 아동의 공감 능력의 부재를 언급했는데, 예전에는 동네 친구들과 어울리거나 대가족 공동체안에서 자연스럽게 익혔는데, 핵가족화와 학교 등교 부재 등으로 공감 능력을 발달하기 힘든 상황임을 말했다.[200] 특히 우리가 마스

---

198 하지현, 2021, 『포스트코로나, 아이들 마음부터 챙깁니다』 창비, p.42
199 하지현, 2021, 『포스트코로나, 아이들 마음부터 챙깁니다』 창비, p.42
200 하지현, 2021, 『포스트코로나, 아이들 마음부터 챙깁니다』 창비, p.42

크를 씀으로 인해서 눈만 노출되어 얼굴 전체에서 풍기는 타인의 감정을 읽어내기가 어려운 상황이다. 타인에 대한 감정읽기의 어려움은 아동이 타인과 의사소통하고 교류하는데 매우 어려운 상황을 만든다고 할 수 있다.

따라서 사회적 동물인 인간은 아동기부터 타인과의 교류가 없으면 미래 시간에 필요로 하는 인간만의 감정 능력, 문제해결 능력 등 로봇이 아닌 인간만의 능력들이 잘 성장하지 못하게 될 수 있다. 코로나로 인해서 미래학자들은 미래가 더욱 빨리 도래한다고 말하는데 미래 세상을 살아가기 위해서 로봇이 하지 못하는 인간만의 특별한 능력이 필요하다. 인간의 사고를 특화시키기 위해서는 획일화된 사고가 아니라 확산적 사고, 창의적 사고, 무궁한 상상의 사고력이 아동에게 도움이 된다.

디폴트 시간의 필요

하지현 교수에 따르면, 외부의 자극이 들어오지 않은 상태일 때 뇌가 이런 저런 네트워크의 상호작용을 하는 것이며, 많은 연구에 따르면 '디폴트 모드 네트워크(Default Mode Network)'는 빈둥거림이나 몽상에 의해 잘 활성화된다고 보여주며, 이는 새로운 관점에서 문제를 바라볼 수 있게 돕는다고 했다.[201] 그러나 이러한 빈둥거림이나 몽상 상태는 요즘의 쫓기듯이 사는 우리 아동들에게서는 보기 힘든 여건이다.

요즘 사람들에게 인기있는 불멍, 물멍 이런 것들도 결국 뇌를 쉬게 해주는 것들이고 타이트한 삶 속에서 여유를 찾고 뇌의 균형을 맞추는 모습들로 보여지듯이, 아동들에게도 필요한 시간들로 보인다. 오래전 ACM에서 발표한 어떤 사

---

201 하지현, 2021, 『포스트코로나, 아이들 마음부터 챙깁니다』 창비, p.178

례로는 멍때리는 시간, 쉬는 시간, 즉 디폴트하는 시간의 중요성에 대해 다루어진 것으로 이런 시간들이 뇌를 활성화시킨다고 알고 있다. 흔히 유아를 잠에 들게 하기 위해서 부모님들이 읽어주는 동화책은 무한한 상상 속에서 유아들을 잠들게 한다. 인간이면 누구에게나 느슨하고 상상 속의 시간이 필요하다고 생각되며, 결국 이런 시간들이 인간을 창조적 사고로 이끌어 가는 것으로 사료된다. 미래사회는 VUCA (variability, uncertainty, complexity, ambiguity) 라고 한다. 변동성이 심하고, 불확실하며, 복잡하고, 모호하다는 뜻이라고[202]한다. 따라서 이런 미래 시대를 살아갈 수 있는 역량을 갖추기 위해서는 인간적인 사고와 능력들이 필요하다고 생각된다.

일상의 소중함과 지속성

코로나19가 끝나도 계속될 일상의 모습에 대해서 물리교육자 정윤선은 마스크 착용, 손씻기, 재택근무, 온라인 수업, 홈트, 캠핑, 작은 결혼식, 실용적인 패션, 가정 간편식과 밀키트, 휴식이라고 예측하였다.[203] 이중 언제 다시 발생할지 모르는 또 다른 바이러스 때문에 사람들은 당분간은 마스크와 손씻기 등의 방역은 지속되리라 보며, 재택 근무와 온라인 수업 등도 빈도는 적어도 지속적으로 도입되어 갈 것으로 보여진다. 가족과 우리가 누렸던 일상생활의 중요성과 학교의 등교, 교우 간의 관계 등에 대한 필요성이 부각되었다. 넓게는 또한 이번 코로나로 환경의 중요성과 전 지구적인 협조체제의 필요성, 기후 변화에 대한 경각심 등이 일어났다고 사료된다.

---

202 하지현, 2021, 『포스트코로나, 아이들 마음부터 챙깁니다』 창비, p.189
203 정윤선, 2022, 『어린이를 위한 포스트 코로나 안내서』, 다락원. p52~53

(3) 포스트 코로나 시대의 한국어린이박물관의 역할

① 어린이박물관의 역할

어린이박물관협회에서 어린이박물관의 역할에 대해서 정의한 4가지 차원에 대해서 검토해보겠다. 이는 지역의 방문지(Local Destination), 교육적 실험실(Education Laboratories), 지역사회 자원(Community Resourse), 아동 옹호(Advocates for Children)[204] 의 차원이다.[205]

ACM에서 정의한 4차원을 간단히 소개하자면 첫째, 지역방문지는 긍정적인 부모 자녀 상호작용을 격려하고 긍정적 아동 발달의 최신 현상을 접목한 자연주의적이고 아동 중심의 장려를 설계한 학습 전문 공간이다. 둘째, 교육적 실험실은 정규 교육을 벗어나서 학습에 아동을 참여시키기 위해 아동 중심과 놀이 기반 교육학을 배양하고 혁신한다. 셋째, 지역사회 자원으로서 어린이박물관의 존재는 더 많은 어린이 친화적 공동체를 만드는 것을 돕고, 종종 지역사회 활성화 노력의 중추기관이다. 넷째, 어린이 옹호자로써의 어린이박물관은 아동의 건강부터 학업, 사회 문제까지 지역사회의 아동 가족의 현재 요구에 지속적으로 대응한다. 또한 관람 프로그램, 장애우 아동 가족을 위한 프로그램, 다문화 프로그램 등과 함께 형평성과 포용성에 대한 헌신을 한다라고 정의했다.[206]

---

204 https://childrensmuseums.org/2019/08/12/what-is-a-childrens-museum/

205 본인은 어린이박물관 역할의 포괄적인 상위개념이라고 고려되는 ACM에서 선언한 4차원을 역할로써 언급해 보고자한다.

206 https://childrensmuseums.org/wp-content/uploads/2021/11/ACMFourDimensionsofChildrensMuseums.pdf

코로나 시기에 국내외의 각 기관은 소속 기관의 역할에 맞게 혹은 지역사회의 필요 조건, 생존 고민, 예산이나 인력 등의 상황에 맞게 역할을 변화하기도 하면서 위에 언급한 4가지 차원의 어린이박물관의 다양한 역할들을 수행하였다.

② 한국 어린이박물관의 역할 확장

가) 지역 방문지로써의 첫째 역할

체험식 박물관으로써 어린이들의 발달을 맞추고 지원하는 가장 기본이 되는 역할이다. 따라서 부분적으로 개관은 하였으나 코로나 환경에서 제일 활성화되지 못한 역할로 박물관의 오감각을 촉진시키는 콘텐츠 면대면 체험의 중요성을 다시 한번 생각하게 된다. 2021년 뉴욕타임즈에 게재된 '포스트 코로나 시대에 박물관이 생존하고 번영하는 10가지 방법'[207]을 어린이박물관의 역할에 적용해 보면, 제일 먼저 강조한 것이 '소장품'에 집중한다는 것이다. 미국은 관광객이 지난 20년 동안 집중되면서 박물관은 기획전을 중심으로 운영하였으나 전시 예산이 줄어들고 가장 본질이 되는 소장품에 집중하게 되었다. 어린이박물관의 경우도 핸즈온을 기반으로 비대면 시대에서 면대면 체험의 중요성이 더욱 부각된다고 보여진다. 보통 어린이박물관은 1~2시간 거리의 반경이 방문자들의 거주지가 되고, 원거리 거주자들은 인지도가 있는 기관을 방학 때나 주말 여행으로 방문한다.

다소 역할이 중첩되는 사례들도 있으나 지역방문지로써의 역할로는 학교의 폐교에 따라 방역 지침에 따른 박물관의 운영이 있었고, 특히 국내의 경우는 방

---

207 https://www.nytimes.com/2021/05/21/arts/pandemic-museums-ideas.html?search ResultPosition=1

역 지침으로 관람객 인원수를 조절하여 소수로 받으면서 운영하여 복작거리던 전시장의 관람 질이 상승되기도 한 긍정적 방향이기도 하였다.

한국어린이박물관은 신체발달 지원 콘텐츠가 필요한데 코로나로 인하여 마음껏 놀이터에서 놀지 못하고 등교도 어려워 가정에 있었던 아동들에게 그 필요성은 더욱 절실해 보인다. 아동기는 특성상 신체 발달과 인지 발달이 상호 영향을 주면서 발달하므로 균형있는 발달적 기회가 필요하다. 대근육 발달을 지원하는 클라이머 전시, 실내외 야외놀이들, 규칙있는 게임들 등을 들 수 있다.

나) 교육적 실험실로써의 둘째 역할

국내의 사례로 코로나 시기의 각 기관의 콘텐츠에 부합하는 온라인 프로그램을 들 수 있다. 포스트 코로나 시대에도 박물관 공간의 벽을 넘어 온/오프로 더욱 확장되면서 지속적으로 추진해야 되는 역할로 보인다. 국내 박물관들은 아동의 오감각을 자극해야 효과가 있으니, 교육용 키트를 먼저 제공하고 온라인 실시간으로 프로그램을 운영, 혹은 유튜브를 통한 프로그램을 업데이트했다. 특히 메타버스라는 디지털 기법이 붐을 일으켜서 각 어린이박물관 기관마다 다양한 모습으로 AR, VR, 디지털 플렛폼 등의 가상공간을 펼쳐가기도 하였다.

여기에 우리 아동들에게는 미래 사회를 위한 '디지털 ICT 수행 지원'이 필요한 것으로 보인다. 앞으로의 사회는 인간과 인공지능이 공유되는 사회여야 할 것이므로 열악한 환경에서도 테크놀로지에 대한 정보와 이해를 어린이박물관에서 제공해야 할 것으로 본다.

지역 불균형으로 인한 저소득 열악한 지역사회는 ICT가 잘 수행되지 않을 수 있어, 온/오프로 박물관 내에서 또한 찾아가는 박물관으로 온라인의 지원이 필요해 보인다. 어린이박물관에서는 로우테크과 하이테크의 균형과 그리고 최첨단 하이테크 즉, 미래 기술에 대한 기회 부여로 취약 계층에게 기회 균등이 필요해 보인다.

또한 종사자 입장에서 보면 어린이박물관의 하이퍼 커넥션으로 전문가들의 학술대회나 웹비나가 온라인 회의로 가능해지면서, 더욱 글로벌화를 촉진하여 상호 정보 교류 및 공유가 신속화되어 지속적으로 추진될 것으로 보인다.

다) 지역사회의 자원으로써의 셋째 역할

코로나시 해외에서 박물관의 역할이 매우 다양한 방법으로 확장된 사례를 보여주었다. 포스트 코로나 시기에도 기존의 재정적 압박을 견딘 긍정적 사례로 해외에서 지속될 수 있겠다. 국내도 이런 다양한 역할 전환과 확장 등의 사례로 소속 기관이나 지역의 필요를 검토해 볼 수도 있다. 학교를 가지 않은 아동을 위해서 박물관을 오픈하고, 심지어는 취학층을 위해 교육부와 채터 스쿨까지 설립해가는 사례는 박물관이 지역사회에 필요한 역할을 수행하는 것으로 보인다. 또한 예방접종 장소 제공을 위해 뉴욕 미국 자연사 박물관(American Museum of Natural History)은 갤러리를 백신 접종 장소로 탈바꿈했다. 지역 병원, 대학, 연구소 및 연구 기관과 협력하는 것은 코로나 이후 박물관의 자연스러운 움직임으로 보인다.[208] 또한 특히 어린이박물관에서 강조하는 '지역사회'는 마케팅 이상이며 지역사회의 요구를 면밀히 살피면서 수용해야 할 것이다.

라) 아동 옹호의 넷째 역할

지역 불균형으로 인하여 사각지대에 있는 이주민들을 위해서 박물관에서 식량의 불안까지를 해결하는 노력들과 온라인 프로그램들은 키트 제공을 통해 취약 계층의 어린이들, 사각 지대의 어린이들, 원거리의 아동 가족에게도 다가

---

208 https://www.nytimes.com/2021/05/21/arts/pandemic-museums-ideas.html?searchResult
    Position=1

가려는 노력들은 어린이박물관이 지향하는 형평성과 포용성의 모습을 보여준다. 유니세프에서 '어린이 인권'의 언급이 있으나, 어린이 인권과 관련되어 고양 어린이박물관, 경기도어린이박물관과 경기북부 어린이박물관이 콘텐츠로 전시, 교육, 홍보 등을 한 것으로 알고 있다. 이런 주제들은 특히나 공공기관에서 추진해야 하는 사명으로 보인다.

마) '미래 사회 준비'의 다섯째 역할

위의 4가지 역할 외에 필자가 좋은 사례와 현장에서 근무하면서 필요하다고 생각해 온 고민들, 그리고 미래 사회에 필요한 것들을 검토한 결과, 포스트 코로나 시대에 특별히 강조하고 싶은 역할들을 언급하고자 한다.

여기에는 3가지 모습들이 필요하다고 생각된다. 이는 인간적인 감성, 지구 생태환경에 대한 이해와 실천, 사회적 참여를 언급하고자 한다.[209]

첫째로 국내 어린이와 가족 현황을 고려한 '인간적인 감성'의 필요성이다. 어린이박물관의 콘텐츠는 인간적인 감수성에 대한 노력들이 필요해 보이며, 이를 수행하기 위해서는 정신건강이나 치료적인 사례, 감수성에 대한 콘텐츠들의 사례들을 참고해야 할 것으로 보인다. 필자가 언급하였던 어린이박물관의 미래 방향[210]으로써 하이브리드 뮤지움(hybrid Museum)의 역할 수행의 일환으로 아동심리치료, 미술심리치료 콜라보레이션을 통해 아동가족에게 치유를 제공해야한다. 특히 저소득층이나 심리적 문제가 있는 아동 가족은 어린이박물관의 자기주도적 놀이 체험을 함께 하는 것이 치유자들에게도 시너지있는 접근

---

209 'ICT 관련된 이해'는 (2)교육적 실험실에서 언급하여 '미래사회준비' 역할에서 생략하였음
210 김진희, 2019, 「인간다운 인간을 위한 어린이박물관」, 『한국어린이박물관백서 2016~2018』, 국립중앙박물관

이라 사료된다. 감성 콘텐츠 사례를 알아보자

 경기북부 어린이박물관은 2022년 4월 코로나 시대에 마스크를 벗고 '웃는 내얼굴 그리기' 온라인 공모전을 시행하였다. 담당자가 100점 정도 예상하였으나, 1500여점의 메일이 접수되어, 내부 심의를 진행하였고, 유아, 초등저, 초등고 3개의 아동 발달을 고려하여서 온/오프로 관람객을 참여시키고 인스타그램의 이벤트로 선정 투표를 추진하였다. 선정된 총 45점의 작품은 어린이날 행사에 전시를 하였고, 전시 시에 선정된 어린이들의 동영상을 AR을 이용하여서 패드로 연결시켜 접속하여 볼 수 있도록 하였다. 또한 메타버스 프로그램을 개발하여 가상 공간에서도 전시 작품을 볼 수 있게 추진 중이다.
 이는 코로나 시대에 얼굴을 볼 수 없었고, 표정 읽기도 어려웠던 시대를 벗어나 마음을 담을 수 있는 포스트 코로나 시대를 열어가는 가장 접근성이 좋은

[그림 15-17] 경기북부 어린이박물관 '웃는 내얼굴 그리기' 공모전 수상작 전시

[그림 15-18] '웃는 내얼굴 그리기' 공모전 수상작 AR 전시

아동 가족 대상의 이벤트였고, 팬데믹 시대의 염원을 반영한 아동 가족 콘텐츠 행사, 관람객 참여, 온오프 연동의 전시, 메타버스 시스템까지 확장한 어린이박물관에서 할 수 있는 가장 가족들에게 다가가기 좋은 사례의 하나로 생각한다.

둘째는 자연 파괴로 인해서 도래한 코로나의 원인을 살펴보면 결국 '지구 생태환경에 대한 이해와 실천'이 필요하다. 정규 교육에서 매우 강조하고 있는 것으로 알고 있으나, 앞으로 다가올 미래는 언제 다시 바이러스가 침투할지 모르고, 지구환경 보호의 실천이 가족 1차 집단에서부터 실천이 되어야 우리가 함께 공존하는 지구촌이 되는 것이다.

생태학자인 최재천 교수는 코로나 사태로 필요한 변화에 대해서 '생태적 전환'이라고 언급했다. 공장식 축산과 인구 밀집, 지구 온난화, 이 모든 것을 인간이 만들어냈고, 이러한 환경이 역대 최고의 바이러스 전성기를 만들고 있다고 언급했다.[211] 자연을 돌보지 못한 우리는 반성하고 자연과 공존하며, 기후 변화를 줄이기 위해 노력하는 것이 필요하다.

셋째로는 '사회적 참여'이다. 미래 사회는 집단 지성에 의해서 이끌려지며, 기업과 공기관들은 ESG(Environment, Social, Governance)경영[212]을 추진한다. 특히 이런 사회적 참여나 현 사회의 분위기들은 사회적 현상에 대한 비판적 의식과 참여 의지를 갖도록 적어도 발달상 초등 시절부터 교육이 필요해 보인다. 국내의 사회적 이슈는 코로나 시기에도 다양했다. 2022년만 하더라도 떠오르는 것이 5월5일 어린이날 선정 100주년의 행사, 2022년 봄의 산불 사태, 우크라이나 사태였다. 아동과 가족에게 우리를 둘러싼 사회적 이슈에 대해서 비판적으로 생각하는 사고를 불러일으키고 사회적 참여와 생각들을 이끌어 가도록 노력해야 할 것으로 보인다.

한 가지 예로 2022년 소파 방정환선생이 어린이날 선정 100주년으로 국내 어린이박물관이 많은 행사들을 한 것으로 안다. 그러나 그가 100년전 어린이날을 선포한 목적에 맞는 어린이날의 재개념화가 필요하다고 생각한다. 당시의 어린이 인권과 지금은 차이가 있고, 선생의 이념을 기리면서 주변의 어린이들을 살펴보아야 할 것으로 보인다. 이런 특별한 행사들은 선생의 이념과 어떤 연관성이 있는지 성찰이 필요하겠다. 어린이날은 소비 사회와 결합하여(성탄절도 마찬가지로 판단된다) 선물로, 야외로 나가야하는 날이 되었으나, 소파 선생은 선물보다는 동화책을 읽어주라고 한 것으로 안다. 어린이박물관들이 이런 부분들을 의식있게 생각하고 향후 전문가로 구성된 어린이 관련 협회들과 콜라보

211_ https://21erick.org/column/5106/

212_ https://terms.naver.com/entry.naver?docId=5906639&cid=43659&categoryId=43659
친환경, 사회적 책임경영, 지배구조 개선 등 지속발전할 수 있는 철학을 말함

를 한다면 긍정 효과를 얻을 것으로 보인다.

역할 선택과 집중의 필요

포스트 코로나 시대 박물관이 삶을 영위하려면 그 목적을 본질로 요약해야 하고 그 사명을 수백 가지 다른 방식으로 실행해야 한다[213]고 언급했다. 또한 ACM에서도 언급하길 모든 어린이박물관은 역할을 다르게 시행하며 지역사회에서 어린이와 가족을 둘러싼 비판적 대화의 선두에 서고, 연대를 이끌며, 정책과 관행을 바꿀 수도 있다[214]는 것을 코로나 상황에서 기관을 운영하면서 보여주었다. 따라서 어린이박물관의 역할은 더 넓어졌고, 정답이 없는 문화예술기관은 지역사회나 소속한 기관의 미션과 비전에 맞게 아동과 가족의 현황을 파악하고 그들에게 필요하고 요구되는 역할들을 수행해야 하겠다. 또한 기관의 운영에 맞는 예산과 인력, 그리고 시스템에 맞는 '선택과 집중'으로 박물관의 사회적 정의인 다양성· 형평성 ·포용성· 접근성· 소속감을 수용하면서 지속적인 사업을 추진하는 것이 시대에 맞는 가장 효율적인 역할 변화라고 생각한다.

---

213 https://www.nytimes.com/2021/05/21/arts/pandemic-museums-ideas.html?searchResult Position=1
214 https://childrensmuseums.org/wp-content/uploads/2021/11/ACMFourDimensionsofChildre nsMuseums.pdf

3) 결론

지구촌을 강타했던 코로나19 상황에 따라 어린이박물관은 다양한 모습으로 아동과 가족들에게 다가가려고 노력하였다. 그 결과, 여러 기관마다 지역사회의 요구에 따라 또는 기관의 현황에 따라 보여준 사례들은 어린이박물관의 역할을 더욱 다양하게 만들었고 업무 범위를 확장하게 만들었다.

해외 사례에서는 엄청난 재정의 빈 공백을 위하여 그 지역사회에 맞는 모습들로 매우 다양하게 변화가 펼쳐졌고, 국내 사례에서는 주로 국공립으로 이뤄진 어린이박물관의 주류로 온라인 프로그램부터 가상현실, 메타버스까지 더욱 디지털 테크놀로지에 박차를 가한 프로그램이 운영되었다.

이에 ACM에서 다룬 어린이박물관의 4가지 차원인 지역방문지, 교육실험실, 지역사회 자원, 아동 옹호의 4가지와 더불어, 필자는 한국어린이박물관에 필요한 역할로 '미래사회 준비'를 강조하였다. 이는 필자가 어린이박물관 30여년을 종사하면서 포스트 코로나 시대의 어린이박물관에 필요하다고 생각하는 내용을 담았다. 첫째로는 특히 코로나 시대에 힘들었던 정서적 측면에 대한 '인간적인 감성'에 대해서 이다. 코로나 블루로 인해서 정신적인 치유부터 시작해서, 미래 시대에 로봇과 차별화되는 인간적인 감성에 대한 콘텐츠가 다뤄져야한다고 본다. 둘째로는 우리 모두가 이번 코로나 상황으로 공감하게 된 '지구 생태환경에 대한 이해와 실천'이다. 1차 집단인 아동 가족에서 아동기부터 지구 생태에 대한 이해와 보존 개념이 확립되어야 한다면 이는 어린이박물관에서도 다뤄져야 할 것으로 보여진다. 셋째로는 '사회적 참여'이다. 어린 시절부터 아동과 가족은 사회문화적 이슈에 대해서 비판적인 사고를 불러일으키는 역할을 해야 하며, 사회적 참여와 생각들을 이끌어 갈 수 있는 노력을 해야 할 것으로 보인다. 특히 2022년 봄에 있었던 한국의 어린이날 선포 100주년의 재개념화, 산불 사태, 우크라이나 사태는 어린이박물관에서 아동이 이해할 수 있는 수준으로 다뤄질 수 있는 주제로 보여진다.

어린이박물관은 ACM에서 정의하였으나 그에 따른 수많은 다양한 방식과 사례로 운영된다. 모든 어린이박물관은 그 기관의 미션과 상황에 맞게 어린이박물관의 역할을 수행할 수 있다. 어린이박물관은 지역사회, 넓게는 국가적인 차원에서 미래를 준비하는 현시대의 아동과 가족에게 필요하고 지원할 수 있는 방법으로 그 본질적이고 사회적인 역할을, 이제는 더 다양해진 역할 중에서 더 선택적으로 집중하면서 차별화된 모습으로 이끌어 갈 수 있다고 생각한다. 감사합니다.

참고 문헌

김진희, 2019, 「인간을 위한 인간다운 어린이박물관」, 『한국어린이박물관백서 2016~2018』, 국립중앙박물관

서유헌 (2009) 뇌를 알고 가르치자, 네이버캐스트

정윤선, 2022, 『어린이를 위한 포스트 코로나 안내서』, 다락원.

하지현, 2021, 『포스트코로나, 아이들 마음부터 챙깁니다』, 창비

https://knology.org/article/understanding-the-impact-of-covid-19-on-children-s-museums

https://childrensmuseums.org/2021/03/11/new-issue-of-hand-to-hand-forged-in-fire-new-models/

https://sites.tufts.edu/museumstudents/?s=pandemic+Museum

https://childrensmuseums.org/2021/03/11/food-pantry-fulfills-a-need-and-opens-a-world-of-possibilities/

https://childrensmuseums.org/2021/03/11/expanding-the-earned-income-menu-camps-seasonal-fun-family-play/

https://childrensmuseums.org/2021/03/11/an-ongoing-journey-of-healing/ https://www.aam-us.org/2022/01/19/in-the-pandemic-a-new-museum-charter-school-is-born/

https://www.yna.co.kr/view/AKR20220419069900004

https://www.ibabynews.com/news/articleView.html?idxno=95434

https://21erick.org/column/5106/

https://childrensmuseums.org/2019/08/12/what-is-a-childrens-museum/

https://www.instagram.com/p/B1EWOI4h8wm

https://childrensmuseums.org/wp-content/uploads/2021/11/ACMFourDimensionsofChildrensMuseums.pdf

https://www.nytimes.com/2021/05/21/arts/pandemic-museums-ideas.html?searchResultPosition=1

https://www.npr.org/sections/ed/2016/07/27/486875233/ready-set-play-a-top-10-
playlist-from-the-nations-childrens-museums

https://nysci.org/nysci-exhibits

https://sites.tufts.edu/museumstudents/?s=pandemic+Museum

https://nfm.go.kr/kids/nfmkid/education/selectEducation.do?e_seq=12547&pageIndex
=1&e_to_target=&cheketarget=&searchCont=&searchDateFrom=&searchD
ateTo=&subType=&e_receipt_type=

https://www.seoulchildrensmuseum.org/news/boardView.do?id=930&bbsCnum=
500&bbs_id=10&page=1&searchKey=

https://goyangcm.or.kr/special/special_detail.asp?cateid=122&idx=3384

https://www.youtube.com/channel/UCMMjlwcfEN7icOZ4WANf7Jg

어린이박물관의 미래 방향
- 인간다운 인간을 위한 어린이박물관 -[215]

1. 서론

원고를 쓰기 시작하였을 때, 필자는 미래 전망, 인간 발달론, 유아교육 측면, 어린이박물관 측면으로 4가지 측면을 고려해야겠다고 생각하였다. 서적을 찾고 배운 것들을 리뷰하며 국내외 박물관 측면을 보다 보니 뮤지움은 복합 기능이 요구되어 내용이 방대해져가고, 특히 코로나 상황으로 박물관의 역할들이 더욱 다각화되었다. 정리가 필요한 시점에서 필자는 가장 기본이 되는 어린이박물관 현장을 떠올려 보았다. 우리의 자녀와 아동들이 기대감을 가지고 즐겁게 뛰어들어 오는 입구, 아동이 자신들을 위한 공간 환경이라는 것을 파악하고

---

215 2019년 국립중앙박물관 발행의 '한국어린이박물관 백서 2016~2018'의 필자의 원고를 실었음.

생생히 즐거워하는 곳이다. 가정에서도 유아 기관에서도 학교에서도 아동만을 위해서 맥락적인 환경의 자기 주도적 놀이 학습 공간은 전폭적으로 제공하진 못한다. 온전하게 모든 것이 아동을 환영하며 놀랍고 경이로움을 주도록 설계하고 건강한 삶과 세상을 살아가는데 대비하도록 지원하는 기관으로 우리는 어린이박물관의 중요성을 새삼 느끼게 된다. 가끔 우리 종사자들은 박물관을 떠나기 싫어서 부모에게 때를 쓰며 우는 아동을 본다. 우는 아동에 대한 안타까움과 이곳을 떠나지 못하는 아동들 보면서 업에 대한 만족감을 함께 느끼기도 한다. 다행히 요즘은 코로나 시절로 인하여, 소속했던 기관들이 입퇴장 시간을 지정하여서 이런 아동을 보기는 힘들다.

그럼 우리의 아동에게는 어린이박물관에서 무슨 일이 일어나는가? 예술적 디자인 감각이 흐르는 시각적 자극, 피아제(Piaget)의 물리적 환경에 대입되는 전시물을 체험하면서 촉감과 대소근육을 사용하고, 비고츠키(Vygotsky)의 근접발달지대(ZDP)를 알 수 있는 동행한 또래나 형제, 양육자나 부모들과의 대화가 촉진되며, 체험과 대화로 사고 작용을 하며, 자신의 경험이나 발달 수준 그리고 개인적 관심에 따라서 자기 주도적으로 전시물을 자유롭게 탐색한다. 때론 한국의 어머님들은 자식에 대한 지적 열정으로 본인이 주도해서 가는 면이 보여지기도 하지만… 그리곤 아동들은 맛있는 먹거리를 먹고, 지칠 줄 모르는 잉여에너지를 다시 발산하며 박물관의 수많은 정보를 탐색하며 놀이하며 다닌다. 여기서 우리는 심리학자 가드너(Gadner)가 왜 어린이박물관을 선호했는지 다중지능의 개발이 풍부하게 실현될 수 있는 기관이라는 것을 알게도 된다.

그럼 우리의 다가오는 미래인 인공지능 시대에 어린이박물관은 어떤 모습이어야 할까? 가정, 학교, 사회, 그리고 어린이박물관으로 연관성을 가지며 생각해야 하는데, 가족은 해체되어 가며 부모는 양육의 어려움을 겪으며 로봇 돌봄이와 친구가 등장한다. 학교는 사실 말하자면 변화가 제일 느린 곳이다. 그럼

어린이박물관은 가정에서 못하는 학교에서 못하는 무엇인가를 해야 하고 아동의 삶에서 가장 밀접한 제2의 집과 제2의 학교와 같은 기능을 포함해야 하지 않을까를 고민해 본다. 즉 아동이 인간답게 성장하도록 발달을 적극 지원하는 집과 아동의 학습이 일어나도록 재미나는 환경으로 연출해서 스스로 평생 학습의 기반이 되는 그런 곳, 기계가 못하는 가장 인간다운 인간의 기능이 살아있도록 해주는 뇌 발달을 잘 촉진해서 테크놀로지 환경을 잘 활용해 고등 기능이 더욱 잘 발달하도록 하는 인간이 되도록 준비해주는 곳, 그곳이 어린이박물관이어야하지 않을까? 아동 중심, 삶의 중심에서 아동의 발달에 맞는 인간의 가치를 추구하는 도덕성, 사회적 관계, 창의성, 직관력, 통찰력, 자존감, 행복, 치유 등의 내용을 수반한 매우 복합적 기능을 수행하는 가족을 지원하는 기관으로 한마디로 압축할 수 있는 '아동 발달 뮤지움'으로의 변화를 고려해 본다.

2. 본론

어린이박물관은 아동이 세상에 대한 이해와 지식을 스스로 학습하여 미래 사회를 살아가는데 준비를 하도록 도와주는 기관으로 이는 아동 가족문화, 학교나 교육계, 시대적 변화 등의 요구와 밀접한 관계를 맺고 그 콘텐츠가 정해진다. 여기에서 인공지능 시대의 모든 것을 예측하며 그 관계를 다루기에는 한계가 있으므로, 필자는 미래 사회의 전망을 통해서 인간이 가장 인간다울 수 있는 인간 발달에 초점을 맞추어 어린이박물관의 미래 방향을 기술하도록 하겠다.

인공지능 시대인 제4차 산업혁명 시대의 미래 사회를 전망할 때, 본인은 세계의 미래학자들의 집필서인 유엔미래보고서를 본다. 유엔미래보고서는 몇 가지 서적이 나와 있으나, 경기도어린이박물관 재직시절(2015.4~2017.3)에 핵심 대상 연령층의 시작이라고 볼 수 있는 5세를 기반으로 그들이 성인의 시작인

20세가 되는 2030년을 지침년도로 하여 미래를 고려하였다. 유엔미래보고서 2030년에 변화가 예측되는 내용 중 아동과 양육자의 삶에 직접 연관되는 내용을 뽑아보면[216] (박영숙 외 3명, 2012) 아이 돌봄 로봇의 등장, 로봇 친구의 생성, 바이오 센서의 인간 교감, 정보기술의 변화로 모니터 상으로 모든 일을 처리, 전자 상거래로 세계는 하나로 통합되며 인간 몸에 칩이 저장, 많은 언어의 소멸에 따라 그래픽이나 영상이 소통의 주요 도구가 된다.[217](박영숙 외, 2012) 물론 이런 내용들은 세계적인 변화의 최첨단에 있는 내용들이다. 또한 한국의 상황은 2035년 1인 가구 수가 전체 가구의 34.3%를 차지하고 1위를 차지하게 된다.[218](박영숙 외, 2012) 가족이 해체되어 가며 다양한 가족의 출현, 1인 가구는 고령화 사회의 특징이기도 하다.

따라서 탄생과 더불어 인간은 로봇과 인공지능 시대와 함께 살아가는 환경이고, 로봇의 양육을 받고, 친구가 되며, 실생활 인간의 접촉보다는 가상인 온라인 공간에서의 삶이 현저하게 많아지는 시대이며, 또한 고령화 시대에 늘어난 기대 수명 만큼 혼자서 살아가는 삶을 맞이하게 된다. 이에 따라 지금 환경과는 매우 다른 국면을 맞이하게 되며, 어린이박물관의 대상인 아동의 뇌 발달도 환경의 영향으로 발달이 달라질 수 있다.

인간의 뇌를 구분하면 (서유헌,2009) 꼬불꼬불한 대뇌피질로 되어 있으며 크게 전두엽, 측두엽, 후두엽 등이다.[219]

---

216 박영숙, 제롬 글렌, 테드 고든, 엘리자베스 플로레스큐(2012), 유엔미래보고서 2030, 교보문고
217 상동
218 상동
219 서유헌 (2009) 뇌를 알고 가르치자, 네이버캐스트

- 영아기(만0~3세) : 뇌가 가장 활발하고 고르게 발달하는데, 특히 정서가 발달한다. 이 시기에는 감정의 뇌가 일생 중에서 가장 빠르게 그리고 예민하게 발달하기 때문에, 사랑의 결핍은 후일 정신 및 정서 장애로 연결되는 경향이 많다.
- 유아기(만3~6세) : 인간성을 길러줘야 하는데 세 살 버릇이 여든 간다는 말이 맞는 시기이다. 전두엽이 최고 발달하는 시기로 인간의 종합적인 사고와 창의력, 판단력, 주의 집중력, 감정의 뇌를 조절하는 가장 중요한 부위일 뿐 아니라 인간성, 도덕성, 종교성 등 최고의 기능을 담당하는 곳이다.
- 유아동기(만6~12세) : 두정엽의 입체 논리적 사고와 측두엽의 언어 능력이 마구 자란다. 언어의 청각 기능을 관장하는 측두엽이 발달하는 시기로 외국어 교육을 비롯한 4R 교육이 효과적으로 이루어질 수 있다. 또한 공간 입체적인 사고, 즉 수학 물리학적 사고를 담당하는 두정엽도 이때 빨리 발달한다.

위의 영유아 및 아동기의 뇌 발달을 기반으로 미래 사회에서의 변화를 대입해 보면, 영아기의 고른 뇌발달이 일어나는 시기에 정서 발달은 부모나 양육자가 매우 중요한 인적 환경이다. 따라서 이때는 인간이 아닌 로봇의 돌봄으로 대체할 때 정서발달이 잘 이뤄지지 않아 심한 경우는 정서 장애로까지 갈 수 있다. 특히 현대 핵가족 시대에 자녀 양육은 대가족내에서 이뤄진 양육학습이 습득되지 않아 자녀 양육에 대한 어려움이 있고, 심지어 발달상 어려움으로 인해 소아정신과, 발달상담소가 동네 곳곳에 있기도 하다. 그러므로 0세~ 만6세 뇌 발달을 위해서는 인공 지능에 의한 양육이나 로봇 친구는 인간다운 감정 능력이 없으며 이때는 부모나 양육자의 애정 어린 양육이 인간을 위한 필수 조건이 된다. 따라서 감정과 인간이 고등기능 발달하는 시기는 성숙한 양육자에 의해서 질 좋은 양육이 바람직하다.

어린이박물관은 형식 기관과의 학습적 관계도 고려해야 하므로 정규교육 차원에서 살펴보면, 우리나라 영유아기 정규교육에서는 누리과정으로 5개의 영역인 신체운동 및 건강영역, 의사소통, 예술경험, 자연탐구, 사회관계 영역이 있다. 정서교육은 사회관계 영역에 주요하게 다뤄지며, 하부 구조로는 나를 알고 존중하기, 나와 다른 사람의 감정을 알고 조절하기, 가족을 소중히 여기기, 다른 사람과 더불어 생활하기, 사회에 관심 갖기가 있다.[220](교육과학기술부 및 보건복지부, 2013) 그러나 학교나 유아 기관 교육 현장에서는 정서교육이 그다지 활발하게 이뤄지지 않는데, 이는 지나치게 인지적 측면을 중시하는 사회적 분위기나 정서 자체가 뚜렷하게 눈에 보이지 않는 객관적인 특성을 가지고 있지 못하다는 점에 기인한다고 언급되었다.[221] (정옥분 외 2007) 따라서 정서 교육을 가정에서 해야한다 생각하는 면들은 한국 가족의 해체로 정서 교육이 더욱 어려워지며, 학교에서도 수용되지 않아 향후 아동 청소년기의 문제점으로 도출될 수 있다. 인지적 학습은 기본적으로 정서가 안정이 되어야 잘 발달될 수 있다.

이에 대한 대안적 모습으로 어린이박물관에서 정서 교육이나 부모 교육, 양육 교육 등이 필수적으로 이뤄지도록 해야한다는 점이다. 조지워싱턴대학의 J. Luke 외 공동연구에서 '어린이박물관의 학습 가치'(2013)에 의하면[222] 어린이박물관 전문가들은 박물관이 독특한 학습 환경을 가지며, 다른 곳보다는 좁은 관람객층과 상호작용적, 체험식, 놀이 기반의 경험이 창의적이라는 점, 학습 콘텐츠보다는 학습자에게 전인적 발달에 초점을 둔다고 보고했다. 또한 전문가들

---

220 교육과학기술부 및 보건복지부(2013), 3-5세 연령별 누리과정, 교육과학기술부 및 보건복지부
221 정옥분, 정순화, 임정하 (2007), 정서발달과 정서지능, 학지사
222 Jessica J. Luke & Travis Windleharth (2013), The Learning Value of Children's Museums : Building a Field-Wide Research Agenda, Institute of Museum and Library Service

은 박물관에서 사회 정서적 성장의 성과를 가져온다고 믿었으나 문헌적인 증거가 없어, 미래 조사의 중요한 방향이라고 보고했다.

  어린이박물관은 피아제(Piaget)의 이론인 아동의 발달단계를 고려하면서 아동이 세상을 이해할 수 있는 아동 중심으로 생활과 삶 속의 콘텐츠를 기반으로 펼쳐가야 할 것이며, 전인 발달과 놀이식 경험, 비고츠키(Vygotsky)의 또래나 주변 양육자와의 관계를 통한 자극과 발달, 그리고 영유아기에 자신에 대한 이해와 안정된 정서로부터 출발하여 타인을 이해하는 브론펜브뢰너(Bronfenbrenner)의 생태학적 접근의 사회관계로 망을 넓혀가도록 구성해야 할 것이다.
  따라서 필자가 미래의 어린이박물관의 방향으로 제안하는 뮤지엄들은 미래에 필요한 인간 고유의 기능인 정서 개발의 지향과 아동에 기반한 놀이 기반 뮤지엄, 아동 발달 뮤지엄, 박물관의 기능의 다각화를 반영한 하이브리드 뮤지엄으로 서술하면 다음과 같다.

1) 놀이 기반 뮤지움 (Play-based Museum)
  놀이는 유아기 아동 발달에 있어서 필수적인 요소라서 많은 학자들이 놀이의 개념을 언급해왔다. 호이징가, 쉴러, 레비(Huizinga, Schiller, Levy) 등의 있었고, 한마디로 듀이(Dewey)의 언급으로 정리할 수 있다. 듀이는 '놀이란 어떤 결과를 위해 의도적으로 행하는 것이 아닌 모든 활동을 지칭한다'고 말했다.[223](이숙재 1997, 재인용) 따라서 목적 지향적인 일이나 노동과 쉽게 대비할 수 있다. 학자들은 아동의 놀이와 신체, 사회성, 인지, 언어 및 창의성 발달과의 관계를 분석하

---

223 이숙재 (1997), 유아를 위한 놀이의 이론과 실제, 창지사

여 아동의 전인적 성장에 영향을 준다고 설명했다.[224](이숙재 1997,재인용) 아동에 있어서 놀이는 발달에 필요한 중요성으로 인하여 어린이박물관에서도 2016년 ACM의 컨퍼런스 주제로 다뤄지며 전문가와 참가자들이 많은 토론을 하였다. 아동의 발달에 맞게 박물관의 체험은 놀이 기반으로 이뤄져야 하며 이는 세계 어린이박물관계에서 중요하게 다뤄진 사례로 보여진다. 심지어 최근 미국소아과학회(American Academy of Pediatrics) 임상 보고서에 의하면[225] 실천 기능을 함양시키는 놀이의 힘은 아동이 스트레스의 나쁜 효과를 완충하고 21세기에 필요한 기술을 세운다고 언급했다.(AAP, 2018) 즉, 놀이는 문제해결, 협력, 창의성 같은 21세기에 요구되는 매우 중요한 기술 능력의 기반이 된다고 할 수 있다. 또한 소아과의사들은[226] 아동에게 설교적인 학습을 보완하는 놀이적 학습을 교육자들이 인식하도록 격려함으로서 놀이의 비구조적인 시간을 아동이 가질 수 있도록 허락해야 한다고 언급했다.(AAP, 2018) 이런 소아과 의사들의 언급은 필자가 배워온 유아교육학자들이 항시 언급하는 이론 내용들과 같다. 따라서 놀이는 자기가 주도적으로 놀 수 있는 시간을 허락하며 아동의 자기 확신에 기여한다. 수없이 많은 정보의 바다에 살아가야 하는 시대에서 주도적인 자기 선택은 중요한 인간의 생존 기술이다. 이것이 학교의 주어진 커리큘럼과 딱딱한 의자 생활의 규격화된 학습공간과 명확한 차이를 보여 주는 어린이박물관의 긍정적인 환경이다. 아동은 자기가 원하며 재미있어 하고 발달에 맞는 전시를 찾아가서 전시를 탐색하고 즐기게 된다. 이는 특히 한국의 교육 현실에서는 더욱 부각될 수 있는 어린이박물관의 장점이다.

---

224 이숙재 (1997), 유아를 위한 놀이의 이론과 실제, 창지사
225 American Academy of Pediatrics(2018), Pediatrics Volume 142, number 3, September 2018, American Academy of Pediatrics
226 상동

아래에 소개하는 놀이 기반의 어린이박물관 콘텐츠는 현재 기관에서 운영하고 있는 긍정적 사례로 추천하고자 하며, 향후 지속적으로 활성화시켜야 할 것으로 보인다.

첫째로는 아동의 부정적 정서를 해소하고 발산할 수 있는 블록 놀이이다. 이는 구성주의에 기반하여 발달 수준별로 자유롭게 쌓아보고 부모/양육자와도 함께 할 수 있으며, 부정적 정서를 해소할 수 있게 부수어 볼 수도 있는데, 미국의 앤아버에 있는 핸즈온 어린이박물관에서 큰 공간에 활성화되어 있고, 국내에는 모사의 제품이 수입되어서 국내 어린이박물관에서도 볼 수 있다.

둘째로는 무형의 자연 요소로 놀이하는 전시 및 프로그램이다. 형상이 없는 소재인 물, 바람, 진흙, 모래는 자유로운 사고 발산과 아동 발달에 맞게 구성될 수 있다. 진흙의 소재로 예술가과 함께 협력하는 프로그램은 오스트리아의 줌 어린이박물관(Zoom)이 잘하고 있는 사례이다.

셋째로 놀이감이나 인형 등의 놀이 매체를 활용한 놀이인데, 이완된 분위기에서 자신의 감정을 투사하며 타인을 이해할 수 있고, 정화 효과가 크다. 이는 소아정신과에서 정서적으로 어려운 아동들에게 놀이 치료법으로 현재 활용되기도 한다. 기회가 된다면 정서적으로 어려운 아동들과 소아정신과적 놀이치료가 어린이박물관계에도 도입되기를 추천한다.

넷째로는 연극 놀이가 있는데, 2016년 제4회 아시아어린이박물관 컨퍼런스에서 ACM 회장인 '로라 미구스'의 발표에서도 강조한 바 있는데, 연극적인 요소를 아동의 놀이에 대입하여 문해, 표현, 예술, 문학 등을 복합적으로 경험할 수 있는 방법이다. 국내에도 1990년대 삼성어린이박물관에서 '사다리 연극놀이'와 함께 협업으로 시작한 바 있다.

다섯째로는 2017년 ACM에서 강조한 성인이 개입되지 않은 아동들이 스스로 하는 자유놀이이다. 이는 유럽의 모험 놀이터와 유사하며, 박스, 판재, 밧줄, 도구 등을 제공하며, 샌디에고의 뉴어린이박물관에서 실내에 적용한 사례가 있다. 이런 자유놀이 프로그램은 아동들의 협업으로 이뤄지는 놀이이므로 또래 간의 상호작용이 활발히 이뤄질 수 있어 사회성 발달에 도움을 준다.

2) 아동 발달 뮤지움 (Child Development Museum)

어린이박물관 연구(Jessica J. Luke & Travis Windleharth, 2013)[227]에 따르면 미국 어린이박물관 106개의 기관 조사에 의한 답변에는 관람객의 대상이 확장되었는데 즉, 아동에서 가족으로 변화되었다고 조사되었다. 그 이유는 부모/양육자가 의미있게 박물관에 참여하는 법을 이해하기 위해서였다. 뮤지움은 아동만 오는 기관이 아니라 아동과 가족이 함께 오는 기관이므로 아동에 맞는 콘텐츠와 가족의 즐거운 경험이 되도록 함께 제공되어야 한다고 사료되는 연구이다.

John Falk & Lynn Dierking(이보아 역, 2008)에 의하면[228] 박물관 관람객 연구에서 가족 단위로 박물관을 방문한 아동들은 아동들의 관심과 주요한 고려 사항으로는 좋아하는 전시물, 뮤지엄 숍, 음식에 집중되어 있다고 보고했다. 또한 런던 자연사박물관을 관람한 가족 구성원의 기억을 연구한 결과 가족 구성원의 즐거움과 행복과 관련된 것들 (일정, 점심, 육체적인 편안함과 같은 사회적 고려사항)이었다.[229] 따라서 이런 연구 결과들은 아동과 가족 관람객이 핵심 관람객인 어린이박물관에서 고려해야 할 요건들로 보여지며 이는 즉, 콘텐츠뿐 아니라 가족들의 나들이 장소로써 휴식 장소, 식사 공간, 숍 등의 물리적 여러 부대 시설을 가족 중심으로 충분히 제공되어야 할 것으로 증명되는 결과이다. 이런 물리적 시설들을 고려한 박물관의 노력들이 결국은 가족의 정서적 행복과 즐거움

---

227 Jessica J. Luke & Travis Windleharth (2013), The Learning Value of Children's Museums : Building a Field-Wide Research Agenda, Institute of Museum and Library Service
228 John Falk & Lynn Dierking (이보아 역, 2008), 관람객과 박물관, 북코리아
229 상동

으로 귀결되는 어린이박물관의 지속적인 미래 충족 조건으로 판단된다.

　　그리고 어린이박물관은 보통 취학 전후를 핵심 대상으로 하는데, 대상의 범위를 부모/양육자와 영아를 더욱 더 고려해야 할 것으로 사료된다. 성인 교육은 부모/양육자 차원에서 두 가지로 이뤄질 수 있다. 첫째는 영유아 및 아동의 뇌발달에 대한 이론교육과 갈린스키의 부모 발달단계 교육인 이론들이 있고, 둘째는 자녀 양육을 지원하는 실제가 있다. 즉 영아기에 필수적인 고른 뇌발달을 위한 이론과 부모 자녀간의 애착 형성과 정서발달을 위한 학습 강연 같은 것들을 강연 프로그램화하고, 부모 자녀 양육의 실제를 알 수 있도록 뮤지움의 전시 환경을 지원하도록 조성할 수 있다. 자녀에게 지식 중심의 학교 교육을 벗어나 자녀 양육과 교육에 대한 정보를 얻고 싶어 하시는 부모님들을 위해서 경기도의 경우 부모교육 강연을 지속적으로 3년차를 실행하였다. 학예사가 모든 전공을 아우르는 것은 아니므로 이런 경우 부모 상담 혹은 부모교육협회와 협조 체계를 이뤄가는 것이 바람직하다고 할 수 있다. 그러므로 아동 발달 뮤지움(Child Development Museum)으로써 양육프로그램과 함께 미래 시대의 어린이박물관 환경은 현재보다 훨씬 더 안락한 '제2의 집'의 기능을 수행해야 할 필요를 생각할 수 있다. 어린이박물관은 취학 전후 관람객이 많은 비중을 차지하고 있으며, 경기도의 경우는 주말 대상 아동 연령이 4~7세를 중심으로 46%로 가장 많이 차지하여 (G뮤지엄페스티벌 방문객 설문조사 2017~2018년)[230] 어린이박물관과 함께하는 일반 뮤지움의 합동 행사에도 유아를 위한 장소임을 증명해주는 사례이다. 특히 국내외 추세로 영아 관람객의 증가와 더불어 이를 위한 프로그램이 요구되고 있고, 보스톤 어린이박물관, 인디아나폴리스 어린이박물관, 고양 어린

230　김진희 (2018), G뮤지엄페스티벌 방문객 설문조사 2017~2018년 결과보고서, 경기문화재단 정책실

이박물관, 경기도 어린이박물관, 경기북부 어린이박물관 등 3세 미만을 위한 전시장이 별도로 구비되어 있다. 향후에는 영아를 위한 공간이 더 절실하게 필요하리라 예측된다.

3) 하이브리드 뮤지움(Hybrid Museum)

미국박물관협회(American alliance of museum)의 미래 예측 아티클 '새로운 균형'(Elizabeth merritt, 2018)에 의하면[231] 미래의 박물관을 설명하길, 융합 조직의 등장은 지역사회에서 많은 역할을 하는데, 많은 뮤지움들은 그들의 운영안에서 도서관, 유아원, 공원, 예배당, 건강센터와 협력해야한다고 하였다. 어린이박물관의 경우는 지역사회나 관람객의 요구와 사회적인 상황들에 매우 밀접한 영향을 받고 있는 기관이라, 사업 추진 시 자연스럽게 융복합적 내용과 시설들의 협업이 요구된다. 미국 인디아나폴리스 어린이박물관은 시설 내에 유아원을 함께 운영하기도 한다. 경기도의 경우에는 도서관을 구비해 놓으라는 동네 주민들의 요구사항들이 있어 경기도어린이박물관 개관 시 도서관은 아니지만 도서실을 조성하기도 하였다.

'2040 박물관(Museum at 2040)' 아티클에서 22세기를 위한 뮤지엄 디렉터인 아담 로잔(Adam Rozan(2018))은 언급하길[232], 뮤지엄은 우리의 지역 사회내에서 사회적 센터인 '제3의 장소'로써의 오랫동안 기능을 했다. 오늘날과 미래의 뮤지엄은 사람들이 일하고, 배우고, 상호 가르치는 곳으로 '제4의 장소'라 불리는 곳으로써 비평적인 역할을 할 것이라고 언급했다. 따라서 큐레이터의 역할도 변

---

231 American Alliance of Museums(2017), Trendswatch 2017, Center for the Future of Museums

232 https://www.aam-us.org/programs/museum-magazine/museum-2040-a-museum-magazine-special-edition/

하는데 마치 20세기의 사서로써 사람들이 필요로 하는 뮤지엄의 정보에 접근하도록 돕는 책임을 말했다. 이는 변화하는 사회와 기대수명이 높아짐에 따라서 뮤지엄도 여러 기관들과 융복합적 뮤지움으로 변해가야 하며 이에 따라 뮤지엄의 활용도가 사람들에게 매우 높은 장소가 되어 역할 범위가 무한대로 확장된다는 것을 의미한다.

어린이박물관의 경우에는 아동을 수반하는 성인, 즉 부모, 맞벌이 부모로 인해서 손주를 키워주는 조부모까지 아동을 중심으로 3세대까지를 아우르는 연령의 폭이 넓은 관람객을 가지고 있다. 따라서 그들의 건강과 안녕은 기본적인 사항이며 인공지능 시대에 변화해 가는 사회적 상황에 맞는 교육도 지역사회 내에서 요구되는 사항들이다. 심지어는 가족들의 건강과 안녕을 넘어 기본 욕구인 식사에 대한 해결까지 확대되어서, 미국 어린이박물관은 코로나 시기에 외출을 할 수 없어 식사를 못하는 어려움에 처해 있는 지역사회 거주민에게 식재료 배달을 지원하는 기관도 있었다.

또한 심신이 피로한 이들을 위해서 정서적 치유와 휴식을 제공하는 공간이기도 해야하다. 특히 어린이박물관에도 가능한 프로그램의 예로 미국 일리노이 네퍼빌 과학관의 다킨스 센터(Naperville, The Dawkins Center at the Museum of Science)에서는 노인돌봄 서비스를 유아 강화프로그램과 결합하여 실시하고 있고, 랜싱 뮤지움(Lansing Museum)에서는 인지적 기능의 함양과 스트레스를 줄이기 위한 '예술 처방 프로그램'을 지역사회 건강을 위한 서비스로 제공했다. 이런 사례로 볼 때 뮤지엄들은 지역사회의 요구들에 밀접해지며 하이브리드 뮤지엄으로 변화해가고 있는 추세이다. 가드너(Gardner)가 제시하는 자연친화적 지능이 요구되는 시대로써는 뮤지엄들의 좋은 사례가 있다. 호놀룰루 미술관(Honolulu Museum of Art)의 시설처럼 편안하게 즐길 수 있는 공간으로 자연 정원과 예술 작품 감상으로 휴식을 통한 치유와 문화적 유산을 즐기게도 하고, 호놀룰루 미술관의 스팰딩 하우스(Honolulu Museum of Art Spalding House)는 아동을 위한 체험 미술관과 천혜 입지조건을 가지고 있으며, 식사와 차를 식음할 수 있는 부대 시설로 관람객이 자녀와 더불어서 이웃집처럼 다녀오게 할 수 있게 조성하였다. 이와 비슷한 사례로 루이지애나 미술관(Loisiana Museum of Art)은 덴마크 해변 지역사회에 위치하여 자연 감상과 커다란 야외 공간과 미술작품이 잘 어우러진 공간이며 자연을 즐기면서 식사를 할 수 있는 시설 등이 제공된다.

[그림 16-1] 호놀룰루 미술관(Honolulu Museum of Art)의 중정 정원

어린이박물관에서는 미래 사회를 대비하여 사회적인 기반인 아동상담센터, 아동발달 연구소 등의 기능의 통합도 제안한다. 인간 출생부터의 소아과, 정서 부작용으로 인한 소아정신과와의 협력도 필요해 보인다. 가족과 사회의 변화

로 대가족에서 배웠던 사회적 관계의 기반이 되는 또래, 서열, 가족 관계 등을 배우는 환경이 아니며, 도심의 아동은 자연에서 놀기 어려운 환경이며, 한국은 외동 자녀의 출현, 미디어 게임 중독, 아동 비만 등의 현상이 나온다. 인지 학습 만을 추구하는 사회적 분위기는 특히 학원가가 많은 곳에 소아정신과나 상담 센터가 함께 입지하고 있다. 인간 관계나 정서적 발달의 어려움들에 대해 친구 사귀는 사회성 프로그램, 공부하는 법을 배우는 프로그램 등이 있는데, 우리 사회에서 학교에서도 가정에서도 해결되지 못하는 사회적 문제들, 예를 들면 학교 폭력, 가정 폭력에 노출되는 아동들이 속출하고 이런 윤리적인 현상들을 예방할 수 있는 프로그램이 제공되어야 할 것이다. 이런 현상에 대한 사회적 요구도 어린이박물관이 수용해야하는 범위로 보인다. 이는 전문성을 기반으로 해야하므로 뮤지엄 학예사들과 센터의 연구원들이 상호 보완이 될 수 있는 아동 발달과 콘텐츠를 연구할 필요가 있다.

4) 지금도 변화해 가는 어린이박물관 미래 방향 사례 및 제안

박물관 전문가들이 말한 어린이박물관에 대한 인식으로 칼사, 스튜어트와 사이크(Khalsa, Steuert & Sykes (1999, 이경희 재인용 2010))에 의하면[233], 가장 첫 번째로 아동 중심(혹은 발달적으로 적합한 23%)을 꼽았다. 이외의 언급하면, 박물관 학습의 실험장 17%, 가족 학습과 세대간 모델 제공하는 실험의 장 16%, 교육 혁신의 옹호자이면서 모델 11%, 지역사회 강화 10%, 불확실한 미래 10%가 있다. 또 젤보스(Zervos(2002, 이경희 재인용 2010))는[234] 미래 방향을 학교 공부와 여가, 그리고 이후의 경력을 만들어 가는데 어떻게 도움을 받는지, 공부를 하는 것을 지겹게 생

233_ 이경희 (2010), 어린이박물관의 역사와 미래, 어린이와 박물관 연구: 국립민속박물관 어린이박물관
234_ 상동

각하는 것이 아니라 즐겁게 공부하는 방법을 통해서 평생 학습자가 되도록 격려하는지, 성인과 가족들은 주제에 관하여 어떻게 학습하는지를 어린이박물관의 방향으로 말하였다.

이런 조사를 기반으로 하여, 현재에도 조금씩 미래를 준비하고 아동과 가족의 삶에서 도전적이고 혁신적인 콘텐츠를 취급하고 있는 몇 어린이박물관을 소개하고자 한다. 예술가에 의해 창의적인 물 전시를 선보이고, 종합 공방으로 향후 3D 프린터의 가정 상용화를 준비할 수 있는 피츠버그 어린이박물관, '자연'의 특화된 주제로 펼쳐지는 키즈스페이스 어린이박물관, '예술'을 주제로 창의적인 환경을 새롭게 개관한 산호세의 뉴어린이박물관, 우범지역의 아동을 위해서 예술 치유를 주제로 한 멕시코의 빠빠롯데 델 니뇨의 분관, 인간 정서나 행복, 돌봄 가치를 추구한 경기도어린이박물관 기획전 주제인 조부모, 생일, 애완동물 등이다.

[그림 16-2] 경기도어린이박물관 기획전 '우리 모두의 생일'

그리고 초등은 발달 단계가 달라 구체적 조작기, 형식적 조작기에 해당되며 이런 발달에 맞는 주제를 제안해 볼 수 있다. 가드너(Gadner)는 미래의 가치있는 생존을 위한 5가지 미래 마인드로써는 전문가가 되기 위한 최소한 10여년의 1만 시간의 법칙, 정보를 종합하고 활용하는 능력, 창의적인 능력, 공동체 의식을 바탕으로 상대를 배려하는 존중의 정신, 더 많은 윤리성이 요구된다고 하였다. 또 21세기 학생 역량에 맞는 기술에는 총 7가지가 있는데, 창의력, 의사소통, 미디어 문해력, 문제해결, 협업, 리더쉽, 문화다양성이다. 이런 기술과 마인드는 어린이박물관의 초등 이상의 대상 주제로 다뤄질 수 있고 기능이 확장되면서 더 폭넓게 콘텐츠로 다뤄질 수가 있겠다. 인디아나폴리스 어린이박물관의 미이라, 수중 고고학, 진용 등 인간 탐구 정신 고취, 롱아일랜드 어린이박물관의 극탐험 전시, 플리트(Fleet) 과학센터의 셜록홈즈의 추리력 전시 등 가치를 추구하는 전시들과 콘텐츠를 펼쳐갈 수 있다.

3. 결론

21세기는 제4차 산업혁명 시대로 정보 혁명이 인공지능, 사물 인터넷, 빅데이터 등의 차세대 혁명으로 살아가리라 예견되어 진다. 역사적으로 조지 하인(George Hein(안금희 공역, 2015))[235]에 의하면 18세기 계몽주의 정신의 산물로 공공박물관과 백과사전이 학습의 평등 기회로 인한 산물이였고, 후발주자로 19세기 산업국가에서 공립학교 운동이 일어났다. 그러나 학교와 박물관은 학습이라도 그 방향을 달리하게 되었고, 현재는 학교에서는 교과와 연계되는 뮤지움을 원하기도 한다. 그러나 박물관 교육계의 포크와 디어킹(John Falk & Lynn Dierking(노

---

235 George Hein (안금희 김해경 김선아 정혜연 공역, 2015), 박물관 교육론, 학지사

용외 역, 2007))<u>236</u>에 의하면 맥락적 학습 모형으로 개인적 맥락, 물리적 맥락, 사회적 맥락 그리고 시간성이 있다고 했다. 따라서 앞으로의 시대에는 교과서 중심의 학교보다는 맥락적인 환경과 공간상의 만남이 이뤄지는 어린이박물관에서 개별적 욕구에 부흥하며 더 인간에게 필요한 인간다운 학습이 이뤄지리라 생각된다.

어린이박물관이란 아동의 발달에 맞는 오감각을 자극하며 물리적인 상호작용이 되도록 콘텐츠를 기반으로 학습을 촉진하도록 호기심을 불러일으키는 기관이다. 학교라는 교과서 중심의 공간적 형식적 틀보다는 훨씬 자유롭게 개인의 발달적 욕구를 채워줄 수 있는 공간이다. 이제 4차 산업혁명 시대에 따라서 교육은 초등학교의 기초 교육을 강조하고 대학교가 오픈 소스화되어 감에 따라 온라인 교육으로 학위를 취득할 수 있게 된다.(박영숙 외, 2012)<u>237</u> 따라서 교육은 개인에게 필요시 취해지는 평생학습으로 덧붙여지는 레이어처럼 변해갈 수 있다. 이에 미래 사회를 대비하며 준비하는 것은 아동 교육에서 어린이박물관의 큰 역할로 기대되어 지금 지식 중심의 학교를 넘어서 빛의 속도로 변화하는 미래 환경에 대응할 수 있는 콘텐츠로 자리매김할 수 있어야 할 것이다.

인류가 영장의 동물이 될 수 있었던 것은 집단과 추상적 사고 능력이라는 유발 하라리의 말을 수용하면,<u>238</u> 어린이박물관은 인간이 가질 수 있는 능력을 지원하는 인간 발달이 잘 될 수 있도록 해주는 것이다. 우리는 어린 시절 뇌 발달 시기에 맞춘 풍부한 양육과 환경이 제공되어야 할 필요성을 느낀다. 이는 변화

<u>236</u> John Falk & Lynn Dierking (노용 이주연 류지영 이선아 역, 2007), 박물관 교육의 기본, 미진사

<u>237</u> 박영숙, 제롬 글렌, 테드 고든, 엘리자베스 플로레스큐(2012), 유엔미래보고서 2030, 교보문고

<u>238</u> Yuval Noah Harari(조현욱 역, 2015), 사피엔스, 김영사

되는 인공지능 사회에서 가족 해체, 학교의 변화, 사회적 시대적 요구 사항 등에 민감하게 반응하며 어린이박물관은 놀이 기반 뮤지엄, 아동 발달 뮤지엄, 하이브리드 뮤지엄으로써 가족 학습을 제공하며 제2의 집, 제2의 학교와 같은 복합적 기능을 제공해야 할 것으로 보인다. 인간 발달을 위한 시기적절한 지원, 인공지능의 지원을 받으며 살아갈 인간으로써 가치 추구, 정서, 감성, 예술성, 창의성, 휴식, 치유, 행복 등을 추구할 수 있다. 규모에 따라서 어린이박물관은 대상의 기능이 규정될 수 있으며 아동 발달에 맞게 다양한 가족 형태에 맞춰 지역사회마다 아동 발달 뮤지엄으로 변모해 갈 수 있다. 어린이박물관의 확장으로는 인간 발달 뮤지엄으로써 우리의 삶과 더불어 항시 찾아가는 하이브리드의 복합학습/문화휴식 공간으로 변화할 수 있다. 나아가 도래할 수 있는 변곡점인 싱귤레러티(singularity)인 2045년으로 추정되는 영생불멸의 시대에는 후배들에게 지금도 변화해가고 있는 어린이박물관의 미래를 맡겨보며 매우 부족한 글을 마친다.

감사합니다.

참고문헌

강희수, 김진희, 김혜련, 양유정, 윤선영, 기현정, 이현숙, 김용주 (2017), 전시A to Z, 한언출판사

김진희 (2016), 경기도어린이박물관 조부모 기획전 연구, 제4회 아시아퍼시픽어린이 박물관 컨퍼런스

김진희 (2018), G뮤지엄페스티벌 방문객 설문조사 2017~2018년 결과, 경기문화재단 정책실 보고서

교육과학기술부 및 보건복지부(2013), 3-5세 연령별 누리과정, 교육과학기술부 및 보 건복지부

박영숙, 제롬 글렌, 테드 고든, 엘리자베스 플로레스큐(2012), 유엔미래보고서 2030, 교보문고

서유헌 (2009) 뇌를 알고 가르치자, 네이버캐스트

이경희 (2010), 어린이박물관의 역사와 미래, 어린이와 박물관 연구: 국립민속박물관 어린이박물관

이숙재 (1997), 유아를 위한 놀이의 이론과 실제, 창지사

정옥분,정순화,임정하 (2007), 정서발달과 정서지능, 학지사

American Alliance of Museums(2017), Trendswatch 2017, Center for the Future of Museums

American Academy of Pediatrics(2018), Pediatrics Volume 142, number3, September 2018, American Academy of Pediatrics

Elizabeth merritt (2018), A new Equilibrium, American alliance of museum

George Hein (안금희 김해경 김선아 정혜연 공역, 2015), 박물관 교육론, 학지사

Jessica J. Luke & Travis Windleharth (2013), The Learning Value of Children's Museums : Building a Field-Wide Research Agenda, Institute of Museum and Library Service

John Falk & Lynn Dierking (노용 이주연 류지영 이선아 역, 2007), 박물관 교육의 기 본, 미진사

John Falk & Lynn Dierking (이보아 역, 2008), 관람객과 박물관, 북코리아

Yuval Noah Harari(조현욱 역, 2015), 사피엔스, 김영사

https://www.aam-us.org/programs/museum-magazine/museum-2040-a-museum-magazine-special-edition/

17장

한국 어린이박물관의
미래 제언[239]

1. 한국 어린이박물관 미래 키워드

　어린이박물관의 미래 방향을 제언하기 위해서 고민 끝에 가장 기본인 정의와 가치, 역할 등을 다루어 보고 각 기관의 비전 그리고 국내외 학술대회 등에서 다루는 화두 등을 체크하며 미래 키워드를 살펴보고자 한다.

1) 기본 정의, 4차원, 가치

(1) 어린이박물관 정의

---

239 본 자료는 한국박물관포럼 조찬세미나(2023.4.1.)의 발표본임

세계어린이박물관협회(Association of Children's Museum, 이하 ACM)에서 말하는 어린이박물관 정의는 다음과 같다.

'어린이박물관은 호기심을 자극하고 학습 동기를 부여하는 전시와 프로그램을 제공함으로써 아동의 욕구와 흥미를 충족시키기 위해 헌신하는 비영리 교육 문화 기관으로 정의된다.'[240]

최근 지식의 빅데이터인 AI에서 어린이박물관의 정의에 대해서 언급이 있었다. 조금 더 상세하게 기술되어 있는데 내용은 아래와 같다.

'어린이박물관은 어린이들이 안전하고 상호작용적인 환경에서 놀고, 배우고, 탐구할 수 있도록 특별히 설계된 박물관의 한 종류이다. 일반적으로 오브제와 물건을 전시하는 전통적인 박물관과 달리, 어린이박물관은 아동들이 그들의 주변 환경에 참여하고 학습 과정에 적극적으로 참여하도록 장려하는 체험 전시와 교육 프로그램을 제공한다. 어린이박물관은 과학, 예술, 역사, 문화를 포함한 다양한 주제에 초점을 맞출 수 있고, 다양한 연령대와 학습 유형에 맞춘 전시와 프로그램을 제공할 수 있다. 전반적으로, 어린이박물관은 창의적이고 몰입적이며 교육적인 경험을 통해 아동의 마음을 영감을 주고 자극하는 데 전념하고 있다.'[241]

두 곳의 정의를 비교해보면, ACM에서는 가장 기본을 다룬 정의로 보고, 이를 종합해 보면 가장 핵심은 '아동의 호기심을 자극하고 다양한 주제로 안전한

---

240 https://childrensmuseums.org/about/(2023.3.13)

241 https://chat.openai.com/chat/9956dfc9-b596-4524-a646-d049e6f0756a(2023.3.13)

학습적인 환경과 상호작용적인 체험의 경험을 주는 박물관'라고 언급할 수 있다. 한가지 제언을 하자면 AI에서 언급한 '안전하고 상호작용적인 환경'의 문구를 명시하여 제로 베이스인 어린이박물관의 안전한 환경을 ACM의 정의에 추가되기를 희망해 본다.

(2) 어린이박물관의 4차원과 가치
ACM에서는 어린이박물관의 4차원을 아래와 같이 명시하였다.

'규모에 상관없이, 모든 어린이박물관은 지역 목적지, 교육 실험실, 지역 자원 및 어린이 옹호자로서 4차원에 걸쳐 기능한다.'[242]

AI가 언급하길 어린이박물관의 가치는 총 5가지로 기술하였다. 즉, 체험 학습, 조기 아동발달, 가족 유대, 문화 및 교육적 노출, 지역 사회[243]였다. 이에 대한 부연 설명들은 아래와 같으며, 여기에 하단에는 본인이 추가 설명을 덧붙였다.
- 체험 학습(Hands-on learning): 아동들이 놀이와 탐험을 통해서 배울 수 있도록 상호작용과 참여할 수 있는 전시를 제공한다. 이런 유형의 체험 학습은 어린 아동들에게 특별하게 효과적일 수 있고, 그들의 타고난 호기심과 창의성을 키우는데 도움이 될 수 있다.
- 조기 아동 발달(Early childhood development) : 어린이박물관은 어린 아동들에게 문제 해결, 비판적 사고, 협력 같은 중요한 기술을 발달하도록 기회를 제공할 수 있다. 이런 기술들은 학교와 그 이후의 미래 성공에 결정적일 수 있다.

---

242 https://childrensmuseums.org/about/(2023.3.13)
243 https://chat.openai.com/chat(2023.2.6.)

- 가족 유대(Family Bonding) : 어린이박물관은 가족이 시간을 함께 보내고 추억을 만들 수 있는 재미있고 교육적인 환경을 제공한다. 이곳은 가족 간의 유대감을 강화하고 평생 지속되는 긍정적 기억을 만들어내는 데 도움이 될 수 있다.
- 문화와 교육적 노출(Cultural and educational exposure): 어린이박물관은 종종 다른 문화들, 역사적 시기들, 과학적 개념들을 보여주며, 어린이들에게 새로운 아이디어나 관점에 대한 노출을 제공한다. 이것은 세계에 대한 이해를 확장하고 문화적 교육적 인식을 증진시킬 수 있다.
- 지역사회 자원(Community resource) : 어린이박물관은 가족들이 함께 하도록 하며 학습과 성장을 증진하는 프로그램과 행사를 제공하며 지역사회 자원으로써 역할을 제공한다.[244]

필자가 이에 대한 부연 설명을 하자면 첫째, 체험 학습은 아동의 발달에 대한 이해가 필요한데, 물리적인 상호작용을 통해서 배움을 갖는 피아제의 발달 단계에 근거할 수 있는 내용이다. 시각적으로 보기만 하는 박물관, 미술관의 전시 방법으로는 아동에게 호기심과 학습을 효과적으로 해줄 수는 없다. 둘째로 조기 아동 발달에서 필요한 기술에 대한 언급인데, 이 내용은 오늘날의 학습자들이 '21세기에 가져야 할 기술'[245] 목록 일부에 해당된다. 21세기 기술 목록에는 크게 3가지로 분류하여 기초적 문해력, 역량, 성격적 자질로 구분하며, 하위 범주로는 비판적 사고, 의사 소통 능력, 창의력, 문제 해결, 인내, 협동, 정보 리터러시, 기술 능력 및 디지털 리터러시, 미디어 리터러시, 글로벌 인식, 자기 주도,

244 상동
245 https://tomorrowtodayglobal.com/2016/04/25/16-skills-21st-century-education/

사회적 기술, 문해력, 시민 문해력, 사회적 책임, 혁신 기술이 있다.[246] 어린이박물관에서는 가족 간 및 또래 간의 콘텐츠 체험으로 이 시대에 요구되는 다양한 상기 기술들을 비교적 자유롭게 배울 수 있는 기회를 제공하는 기관이다.

셋째, 가족 유대는 박물관 교육 연구로 유명한 존 포크의 연구에 의하면, 박물관은 가족 간의 경험으로 긍정적 기억을 형성하는 기관이라고 본다. 이런 긍정적 경험을 통해서 가족 간의 유대감을 형성하는 장소가 된다. 넷째로 문화와 교육적 노출에 대한 것인데, 영유아들에게는 실물을 통한 감각적인 경험이 발달을 촉진한다. 이런 감각적 경험으로 최적화되어 있는 기관이 어린이박물관의 다양한 콘텐츠들이다. 많은 기관들이 박물관 목적이나 정책에 따라서 콘텐츠의 방향을 설정하는데, 다양한 문화나 과학적 개념들은 어린이박물관에 포함되는 콘텐츠 분야이다. 따라서 이런 전시나 프로그램을 통한 감각적인 경험으로 아동들은 문화와 교육에 노출되어 긍정적인 경험을 이룰 수 있는 장소가 된다. 특히 다소 환경적으로 열악한 지역에서 이런 노출은 매우 긍정적 효과를 거두므로 박물관의 공공성이 강조될 수 있다. 다섯째, 지역사회의 자원으로써 어린이박물관이다. 강조할 수 있는 사례로는 가족들에게 어버이날, 어린이날 같은 날은 어린이박물관에서 가족 행사를 주관하며 위치한 지역사회에 기여하게 된다. 또한 지역사회 박물관이나 문화원과 협업을 통해서 전통이나 역사에 대해 어린 시절부터 자연스럽게 배울 수 있는 기회를 가지게 되기도 한다. 향후 아동이 성장하면서 박물관이나 미술관을 찾아가게 되는 역할을 하며 지역사회의 문화적 허브 역할을 할 수 있다.

따라서 상기의 어린이박물관의 4차원과 박물관의 가치를 유목화해서 정리

---

246 상동

하면 아래와 같다.

〈표 17-1〉 어린이박물관의 4차원과 박물관 가치 유목화

어린이박물관의 4차원	어린이박물관의 가치
local destinations	체험학습
educational laboratories	조기아동 발달(21세기기술)
advocates for children	–
–	가족 유대
–	문화적 교육적 노출
community resource	지역사회 자원

2) 비 전

(1) 어린이박물관의 비전들

미국의 어린이박물관은 2022년 어린이박물관 베스트10 (2022년 Parents[247], 리더스 초이스 어워드[248])과 지난 3~4년간 연속 수상 기관들 베스트10 (2020~2023년 리더스 초이스 어워드[249])을 종합하여 리스트화 하였다.

---

247 https://www.parents.com/fun/vacation/us-destinations/the-10-best-childrens-museums/
248 https://www.10best.com/awards/travel/best-childrens-museum-2022/
249 상동

〈표 17-2〉 미국 어린이박물관들의 비전

미국 명	비 전
휴스턴 어린이박물관	지역 사회 요구 사항 해결. 기초 학습 기회를 제공하고, 자녀의 첫 번째 교사로서의 역할에 필요한 지원을 부모에게 제공하고, 학교에서 이루어지는 학습을 강화하도록 설계된 맞춤형 경험을 통해 어린이와 가족을 연결한다.
인디아나폴리스 어린이박물관	어린이와 가족을 위한 모든 박물관과 문화 기관 중에서 글로벌 리더로 인정받는 것
플리즈터치 어린이박물관	모든 어린이가 창의적이고 동정적이고 자신감 있고 호기심이 많은 세상
보스턴 어린이박물관	다양한 가족이 자녀의 창의력과 호기심을 키울 수 있도록 지원하는 따뜻하고 상상력이 풍부하며 어린이 중심의 학습 환경이 되는 것입니다. 우리는 모든 어린이의 건강한 발달을 촉진하여 그들이 잠재력을 발휘하고 우리의 공동 복지와 미래 번영에 기여할 수 있도록 합니다.
콜 어린이박물관	상상력과 호기심을 불러일으키는 학습 경험 창조하기
피츠버그 어린이박물관	우리의 비전은 교육을 변화시키는 것입니다. 예술가, 지역사회 파트너 및 이웃과 연결하여 어린이, 청소년 및 가족을 대신하여 일합니다.
놀이 스트롱 국립박물관	우리는 지구상에서 가장 흥미로운 박물관입니다! 우리는 장난기 많은 조직이지만 장난을 치지 않습니다.
미네소타 어린이박물관	아이들은 더 많이 놉니다. 어른들도 그렇습니다. 모든 가족은 빛나는 놀이의 힘을 통해 더 행복하고 건강하며 혁신적인 커뮤니티에서 번성합니다.
포츠 발견 어린이박물관	의도적인 놀이를 통해 기쁨, 연결, 웃음 및 학습을 촉진한다
덴버 어린이박물관	지역 사회에 대한 우리의 약속, 지역사회 모임 장소, 모든 어린이와 성인 환영, 함께 배우고 탐구
매직하우스	다양성, 형평성, 포용성 약속 (diversity, equity, and inclusion, 이하 DEI)

하단은 유럽의 어린이박물관으로 비전이 명기된 기관들을 기술하였다.

〈표 17-3〉 유럽 어린이박물관들의 비전

유럽 명	비 전
유레카! 국립어린이박물관 (영국)	모든 아동에게 창조적인 놀이와 학습을 위한 놀라운 기회를 제공하는 것이다.
줌 어린이박물관 (오스트리아)	인식을 높이는 것은 우리에게 중요합니다. 환경 보호, 재생 가능한 형태의 에너지 및 세계의 미래는 모두 관련이 있다.
트로펜 뮤지엄 주니어 (네델란드)	일반적인 목표는 세계에 대한 열린 시각을 자극하는 것이다.

아래는 국내 어린이박물관으로 수도권의 모박물관이 없는 독립형 종합 어린이기관들이다.

〈표 17-4〉 국내 어린이박물관들의 비전

국내 명	비 전
서울 상상나라	어린이의 꿈과 상상력이 자라는 서울상상나라
경기도 어린이박물관	하나, 스마트, 마음, 가족, 리더 박물관
고양 어린이박물관	시대 정신을 반영하는 최고의 공간과 시간을 제공하는 어린이와 가족 문화 플랫폼
경기북부 어린이박물관	숲에서 꿈꾸는 어린이
인천 어린이과학관	과학을 넘어서 감성을 깨우는 인천어린이과학관
화성시 어린이 문화센터[250]	경험하고 표현하는 전시의 공간, 어린이의 역량을 이끄는 교육의 공간, 특색있고 다채로운 문화의 공간
국립 어린이박물관	21세기를 선도하는 대한민국 어린이

---

250 단, 인천이나 화성시의 경우는 어린이박물관 유형에 속하여 조사하였음.

(2) 비전 키워드 비교 및 분석

미국권, 유럽권, 한국권의 지역별 비전의 특징을 살펴보자.

- 미국권 : 보스톤 어린이박물관에서 언급한 공동 복지와 미래 번영이 눈에 띈다. 이곳은 세계를 대상으로 어린이박물관에 대한 선도적 역할과 자문을 많이 한 곳인 만큼 비전도 다시 선도적으로 수정한 것으로 파악된다. 매직 하우스는 최근 박물관계의 화두인 모두를 위한 박물관으로 DEI인 '다양성, 형평성 및 포용성'을 명시하고 있었다.

- 유럽권 : 사실 대부분이 모 박물관이 있어 어린이박물관의 독자적인 미션 이나 비전을 파악하긴 힘들었다. 줌 어린이박물관에서 비전의 키워드는 '환경 보호'이며 환경으로 특화된 콘텐츠를 제공한다. 한 기획전의 주제가 '플라스틱'전이 있었는데 키워드에 맞게 환경 보호의 일환으로써 2년여 기 획 기간을 거쳐서 제작된 것이 있었다. 전시 관람을 했을 때 매우 혁신적인 전시로 콘텐츠에 대한 오랜 고민과 과학적 검증을 통해서, 유아들에게도 매우 적합하게 만들어진 전시였었다.

- 한국은 발달과 학습을 강조하기보다는 감성과 마음에 대한 강조, 구체적 인 교과목 분야와 공간 및 플랫폼이 언급이 되었다. 그러나 아쉬운 점은 콘 텐츠들이 과연 키워드만큼 운영이 되고 있는지 또한 관람객을 통해서 전달 이 되고 있는지 체크해봐야 할 것으로 보인다. 미래 화두는 환경을 대변하 는 숲, 21세기가 키워드로 있었다. 글로벌적인 차원에서 미래 화두도 기회 가 된다면 재정비할 것을 제안한다.

〈표 17-5〉 세계 어린이박물관의 비전 키워드 비교표

미국	유럽	한국
지역사회 요구사항 해결, 어린이와 가족 연결	모든 아동, 놀라운 기회	꿈과 상상력
글로벌 리더로 인정	환경 보호	하나, 스마트, 마음, 가족, 리더 박물관
호기심 많은 세상	세계에 대한 열린 시각	어린이와 가족 문화 플랫폼
어린이 중심의 학습 환경, 어린이 건강한 발달, 공동 복지와 미래 번영		숲,어린이
학습 경험 강조		과학,감성
교육을 변화, 이웃 연결,가족	-	공간
흥미로운 박물관		21세기 선도
모든 가족, 놀이의 힘, 지역사회		-
기쁨 연결 웃음 학습		

상기의 키워드로 정리하면, 크게 대상, 발달 및 학습, 미래 및 화두 3종으로 분류하였고 이에 대한 언급을 하면 다음과 같다.

- 대상 : 어린이와 가족, 연결, 지역사회, 모든 아동으로 모두 공통적으로 언급하였다.
- 발달 및 학습: 학습 환경과 경험, 교육 변화, 놀이와 발달은 주로 미국권에서 언급하였다.
- 미래 화두: 공동 복지와 미래 번영, DEI, 환경보고, 세계로 열린 시각 등은 미국권, 유럽권에서 주로 말하고 있다.

〈표 17-6〉 세계 어린이박물관의 비전 키워드 정리표

분류	미국	유럽	한국
대상	지역사회, 연결, 어린이와 가족	모든 아동	어린이와 가족
발달 및 학습	학습 환경과 경험, 교육 변화, 놀이와 발달	–	꿈,상상력, 감성, 마음/ 문화, 과학/플랫폼,공간
미래 및 화두	공동 복지와 미래 번영, 다양성, 형평성 및 포용성	세계에 대한 열린 시각, 환경 보호	숲(환경), 21세기 선도

3) 국내외 학술대회 주제

국내의 어린이박물관은 학술대회를 기관별로 잘 개최한다. 해외에서는 기관별로 학술대회를 잘 하지 않고, 권역별로 ACM, 핸즈온 인터내셔날(Hands-on international), 아시아퍼시픽 어린이박물관(Asia Pacific Children's museum) 3종의 컨퍼런스를 개최하고 있다. 하단표에서는 아시아퍼시픽 컨퍼런스가 요즘 소강 상태라 제외하였다.

〈표 17-7〉 국내외 학술대회 주제 비교표

년도	국립 민속박물관 어린이박물관	국립 중앙박물관 박물관교육	경기도 어린이 박물관	경기북부 어린이 박물관	ACM	Hands on![251]
2020	참여적 박물관 으로서 어린이 박물관의 가치와 미래지향 전략	* 교육 심포지엄 – 치유공간으로 서의 박물관 * 개관15주년 기 념, 회고와 전망 – 어린이박물관 미래발전 포럼	어린이문화 예술 콜로키움 – 어린이웃음	–	N[252] 전시기획 (미래에 희망하 는 곳)	

---

251 핸즈온인터내셔날은 격년으로 컨퍼런스를 개최한다.
252 N은 뉴스레터 소식지를 말함

2021	코로나-19 극복을 위한 어린이박물관 전시와 교육	어린이박물관 미래발전 포럼 – 어린이를 위한 공간	콜로키움 – 어린이 웃음속 다른 웃음	숲/ 생태	Care, Connect, Create Resilience N Forged in fire : New Models (대장간) N Inside The Curve : 평소같은사업	HANDS ON! INTO THE FUTURE
2022	포스트 팬데믹, 아이들이 맞는 새 일상과 박물관의 역할	미래발전포럼 – 함께하는 공간함께하는 우리	–	업사이클링과 환경	PLAYThe Long Game N 어박과 기후변화 N 비극적 사건의 대화 위한 박물관 자료	–
2023	친환경, 생태, 문화다양성, 복합문화시설, 뮤지엄스쿨링, 지속가능성	–	–	치유 / 힐링	Leveraging Our Voice	Create the magic for a better Tomorrow
종합	코로나, 미래, 가치, 공간, 웃음, 생태, 환경, 치유, 돌봄, 연결, 회복력의 창조, 기후 변화, 비극적 사건, 전문가 목소리, 뉴모델, 전시 기획, 대장간					

상기 내용들을 종합적으로 키워드 주제를 나열하면 코로나, 미래, 가치, 공간, 웃음, 생태, 환경, 치유, 돌봄, 연결, 회복력의 창조, 기후 변화, 비극적 사건, 전문가 목소리, 뉴모델, 전시 기획, 대장간 등이다.

4) 키워드 도출

상기에서 명기한 어린이박물관의 4차원, 가치, 비전의 키워드들, 국내외 학술대회 주제들. 그리고 미래 어린이박물관의 방향으로 필자가 발표한 키워드들을 모두 망라해서 비슷한 항목별로 유목화하였다.

어린이박물관 4차원(acm)	어린이박물관 가치(챗봇)	비전 키워드 (어박들)	국내외 학술 주제들	한국 어린이백서 (2019)[253]	After COVID (2022)[254]
local destinations	체험 학습	경험, 체험	공간, 뉴모델, 전시 기획	–	온라인 디지털화
educational laboratories	조기 아동 발달 (21세기 기술)	발달 및 학습 교육 변화, 감성	–	Play-based, Child Development	–
advocates for children	아동	–	–	–	–
–	가족 유대	어린이와 가족	돌봄, 치유, 웃음, 회복력	–	–
–	문화적 교육적 노출	–	비극적 사건	–	–
community resources	지역사회 자원	지역사회	연결	Hybrid Museum	지역사회 필요원공급, 역할 확대
–	–	공동 복지, DEI, 환경 보호, 열린 시각	코로나 전후, 미래, 생태, 환경, 기후변화	–	미래사회 준비 - 인간적 감성 - 지구생태 환경 - 사회적 참여

　　분류표들이 너무 복잡하여, 각종 키워드들을 어린이박물관에서 지속적으로 추진해오고 있었던 것들과 미래의 키워드 화두로 2개 항목으로 분류하여 보면 아래표와 같다. 가장 핵심적인 내용들이다.

253_ 김진희, 2019, 「어린이박물관 미래 방향」, 『한국어린이박물관 백서』 국립중앙박물관
254_ 김진희, 2022, 「포스트 코로나 시대, 한국어린이박물관의 역할 확장」, 제11회 국립민속박물관 어린이박물관 학술대회

〈표 17-9〉 어린이박물관에서 지속할 것과 미래에 해야 할 키워드 표

어린이박물관 지속	현재 및 미래 추진
local destinations 체험 학습, 경험, 공간, 뉴모델, 전시 기획	온라인, 디지털화
educational laboratories, 조기 아동 발달, 학습, Play-based	21세기 기술, 교육 변화, 감성
아동	advocates for children
어린이와 가족	가족 유대, 돌봄, 치유, 웃음, 회복력
문화적 교육적 노출	비극적 사건
community resources	연결, 지역사회 필요원공급(역할 확대) Hybrid Museum
	공동 복지, DEI(다양성,형평성,포용성) 열린 시각, 미래 사회 준비, 인간적 감성, 지구생태환경(기후변화), 코로나 전후, 사회적 참여

2. 국내외 사례 제시

도출된 키워드들을 기준으로 하여 지속 유지할 것과 미래에 추진해야할 것들에 대해서 국내외 사례들이 있는지 현황을 살펴보고자 한다. 키워드들은 어린이과학관, 어린이미술관, 어린이박물관, 독립형 어린이박물관 등의 소속 기관의 정체성에 따라 콘텐츠 풀이가 가능하다.

1) 지속 유지

(1) 지역 방문지, 체험학습

일례로 덴마크의 국립어린이박물관은 모 박물관이 있고 어린이갤러리가 있

는 곳으로 수도 코펜하겐에서 지역 방문지이면서 체험 학습의 문화적 교육적
노출이 가능하다.

(2) 영아 발달, 놀이

2010여년 전부터 영유아 관람객이 세계적으로 증가해서 어린이박물관의 연
령대가 하향하고 있으며, 심지어 최근에는 어린이박물관뿐 아니라 어린이과학
관에서도 영아를 위한 공간을 만들고 있는 추세이다.

(3) 아동 발달, 놀이, 그리고 자연

디스커버리 어린이박물관에서는 2015년에 '모든 아동은 매일 야외에서 놀아
야 한다'[255]는 캐즈 프레이즈하에 야외 1200평에 '디스커버리 우드'를 조성하였
다. 이는 아동의 전인 발달과 자연 탐색을 촉진한다고 할 수 있겠다.

(4) 아동 발달, 대근육 발달

일반적으로 미국 중심의 대형 어린이박물관에 실내외의 대근육놀이 시설이
구비되어 있다. 드물기는 하지만 국내외 특이한 점은 과학관이나 과학센터에
서도 어린이 대근육놀이 시설이 있기도 하다.

(5) 예술 문화적 노출과 자연

어린이박물관에서는 자연스럽게 예술 문화적인 경험이 가능한 기관이며, 이
는 실내뿐 아니라 야외의 자연과 더불어서 함께 조성될 수 있다.

255　https://childrensmuseums.org/2022/03/17/seeing-the-future-and-taking-steps-to-get-
　　　there-discovery-museum-acts-on-its-commitment-to-sustainability

2) 미래 추진

이 장에서는 현재와 그리고 미래에 추진되어야 할 키워드들로 구성하였는데, 현재 추진되고 있는 좋은 사례들을 소개하고자 한다.

(1) 감성

테크놀로지의 발달, AI의 발달, 문명이 발달할수록 점차로 직접적인 교류 소통보다는 기계를 사용한 의사소통으로 소외적인 인간이 되어가기 때문에, 어린 시절부터 감성적인 발달을 촉진해야 할 것으로 보인다.

(2) 아동 옹호

아동의 권리나 인권을 위한 콘텐츠 즉, 전시 혹은 프로그램, 이벤트들도 있는데 다소 무거운 주제이긴 하지만 아동의 발달과 이해에 맞게 풀어갈 수 있다.

(3) 돌봄과 가족 유대

현대에 와서 가족의 해체 현상을 보이면서, 가족의 의미가 혈연보다는 함께 거주하는 사람 혹은 반려동물까지 확장되었다. 또한 대가족에서 자연스럽게 습득되었던 아기 돌보기, 조부모 등의 노화 등은 이제는 모두 배워나가야 할 과제들이다.

[그림 17-1] 경기도어린이박물관의 '애완 동물'전[256]

[그림 17-2] 경기도어린이박물관 '조부모' 전시 – 가족 유대 [257]

(4) 보편적인 접근 가능한 주제

정서적인 접근이면서 보편적으로 사람이 살면서 경험하게 되는 주제들로 웃음, 생일의 실행 사례가 있다.

[그림 17-3] 경기북부어린이박물관 – '웃음' 메타버스 전시

[그림 17-4] 경기도어린이박물관 – '생일' 기획전

256_ https://gcm.ggcf.kr/exhibitions/25
257_ https://youtu.be/BFCWCKWLXcw

(5) 비극적 사건 (온라인)

미국은 테러나 폭력 등 충격적인 사건이 벌어지기도 하고, 최근에는 세계적인 추세로 벌어지는 비극적 사건에 대해서 어떻게 아동과 가족이 대처해야 하는 지를 보통 홈페이지에 개제하기도 한다.

(6) 비극적 사건 (자연 재해)

미국은 자연 재해로 허리케인이나 토네이도 등의 피해가 많은 지역이다. 이런 자연 재해를 어린이박물관에서 전시와 연계한 프로그램으로 대처하는 능력을 기를 수 있는 좋은 사례가 있다. 노크노크 어린이박물관(Knock Knock)으로 허리케인 동안 아동이 경험하는 모든 일에 대처하는 프로그램과 정서적 지원까지 하는 프로그램을 만들었다.

〈표 17-10〉 자연재해 시 대처 프로그램들

자연 재해시 대처하는 프로그램 내용들
• Big Backyard : 자연의 물건으로 짜임새와 얼굴을 만들기
• 아트 가든 : 미니어처 선 정원 만들기, 못을 박고 끈으로 감싸는 끈 예술 만들기, 실로 막대기를 감싸 패턴 만들기
• By-You 건물 : 바람을 탐험하고 튼튼한 집과 물병 요새를 짓기
• Paws & Claws : 애완동물 캐리어 디자인 및 제작, 잃어버린 애완동물 포스터 만들기
• 죠스피규어! 플레이하우스 : 홈메이드 보드 게임 만들기
• Go Go Garage : 집에서 만든 도구를 사용하고 팀으로 작업하여 장애물을 옮기고 경마장에서 교통 체증을 완화하고 모델 버킷 트럭을 가지고 놀기
• 거품 놀이터 : 떠다니는 배 만들기, 가라앉거나 떠 있는 물건 찾기
• 스토리 트리 : 허리케인과 관련된 책을 탐색하고 어린이의 정서적 필요를 지원
• 메이커 샵(Maker Shop) : 동네에서 홈메이드 회로 스위치 만들기, 배터리로 작동하는 팬과 손전등 만들기, 바람으로 구동되는 물매 돌리기 만들기

- 정서적 지원 프로그램 : 자신을 진정시키고, 느낌과 정서를 표현, 좌절감에 대처
- 프로그램 : 강풍, 정전, 쓰러진 나무, 홍수, 지역 사회 도우미, 장난감 분실 또는 파괴, 애완 동물 분실, 가스 부족, 긴 줄, 전자 게임 금지 놀기, 기부금 주고받기, 건물 파손, 대피, 이전 등

(7) 하이브리드 뮤지움, 지역사회

해외 사례에서 코로나 시기에 지역사회에 꼭 필요한 자원을 확립하여 공헌한 사례들이 있다. 예방접종 장소 제공으로 뉴욕의 미국자연사박물관은 갤러리를 백신 접종 장소로 탈바꿈하여 지역 병원, 대학, 연구소 및 연구 기관과 협력하는 것으로 코로나 이후 박물관의 자연스러운 움직임이 되었다. 이는 콜라보레이션을 통한 융복합의 하이브리드 박물관(Hybrid Museum)으로의 전환을 말한다.

미국에서의 어린이박물관은 대부분 사립이며 이는 '지역사회'를 마케팅 이상으로 보고, 지역사회의 요구를 면밀히 살피면서 수용할 필요가 있다. 루이지애나 어린이박물관은 '툴레인 영유아 정신건강기관' 과 협업하여 코로나 기간에 대처법을 온라인으로 제공하고 또한 '정신 건강 팁'으로 회복력을 위한 안내지를 제공했다. 즉, 모든 사람의 불안을 증가시킬 수도 있으니, 어린 자녀의 뉴스 노출을 제한하고, 13세 이상 아동의 질문에 답할 수 있도록 하면서 부모와 함께 시청하도록 제안하였다. 학교가 휴업함에 따라 인근의 차터 스쿨의 박물관 사용을 허가했는데, 미술 스튜디오에서 학급 8명의 유치원생을 테이블에 앉아 알파벳 글자를 따라가며 작업하도록 하였다.

(8) 공동 복지, DEI, 환경 등 (온라인)

아동을 위한 지속 가능한 과제로 '좋은 삶의 목표'를 홈페이지에 잘 설명하면서 캠페인을 벌이고 있는 어린이박물관이 있다. 아주 좋은 사례로 소개한다.

- 어린이 창의성 박물관의 캠페인 17개 목표들 : 빈곤 퇴치 돕기, 더 잘먹기, 건강하기, 배우고 가르치기, 동등하게 대하기, 물 절약, 청정에너지 사용, 선한 일하기, 스마트 온라인 매너, 공정하기, 거주지 사랑, 더 나은 삶, 기후 행동,바다를 깨끗이, 자연 사랑, 평화이루기, 함께하기

(9) 기후 변화 (온라인 및 디지털화)

국립어린이박물관 (워싱톤 DC)에서는 온라인으로 '기후 행동 영웅'의 프로그램을 만들어서 65만명이 접속하여 이용하게 하였다. 여기에 '날씨 세상'의 전시를 함께 병행하여 기후 변화의 콘텐츠를 더욱 강조하였다. 기후 5인 영웅은 지역사회 대장, 물의 전사, 꽃가루 매개자 순찰대, 강력한 기상학자, 식목공으로 홈페이지에 들어가면 나는 어떤 기후 영웅이 될지 선택하여 찾아볼 수 있다.

(10) 지구 생태와 환경

여기 지구 환경을 생각하는 아주 좋은 사례가 있다. 2016년에 오스트리아의 줌 어린이박물관에 갔었을 때 기획전으로 당시에는 매우 혁신적인 전시였다. 주제는 '프라스틱'으로 2년 동안 준비한 전시인데 우리 일상에서부터 공업까지 얼마나 프라스틱이 쓰여지고 있는지를 보여주는 것이면서도 지구의 환경을 생각하게 만드는 전시였다. 콘텐츠는 훌륭하였으나 전시 연출이나 마감에서는 아쉬운 전시였다.

(11) 환 경

환경하면 떠오르는 대표적인 어린이박물관의 사례가 있다. 미국 매디슨어린이박물관이다. 이 곳은 리드 (LEED : Leadership in Energy & Environmental Design)즉, 최강의 건물 전략 및 관행을 인정하는 친환경 건물 인증 프로그램에서 주는 황금상을 2014년에 수상하였다. 건물 뿐아니라 전시 연출시에도 자연 소재를 사용하고 재활용되는 전시 연출을 하고 30여년째 이어오고 있다.

(12) 21세기 기술

어린이박물관에서는 21세기에 살아가는 데 필요한 능력 개발 기술들을 고양해 줄 수 있다. 비판적 사고, 문제 해결력, 창의성, 의사소통, 협력 등이 있는데 주로 초등학교에 해당 될수 있는 '셜록 홈즈' 전시가 있다. 추리력과 문제해결력을 기를 수 있는 초등학교 고학년이면 가능하다. 국내에 적용한다면 '암행어사 박문수'나 '오성과 한음'같은 위인들의 전시가 가능할 수 있겠다.

(13) 기 타

어린이박물관은 복합문화시설의 기능이 있는데, 세계에서 가장 큰 어린이박물관인 인디애나폴리스 어린이박물관이 있다. 수용시설로는 도서관, 천체관, 야외 극장, 카페, 숍, 휴게공간 등 거대하고 엄청난 시설을 보유하고 있다. 독립적인 어린이박물관 외에 복합상업공간의 쇼핑몰 내에 위치하여 관람객이 공간의 타 시설을 함께 이용할 수 있는 시카고 어린이박물관의 사례도 있다. 최근 국내에서도 아울렛 쇼핑 매장의 설립 붐과 함께 어린이 전시나 프로그램 시설이 들어서기도 한다.

3. 결론

필자가 살펴본 어린이박물관에서 지속되어야 할 콘텐츠의 키워드와 미래 지향적인 키워드를 다시 한번 서술하면 다음과 같다.

1) 어린이박물관에서 지속되어야 할 키워드
① 지역 방문지, 체험 학습, 경험, 공간, 뉴모델, 전시 기획
② 교육적 실험실, 조기 아동 발달, 학습, 놀이 기반
③ 아동, 어린이와 가족
④ 문화적 교육적 노출
⑤ 지역사회 자원

2) 현재부터 미래 추진되어야 할 키워드
① 온라인, 디지털화
② 21세기 기술, 교육변화, 감성
③ 아동 옹호
④ 가족 유대, 돌봄, 치유, 웃음, 회복력
⑤ 비극적 사건
⑥ 연결, 지역사회 필요원 공급(역할의 확대), 하이브리드 뮤지움
⑦ 공동 복지, DEI(다양성,형평성,포용성), 열린 시각, 미래 사회 준비, 인간적 감성, 지구생태환경(기후변화), 코로나 전후, 사회적 참여

상기의 키워드 들을 바탕으로 한국의 어린이박물관들의 장점과 부족한 점을 언급하고자 한다. 부족한 점들은 미래 키워드들과 잘 보강이 되기를 기대해 본다.

3) 국내 어린이박물관의 강점

① 학술대회 개최를 잘한다. 고민이 많다.

② 코로나 상황으로 인하여 온라인 콘텐츠 및 디지털화가 급격하게 추진되었다.

③ 국공립 중심의 어린이박물관이 양적 팽창을 하였고, 재정 상황이 좋다.

④ 종합어린이박물관에 대부분 영아 공간이 존재하여 관람객의 요구를 잘 수용하고 있다.

⑤ 국공립 중심이라 세금으로 운영되어 이용객들에게 입장료에 대한 부담이 없다.

4) 국내 어린이박물관의 부족한 점

① 미래 화두 다루기가 비교적 부족하다.

② 대근육 활동과 야외 자연 활동은 주로 규모가 큰 종합박물관에서만 가능하다

③ 능력 함양으로 21세기 기술 콘텐츠 부족해 보인다.

④ 감성이 비전에 언급만 될 것이 아니라 적합한 콘텐츠로 가시화될 필요가 있다.

⑤ 앞으로는 친환경 재질 및 친환경 건물로 가야할 것이다.

⑥ 질 추구가 매우 필요해 보인다. 국공립기관의 지역 국립 어린이박물관과 어린이과학관은 지역사회의 정체성에 맞게 차별화를 하려고 노력하고 있다. (그 외 어린이회관, 유아 체험관 등 문체부가 아닌 교육청 소속의 다양한 유사 기관들 존재한다.)

⑦ 아동 발달 맞추기가 어렵다. 아동 전공 큐레이터가 필요한데 에듀케이터 존재처럼 어린이박물관에 전공생이 필수적으로 있어야 할 것이다.

⑧ 가족 나들이터이므로 가족들이 이용할 수 있는 편의시설과 휴게 시설

들이 더 잘 갖춰져 있어야한다.

　열심히 하는 국내 어린이박물관의 직원들이 있었기 때문에 지난 30여년의 시간들에서 국내 어린이박물관이 확장되어 왔다. 이제는 살펴본 미래 키워드와 내용들이 국내 장단점을 기반으로 각 기관의 미션에 맞게 조금이라도 도움이 되어서 질 관리를 잘 할 수 있는 시스템과 수준이 되기를 바래 본다.

참고문헌

김진희, 2019, 「어린이박물관 미래 방향」, 『한국어린이박물관 백서』 국립중앙박물관

김진희, 2022, 「포스트 코로나 시대, 한국어린이박물관의 역할 확장」, 제11회 국립민
　　속박물관 어린이박물관 학술대회

https://childrensmuseums.org/about/(2023.3.13.)

https://chat.openai.com/chat(2023.2.6.)

https://chat.openai.com/chat/9956dfc9-b596-4524-a646-d049e6f0756a(2023.3.13)

https://tomorrowtodayglobal.com/2016/04/25/16-skills-21st-century-education/

https://mmkrol.wordpress.ncsu.edu/2019/10/06/the-4-cs/

https://www.parents.com/fun/vacation/us-destinations/the-10-best-childrens-
　　museums/

https://www.10best.com/awards/travel/best-childrens-museum-2022/

https://CitéDes Bebe- CitéDesEnfants, Cite des Sciences et de L'lndustrie

https://mcm.org/sprouts-exhibit/

https://mcm.org/excitement-is-mounting/

https://childrensmuseums.org/2022/03/17/seeing-the-future-and-taking-steps-to-
　　get-there-discovery-museum-acts-on-its-commitment-to-sustainability

https://images.search.yahoo.com/search/images;_ylt=Awr9.xu0JiFkll03h1VXNyoA;_
　　ylu=Y29sbwNncTEEcG9zAzEEdnRpZANMT0MwODlDXzEEc2VjA3B
　　pdnMp=%EC%B9%B4%EB%84%A4%EA%B8%B0+%EC%82%AC%EC
　　%9D%B4%EC%96%B8%EC%8A%A4+%EC%84%BC%ED%84%B0+Hi
　　ghmark+SportsWorks&fr2=piv-web&type=E210KR91214G0&fr=mcafee#id=
　　13&iurl=https%3A%2F%2Fimages.trvl-media.com%2Fmedia%2Fcontent%2
　　Fshared%2Fimages%2Ftravelguides%2Fdestination%2F601717%2FCarnegie-
　　Science-Center-41790.jpg&action=click

https://louisiana.dk/

https://thinkplaycreate.org/explore/art-installations/breathing-room/

https://nysci.org/happiness-experiment

https://www.pittsburghkidsdesign.org/exhibit/xoxo-an-exhibit-about-love-and-forgivenes/

https://pittsburghkids.org/exhibits/kindness-gallery/

https://images.search.yahoo.com/search/images;_ylt=AwrO_4QUPiFkeZ04VE1XNyoA;_ylu=Y29sbwNncTEEcG9zAzEEdnRpZANMT0MwODlDXzEEc2VjA3Nj?p=%EA%B3%A0%EC%96%91%EC%96%B4EB%A6%B0%EC%9D%B4%EB%B0%95%EB%AC%BC%EA%B4%80+%EC%95%84EB%8F%99+%EC%9D%B8%EA%B6%8C&fr=mcafee#id=19&iurl=https%3A%2F%2Fi.ytimg.com%2Fvi%2FJW6I7unCK2o%2Fmaxresdefault.jpg&action=click

https://gcm.ggcf.kr/exhibitions/25

https://www.mommynearest.com/edition/los-angeles/article/theres-a-new-dog-exhibit-at-the-california-science-center

https://youtu.be/BFCWCKWLXcw

https://youtu.be/QTKL3S0ldCc

https://creativity.org/coping-with-trauma

https://mcm.org/helping-children-cope-talking-with-kids-about-violence-and-tragedy-in-the-news/

https://knockknockmuseum.org/about-us/

https://childrensmuseums.org/2022/03/17/rebounding-through-making-and-tinkering

https://www.insider.com/photos-american-museum-natural-history-big-blue-whale-vaccine-site-2021-4#the-museum-is-one-of-several-iconic-landmarks-to-become-a-vaccine-site-14

https://cdn.vox-cdn.com/thumbor/1iwnr54goj_234GgkgA-e4Y8lrQ=/1400x1400/filters:format(jpeg)/cdn.vox-cdn.com/uploads/chorus_asset/file/19273407/Mithun_LouisianaChildren_sMuseum_w_downtown_0938_PhotobyWebbBland_low_res.jpg

https://nolafamily.com/childs-play-developing-the-architecture-of-the-brain/

https://bloximages.newyork1.vip.townnews.com/nola.com/content/tncms/assets/v3/
editorial/6/18/618711c2-3e35-5f9c-b4f9-7ce045109326/5f6b5d16d3236.image.
jpg?resize=695%2C500

https://creativityeng.wpengine.com/sustainability-challenges/

https://www.climate-heroes.org/

https://nationalchildrensmuseum.org

https://www.kindermuseum.at/zoom-programmangebot/zoom-ausstellung/
ruckblick-zoom-ausstellungen/plastic_-_hands_on_exhibition

https://madisonchildrensmuseum.org/exhibits/wildernest/

https://video.search.yahoo.com/search/video;_ylt=Awrg1MVjLyFk.o43NKNXNyoA;_
ylu=Y29sbwNncTEEcG9zAzEEdnRpZANMT0MwODlDXzEEc2VjA3BpdnM-
?p=fleet+science+center+sherlock+holmes&fr2=piv-web&type=E210KR9121
4G0&fr=mcafee#id=17&vid=e20f1c182fa7ad73e6dbe9dfc944ca3d&action=vi
ew

https://video.search.yahoo.com/search/video;_ylt=Awrg1MVjLyFk.o43NKNXNyoA;_
ylu=Y29sbwNncTEEcG9zAzEEdnRpZANMT0MwODlDXzEEc2VjA3BpdnM?
p=fleet+science+center+sherlock+holmes&fr2=piweb&type=E210KR91214G0
&fr=mcafee#action=view&id=48&vid=174a8911684b23fa0cbd8522d3da3c0b

국립어린이박물관의
정체성을 위한 여정[258]

1. 서론

어린이박물관이 한국에서 1995년 처음 개관한 지 어느덧 30여년이 지난 시점에서 국립어린이박물관이 2023년말 개관하게 되었다. 국립이라는 사명을 안고 건립된 독립형 어린이박물관의 개관은 최근 다소 주춤했었던 국내 어린이박물관 확산의 즐거운 비명이라고 생각한다. 특히나 수도권 중심의 독립형 어린이박물관에서 중서부권의 어린이박물관의 개관은 국내 어느 곳에서나 관람객의 접근성이 매우 용이하며, 저출산과 외동아이가 최근 대세인 한국적 가족

---

258 김진희, 국립어린이박물관의 정체성을 위한 여정, 2024년 국립어린이박물관 제1회 콜로키움 발표자료임. 2024

상황에서 아동들을 위한 공간의 설립은 반가운 소식이다.

한국에서 어린이박물관의 첫 개관 멤버로 일하게 되어 현재까지 업무에 종사하며 한국의 어린이박물관의 확산과 흐름들을 쭈욱 지켜본 사람으로서 기관의 정체성에 대한 이야기를 다루게 되어서 매우 의의있게 생각한다. 국내 어린이박물관의 첫 개관시에는 박물관 자체가 정체성이며 모든 것이어서 논의할 여지도 없었다. 그러나 독립형 몇 기관들이 생성이 되면서 다루는 콘텐츠나 기관의 방향성들이 때론 모호하고, 담당 학예사들은 어린이박물관에 일하면서 배워가며 기관을 파악하여 갔다고 본다. 과연 어린이박물관이 무엇인지 개념도 역할도 콘텐츠도 불투명한 가운데 학예사들이 정진하였다고 여겨진다.

첫 개관이었던 삼성어린이박물관의 맥을 이어가고 있는 서울상상나라 인력의 역할이 중요하였고, 2011년 독립형의 경기도어린이박물관 개관은 년간 60만명의 방문객으로 어린이박물관계뿐 아니라 국내 박물관계의 관람객의 패러다임 전환을 맞이하는 공신이었다. 이와는 다른 축으로 모 박물관이 있는 어린이박물관들은 역사 중심의 어린이 콘텐츠를 이끌어 갔고 지역의 소속박물관도 어린이박물관과 어린이체험관을 명명하면서 소속 지역 기관의 브랜드 콘텐츠를 다루고 있다.

여기 국립어린이박물관은 개관 1년이 몇 일 남지 않았으나 이 시점에서 정체성을 다루는 게 이른 감이 없지 않았으나 늘 고민하면서 운영해야 하는 사항이라 이번 콜로키움의 의의를 가져본다. 해외는 국립이 거의 부재한 상황이지만 그럼에도 불구하고 어린이박물관계를 선도해 나간 보스톤 어린이박물관의 100여년 주도적인 업무 이야기들을 들어보면서 우리도 다시 한번 사명감을 가지고 국립으로써 그리고 어린이박물관으로써의 정체성을 찾기 위한 우리의 여정들을 시작해 보고자 한다.

2. 본론

1) 국립어린이박물관 개요

국립어린이박물관은 국내에서 최초로 세종시 지역에 설립된 국립박물관단지 5개 박물관 중의 하나로써 그 시발점으로 2023년 12월 26일에 개관을 하게 되었다. 이후 2026년에 국립도시건축박물관 개관을 필두로, 국립디자인박물관, 국립디지털문화유산센터, 국립국가기록박물관을 순차적으로 2030년까지 개관할 예정이다. 이에 어린이박물관은 4개의 박물관의 주제를 종합적으로 하여 어린이 눈높이에서 먼저 경험을 하도록 의도하여 조성되었다. 이후 아동들은 성장하면서 자연스럽게 주변의 박물관 단지를 찾아가게 되며 문화시민으로써 뮤지엄 고어가 될 수 있는 기반이 될 수 있다.

국립어린이박물관은 기관의 비전 및 미션을 직원들과 함께 수 차례의 회의 끝에 수립하였다. 해외 기관 20여개의 자료를 조사하여 한국적 상황에 맞고 국립으로써의 역할을 고려하며 미래에 필요한 역량을 기를 수 있는 기관으로 검토하였다. 이에 따라 기관의 미션, 비전, 인재상도 함께 수립하였다.

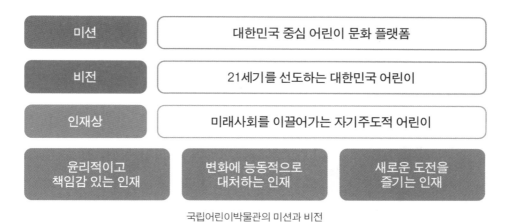

국립어린이박물관의 미션과 비전

[그림 18-1] 국립어린이박물관의 미션과 비전

직원들끼리 머리를 맞대고 어떠한 기관을 만들어 가고 싶은지를 의논하면서 공동의 목표를 수립하고 가야 할 방향으로 박물관을 그려보며 서로 그 몫들을 해내길 기대해 본다.

현재 국립어린이박물관은 연면적 1500평으로써 지상 1층부터 지하 1층으로 펼쳐져 있다. 시설로써 좋은 공간 요건은 단지 내에서 박물관 입구까지 회랑이 설치되어 비와 눈을 피할 수 있고 더위도 피해 가는 그늘이 된다. 또한 상설 전시실 바깥과 교육실 바깥으로 야외놀이터가 조성되어 있어서 매우 개방적이다. 전시를 보다가 바깥 놀이로 이동할 수 있고, 교육실을 이용하면서도 바깥 놀이를 할 수 있는 여건이 조성되어 있다. 상설 전시실은 영유아만 갈 수 있는 숲속놀이터, 도시의 건축과 디자인에 관한 도시디자인놀이터, 우리 전통 문화에 대한 놀이를 하는 우리문화놀이터, 자료실이 조성되어 있다. 기획 전시실로 인류가 손을 사용하며 도구를 발명하고 기계를 발명하면서 문명을 형성한 것을 기어 도구들로 조립해 볼 수 있는 지구마을놀이터1이 있다. 기어 도구들은 한수정 작가에게 의뢰해서 제작한 4종이 있는데 아동들에게 인기가 있다. 개관 후 최근에는 공과 바람놀이의 전시물을 지구마을놀이터2에 새롭게 설치하여 아동들에게 가장 인기있는 시끌벅적한 공간이 되었다. 이외에도 작가와 협업한 로비의 휴게겸용 빠기 작가의 조형 작품들이 있고, 복합 전시실 계단에는 갑빠오 작가의 서정적인 구상성 작품들이 놀이식으로 선보인다. 갤러리 내에는 디지털 공간으로 우주여행이라는 강이연 작가의 몰입형 대형 미디어가 있다.

이렇게 작가를 사용한 창의적인 전시물과 작품들은 최근 국내 박물관의 트렌드를 반영하고 있고, 어린 시절부터 예술작품과 밀접하게 만드는 점이 포인트이다.

기관의 운영은 1일 2회차로 3시간씩 관람하게 되어 있고, 1회차당 체험 인원을 제한하여 400명씩 예매를 하도록 시스템화하였다. 운영 시간내에 교육실에서는 프로그램에 참여하고 싶은 사람들이 예매를 하기도 하고 현장에서도 바로 참여하기도 한다. 2024년 8월에 관람객 10만명을 돌파하면서 국내 중서부권의 접근성이 좋고 인기있는 어린이와 가족 관람객의 방문지가 되었다. 특히 여름방학에는 전국구의 관람객이 점차 찾아오게 되면서 몇 년내에 명실상부 국내 중심에 있는 중점 기관이 되어 가기를 기대해 본다. 2024년 약163,000여명의 관람객이 다녀갔다.

2) 국립어린이박물관의 정체성 수립 여정 I

개관 후 첫 1년의 운영은 박물관 운명의 시간이다. 1년간의 기관 운영 안정화와 관람객에게 심어지는 첫 이미지와 인지도는 박물관의 향후 운명을 가른다.

(1) 전시 사업

국립어린이박물관의 사업은 전시와 교육으로 전시교육실에서 이뤄진다. 2024년 본격적인 첫 해 1년 운영에서 전시 업무를 먼저 언급하고자 한다.

올해는 전시콘텐츠 강화를 추진하였다. 일반적으로 개관을 하면 전시 콘텐츠가 탄탄하기보다는 공간을 장악하는 전시품 위주로 설치되면서 밀집도는 없이 개관을 하게 된다. 이에 전시콘텐츠 강화를 추진하고자 하였는데 개관 시 비용을 투자하다보니 개관 후 첫 1년은 운영 중심으로만 예산이 책정되어 어려움이 있었다. 그러나 작은 비용들을 틈틈이 찾고 입장비의 수익금을 일부 보조받으면서 업무를 추진하였다.

첫 번째로 추진한 것은 국립박물관단지에서 소장하고 있는 건축 모형들을 도시디자인놀이터의 상설전시실에 설치하였다. 세종시내의 행복도시 건설과 박물관단지 조성을 위한 건축 모형들이 공모를 통해서 선정되어 있고, 이는 계획하에 구성된 행복도시, 박물관단지, 국립세종도서관, 세종시청, 세종소방서 등의 '우리도시 건축모형' 총 8점으로 구성하였다. 아동의 눈높이에 맞추기 위해서 좌대의 높이를 낮추고 건물 설립을 위한 공사 장면 영상을 빠르게 상영하고, 모형에 관심을 갖도록 흥미있는 질문 패널을 제공하였다. 예를 들면 건물의 내용에 맞게 건축가가 의도한 건물 모형의 이미지가 무엇인지를 질문하여 연상해 보게 하고, 답변을 찾아보면서 내용을 확인하도록 하고, 또는 본인이 거주하는 건물이나 혹은 국립어린이박물관을 찾아보게 하였다. 예산 상황이 허락했으면 좀더 재미있게 체험 모형을 제작하여 입체 퍼즐을 맞추어 보거나, 불빛이 모형에 들어오게 한다 던지, 렌티 큘러를 써서 완성된 건물 사진과 모형이 겹쳐진다지 등의 다양한 방법을 구현하지 못해서 아쉬움은 남았다. 가족 관람객보다는 단체 아동들이 왔을 때 모형을 더 관심있게 영상과 더불어 보는 것으로 확인하였다.

이와 더불어서 우리문화놀이터 상설 전시실에 있었던 책가도 서가의 용도가 책이미지 블록 놀이를 하게끔 구성되어 있어서 이것을 리뉴얼하였다. 책가도 서가에 맞는 자료실과 휴게 겸용의 책을 볼 수 있는 의자를 비치하였다. 책가도 는 어린이박물관의 책가도라고 할 수 있게 사람들의 애장물품이라고 할 수 있는 옛 것과 현대의 것들을 비교하여 연결선 상에 있게 하였다. 옛 선인들의 문방사우가 현재 아동들이 쓰는 문방구를 같이 비치하여 시대에 따라 변화되는 물건들을 보여주고, 옛 도서들과 현대의 아동 도서들을 같이 비치하여, 현대 아동 도서들을 볼 수 있는 자료실의 모습으로 구성하였다. 아동 도서는 국내 아동 출판사로 유명한 모 출판사의 도서 300여권을 기증받아서 비치하였고 애장품들은 직원들과 지인들과 함께 소품들을 찾고 모아서 기증하며 비치하였다.

책가도에서는 추억의 초등학교 시절 교과서, 어린이 잡지, 장난감을 볼 수 있어서 부모, 조부모들과 이야기를 나눌 수 있는 자리가 되기도 하였다. 상기의 상설 전시실에 건축 모형 추가와 자료실 구성은 문체부에 박물관 등록을 위해서 건축 모형 소장품을 활용해서 비치하고 자료실의 시절 조건을 구비하여 추진한 내용이다.

[그림 18-2] 건축 모형 설치　　　　　　　[그림 18-3] 자료실 조성

　　두 번째로 기획전 공간의 콘텐츠 변화이다. 기획 전시실은 1,2로 나눠져 있다. 지구마을 놀이터라는 명칭으로 기계와 도구를 발명한 문명을 개념으로 한 공간이다. 아동들은 테이블 위에 여러 가지의 기어들로 구성된 다양한 형태의 조립을 해볼 수 있고, 상징적으로 벽면에는 대형 교통기관들의 모형이 설치되어 있었다. 이에 저희 전시운영부에서는 부산과학관에서 신규 전시 계획으로 철거를 하려는 전시품 중에서 아동들에게 인기 있었던 증기기차를 무료 기증받았고, 일부 새롭게 리뉴얼하여서 교통 기관들 사이에서 작동해 볼 수 있는 전시품으로 설치하였다. 아동들에게 좋은 전시품은 한가지 전시품에서 다양한 연결과 작동을 해볼 수 있는 것이다. 아동들은 기차 뒷면의 벽면에서 마치 탄광에서 석탄을 깨듯이 모형 석탄을 기차로 나르고, 콘베이어벨트에 석탄을 올리고 레버를 돌리며, 기차에서는 석탄을 받아서 기차 본체에 넣고 작동이 되도록 핸들을 돌려본다. 핸들로 인하여 기차는 소리가 나고 기차 머리에서는 증기가 난다. 옆에서는 철길이 있어 아동들은 사람들의 통제를 위해서 철로 차단의 바를 움직이도록 레버를 돌려본다. 벽면에는 기차 승무원처럼 조끼와 모자가 비치되어 있다.

너무 재미난 점은 유아들이 시키지 않아도 전시물을 스스로 탐구하면서 작동해 본다는 것이다. 그리고 자전거 두 대가 지오메트릭한 그림을 그리도록 연동되어 있었는데, 초등용이라서 이중 하나를 유아용으로 새롭게 제작하여 교체하였다.

　　전시실 2에서는 유사한 테이블탑 전시들을 전시실1로 비치하여 전시품 밀집도를 높이고, 서울상상나라와 협력하여서 바람놀이 전시품 4점을 손을 보아서 설치하였다. 유리벽의 벽면 공간에 바람으로 인한 공의 순환 전시품이 펼쳐져 있어 바람 전시품과 일맥상통하게 하였다. 또한 기둥을 활용해서 공의 길을 만들어서 굴려보는 '또르르르 골드버그' 전시품을 신규 제작하여 설치하였다. 골드버그 전시품은 구성주의식 전시로써 전시물의 끝판왕으로 자기의도대로 공의 길을 벽면 자석에 부착하여 공을 굴려보면 여러 각도들을 실험해 볼 수 있고, 혼자서도 할 수 있으며 부모님과 함께 또래들과 함께 협력할 수 있는 전시이다. 이에 따라서 이 공간은 '바람과 공'의 전시장으로 새롭게 조성이 되었다.

[그림 18-4] 증기 기차 체험중인 아동들

[그림 18-5] 석탄을 깨고 있는 아동들

[그림 18-6] 바람놀이 전시품들　　　　[그림 18-7] 또르르르 골드버그 전시품

(2) 교육 사업

2024년 올해의 교육프로그램의 방향은 여러 기관들과의 협업을 고려하고 프로그램의 다양성을 위해서 매우 확장된 개념으로 설정하였다. 브론펜브루너(Bronfenbrenner)의 생태학적 이론에 기초하여 나를 중심으로 미시체계에서 거시체계 등의 확장의 개념으로 '세상 살펴보기(Look Into)'로 잡았다.

어린이박물관의 핵심 명제인 자신과 세상에 대한 이해를 수렴할 수 있고 자신을 중심으로 가족, 동네, 동식물, 지구, 우주까지 펼쳐갈 수 있도록 하였다. 우리 동네와 우주는 상설 전시로 있어 대형 미디어로 펼쳐져있는 '우주여행'은 자연스럽게 전시와 연계 할 수 있는 소주제이다. 또한 동식물과 지구는 최근 기후온난화와 더불어서 지구 환경에 대한 검토가 가능한 내용이라서 폭넓게 접근할 수 있었다. 유아, 초등, 가족 등 대상 프로그램은 24년 총 63종, 771회, 76,929명 참석하고 교육프로그램만은 46종, 769회, 17,053명, 교육자료 배부는 12종, 1회, 57,770부, 디지털 교육 콘텐츠는 5종, 1회, 2,106회를 보았다.

프로그램은 4분기 정도로 구획화하는데, 겨울방학, 봄학기, 여름방학, 가을학기로 구분된다. 2023년 12월26일 개관하면서 겨울방학 프로그램은 어린이, 가족 대상으로 총 4종을 실시하여서, 기획 전시실의 교구를 제작한 한수정 작가의 교구를 활용한 '별난 지구 공작소', 건물 이미지의 창에 색셀로판지를 장식해 보는 '알록달록 색깔놀이', 갑빠오 작품을 감상하고 작품 키트를 구성해 보는 '꿈꾸는 무지개 연못', 책가도 그림 속에 숨겨진 '쏙쏙 그림속 이야기'를 진행하였다. 개관 기념으로 국립어린이박물관에 바라는 사항을 포스트잇 나뭇잎에 작성해서 종이 나무를 장식해 보는 프로그램도 함께 진행하였다.

[그림 18-8] 별난지구 공작소 프로그램　　　[그림 18-9] 꿈꾸는 무지개 연못 프로그램

　2024년 봄학기에는 3월 23일부터 7월 22일까지 약 4개월 기간 동안에 단체 대상과 주로 가족 대상으로 프로그램을 진행하였고, 다문화 프로그램은 타 기관의 협찬으로 지원받아서 진행하였다.

　단체는 주로 어린이집 대상으로 이뤄졌으며 색깔 고무 점토를 이용하여 '깔깔깔 색깔로 상상하기'로 진행하였고, 이는 검은색 주머니 위에 색깔을 부착하여 아동들이 색을 선택하여 색에 대한 관심을 가지고 점토로 촉감놀이를 할 수 있게 하였다.

　가족 대상 프로그램으로는 '지구환경 살펴보기'를 주제로 한 '업사이클링 장난감 탐험대'를 발달장애인까지를 포괄하는 우리의 몸 살펴보기 '숨바꼭질 댄스 댄스'를 진행하였다. 환경교육사들을 강사로 해서 우리 생활 주변에서 고장 나 버려지는 폐장난감들을 수집하여 색깔별로 분류하고 이를 새롭게 아동들이 장난감으로 조형해서 만들도록 하였다.

또한 소중한 우리 몸과 공간과의 관계를 살펴보고 가족끼리 몸을 사용해서 신체적 형태들을 만들어보는 프로그램을 진행하였다. 가족끼리 신체를 사용해서 활동하는 프로그램은 비교적 경험이 별로 없는 내용이라 가족간 관계를 다소 밀착하게 만드는데 기여할 수 있는 시간이었고, 참여자는 적었으나 발달 장애인들에게도 적합한 감각적인 내용이라서 의의가 있었다. 특히 다문화 관련 프로그램은 음악과 미술이 함께 융합된 예술 교육으로 멸종위기에 처한 동물들을 알아보고 그들의 형상을 스케치하며 실크스크린 기법을 활용해서 조형화시키는 작업인 '공감 미술: 지구의 색깔'과 동물의 사육제나 동물 관련 음악들을 들어보면서 꽃으로 이미지 조형화시키는 작업인 '행복 음악: 꽃들의 노래'를 진행하였다. 인근의 다문화 가족과 4회차 모두 참석해주신 가족들도 있어서 만족도가 매우 높았던 프로그램이었다.

또한 평일 일반 관람객을 대상으로 전시 연계가 되어 관람의 질이 높아지도록 '반짝 수레'를 만들어서 전시품 옆에서 일시에 반짝 운영하고 철수하며 관람객의 흥미를 높이고 있다. 책디자인 전시 옆에서 종이 접어 '미니 책만들기', 갑빠오 실뜨기 작품 옆에서 '전통 실뜨기 놀이', 우리문화놀이터의 전시품 옆에서 '동서남북 종이접기'와 '초롱 전통등 만들기'이다. 인력 여건이 된다면 주말에 진행하여 전시장을 더욱 활성화 시킬 생각이다.

[그림 18-10] 숨바꼭질 댄스댄스

[그림 18-11] 업사이클링 장난감 탐험대

[그림 18-12] 반짝 수레 　　　　　　　　 [그림 18-13] 반짝 수레 : 초롱 전통등 만들기

　　여름방학은 어린이박물관의 최대 성수기이다. 마치 전시의 기획전처럼 특별 기획 프로그램을 만들어 7월 20일부터 8월 20일경으로 약 한달간 진행했다. 이번에는 '쿨쿨(Cool Cool) 여름나기'라는 의미로 요즘 잘 쓰고 있는 이중적인 의미로 제목을 설정하였다. 나와 가족을 생각해보는 내용으로 가족 관계 밀착을 위한 올해의 기본 교육프로그램 '세상 살펴보기'를 반영하고, 여름 특별 내용으로 어린이 상상단의 의견을 받아서 물 관련 내용, 여름 수박, 여름 별자리 이야기를 넣었고, 한국전통문화대학교에서 협찬받은 '하하 전통공예' 프로그램, 자율 참여식의 식물카드 만들기의 아트랩 등 매우 다양하게 추진하였다. 특히 물놀이를 선호하는 어린이 상상단의 의견을 받아 '미스트 게이트'라는 대형 원형 설치물에서 안개 분수처럼 물을 분사하여 야외 잔디 공간에서 아동들이 뛰어놀 수 있게 하였다. 또한 아동이 제일 선호하는 미각을 위한 먹거리로서 '팥빙수 만들기'를 진행하여 팥과 얼음 조각, 토핑들을 다양하게 선택하고 가족끼리 시음하도록 하였다.

<표 18-1> 여름방학 프로그램 종류

구분	대상	교육명(안)
여름방학	어린이	With Art나의 마음
	가족	With Art우리 가족 눈맞춤
		리듬 톡 마음 톡
	가족	견우와 직녀 별 이야기
	가족	그림책과 수박
	어린이/가족	전통으로 여름나기 夏夏공예
	누구나	미스트 게이트
	누구나	Art Lab
	누구나	함께 놀아요

[그림 18-14] 미스트 게이트   [그림 18-15] 위드 아트 나의 [그림 18-16] 그림책과 수박
마음

가을 프로그램은 9월부터 12월까지로 약 4개월간 진행이 되고 있다. 단체 아동들을 위해서는 미니캔버스에 내얼굴을 거울로 관찰하고 그려보면서 꾸며보는 '요모조모 내얼굴 미니 캔버스', 매주 금요일 매회 마다 다른 그림책을 읽고 연관 체험을 해보는 프로그램, 상설 전시 '우주 여행'과 연계되는 우주복도 입어보고 태양계에 대해서 알아보며 우주인 식량도 맛을 보는 '우주여행을 떠나요', 화단의 꽃을 관찰해 보고 전통 정원을 조립해보고 전통 연못에 있는 연씨를 배

양해보는 '조록조록 정원예술가'를 운영하고 있다. 현재는 12월과 겨울방학 프로그램으로 동물, 건축에 관한 프로그램 그리고 움추러드는 겨울에 양말스케이팅 등의 신체 운동들과 고구마 간식 만들기 등의 먹거리를 진행하고 있다.

[그림 18-17] 우주여행을 떠나요 　　　　 [그림 18-18] 조록조록 정원예술가

(3) 행사

① 어린이날 행사

개관 후 첫 번째로 맞이하는 어린이날 행사는 예술 단체인 '한국인형극 협동조합'에 의뢰하였다. 공연을 3종으로 다양하게 하고, 체험을 5종으로 진행하여 축제 분위기처럼 유도하였는데, 당일 우천 관계로 계속 빗방울이 떨어져서 주로 실내에서 진행하게 되었다. 인형극 '생일도둑 도깨비', 저글링이나 마술, 마임, 대형 탈인형 등을 진행하는데 어린이 관람객 참여식의 복합 공연인 '세종사람 이야기', '머리없는 가족'이었고, 체험은 고깔모자 만들기, 어린이날 축하카드 만들기, 실리콘 장갑인형 만들기, 야외 분필아트, BMW 협찬의 친환경 전기자동차 모형 조립를 진행하였다. 또한 많은 어린이 관람객의 참여를 위하여 정원을 더 늘려 1일 1천여명이 다녀가도록 하였다. 진행 결과는 아동 가족 관람객 참여형의 공연과 예술 단체로 인해서 공연의 질이 비교적 높았다는 점과 행

사성 체험 꺼리로 인해서 전시 관람과 교육프로그램 외에도 풍성하게 즐길 수 있었다는 점이다.

향후에도 질 좋은 공연으로 관람객과 만나는 행사를 진행할 예정이다.

[그림 18-19] 어린이날 행사 안내지

[그림 18-20] 어린이날 행사 공연 모습들

② 유관 기관 초청 행사

국립어린이박물관의 개관으로 많은 유관 기관 종사자들의 관심이 많았고, 개관 이후 관람객 운영에 힘을 써야 하는데 폭증하는 유관 기관 사람들을 개별적으로 모두 대응하는 것이 비효율적이라는 판단이 들었다. 이에 따라 유관 기관 초청 행사를 24년 1월말에 하루 날을 잡아 행사를 하고, 박물관을 소개하며, 유관 기관들의 올해 업무 추진 계획들을 가볍게 들어보며 정보 공유하는 시간을 가졌다. 또한 설문지로 국립어린이박물관에 바라는 사항들을 적게 하여서 우리 기관의 업무 방향에 도움이 되고자 하였다.

③ 제1차 콜로키움 개최

국립어린이박물관의 정체성을 찾기 위한 여정으로 행사와 학술대회가 많은 가을철을 지나서 12월 12일에 진행하였다. 세계의 어린이박물관을 선도하고 자문 역할을 하였던 보스톤 어린이박물관의 전 부관장을 영상으로 초대하여 업무 추진을 들어보는 기회로 만나보고자 하였다. 가장 인상이 깊었던 이야기는 업무 추진시 '두려워하지말라' 였다. 또한 기억이 남았던 것은 이미 70년대에 어린이박물관에서 다소 다루기 힘든 '죽음'이라는 주제를 전시로 다루었다는 것이다. 이에 우리 국립도 좋은 사례로 업무에 참조하면서 동기 부여를 받고자 하였다. 또한 향후 업무 방향에 대해서 유관 기관이나 학계의 우수한 토론자들을 모시고 의견을 듣고 수렴하는 자리를 마련하고자 하는 의도이다. 향후에도 독립형인 어린이박물관은 박물관의 정체성을 찾아가고자 하는 시행착오나 방향들에 대해서 자리를 마련하는 학술적 기회를 갖고자 한다.

④ 어린이 상상단 운영

아동들의 다양한 의견을 수렴해서 아이디어를 반영하고자 어린이 자문단을 구성하였다. 지원자들은 아동과 보호자를 대상으로 자문단의 활동을 정확히 파악하고 있는지를 서로 확인하는 자리로 면접을 실시하였다. 초등 3학년 이상의 아동으로 총 20여명을 구성하였고 총 6회 이상의 활동을 진행하여 전시와 교육프로그램들의 아이디어를 받고 모니터링 하였다. 올해 하였던 활동 내용들로 향후 지속적으로 업데이트하여서 반영할 예정이다.

(4) 기관의 대외 협력

전시와 교육으로 나눠질 수 있는데 전시는 서울상상나라, 국립부산과학관과 전시 협약을 추진하여서 전시품들에 대한 도움을 받았다. 관람객 서비스를 위해서 인근의 메리어트 호텔의 패키지 홍보 및 호텔 시설 이용 할인 등을 협력해서 운영하고 있다. 프로그램은 국립의 네이밍으로 인해서 많은 곳에서 의뢰가 왔었다. 저희 기관과 프로그램을 협력 할 수 있는 사항으로 진행하여, 문화취약층을 위한 홍보와 프로그램 지원으로는 세종시가족센터, 사단법인 세계시민포럼, 한국장애인개발원 세종센터와 업무 협약을 진행하였다. 지역사회와는 프로그램 지원의 한국전통문화학교, 교구재 지원의 국립세종수목원, 한글프로그램 지원의 세종시문화관광재단과 협력하였다. 유관기관 네트워크로는 홍보부스 설치 및 프로그램 운영으로 국립아시아문화전당, 유네스코 아태무형유산센터, 예술교육적 협력으로는 한국문화예술교육진흥원과 함께 하였다. 총 11개 기관과 업무 협력을 하였고, 이 중에서 국립박물관단지 차원으로 양해각서는 한국문화예술교육진흥원, 세종시문화관광재단, 국립부산과학관과 협약을 맺었다.

이외에 어린이박물관 학예사들의 발전을 위하여 전시 교육 사례를 국내는 다양한 기관을 벤치마킹하고, 국외는 ACM에서 어워드를 준 어린이박물관을 대상으로 홈페이지를 조사하여 월별로 발표하는 자리를 가졌고 앞으로도 지속적으로 좋은 사례 조사를 진행하여 학예사들의 역량을 높이고자 한다.

3) 국립어린이박물관의 정체성 수립 여정 Ⅱ

(1) 중단기 전시 사업 방향
전시는 연도별 사업 추진을 위하여 전시장을 리노베이션 하는 계획을 잡아보았다. 박물관은 지속적으로 변화되는 모습을 보여주어야 관람객에게 사랑받고 재방문하는 기관이 될 수 있다.

2025년에는 기획전시실1을 신규 기획하고자 하는데 주제를 검토 중에 있다.

또한 가장 메인이 되는 상설전시실인 도시디자인놀이터를 추가 보완하여 특화 시키고자 하는데, 자동차 충전소와 자동차 수리소의 차량을 추가로 설치하고 도시 건축 설계와 도시가 디자인이 되어가는 과정에 대한 이야기도 전시품으로 풀어보고 예산이 허락한다면 높은 층고 10미터를 활용하여 클라이머 전시를 도시 마천루식으로 연결짓도록 구성해 보고자 한다. 또한 우리문화놀이터에서 일부 비활성화 되어 있는 공간인 옛 주막부분의 공간을 개편하고자 한다. 그리고 기획전시를 신규로 설치하면 기존에 있던 기계와 도구에 관한 테이블탑 전시와 전시교구들은 순회전으로 해서 필요한 기관들에게 대여할 구상을 하고 있다.

2026년 사업으로는 대형 클라이머 전시를 생각하고 있다. 예산이 '25년에 허락하지 않을 시에 '26년 사업 예산으로 요청할 생각이다. 만약 '25년에 클라이머 전시가 설치가 된다면, 향후의 계획들을 1년씩 앞당겨서 할 것이다. '27년은 야외놀이터 공간에 금강의 생태 수변을 적용한 대형 물테이블 전시를 하여 아동의 흥미를 돋우려고 한다. 자연 환경을 응용하고 아동들이 가장 선호하는 아이템인 물 전시를 어린이박물관 야외에 하는 것은 처음으로 실내 막힌 공간보다 더 활동을 자유롭게 유발시키는 환경이 될 것이다. 햇빛이 반사된다면 무지개가 생기고 물안개도 같이 보여질 것으로 보이며 자연 현상에 대한 경이감을 가질 수 있다. '28년에는 영유아 공간인 숲속놀이터를 예술가, 건축가, 아동 교육자와 더불어서 함께 개발하고, 디지털 아틀리에 공간에 걸맞는 미디어 인터렉티브 전시를 기획할 계획을 잡아보았다.

2025년
기획전시실 1 신규 기획 : 주제 검토중 **상설 우리문화놀이터 신규 기획** : 전시 자료 조사중 **상설 도시디자인 부분 강화 (대표 특화)** : 자동차 충전소 / 자동차 수리소 / 도시건축 설계   및 구성전시품 **순회 전시 추진 / 기획 전시2 교류전 추진**

2026년
대표 특화 **도시디자인놀이터 신규 기획** : 신체활동이 가능한 전시 기획 : 세종의 스카이라인을 만드는 마천루를 주제로   대형 클라이머 체험물 신규 기획

2027년
야외놀이터 물테이블 신규 기획 : 금강의 생태 수변을 활용한 야외 전시 기획 : 자연환경을 구성하고 체험하는 물 전시 기획

2028년

숲속놀이터 신규 기획 
: 영유아의 호기심, 창
  의력, 오감 발달 전시
  기획
: 예술가, 건축가, 아동
  교육 전문가 등과 개발
디지털아뜰리에 신규
기획 
: 예술적 상상력이
  가능한 인터랙티브
  미디어 전시 기획

국립어린이박물관의 년도별 전시실 개선 추진 계획

[그림 18-21] 년도별 전시 사업 추진 계획

(2) 교육 중단기 사업 계획

교육프로그램은 단기 24~25년을, 장단기로 26~28년까지를 나눠서 운영할 계획이다. 단기 2년은 교육콘텐츠 조성 및 정착의 단계로 운영하며, 중단기 3년은 교육 콘텐츠 확산 및 글로벌화로 설정하였다. 24~25년은 교육 공간 조성, 교육 콘텐츠 개발 안정 운영, 지역 사회와 유관 기관과의 협업, 학술대회 개최 등을 추진하고자 한다. 이후 26~28년간에는 기존 성과를 체계적으로 잘 지속해서 운영하고 교육 콘텐츠를 개발 심화하면서 고도화하고자 한다. 또한 교육 평가 지표를 개발하고 정기적인 교육자료집을 발간, 정기적 학술 대회 개최, 국내외 어린이박물관간의 협업 체계 수립 및 확장, 향후의 국립박물관단지 내의 기관간의 교육연계 프로그램을 개발하고자 계획을 잡았다.

〈표 18-2〉 교육프로그램의 중단기 로드맵

단기 운영 단계 '24~'25년 (교육 콘텐츠 조성 및 정착)	중단기 운영 단계 '26~'28년 이후 (교육 콘텐츠 확산 및 글로벌화)
• 교육 공간 조성 • 교육 콘텐츠 개발 · 운영 • 지역, 유관기관과 업무협약 체결 • 학술대회 개최 • 협업 기반 구축 및 협업 실시 등	• 기존 체제 확장 및 지속 운영 개선 • 교육 콘텐츠 개발 · 운영 심화 　→ 대상, 기간, 교구재 등 고도화 • 교육 평가 지표 개발 • 정기 교육자료집 발간 • 정기 학술대회 개최 • 국내외 어린이박물관과의 협업 실시 및 확장 등 • 국립박물관단지 연계 교육콘텐츠 개발
교육프로그램 중단기 내용	

'25년 교육 사업 방향은 다음과 같이 구성하였다.

국립어린이박물관의 특화, 발달지원, 소외계층, 연속 사업으로 4가지로 나눠서 추진하고자 한다.

첫째, 특화로는 도시디자인 상설전시연계롤 해서 'House & Home'을 시그니처로 추진해 보고자 한다. 도시의 집부터 미래의 집, 과거의 집 등 시간에 따라 변화된 모습, 전통 가옥부터 타 국가의 가옥까지 나라와 민족에 따라 다른 가옥들, 그리고 기후에 따라 적응하는 가옥들, 동물들의 거주지 등으로 광범위하게 그리고 집의 역할, 집에서 느낄 수 있는 가족애 같은 정서적인 것도 같이 다루어 보고자 한다. 아동들에게는 사고의 확장을 돕기 위하여 식물의 집, 지구의 집, 우주의 집은 무엇인지 등으로 질문해 보고자 한다. 운영해 본 좋은 콘텐츠는 지속적 상설 프로그램으로 운영하고자 한다.

또한 기관 홍보에 도움이 되고 재방문율을 올릴 수 있는 시의성 프로그램을 월별로 특화하고자 한다. 물의 날, 환경의 날, 노인의 날, 김치의 날, 경첩, 개천절 등 이슈가 될 수 있는 재미나고 의의있는 날들을 지정하여서 프로그램을 운영하고자 한다. 그리고 기관 차원에서 국립으로써 위상을 갖추고 어린이박물관에 기여하기 위해서 어린이박물관 학예사 역량 강화 교육을 처음으로 시도해보고자 한다. 아동 발달과 어린이 전시 개발법, 어린이 프로그램 워크숍 등 좀 더 어린이박물관의 전문가로써 역량이 깊어질 수 있도록 국립어린이박물관에서 견인차 역할을 하고자 하였다. 해외 우수한 기관들의 연사를 초대하여 이야기를 들어보고자 한다. 향후 수료증과 일정 시간 이수증 등으로 한국어린이박물관협회와 협력하여 어린이박물관 학예사 자격증 제도화를 시도해 보는 기반을 갖추고자 한다.

둘째, 발달 지원으로는 자녀 양육 지원 부모 교육 프로그램을 운영하고자 한다. 자녀 양육에 대한 정확한 정보와 이해를 수많은 정보 홍수 속에서 가려내기 어렵고, 양육이 또 하나의 일이 되어 버린 부모님들을 위한 상담형 프로그램을 연속적으로 운영하고자 한다. 또한 영아 공간이 숲속놀이터 갤러리나 영아용 교육실을 이용하여 영아 부모가 함께 활동하는 감각적 내용의 프로그램도 함께 운영하고자 하며 현재 설문조사 중이다.

셋째, 소외 계층에 관련된 내용인데, 지역 주변의 가족센터와 협력해서 소외 계층의 관람과 프로그램을 함께 지원하고자 한다. 인근의 대통령기록관에서 소외 계층 초대를 하고 있는데 오전 오후 관람으로 상호 연계 하는 방식으로도 검토 중에 있다. 발달장애 지원을 하기 위한 운영으로 공간을 편안하게 관람할 수 있는 '감각 지도(가칭)'를 현재 전문가 자문과 특수아동 가족과 특수 교사들의 워크숍을 통해서 개발 중에 있고, '25년에는 편안한게 탐색할 수 있는 선그라스, 귀마게, 담요, 안정 놀잇감 등을 검토해서 백팩을 대여할 생각이다. 또한 여건이 허락한다면 '안락한 코지코너'도 만들어 불안정하고 흥분된 아동을 진정시키는 공간을 제공하려고 한다. 장애 프로그램들은 장애인예술문화원과도 논의하여 진행하고, 문화원의 교육 프로그램시에도 저희 기관에서 수업을 하도록 연계하여 확장하고, 장애 예술 인력들에 대한 박물관 활용도도 가능할 수 있는지 검토 중에 있다.

넷째, 연속 사업 및 신규 사업 추진이다. 올해 아르떼와 협력으로 첫 시작을 하였으나 이를 확장하여 예술 기반의 돌봄 사업도 추진할 예정이다. 교구재 개발을 통해서 학교 방과 후의 아이들이 박물관을 관람하게끔 한다거나 아직은 구체화되지 않았으나 협의 후에 진행할 예정이다. 또한 25년에는 연속적 참가하는 심화 프로그램을 운영할 예정이다. 구체적 예로는 다빈치 프로젝트로 초등 대상으로 융복합을 할 수 있는 과학, 예술, 문학, 수학, 건축 등 프로그램을 해보고 최종적으로 도출할 수 있는 그룹 작업으로 전시도 해보고자 한다.

그리고 21세기를 살아가는데 요구되는 능력[259] 개발인 프로젝트이다. 학습과 혁신을 위한 4C(비평적 사고와 문제해결력, 창의성과 혁신, 의사소통, 협력)와 디지털 문해력(정보 문해력, 미디어 문해력, ICT 문해력), 돌봄과 삶(유연성과 적응력, 주도성과 자기 지시, 사회적이고 문화간 상호작용, 생산성과 책임, 리더쉽과 책임감)이다.

어린이날은 문화예술 행사로 방향을 연속적으로 추진하며, 콜로키움을 확장한 학술 세미나도 개최하고자 한다. 독립형 어린이박물관들의 정체성 확립을 위한 주제들로 설정해서 기획하고자 한다. 향후 기회가 된다면 한국어린이박물관협회와 아시아퍼시픽 어린이박물관 컨퍼런스도 함께 유치하여 추진하고자 한다.

---

259 https://ko.wikipedia.org/wiki/21%EC%84%B8%EA%B8%B0_%EA%B8%B0%EC%88%A0

(3) 관람객 맞춤형 박물관 지향

국립어린이박물관은 1년 연속으로 고객 설문조사를 실시하여 관람객의 현황을 파악하고 전시와 교육 계획 수립에 필요한 데이터로 참고하거나 요청 사항을 반영하고자 한다. 이것이 대상 중심의 박물관으로써 고객과 소통하는 가장 기본이 되는 요건이라고 생각한다.

① 관람객 설문 조사

개인 관람객과 단체 관람객은 경향이 달라서 구분하여 설문 조사를 실시하였고, 실시한 결과를 요약하면 개인 관람객은 다음과 같다.

아동들은 보호자가 부모 중에서 모친과 함께 더 방문하며, 보호자의 나이는 30대가 과반수를 이룬다. 또한 거주지는 세종이 가장 우세한 편이나 여름방학을 기점으로 기타 지역으로 확대하면서 점차 전국구로 방문하는 경향을 보였다. 어린이 수는 1명[260]이 가장 많았으며 초등 저학년이 가장 우세하였다. 아동의 성별은 여아의 비중이 더 높은 편이며, 관람 정보는 박물관 공식 웹사이트나 SNS에서 얻고 있다. 방문 회차는 1회차가 가장 높았다. 전시 만족도는 5점 척도로 해서 '매우 그렇다'가 가장 높았고, 가장 만족한 전시실은 상설전시장인 도시디자인놀이터였다. 기획전시에 추가한 바람놀이 전시품은 만족도가 전시품별 조사에서 가장 높았다. 관람 적정시간은 2시간 내외였고, 재방문 의사는 '매우 그렇다'가 가장 높으며 점차 증가 추세이다. 박물관 직원 응대 만족도도 '매우 그렇다'가 가장 높으면서 이도 증가 추세이다. 특별한 점은 올해 전시장에 전시품을 추가하거나 콘텐츠를 강화한 곳은 만족도가 모두 상승하였다. 영유아

---

260 참고로 원고를 쓰는 시점인 2024년 국내에서 세종시가 가장 자녀 출산율이 높은 도시로 1.64인으로 2인 미만이다.

공간이나 복합 전시실은 아직 추가로 손을 보진 못하였는데 만족도 상승이 없었다.

단체 관람객은 방문 기관 유형이 어린이집이 가장 높았고, 단체 관람 인원 수는 개관 초기에 비하여 인원수가 증가하여 50명 이상이 가장 많았다. 방문 기관의 주소지는 개관 초는 세종이 가장 많았으나 봄학기에는 대전으로 바뀌게 되었다. 아동의 나이는 6~7세가 가장 많아 유아들의 방문이 대세였다.

또한 교육프로그램 참가자들에게 설문조사를 개관 이후부터 여름학기까지 계속 실시하였다. 개설을 희망하는 교육은 전시 연계 신체 활동이였다가, 최근 여름에는 현장에서 예매없이 바로 참석할 수 있고 자율 체험을 가장 선호하였다. 교육 운영시간은 1시간 미만, 교육 희망 요일은 토요일이 가장 우세하고 두 번째가 일요일이였다. 희망하는 시간은 방학 때는 오전 11시, 학기중 주말에는 1시를 선호하였다. 교육

[그림 18-22] 전시장에 비치한 관람객 설문조사 배너

비는 오천원 미만을 선호하며, 참여 인원은 10명 내외를 선호하였으며 희망 형태는 교육을 어린이만 하는 것이 가장 높았고, 두 번째는 가족 대상의 교육이였다. 개설 희망 연령대는 초등 저학년이 가장 많았고, 유아들 대상으로 점차 증가 추세를 보였다. 따라서 현재 조사된 교육 설문조사는 결과치를 기본으로 하여 박물관 여건에 맞게 확대할 예정이다. 특히 어린이박물관은 가족이 함께하

는 교육 프로그램을 기획하여서 타 기관에서 없는 기회를 만들어 운영할 예정이다.

〈표 18-3〉 개인 관람객 설문조사로 특성 분석

질문 내용	'24년 1~2월 (겨울방학) 1순위 답변(%)	'24년 3~7월 (봄학기) 1순위 답변(%)	'24년 7~8월 (여름방학) 1순위 답변(%)	분 석
보호자 관계	모 (70.0%)	모 (61%)	모(66%)	모친 비중 가장 높음
보호자 나이	30대 (48.5%)	30대 (53%)	30대(50%)	40대 47.2%/ 44%/ 45%
보호자 거주지	세종 (64.9%)	세종 (35%)	세종 (32%)	2순위 봄학기(27%) : 대전 여름방학 (23%): 기타 지역 점차 국내로 확대
어린이 수	1명 (48.5%)	1명/2명 (45%)	1명(46%)	2명 42%/ 45% / 43%
어린이 나이 (중복 선택 가능)	초등 1~3학년 (47.1%)	초등1~3학년 (26%)	초등1~3학년 (30%)	2순위 6~7세 30%/ 23%/ 22% 학기중 유아 비중이 다소 높은 편
어린이의 성별 (중복 선택 가능)	여 (61%)	여 (67%)	남/녀(64%)	여아 비중이 다소 높음
관람 정보 알게 된 경로	지역 정보소통 카페(44.6%)	박물관 공식 웹 사이트, SNS 등 (39%)	박물관 공식 웹 사이트, SNS 등 (45%)	공식 웹사이트 활용 으로 전환
방문 회차	1회차(53.5%)	1회차(56%)	1회차(57%)	1회차 방문 높음

〈표 18-4〉 교육 참가자 대상 프로그램 경향 분석

질문 내용	'24년 1~2월 (겨울방학) 1순위 답변(%)	'24년 3~7월 (봄학기) 1순위 답변(%)	'24년 7~8월 (여름방학) 1순위 답변(%)	분 석
개설 희망 교육 (중복선택)	전시연계 신체 활동 (51%)	전시연계 신체 활동 (55%)	현장참여교육 (39%)	여름방학 : 현장참여, 자율체험 (30%)교육 선호
교육운영시간	1시간 (43%)	1시간미만 (48%)	1시간미만 (46%)	1시간 미만 선호
교육 희망 요일 (중복 가능)	토 (35%)	토 (44.4%)	토(38.4%)	2순위 일요일
교육희망 시간	오전 11시 (29%)	오후 1시 (31%)	오전 11시 (32%)	방학시기 11시, 학기중 1시 선호
교육 참가비	오천원 미만 (45%)	오천원 미만 (51%)	오천원 미만 (53%)	오천원 미만
교육 참여 인원	10명 내외 (67%)	10명 내외 (66%)	10명 내외 (66%)	2순위는 15명 내외
희망 교육 형태	어린이 (54%)	어린이 (47%)	어린이 (47.6%)	2순위는 가족 대상
개설 희망 교육 연령대	초등 저 (38%)	초등 저 (28%)	초등 저 (31%)	기타 3세~5세, 6~7세 교육 수요 증가

〈표 18-5〉 단체 관람객 설문조사 특성 분석

질문 내용	'24년 1~2월(겨울방학) 1순위 답변(%)	'24년 3~7월(봄학기) 1순위 답변(%)	분 석
방문 기관 유형	어린이집(55%)	어린이집(57%)	어린이집
관람 인원 수	20~30명(93%)	50명 이상(45%)	단체의 관람 인원 수 증가

질문 내용	'24년 1~2월(겨울방학) 1순위 답변(%)	'24년 3~7월(봄학기) 1순위 답변(%)	분 석
방문 기관 주소지	세종(34%)	대전(57%)	대전 지역 방문 가장 우위로 전환
동반 어린이 나이 (중복 선택 가능)	6~7세(26%)	6~7세(42%)	단체 6~7세 유아
관람 정보 알게 된 경로	지원센터 웹사이트, SNS 등(28%)	박물관 누리집, SNS 등 (47%)	공식적 기관 온라인
방문 회차	1회차 (62%)	1회차 (98%)	

② 관람객 선호도 조사

내년의 전시를 구상하면서 예산에 맞게 어떤 전시를 해야할지가 고민이었다. 따라서 우리의 고객인 아동 관람객들에게 전시장에서 선호도 조사를 진행하였다. 이는 우리가 고민하고 있는 모습들과 관람객의 의견을 구하며 맞춤형으로 하려는 노력에 대한 홍보 및 내년 변화되는 모습도 미리 홍보하는 효과가 있다.

[그림 18-23] 관람객 전시 선호도 조사

내용은 비용이 많이 들어가는 대형 클라이머 전시 1점과 기획 전시를 개편하고 부분 상설 전시들을 다양하게 보완하는 것에서 둘 중에 하나를 선택하도록 하였다. 재미나고 호기심가는 사진과 함께 제시하고 QR코드로 답변을 받아 타인들의 의견을 보고 함께 쏠리는 현상이 없도록 바이어스를 없앴다. 결과는 총 2주 기간 동안에 총 67명이 응답하였고, 대형 클라이머가 52%로 4%가 더 많았다. 희망하는 기획 전시 주제로는 다양했는데 예술, 과학, 자연, 초등고 대상 체험물, 신체, 교통기관, 슬라이드, 전통문화, 그리고 감정이나 정서적 전시로 폭넓게 주관식으로 응답하였다.

〈표 18-6〉 관람객 전시 선호도 조사 결과표

● 응답인원 : 67명(총관람객 중 1.3% 답변/기간 중 관람객 수 4,968명)
● (질문1) 국립어린이박물관에서 2025년에 만나고 싶은 전시콘텐츠는? 　- 1번 도시디자인놀이터 클라이머(대형 신체활동 전시물) 설치 : 35명(52%) 　- 2번 신규 기획전시 및 상설전시 개편(예술, 자연, 과학 등) : 32명(48%)
● (질문2) 국립어린이박물관에서 만나고 싶은 '기획전시 주체'는? 전통문화 / 감정, 정서 전시 / 예술 콘텐츠 / 빛 / 자연, 자연보호, 과학전시, 우주 / 초등학교 고학년 대상 체험물 / 레고(블럭) 전시 / 신체활동 주제 / 직업 / 슬라이드 미끄럼틀 / 소방차, 경찰차

③ 관람객의 박물관에 희망하는 사항

저희 박물관은 개관 기념으로 박물관에 희망하는 바를 조사하기 위해서 종이 나무를 설치하고 나뭇잎과 꽃잎 모양의 포스트잇에 의견을 작성해서 나무에 꽃과 나뭇잎처럼 부착해 보도록 하였다. 24년 1월에 2240여명이 참석하여서 나무를 장식하였다. 포스트 잇을 수거하여 의견들을 분류하였고 대략 5가지 정도로 분류가 되었는데, 재미난 것은 박물관에 바라는 소망보다는 가족끼리 사랑과 새해 소망에 대한 글들이 가장 많았다. 향후에는 이런 표현의 기회를 프로그램이나 행사로 자주 노출해 주어야겠다고 생각하였다. 관람 후기, 전시 및 전시물, 공간 및 편의시설, 교육프로그램의 순으로 사람들이 희망 사항이 있었다.

이 시점에서 관련 내용을 리뷰하면서 올해 사업을 어떻게 펼쳐갔는지를 다시 한번 확인해 볼 수 있었는데 버스정류장 설치를 제외한 대부분 95% 이상을 반영하여 완료하였다. 그 내용들은 가족 참여 프로그램을 실시하고, 예매의 어려움을 해소하면서 예약 부도 정책을 만들었고, 실내외 놀이터 조성 요구사항은 클라이머 전시 계획과 여름 야외물놀이로 미스트 게이트를 설치하면서 반영하였다. 공간과 편의 시설로는 카페를 운영하였고, 공기 정화도 완료하였으며, 화장실 동선의 불편사항은 일부 개선하였고 버스 정류소 설치 요구는 현재 보류 중에 있다. 교육 프로그램은 다양한 것을 원하여서 올해는 '세상 살펴보기'로 나부터 시작하여 점차 확대되는 설정으로 매우 폭넓고 다양하게 잡았었다.

④ 어린이 상상단 의견

초등 고학년의 자문단으로 구성된 20여명의 학생들에게 전시와 교육 프로그램에 대한 자문과 시범운영 프로그램을 총 6회 실시하였다. 이중 클라이머에 대한 아이들의 아이디어 스케치가 많이 돋보여서 향후 설치 시에 이를 디자인할 때 적용해 볼 수 있는 점을 검토해 보고자 한다.

순위		내용	사진
1	가족	가족 사랑해와 새해소망에 대한 글이 가장 많았음	
2	관람 후기	재밌어요, 또 오고싶어요, 좋아요 의견이 대부분이며, 기획전시 예매 어려움과 현장 예약 및 관람 인원 확충 요청이 있었음	
3	전시 및 전시물	다양한 체험활동(실내/실외 놀이터, 징검다리 등) 재밌는 것, 새로운 전시에 대한 의견이 많은 비율을 차지하였고, 디지털 체험/게임, 캐릭터(애니메이션) 전시, 동물/물고기(아쿠아리움)에 대한 요구가 있었음	

순위	내용		사진
4	공간 및 편의시설	매점 및 음식에 대한 요청이 가장 많았으며, 버스 정류장 신설, 전시실 내 화장실, 공기정화에 대한 요청이 있었음	
5	교육 프로그램	다양한 프로그램에 대한 요구가 가장 많았으며, 재미 있는 수업과 만들기에 대한 의견이 있었음	

[그림 18-24] 박물관 희망 사항 분류표

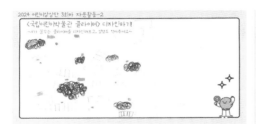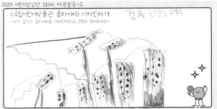

[그림 18-25] 어린이상상단의 클라이머 스케치

⑤ 국내 유관 기관 종사자들 의견 수렴

앞서 행사를 진행했던 유관 기관 초청행사 총 85명에게서 수렴한 국립어린이박물관의 역할에 대한 결과 내용이다. 설문 결과로 국립 기관에 바라는 사항이 주로 국내 기관의 네트워크, 국내외 학술대회 개최, 순회 전시 및 협력 전시 기획 운영 등 총 3가지로 압축되었다. 이는 국내 학예사 역량 강화 교육을 필두로 해서 네트워크를 추진하고, 지속적 학술 대회 개최와 순회 및 교류전 운영을 검토하고 있다.

3. 결론

ACM에서 정의한 어린이박물관의 4가지 차원[261]을 말하면 지역 방문지, 연구실, 지역사회 자원, 아동 옹호가 있다. 이에 따라서 국립어린이박물관이 2024년 업무들을 살펴보았다. 운영 첫 해이기 때문에 가장 역점 사항은 '운영의 안정화'로 관람객이 어떤 사람들이 찾아오는 지를 파악하고 관람객의 요구 사항들을 수렴해서 '고객 맞춤형 박물관'을 지향하는 점으로 운영하였다.

첫째, 방문지로써의 역할은 전시 콘텐츠 강화 추진의 총 15종으로 상설 전시실의 건축 모형들과 자료실 조성, 기획 전시실에 증기 기차 및 바람 전시, 골드버그 조성 등이다. 또한 관람객 동향 파악을 위해서 전시 및 교육 관람객 설문조사를 실시하고 업무에 반영하였다. 즉, 전시콘텐츠를 강화한 곳은 만족도가 상승하였고, 아동이 선호하는 전시품들을 확보하였고, 교육 운영 방법에 대한 의견을 받아서 기본 유형을 파악하였다.

둘째, 실험실로써의 역할은 주로 교육 프로그램이 중점 사항인데, 아동 자신부터 주변을 확대하면서 나, 가족, 동네, 동물, 식물, 지구, 우주로 확대해 보며 '세상 살펴보기(look into)'를 주제로 기획하며 운영하였다. 또한 어린이날 행사를 예술문화공연으로 진행하며, 개관 첫 해에 콜로키움도 전문가를 대상으로 실시하고 있다.

셋째, 지역사회 자원은 이를 활용하거나 지역사회에 기여하는 역할로써 국립은 국내 전체를 대상으로 하여 유관기관 네트워크를 위한 자리 마련으로 시

---

261 https://childrensmuseums.org/wp-content/uploads/2021/11/ACMFourDimensionsofChildrensMuseums.pdf

작하였다. 또한 국내의 지역사회부터 국립 기관들까지 총11개의 기관과 업무 협력으로 전시 교육 콘텐츠를 함께 협조하여 진행하였다.

넷째, 아동 옹호자의 역할로는 국립어린이박물관의 미션, 비전, 인재상을 수립하였다. 또한 국립의 역할인 소외계층 사업으로 발달장애인 가족을 위한 프로그램 진행, 감각 지도 개발, 다문화 가족 프로그램을 진행하였다. 또한 어린이 상상단을 모집하여 어린이박물관에 그들의 손길이 반영될 수 있는 기반을 쌓고 프로그램 실행 전에 모니터링을 하였다.

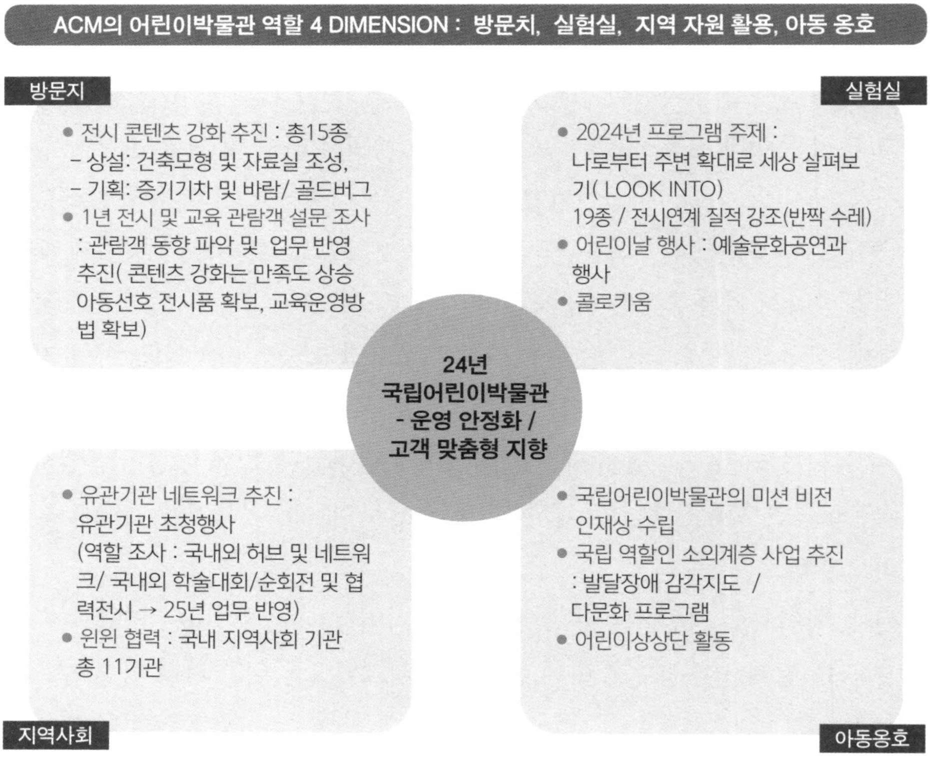

ACM의 어린이박물관 역할 4 DIMENSION : 방문치, 실험실, 지역 자원 활용, 아동 옹호

방문지

- 전시 콘텐츠 강화 추진 : 총15종
  - 상설: 건축모형 및 자료실 조성,
  - 기획: 증기기차 및 바람/ 골드버그
- 1년 전시 및 교육 관람객 설문 조사
  : 관람객 동향 파악 및 업무 반영
  추진(콘텐츠 강화는 만족도 상승
  아동선호 전시품 확보, 교육운영방
  법 확보)

실험실

- 2024년 프로그램 주제 :
  나로부터 주변 확대로 세상 살펴보
  기(LOOK INTO)
  19종 / 전시연계 질적 강조(반짝 수레)
- 어린이날 행사 : 예술문화공연과
  행사
- 콜로키움

**24년
국립어린이박물관
- 운영 안정화 /
고객 맞춤형 지향**

- 유관기관 네트워크 추진 :
  유관기관 초청행사
  (역할 조사 : 국내외 허브 및 네트워
  크/ 국내외 학술대회/순회전 및 협
  력전시 → 25년 업무 반영)
- 윈윈 협력 : 국내 지역사회 기관
  총 11기관

- 국립어린이박물관의 미션 비전
  인재상 수립
- 국립 역할인 소외계층 사업 추진
  : 발달장애 감각지도 /
  다문화 프로그램
- 어린이상상단 활동

지역사회

아동옹호

[그림 18-26] '24년 정체성 수립을 위한 국립어린이박물관의 업무 추진 사항

'25년 업무 방향은 고객 맞춤형은 지속 지향하면서 '차별화'와 '국립 기관 사명 수행'으로 설정하였다.

방문지 역할은 주로 전시 콘텐츠에 관한 부분으로 상설전시인 도시 건축 및 프로그램을 시그니쳐화 하고자 한다. 상설전시 연계를 위한 시그니처 프로그램으로 'HOUSE & HOME'을 설정하여 추진하고자 한다. 또한 상설 전시실별로 부분 콘텐츠들을 보완하면서 강화하고자 한다. 기획 전시실1은 신규 전시로 현재 주제를 검토중에 있으며 전시실2는 가능하다면 교류전시화 하고자 한다. 기획전시를 새롭게 설치하면서 기존에 기획전은 순회전시로 가능할지를 여부를 유관 기관에 타진하고자 한다.

실험실로써의 역할은 영아 대상 프로그램과 양육지원 부모교육 프로그램을 고민하고 있다. 출산율이 세종시가 제일 높은 곳으로 보호자와 영아들의 발달을 지원하고자 준비할 생각이다. 또한 지속적으로 찾아오는 연속 심화프로그램을 검토하여 프로그램의 효과를 높이고자 하며, 기관의 홍보와 이벤트를 위한 시의성있는 프로그램을 추진하고자 한다. 프로그램내에는 통합적으로 진행하되 예술 및 정서 힐링을 위한 내용을 기본으로 한다. 학술대회는 국내 기관들의 '정체성 수립의 여정2'로 기획하고자 한다.

지역사회 자원 활용은 특별히 아르떼와 장애인예술문화원과 올해 사업을 지속 추진하고, '한국어린이박물관협회'와 함께 어린이박물관 학예사 역량 강화 교육으로 국내를 선도하는 학예사 재교육을 실시하고자 하며 네트워킹과 전문성을 강화하고자 한다. 여건이 된다면 중서부권의 어린이기관 벨트를 구축하여 지역적으로 있는 기관간 활성화를 도모하고자 한다. 국립중앙과학관의 어린이과학관, 대전어린이회관, 청주어린이회관, 자연사 박물관 등 필요성을 인지하고 있는 곳을 국립어린이박물관이 주도적으로 상호 원원을 모색해 나가고자 한다.

아동 옹호의 역할은 작년의 지속성을 가지고 다문화 프로그램 진행, 국내 처음으로 어린이박물관에서 장애아동을 위한 지도에서 추가로 백팩을 함께 제공하고자 하며, 인근의 박물관과 협업으로 소외 아동 초청 행사를 함께 진행하고자 검토중이다.

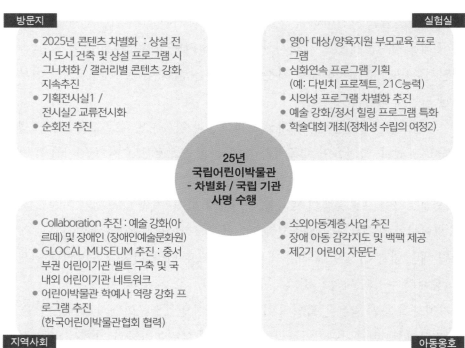

[그림 18-27] '25년 정체성 수립을 위한 국립어린이박물관의 업무 추진 방향

결론적으로 정리하자면 국립어린이박물관의 사업들을 24년 진행사항, 25년 계획사항을 소개하였다. 어린이박물관의 4가지 차원을 기본적으로 지향하고, 고객 맞춤형의 조사를 지향해서 콘텐츠에 반영하며, 내용의 차별화 및 국립 기관으로서 사명을 위해서 문화 소외 계층, 학예사 역량 교육을 통해서 기관을 견인차 역할을 위한 네트워크를 조성하고자 한다. 가장 중요한 한국적 어린이박

물관 수립을 위해서 고민을 하고 있다.

한국적 어린이박물관을 위한 스케치로 여러 생각들을 모아 보았다. 한국적 콘텐츠의 맥락으로 우리 민족 원형으로써는 태초의 단군왕검이 세운 신화와 홍인 인간의 개념을 구체화하는 것부터 시작하여, 세종대왕과 한글 등, 또한 현 시대의 한국적 가족 특징을 반영하여 콘텐츠화하는 것이 중요하다고 생각한다. 한국적 가족은 외동아이 시대에 맞는 양육법과 외동아이가 협력해서 살아가는 법, 가족 역할의 전향으로 인해서 대가족 내의 전통 가족문화의 단절로 이를 이어가는 가족 전통놀이 계승 역할, 다양한 가족 형태의 등장과 접속망의 증가로 가족 간 단절과 격차로 인한 외로움, 경쟁 과열의 시대에 스트레스를 이겨내는 근력 키우기와 힐링 프로그램 등을 담아야 할 것으로 보인다. 상기의 내용들은 끊임없이 고민하면서 전시와 교육, 행사들로 풀어갈 예정이다. 이를 통해 기관의 비전인 21세기를 선도하는 한국의 어린이를 위한 기관이 될 것이기 때문이다. 그래야 한국적 어린이박물관의 정체성이 수립될 수 있는 기반이 될 것으로 보인다. 감사합니다.

1. 국내 어린이박물관 목록

- '19년 한국어린이박물관 백서[262]에 수록된 기관 발췌
- '17년 전국문화기반시설 총람[263]에 수록된 기관 자료 참고
- '18년 10월 기준 한국어린이박물관협회 가입 기관 포함

---

262 국립중앙박물관, 한국어린이박물관 백서 2016~2018, 국립중앙박물관, 2019
263 문화체육관광부, 2017 전국문화기반시설 총람, 문화체육관광부 문화기반과, 2017

구분	연번	박물관명	분류	어박개관	자료(점)	규모(土/建,㎡)	용도별 면적(㎡)	주요기능 및 주제	일반현황('18)	사업비('18)	관람객('18)(천명)	전시 및 교육 주제
국립	1	중앙박물관 어린이박물관	전문박물관	'05.10.28	–	-/2,539	상설(985.67), 특별(165), 교육(135.95), 편의(1,252)	●문화·교육의 공간 ●사색·인식의 공간	●조직: 관장〉문화교류홍보단〉어린이박물관과 ●인력('18): 56명(학예23, 일반33(자봉26포함)	1,643백만원	●'17: 462 ●'18: 513	●'05(전시): 원시 고대인의 생활체험 ●최근: 어린이 병원학교, 우리 문화재 지킴이 등
	2	경주박물관 어린이박물관	–	'05.01.31 '18.1.26(재)	–	-/954.05	상설(504), 특별(127), 교육(-), 편의(323)	●반짝 반짝 신라, 두근 두근 경주	●조직: 관장〉기획운영과, 학예연구실 ●인력('18): 27명(학예1, 공무2,S도슨트24)	264백만원	●'17: 118 ●'18: 287	●신라비밀을 5개 소주제로 구성 ●동글동글 빛나는 황금문화재, 신라석탑이 궁금해 등
	3	광주박물관 어린이박물관	–	'06.12.6	12만여	-/574	상설(574), 특별(-), 교육(-), 편의(-)	●Hands-on개념도입 ●'06:광주 전남의 환경과 문화	●조직: 관장〉기획운영과, 학예연구실 ●인력('18): 3명(학예1,공무2)	73백만원	●'17: 125 ●'18: 113	●환경과생태, 마을탄생, 발굴탐험대 등 6개 테마로 구성 ●음악관련 교육활동, 수험생관련 교육 등
	4	전주박물관 어린이박물관	–	'14.11.28	5만여	-/630	상설(494), 특별(-), 교육(973), 편의(744.38)	●전북 역사와 문화 홍보	●조직: 관장〉기획운영과, 학예연구실 ●인력('18): 6명(학예1,공무2,인턴3)	50백만원	●'17: 144 ●'18: 143	●나는 왕이로소이다 등 4개의 체험 영역으로 구성 ●영유아와 어린이로 구분하여 교육 시행
	5	부여박물관 어린이박물관	–	'11.7.21	1	-/982.05	상설(703.91), 특별(-), 교육(278.14), 편의(-)	●백제금동대향로와 함께 떠나는 여행	●조직: 관장〉기획운영과, 학예연구실 ●인력('18): 9명(학예1,공무3,인턴2,S도슨트3)	13백만원	●'17: 169 ●'18: 192	●향로1개로 운영하는 세계유일의 박물관 ●백제문화와 유물에 대한 교육 실시
	6	공주박물관 우리 문화 체험실	–	'05.3.15	16만여	-/230.61	상설(230.61), 특별(-), 교육(-), 편의(-)	●보고,듣고,만져보는 체험을 통해 백제 무령왕릉 이해	●조직: 관장〉기획운영과, 학예연구실 ●인력('18): 10명(학예1,공무2,인턴1,자봉6)	80백만원	●'17: 118 ●'18: 78	●사마, 무령왕이 되었어요, 왕과 왕비처럼 등 ●문화재탐구 교실, 박물관 보물찾기, 주말교실 등

구분	연번	박물관명	분류	어박개관	자료(점)	규모(土/建,㎡)	용도별 면적(㎡)	주요기능 및 주제	일반현황('18)	사업비('18)	관람객(천명)	전시 및 교육 주제
국립	7	진주박물관 감각체험실	–	'08.12.10	–	-/167	상설(-),특별(-),체험(167),편의(-)	●시각장애인과 관람객 모두를 위한 전시 공간 조성	●조직: 관장〉기획운영과, 학예연구실 ●인력('18): 3명(공무1,사회복무2)	0.5백만원	●'17: 8 ●'18: 1	●진주·고성 오광대탈 전시, 문화재 문양찢기 ●그림책 읽어주는 박물관 등
	8	청주박물관 어린이박물관	–	'98.7.22	–	-/2,545	제1(421),제2(320),체험(120)교육(대소강당 등)764.4	●어린이체험공간으로 처음부터 계획	●조직: 관장〉기획운영과, 학예연구실 ●인력('18): 5명(학예1,공무3,방호1)	410백만원	●'17: 114 ●'18: 110	●어린이탐험대의 발굴여행 등 3개 공간으로 구성 ●박물관 탐험대, 모양나라 친구들 모여라 등
	9	대구박물관 아동다룸방	–	'06.10.19 '18.1.15(재)	–	-/498	상설(363),특별(-),체험(135),편의(-)	●사회교육기관인 해솔관 개관과 더불어 개관	●조직: 관장〉기획운영과, 학예연구실 ●인력('18): 14명(학예1,공무2,자봉11)	5백만원	●'17: 57 ●'18: 32	●복식을 테마로 한 전시운영, 영상체험방 등 ●알록달록 문화재 그리기, 박물관 여행 등
	10	김해박물관 어린이박물관	–	'06.12.15	–	-/1,532	상설(355),특별(-),체험(262),편의(915)	●가야의 탄생, 생활, 기술 등 가야문화를 체험	●조직: 관장〉기획운영과, 학예연구실 ●인력('18): 28명(학예1,공무2,인턴1,현장1,자봉21)	18백만원	●'17: 55 ●'18: 63	●가락국이야기, 가야토기, 철의왕국, 가야보물 등 ●강의와 감상 및 체험 중심 교육
	11	제주박물관 체험관 어린이 올레	–	'06.10.10	–	-/150	상설(150),특별(-),교육(401),편의(-)	●탐라순력도를 통해 제주의 옛 문화를 체험	●조직: 관장〉기획운영과, 학예연구실 ●인력('18): 39명(학예1,공무1,인턴1,행정1,자봉35)	5백만원	●'17: 39 ●'18: 53	●굴메놀이, 맨질맨질 제주토기 등 전시 ●박물관 호기심 천국 등 교육
	12	춘천박물관 어린이 문화사랑방	–	'10.1.2	–	-/245.88	상설(-),특별(-),교육(245,88),편의(-)	●문화재에 대한 흥미 유발 및 놀이공간 제공	●조직: 관장〉기획운영과, 학예연구실 ●운영인력('18): 4명(학예1,공무1,행정1,자봉1)	1.2백만원	●'17: 19 ●'18: 7	●중박의 금강산 전시 주제와 접목 ●엄마 아빠와 함께하는 오감발달 체험교육 등
	13	나주박물관 어린이 체험 놀이터	–	'16.8.2	–	-/117	상설(-),특별(-),체험(117),편의(-)	●어린이와 가족위한 공간 ●우리문화제에 쉽게 접근	●조직: 관장〉기획운영과, 학예연구실 ●인력('18): 3명(공무1,인턴1,행정1)	19백만원	●'17: 36 ●'18: 36	●선비, 금강산을 가다, 난 우리집 귀염둥이 등 ●손 인형극, 꼬물꼬물 책놀이 등 교육

구분	연번	박물관명	분류	어박개관	자료(점)	규모(土/建,㎡)	용도별 면적(㎡)	주요기능 및 주제	일반현황('18)	사업비('18)	관람객(천명)	전시 및 교육 주제
국립	14	미륵사지 유물 전시관 어린이 체험실	–	'15.12.30	–	-/67	상설(67), 특별(–) 교육(–), 편의(–)	●미륵사에 대한 이해 제고	●조직: 관장〉기획운영과, 학예연구실 ●인력('18): 2명(학예1,공무1)	0.8 백만원	●'17: – ●'18: –	●미륵사지 석탑과 사리 장엄 등 전시 ●미륵사지 석탑과 고대 사원에 대한 체험 교육
	15	민속 박물관 어린이 박물관	–	'03.2.17	–	-/2,248.89	상설(376.8), 특별(344.63) 교육(275.28), 편의(1,252.18)	●어린이와 가족대상 체험전시와 교육프로그램 제공	●조직: 관장〉기획운영과, 학예연구실 ●인력('18): 53명(학예8, 공무18,행정2,인턴25)	2,775 백만원	●'17: 293 ●'18: 401	●심청이야기 속으로, 흥부 이야기 속으로 등 ●창의인성 교육중심, 다문화꾸러미 교육사업 등
	16	아시아 문화 전당 어린이 문화원	–	'15.11.25	–	-/16,430	상설(4,822), 특별(1,687) 교육(859), 편의(2,414)	●문화다양성 인식공유와 창의성 교육플랫폼	●조직: – ●인력('18): 33명(전시등9,행정4,현장13,자봉18)	1,204 백만원	●'17: 125 ●'18: 117	●아시아의 과거, 현재, 미래문화를 놀이로 구현 ●감수성과 창의성을 기르는 교육 프로그램 시행
	17	한글 박물관 한글 놀이터	–	'14.10.9	–	-/582	상설(425), 특별(–) 교육(135.95), 편의(17.09)	●세종대왕의 애민정신 계승과 한글우수성 전파	●조직: 관장〉기획운영과, 전시운영과, 연구교육과 ●인력('18): 29명(학예1, 공무2,자봉26)	70 백만원	●'17: 175 ●'18: 145	●쉬운한글, 예쁜한글, 한글숲에 놀러와 전시 ●한글창제 배경, 원리 등 교육
	18	해양 박물관 어린이 박물관	–	'12.7.9	–	-/716.02	상설(597.92), 특별(–) 교육(–), 기타(118.1)	●바다의 모든 이야기를 담다	●조직: 관장〉운영본부〉교육문화팀 ●인력('18): 24명(학예3, 현장2,자봉19)	–	●'17: 151 ●'18: 128	●바다와 환경을 주제로 5개 소주재, 9개 전시물 ●해양마술쇼 등 바다관련 교육시행
	19	현대 미술관 어린이 미술관	–	'97.5.26	–	-/1,424	상설(1,016), 특별(–) 교육(115), 편의(293)	●현대미술 속 이야기아 삶 속에서 예술의 가치발견	●조직: 관장〉학예연구실〉교육문화과 ●인력('18): 32명(학예3, 공무4,자봉25)	346 백만원	●'17: 115 ●'18: 118	●5개 독립공간에서 다양한 교육활동 ●사물의 변신, 상상의방 등 교육 활동

구분	연번	박물관명	분류	어박개관	자료(점)	규모(土/建,㎡)	용도별 면적(㎡)	주요기능 및 주제	일반현황('18)	사업비('18)	관람객(천명)	전시 및 교육 주제
국립	20	대한민국역사박물관 어린이박물관	–	'12.12.26	–	–/168	상설(168), 특별(–), 교육(–), 기타편의(–)	● 우리 역사에 대한 흥미 제고	● 조직: 관장〉교육과 ● 인력('18): 2명(학예1,공무1)	320 백만원	● '17: 42 ● '18: 67	● 한국현대사 체험주제로 4개 공간 구성 ● 우리 가족 역사 일기 등 교육
공립	21	경기도 어린이박물관	–	'11.9.26	–	–/10,825.13	상설(3,356), 특별(295), 교육(241), 편의(6,933)	● 어린이의 꿈과 상상력, 창의력 제고	● 조직: 관장〉학예연구팀 ● 인력('18): 45명(관장1, 학예6,운영23,기타15)	3,743 백만원	● '17: 635 ● '18: 607	● 9개 상설전시, 1개 기획전시, 2개 틈새전시 ● 대상 맞춤형 프로그램 등 운영
	22	고양 어린이박물관	–	'16.6.4	–	–/8,492	상설(1,766), 특별(180), 교육(112), 기타(568)	● 어린이의 인문사회, 도시환경, 문화예술 증진	● 조직: 관장〉학예운영팀 ● 인력('18): 62명(기간제27,전시용역23,시설12)	5,804 백만원	● '17: 228 ● '18: 248	● 예술놀이터를 주제로 예술의 유희성 발견 ● 어린이의 문화적 권리 증진을 위한 문화교육
	23	목포 어린이바다과학관	–	'13.2.5	–	–/7,130	상설(3,515), 특별(–), 교육(66), 편의(3,549)	● 국내 유일의 어린이 바다과학과	● 조직: 과학관 담당 ● 인력('18): 18명(학예1, 공무6,행정1, 시설1,도슨트9)	374 백만원	● '17: 240 ● '18: 195	● 바다상상홀, 깊은·중간·얕은 바다로 연출 ● 해양과학교실 등 운영
	24	서울 상상나라	–	'13.5.2	–	–/19,692	상설(2,584), 특별(160), 교육(1,015), 기타(1,252)	● 서울시 최초 영유아 가족대상 복합체험 문화시설	● 조직: 관장〉학예연구실) 전시,디자인 ● 인력('18): 104명(학예8, 일반14,시설19,현장20,자봉43)	5,184 백만원	● '17: 523 ● '18: 517	● 행복을 디자인하는 어린이-기본방향 ● 놀이하며, 생각하고, 배울수 있는 교육프로그램
	25	울산박물관 어린이박물관	–	'11.6.22	–	–/955.88	상설(547.88), 특별(–), 교육(115), 기타(293)	● 울산의 과거, 현재, 미래	● 조직: 관장〉전시교육 ● 인력('18): 5명(학예1,공무1,도슨트3)	346 백만원	● '17: 115 ● '18: 118	● 대왕암에서 만난 동해 용과 떠나는 역사탐험 ● 박물관으로 떠나는 이야기 동산 등 교육

구분	연번	박물관명	분류	어박개관	자료(점)	규모(土/建,㎡)	용도별 면적(㎡)	주요기능 및 주제	일반현황 ('18)	사업비 ('18)	관람객 (천명)	전시 및 교육 주제
공립	26	인천 어린이 과학관	전문 과학관	'11.5.1	–	-/14,998	상설 (3,491.84), 특별 (711.83) 교육 (955.38), 기타 (570.38)	●국내 최초 어린이 전문 과학관	●조직: 관장〉전시기획팀 ●인력('18): 36명(과학7, 전시7,행정6, 시설4,현장5, 공무7)	4,492 백만원	●'17: 328 ●'18: 324	●최신 과학 기술분야 전시물을 인지발달 단계별 구성 ●연령별, 주제별 교육프로그램 운영
	27	전쟁 기념관 어린이 박물관	–	'14.12.3	–	-/1,387	상설 (589.85), 특별 (-) 교육 (325), 기타 (472.15)	●세계 최초 전쟁역사를 콘텐츠로 하는 어박	●조직: 회장〉사무총장〉교육부〉어린이 박물관팀 ●인력('18): 9명(학예3,공무4,행정1,현장1,)	230 백만원	●'17: 143 ●'18: 150	●고대부터 6.25까지의 전쟁사 전반을 전시 ●놀토에는 박물관 가요 등 교육프로그램 진행
	28	한국 만화 박물관	–	'01.10.12	–	-/23,762	상설 (1,781.7), 특별(317.1) 교육(577), 기타 (21,086.2)	●만화의 문화예술적 가치를 증대하고 후손에 전달	●조직: 이사장〉원장〉만화진흥본부〉박물관운영팀 ●인력('18): 35명(학예6, 인턴6,행정4, 도슨트18	617 백만원	●'17: 252 ●'18: 261	●한국만화 100년사를 소장자료와 함께 전시 ●일반단체 관람객 대상 체험 및 전시 연계 교육
사립	29	야해 한국 전통 문화 어린이 박물관	–	'11.2.11	–	-/12,467	상설 (332.41), 특별 (126.56) 교육 (189.21), 기타 (11.819)	●5천년 한국전통놀이 전문 어린이 박물관	●조직: 관장〉학예연구실 ●인력('18): 10명(학예3, 인턴2,도슨트5	300 백만원	●'17: 51 ●'18: 49	●전통놀잇감과 어린이 공부 위해 사용하던 자료 전시 ●전시연계 체험 프로그램 12종 상시 운영
	30	헬로우 뮤지움	–	'07.11.14	–	-/379.2	상설(-), 특별 (127.93) 교육 (22.26), 기타 (229.01)	●국내 유일의 사립 어린이 미술관,현대미술작품 소장	●조직: 관장〉전시팀, 교육팀 ●인력('18): 155명(학예8, 일반2,도슨트145	176 백만원	●'17: 22 ●'18: 30	●놀이, 친구, 생명, 예술 등 네가지 주제로 전시 ●아이들이 놀이방법을 찾고 즐거움 경험 프로그램
	31	현대 어린이 책 미술관 MOKA	–	'15.12.14	–	-/2,736	상설(-), 특별 (597.6) 교육 (199.7), 기타 (1,902.7)	●지역공헌, 문화예술 지원을 위해 현대백화점이 설립	●조직: – ●인력('18): –	–	●'17: – ●'18: –	●책과 친해지고 그 안에서 예술 문화 이해토록 전시 ●구성주의와 에밀리아 철학, 시각적 사고 전략 교육

2. 해외 우수한 어린이박물관들

본 장에서는 미국의 전문가들과 가족들이 대중적으로 투표에 참여해서 수상하는 베스트 10을 수상하는 두 기관(리더스 초이스, 패어런츠) 과 전문성을 갖춘 기관에서 우수상을 수상한 두 곳인(미국 국립 골드 메달, 핸즈온 인터내셔널 어워드)을 통해서 우수한 어린이박물관을 알아보고자 한다.

1) 리더스 초이스 (Readers Choice)의 베스트 선정 기관들

미국에서 좋은 어린이박물관의 이용객인 가족이 참여하여 순위를 랭크하는 곳으로는 2곳이 있는 것으로 필자는 알고 있다.

먼저 최고의 어린이박물관 10개 기관을 선정하는데 '미국 오늘(USA TODAY)'[264] 주관으로 매년 리더스 초이스(Readers Choice) 독자들이 순위를 선정하고 있다. 어린이박물관계의 전문가는 없으나, 다양한 각계의 전문가들이 추천하고, 소비자들이 투표를 하게 되어 있어 매우 대중적이라고 볼 수 있다. 소개를 드리는 곳들은 소비자인 가족 관람객이 투표하는 것이기 때문에 어린이박물관 기관에 대해 여러 업무면에서 살펴볼 것을 제안 드린다. 콘텐츠, 행사, 운영, 각종 부대시설 등, 소비자들의 만족도를 잘 맞추어 가고 있는 기관으로 관람객이 만족한다고 볼 수 있다.

264　https://www.10best.com/awards/travel/best-childrens-museum-2020/
　　* 선정 방법은 후보 기관들을 전문가들이 제출하면, '리더스 초이스(Readers Choice)'의 편집자들이 최종 후보 기관들을 선택하고, 그 이후 '리더스 초이스'의 독자들이 매년 1회만 투표할 수 있다. 전문가들은 매년 달라지며, 어린이박물관계의 종사자는 없지만, 대부분 가족이 즐길 수 있는 세계의 여행가, 문화 저널리스트, 예술 작가 등으로 다양하게 구성되어 있다.

〈표 1〉 리더스 초이스(Readers Choice) 선정 년도별 베스트 10 기관들

순위	2020년[265]	2021년[266]	2022년[267]	2023년[268]	2024년[269]
1	The Children's Museum of Indianapolis – Indianapolis	The Children's Museum of Indianapolis – Indianapolis	The DoSeum – San Antonio, TX	The Children's Museum of Indianapolis – Indianapolis, Indiana	The Children's Museum of Indianapolis – Indianapolis, Indiana
2	City Museum – St. Louis	The Magic House – St. Louis	City Museum – St. Louis, MO	Children's Museum of Pittsburgh – Pittsburgh, Pennsylvania	Children's Museum of Pittsburgh – Pittsburgh, Pennsylvania
3	The Magic House – St. Louis	Children's Museum of Houston – Houston	The Children's Museum of Indianapolis – Indianapolis	Kohl Children's Museum – Glenview, Illinois	Mississippi Children's Museum – Jackson, Mississippi
4	Kohl Children's Museum – Glenview, Ill.	Kohl Children's Museum – Chicago	The Magic House – St. Louis, MO	Mississippi Children's Museum – Jackson, Mississippi	Kohl Children's Museum – Glenview, Illinois

265 https://www.10best.com/awards/travel/best-childrens-museum-2020/

266 https://www.10best.com/awards/travel/best-childrens-museum-2021/

267 https://www.10best.com/awards/travel/best-childrens-museum-2022/

268 https://www.10best.com/awards/travel/best-childrens-museum-2023/

269 https://10best.usatoday.com/awards/travel/best-childrens-museum-2024/

순위	2020년[265]	2021년[266]	2022년[267]	2023년[268]	2024년[269]
5	Children's Museum of Houston – Houston	City Museum – St. Louis	The Strong Museum – Rochester, NY	Louisiana Children's Museum – New Orleans, Louisiana	The Children's Museum – Cincinnati, Ohio
6	Museum of Discovery – Little Rock, Ark.	Museum of Discovery – Little Rock, Arkansas	Kohl Children's Museum – Chicago, IL	The Children's Museum – Cincinnati, Ohio	Please Touch Museum – Philadelphia, Pennsylvania
7	Children's Museum of Pittsburgh – Pittsburgh	Please Touch Museum – Philadelphia	Children's Museum of Phoenix – Phoenix, AZ	Please Touch Museum – Philadelphia, Pennsylvania	Marbles Kids Museum – Raleigh, North Carolina
8	Children's Museum of Denver – Denver	Children's Museum of Pittsburgh – Pittsburgh	Children's Museum of Pittsburgh – Pittsburgh, PA	Children's Museum of Denver at Marsico Campus – Denver, Colorado	Children of Gettysburg 1863 – Gettysburg, Pennsylvania
9	The Strong Museum – Rochester, N.Y.	The Strong – Rochester, New York	Please Touch Museum – Philadelphia, PA	The DoSeum – San Antonio, Texas	City Museum – St. Louis, Missouri
10	Madison Children's Museum – Madison, Wis.	Children's Museum of Denver – Denver	Children's Museum of Houston – Houston, TX	Crayola Experience – Easton, Pennsylvania	Chicago Children's Museum – Chicago, Illinois

이 중에서 5년간 연속적으로[270] 10위의 순위에 들은 기관은 기관 운영이 매우 탁월하다고 판단되므로 벤치 마킹하기에 좋은 기관이다. 부연 설명을 좀 하자면 아래와 같다.

- 5년 연속의 박물관은 인디아나폴리스 어린이박물관, 피츠버그 어린이박물관, 콜어린이박물관 3개의 기관이다. 가장 미국 가족들에게 사랑 받는 기관들이라고 볼 수 있다. 4년 연속의 랭킹에 올라온 기관은 생루이스 시립박물관, 플리스터치 뮤지움 2개 기관, 3년 연속은 매직하우스, 스토롱 뮤지움, 휴스톤 어린이박물관, 덴버 어린이박물관 총 4개 기관이다. 2년 연속의 박물관은 두섬 박물관, 발견 뮤지엄, 미시시피 어린이박물관, 신시네티 어린이박물관 총 4기관이다.

- 첫 10위 순위에 올라온 기관인 루이지애나 어린이박물관, 피닉스 어린이박물관, 매디슨 어린이박물관, 시카고 어린이박물관, 구슬 어린이박물관, 게이트버그 어린이박물관이다. 이외에 크레욜라[271]는 어린이전시장으로 보인다. 추후 순위에 오른 어린이박물관의 모습을 지켜보면 도움이 될 수 있을 것으로 보인다.

---

270 그 이전의 년도별 랭킹은 홈페이지에 탑재되어있지 않아, 가장 최근에 해당되는 2020년부터 조사하였다.

271 색연필을 만드는 브랜드 회사에서 필라델피아에 만든 공간으로 어린이박물관의 명칭은 아닌 곳이나, 선정 기준에서 명기하길 아동과 성인 모두를 위한 상호작용적이고 참여적인 경험을 위한 곳으로 투표했다고 설명하였음. 미국내 아리조나, 플로리다, 텍사스 등 5개의 공간이 있다.

〈표 2〉 연속 년도별 랭킹에 오른 기관들

랭크	5년 연속 기관	4년 연속 기관	3년 연속 기관	2년 연속 기관	떠오르는 기관/ 1년 수상 기관
1	인디아나폴리스 어린이박물관	생루이스 시립박물관	매직 하우스	두섬	루이지애나 어린이박물관
2	피츠버그 어린이박물관	플리스터치 뮤지움	스토롱 뮤지움	발견 뮤지엄	크레욜라 경험
3	콜 어린이 박물관		휴스톤 어린이박물관	미시시피 어린이박물관	피닉스 어린이 박물관
4			덴버어린이 박물관	신시네티 어린이박물관	매디슨 어린이 박물관
5					구슬 어린이 박물관
6					게티스버그 어린이 박물관
7					시카고 어린이박물관

베스트에 가장 많이 선정된 우수한 기관부터 소개하고자 한다.

(1) 인디애나폴리스 어린이박물관

세상에서 가장 큰 규모의 어린이박물관은 약 35,500평(29에이커)의 규모로 모든 연령을 수용할 수 있는 가족 박물관이다. 130,000개 이상의 유물과 13개의 상설전시관, 4개의 기획전 공간, 9200평(7.5에이커)의 야외 체험도 있다.[272] 체험

---

272 https://childrensmuseums.org/2020/12/07/a-novel-approach-to-exhibit-interactives-amid-the-pandemic/

전시 뿐만 아니라 소장품 중심의 연구와 전시 기법도 탁월한 기관이라 박물관 사람이면 꼭 한번 방문하도록 추천하고 싶다. 특히 공룡 전시는 엄청난 규모의 돔형 전시실과 프로젝션에서 느껴지는 영상들 그리고 티라노의 대형 골격 뼈까지 관람객은 마치 공룡 시대에 들어간 듯한 착각을 주게 한다. 또한 전시실 내에 연구실이 있어서 공룡 연구하는 모습을 볼 수도 있고, 일정 시간에는 관람객과 연구원이 실제 공룡에 관한 대화와 실물들을 볼 수도 있게 프로그램되어 있다. 또한 나사(NASA)의 머큐리 프로젝트(Project Mercury) 렌즈를 통해 우주를 탐구하고, '그리스에 나를 데려가(Take Me There: Greece)'에서 여권 없이 해외 여행을 할 수 있다[273]. 박물관에는 가족들이 둘러볼 수 있는 수많은 유물이 있어 가족 단위로 와서 하루 종일 연령에 맞게 본인의 관심사에 맞게 관람할 수 있는 환경이다.

방문 시에 인상 깊었던 곳은 수중 유물 발굴, 미이라 전시, 중국의 진용의 발굴 전시 등 학예사가 연구를 하는 모습들과 더불어 체험식 전시가 되어 있어 친근하게 관람할 수 있었다. 이런 전시 기법들은 미래 박물관들의 방향에 적극적으로 참고 할 수 있으리라 생각된다. 큐레이터 직원들 수 만 약200여명 있는 것으로 알고 있고, 나사(NASA)에서 일했던 직원도 어린이박물관에서 큐레이터로 일하고 있는 기관이라 수준이 매우 높다. 또한 위인이나 유명인들이 이 기관에 기금을 내고 있어 이 어린이박물관의 존재 자체가 인디아나폴리스 시를 위해서 운영이 된다고 해도 과언이 아닌 곳이였다. 여름에는 사람들이 휴식을 위해서 시를 방문하며 휴양지로도 이용하고 유명한 조정 시합이 열리는 지역이기도 하다.

273_ https://www.10best.com/awards/travel/best-childrens-museum-2023/

(2) 피츠버그 어린이박물관

이 기관은 매우 창의적인 전시를 하는 기관이며 필자가 개인적으로 매우 좋아하는 어린이박물관이다. 예술가 레지던시 사업을 하고 있는 어린이박물관으로 매년 선정된 예술가들의 상호작용적 전시도 열리고 있다. 건물 외관에서부터 예술가 네드 칸의 작품이 조성되어 바람이 불 때마다 스테인레스 조각들이 움직이면서 반짝이는 모습을 볼 수 있다. 갤러리들은 예술인들의 손길이 느껴지는 매우 독창적인 전시를 하는 곳이며, 갤러리 명도 아동들이 흥미있어 할 만한 주제로 창고, 다락방 등의 명칭을 사용한다. 창고(The Garage)는 뛰고, 달리고, 굴러가는 것들을 탐험하는 곳이며, 스튜디오(Studio)에서는 아이들이 다양한 예술 형식을 통해 창의력을 표현할 수 있고, 친절 전시장(Kindness Gallery)에서는 아이들이 다양한 형태의 커뮤니케이션을 시도하여 공감과 친절의 메시지를 보낼 수 있다.[274] 특히 물놀이 공간은 놀라운 곳으로, 아동들이 수영복을 갈아입고 전시 체험을 해볼 수 있도록 조성된 곳이다. 투명한 유리 벽을 통해서 들어오는 햇살을 받으면서 높이 설치된 투명 대형의 물통 관에서 물이 마치 비오듯이 떨어지면 아동들이 양동이를 들어서 이를 받아내는 모습도 볼 수 있다. 그리고 피츠버그시의 아이콘인 미스터 로져스(Mr. Rogers)에게 경의를 표하는 전시들이 있는데 아동들은 동네 트롤리에 올라타고, 옷을 입어보고, 믿음(Make-Believe)섬에서 인형과 함께 쇼를 펼치고, 실물 스웨터를 본 후 바느질을 배울 수 있다.[275]

---

[274] https://www.10best.com/awards/travel/best-childrens-museum-2023/

[275] https://www.parents.com/fun/vacation/us-destinations/the-10-best-childrens-museums/

(3) 콜 어린이박물관

시카고의 외곽 주택가에 위치하며 대상이 영유아부터 8세 미만 아동 학습을 위한 콘텐츠를 발달에 맞게 좋은 전시와 프로그램으로 제공하는 기관이다. 부모를 위한 학습 가이드도 함께 제공하며 알차고 친근한 박물관이다. 특히 17개의 체험 놀이식 전시가 있는데 마치 유치원에서 배우는 지역사회 조성 기관들의 다양한 역할놀이를 할 수 있게 조성되어 있다. 공간이 마켓, 주유소, 정비소 같이 각 영역을 만들어서 유아에 맞게 다양하게 설치되어 있다. 유아들은 예술 모험(Adventures in Art)에서 창의력을 발휘하고, 협력 스테이션(Cooperation Station)에서 사회적 기술을 연습하고, 물 작업(Water Works)에서 물놀이를 하고, 야외 거주지 공원에서 자연과 교감할 수 있다.[276] 또한 유아들은 놀이 카페에서 일을 하고, 음악을 만들고, 비디오 폰으로 다른 방문객과 이야기하고, 수용성 크레용으로 얼굴을 칠하고, 신생아 인형을 돌보는 등 협력적으로 놀고, 자신감을 얻고, 자신에 대한 것을 발견한다.[277] 영유아를 위한 어린이박물관을 생각한다면 방문을 적극 추천한다.

(4) 세인트 루이스 시립 박물관

도시의 국제 신발 회사 180,000평 규모의 오래된 공장에 들어선 시립 박물관(St. Louis City Museum)은 실내, 실외, 지하 놀이터가 있다. 엄청난 규모의 세계에서 가장 큰 정글짐, 10층 나선형 미끄럼틀, 도시의 멋진 전망을 감상할 수 있는 옥상 정원 등이 있다.[278] 조각가 밥과 게일 케시리(Bob & Gail Cassily)의 아이디어

---

276 https://www.10best.com/awards/travel/best-childrens-museum-2023/

277 https://www.parents.com/fun/vacation/us-destinations/the-10-best-childrens-museums/

278 https://www.10best.com/awards/travel/best-childrens-museum-2022/

에 의해서 설계되었는데 도시가 남긴 모든 이상하고 멋진 것들을 새활용해서 박물관을 건설했는데 비정형적인 흥미 진진한 모습들로 이뤄졌다. 지금도 예술가와 인증된 놀이터 엔지니어 팀이 항상 신나고 끊임없이 진화하는 놀이터를 계속 건설하고 확장한다.[279] 만약 실내외의 거대한 규모의 신체 놀이를 설계한다면 벤치마킹하면 좋은 곳으로 제안한다.

(5) 플리즈터치 뮤지움

필라델피아의 플리즈터치 뮤지엄(Please Touch Museum)은 2개 층에서 전시물을 제공한다. 아이들은 공사 구역에서 안전하게 놀거나 이상한 나라에서 영감을 받은 플레이 스테이션의 토끼 굴을 내려갈 수 있고, 최근 개조된 유서 깊은 회전 목마가 있다. 다양한 가족 친화적 프로그램을 주최하므로 항상 새로운 것을 탐구할 수 있다.[280] 미니 필라델피아 풍의 동네를 탐험하고 비행기, 자동차, 강 및 역사적인 기차역, 이상한 나라의 앨리스 전시, 동화 정원 등이 있다.[281] 같은 시에 있는 과학관인 프랭클린이 재개관하면서 과학관과 대상층이 겹치지 않도록 영유아로 새롭게 설정하였고, 현지인에게 들었던 이야기는 현재 건물이 있는 지역이 우범지역이였으나 박물관 측은 드넓은 공원을 끼고 있는 건물을 시에서 1달러에 영구적으로 임대하였다.

279_ https://citymuseum.org/about/

280_ https://www.10best.com/awards/travel/best-childrens-museum-2022/

281_ https://www.parents.com/fun/vacation/us-destinations/the-10-best-childrens-museums/

(6) 매직 하우스, 생루이스 어린이박물관

두 명의 자원봉사자가 1979년에 설립한 어린이박물관으로 빅토리아풍 저택에서 1,663평(5,500제곱피트)에서 시작하여 10배 규모로 16,630평(55,000제곱피트)로 성장했다.[282] 어린이들이 호기심을 탐구하고 창의력을 향상하며 문제 해결 능력을 개발하도록 돕는다. 전시는 어린이 마을, 스팀 교육 센터, 아트 스튜디오, 수학 경로, 버블 룸, 어린이 건설 구역 및 폭포가 있다.[283] STEAM, 문해력, 21세기 학습 기술과 같은 현재 교육 우선 순위를 반영하기 위해 핸즈온 전시를 지속적으로 업데이트 하며, 동시에 오늘날 어린이의 관심사와 필요에 부합하려고 한다. 자원이 부족한 지역의 가족과 학교에 무료 입장 및 학습 경험을 제공하는 모두를 위한 접근성(Access for All)을 제공하기 위해 노력한다. 2019년 지역 사회에서 영향력을 확대하기 위해 시의 델마 지역(Delmar Blvd)에 메이드 포 키즈(MADE for Kids)라는 위성 지점을 열었다. 또한 2023년 박물관에서 몇 분 거리에 있는 시설을 인수하여 전시 제작 워크숍과 보관 공간을 확장하고 '전시 프로젝트 혁신 센터'라는 이름을 붙였다.[284]

개관 이후 약 40여년 동안 수행한 사업들이 매우 모범이 되어 보인다. 박물관의 명칭도 매직하우스로 아동들의 관심을 불러 일으키게 지칭하였다. 어린이의 관심사와 시대에 필요한 어린이 역량들개발을 지향하며 열악한 환경의 어린이들에게도 접근성을 높이고 있다. 개관 초에 비해 10배 이상의 공간 확대, 또한 타 지역에서 위성 공간을 열어 확장을 꾀하고, 제작팀과 센터를 마련하여

---

282 https://www.magichouse.org/about-us/

283 https://www.10best.com/awards/travel/best-childrens-museum-2022/

284 https://www.magichouse.org/about-us/

내실을 기하고 있다. 국내 어린이박물관 30여년 역사가 있으므로 이 기관이 펼쳐간 사업들을 벤치마킹 모델로 참고 하면 좋을 박물관으로 판단된다.

(7) 스토롱 국립 놀이 박물관

1982년 개관한 뉴욕주 로체스터에 있는 박물관은 8,000평(285,000제곱피트) 규모로 놀이와 관련된 세계 최대 규모의 유물 컬렉션을 소장하고 있다. 마가렛 우드버리 스토롱에 의해서 수집된 27,000개의 인형과 50개의 범주가 있는 미국 중산층 가정용품이 있는데 그녀의 사후에 박물관이 개관되었다. 소장품들은 국제 전자 게임 역사 센터, 국립 장난감 명예의 전당 및 세계 비디오 게임에서 탐색할 수 있으며 아이들이 좋아하는 곳으로는 핀볼, 슈퍼 마켓, 독서 탐험 랜드가 있다.[285] 이 넓은 기관에서 가장 인기있는 곳은 일년 내내 열리는 실내 나비 정원이다.[286]

(8) 휴스톤 어린이박물관

인디아나폴리스 어린이박물관과 늘 랭킹의 1, 2위를 다투는 기관이 휴스톤 어린이박물관이다. 멕시코 출신들의 이민자가 많은 지역사회로 인해서 아웃리치 사업 등 지역 사회에 엄청난 기여를 하는 곳으로 알고 있다. 12세 미만의 어린이를 대상으로 하는 박물관은 문화와 전통에 대해 배우고, 자신의 발명품을 만들고, 에코 스테이션에서 환경에 대해 배우고, 실험할 수 있는 12개 이상의 체험식 전시장을 갖추고 있다.[287] 키즈폴리스는 시청, 은행, 뉴스 센터, 수의사

---

285 https://www.10best.com/awards/travel/best-childrens-museum-2022/
286 https://www.parents.com/fun/vacation/us-destinations/the-10-best-childrens-museums/
287 https://www.10best.com/awards/travel/best-childrens-museum-2022/

사무실 등이 완비되어 있으며 아이들이 직업과 경제를 이해할 수 있도록 설계되었다. 3세 이하는 푹신한 공간에서 놀거나 볼 피트에서 공을 굴릴 수 있다. 축제 행사와 활동은 박물관 달력에 게시된다.[288] 2022년 매주 목요일 저녁 박물관은 무료 가족의 밤을 개최했다.[289]

(9) 덴버 어린이박물관

1973년에 개관하여 이후 개조된 건물을 임대하여 이전하였다. 몇 달 만에 박물관은 기록적인 수의 방문객을 유치했고, 1984년에 강둑을 따라 있는 현재 위치의 새 건물에 재개관했다. 2015년에 11,000평(9에이커) 규모의 캠퍼스를 만들고 전시 공간을 두 배로 늘렸다.[290] 핵심 연령층은 0~8세까지로 연간 50만 명 이상의 관람객이 다녀갔고 탐색, 상상, 조사 및 창조의 네 가지 영역으로 나뉘며 각 영역에는 고유한 경험이 있다. 등반하고, 소방서에서 준비하고, 전력에 대해 알아보고, 아트 스튜디오에서 창의력을 발휘할 수 있다[291] 아동은 트럭을 만들고 헬리콥터를 디자인하고, 개미집을 기어다니고, 수의사 또는 요리사가 되어본다. 가장 인상깊은 것은 엄청난 규모의 벽을 뛰어 넘는 야외 등반 구조물과 거대한 야외 공간 및 교육용 주방이다.[292]

288 https://www.parents.com/fun/vacation/us-destinations/the-10-best-childrens-museums/
289 https://www.10best.com/awards/travel/best-childrens-museum-2022/
290 https://www.mychildsmuseum.org/about
291 https://www.10best.com/awards/travel/best-childrens-museum-2023/
292 https://www.parents.com/fun/vacation/us-destinations/the-10-best-childrens-museums/

(10) 두섬

2015년 텍사스의 샌 안토니오에서 문을 연 약 20,000평(68,000제곱피트)의 두섬(DoSeum)은 어린이 박물관 그 이상을 표방하며 항상 놀이하는 곳이라고 설명한다. 방문객은 STEM, 예술 및 문해력을 통해 호기심을 키우고 학습의 즐거움을 탐구하도록 영감을 받는다. 전시회, 프로그램, 캠프, 수업 및 견학은 모든 연령대에 제공된다. 대도시의 생활을 해보는 리틀 타운, 버블랩, 힘과 운동 에너지를 알아보는 강제 코스, 기계와 도구를 사용해서 물건을 제작해 보는 혁신 스테이션, 야외 물놀이가 있는 빅 아웃도어, 빛과 소리를 탐험하는 센세이션 스튜디오, 스토리텔링과 허구를 통한 창의성 개발을 위한 상상해보기, 도시를 설계하는 탐구하기 전시가 있고, 특히 스파이를 찾아보는 스파이 아카데미, 릴렉스 할 수 있는 차분한 코너가 제공되어 마음 챙김을 할 수 있게 해주는 전시[293]가 차별화된다. 기획전 공간은 별도로 있고, 캘리포니아 사이언스 센터의 순회전인 '강아지들! 과학이야기'가 2024년 여름 3개월간 전시된다. 요정 정원 테라리움 및 커피 가루 화석과 같은 집에서 할 수 있는 DIY 활동은 사후 학습으로 제공한다.[294] 또한 저소득 샌안토니오 지역 어린이들에게 접근 가능하게 무료 프로그램을 제공하는 데 전념하며, 매년 학교의 어린이 10,000명에게 서비스를 제공하는 것을 목표로 한다.[295]

---

293 https://www.thedoseum.org/explore-exhibit
294 https://www.10best.com/awards/travel/best-childrens-museum-2022/
295 https://www.thedoseum.org/missionandvision

(11) 발견[296] 뮤지움

아칸소주 리틀록에 위치한 발견 박물관(Museum of Discovery)은 리틀록 최고의 과학 및 기술 센터이며, 관람객에게 역동적인 체험형 경험을 통해 과학, 기술, 공학, 예술, 수학에 대한 열정을 불러일으키는 것이다.[297] 2012년에 90개의 신규 전시를 선보였고, 특히 6세 미만 어린이를 위한 공간(성장할 공간), 새로운 도구와 재료를 실험할 수 있는 팅커링 스튜디오, 지구 여행(아칸소에서 두 번째로 큰 살아있는 동물 컬렉션이 있는 곳), 내향적인 놀라운 당신이 있다. 그리고 못 침대에 누워서 전기를 생산하는 전시, 실습 발견 홀은 재미를 더한다.[298] 최근의 전시는 힘과 에너지, 빛과 소리, 전기와 자기를 볼 수 있는 신규 과학 실험실, 적응, 변형, 변화의 힘이라는 세 가지 구역으로 우리 행성을 볼 수 있으며 지진 체험도 할 수 있는 역동적인 지구가 있다. 5~12세 대상의 클라이머, 매주 만들기가 바뀌는 과학 스튜디오, 바람과 드럼 등 인기있는 발견 코브, 대부분 구조되거나 부상을 당해서 돌봄이 필요한 다양한 종류의 동물들을 볼 수 있는 동물 대사, 1999년 리틀록을 강타한 토네이도를 살펴보는 토네이도 앨리 극장, 다양한 노래를 연주하며 전기를 방출하는 기네스 세계 기록 뮤지컬 바이톨라 테슬라 코일이 있다.[299]

---

296 * 기관 명칭에 '발견'이라는 단어가 들어가면 주로 과학과 기술에 관련된 어린이 전시가 있는 기관들이다.

297 https://museumofdiscovery.org/

298 https://www.10best.com/awards/travel/best-childrens-museum-2021/

299 https://museumofdiscovery.org/exhibits/

(12) 미시시피 어린이박물관

역동적인 체험형 전시와 학습 프로그램은 아이들에게 매력적이고 재미를 준다. 박물관은 문해력, 건강 및 영양, 문화 예술, STEAM 및 미시시피 유산 등 8개의 갤러리와 계절별 전시물을 중점적으로 다루고 있다[300] 자매관까지 갖추고 있으며, 앞에서 기술한 어린이박물관의 확장에서 언급한 것으로 갈음한다.

(13) 신시네티 어린이박물관

0~10세 어린이를 위해 설계되었지만 모든 연령대의 가족이 함께 탐험할 수 있고 미취학 아동과 영아를 위해 설계된 공간 2개가 있다.[301] 8개의 테마 구역은 아이들이 배우고, 등반하고, 탐험할 수 있는 기회를 제공한다.[302] 아이들이 기어오르고, 탐험하고, 자신과 주변 세계에 대해 배우도록 장려한다. 야생 모험을 하고, 에너지 존에서 복잡한 기계의 일부가 되고, 키즈 타운에서 동네를 탐험한다. 매년 1,800시간 이상의 프로그램을 통해 예술, 문화, 독서, 과학 등에 아동들이 빠져볼 수 있고, 어린이 프로그램은 연령, 관심사 또는 학습 스타일과 관계없이 아동들이 좋아할 만한 내용을 제공한다.[303] 신시네티 어린이박물관은 역사적인 아르 데코 기차역이자 국가 사적지인 유니언 터미널에 위치한 독특한 복합 신시네티 박물관 단지에 있다. 유니언 터미널에 있는 박물관 센터의 주요 시설로는 신시내티 역사 박물관, 신시내티 역사 도서관 및 기록 보관소, 자연사 및 과학 박물관, 린드너 가족 옴니멕스 극장이 있다. 박물관 센터는 신시내티에서 가장 큰 문화 기관으로, 연간 방문객이 140만 명이 넘는다. 상설 및 기

300_ https://www.10best.com/awards/travel/best-childrens-museum-2023/
301_ https://www.cincymuseum.org/childrensmuseum/
302_ https://www.10best.com/awards/travel/best-childrens-museum-2023/
303_ https://www.cincymuseum.org/childrensmuseum/

획 전시는 최첨단 컬렉션 및 연구 시설인 가이어 컬렉션 및 연구 센터, 교육 프로그램, 교사를 위한 전문 개발 프로그램, 주간 및 야간 캠프, 공개 강의 및 프로그램, 사적지 투어 및 지역 사회 전체 문화 행사의 지원을 받고 보완된다. 박물관 센터의 소장품은 180만 개 이상의 유물, 미술 작품 및 기록 보관소를 포함하며 전시, 연구 및 교육 프로그램에 통합되어 있다.[304]

(14) 루이지애나 어린이박물관

뉴올리언스 도심에서 30년 이상 운영한 후, 넓은 수변이 있는 도시의 공원 지역으로 옮겼다. 루이지애나 어린이박물관 캠퍼스는 어린이와 가족을 위한 사회적, 문화적, 학습적 리소스가 되도록 세심하게 설계되었다. 실내외에서 문해력, 건강과 웰빙, 예술과 문화, 환경 교육, STEM을 배우는 수많은 콘텐츠가 있다. 10,000평 이상(8.5 에이커)의 실내 및 실외 공간의 면적이며 건물 연면적은 각 1500평(56,000제곱피트)이 두 개 건물로 날개처럼 펼쳐져 있다. 친환경 황금(LEED Gold) 인증 건물이며, 건축가는 미툰(Mithūn)과 와고너(Waggonner)와 발(Ball)이며, 전시 디자인은 자이로스코프(Gyroscope,Inc)에서 했다. 총 프로젝트 비용은 약650억원($47.5M)이며, 연간 목표 방문자 수는 225,000명 이상이다.[305] 2023년 ACM 컨퍼런스 개최 어린이박물관으로 필자는 컨퍼런스 발표차 쉽게 방문하기는 어려운 곳인 미국 동남부 뉴올리언스를 방문했다. 어린이박물관은 드넓은 수변과 야외의 넓은 녹지 공원의 매우 아름다운 곳이었다. 실내 공간도 높은 층고와 넓게 넉넉하게 펼쳐지며 다양한 콘텐츠가 있었고, 그 지역 사회를 이해할 수 있는 자연이나 환경에 대한 전시도 있었으며, 재즈와 음악에 도시인 만큼

304_ https://www.cincymuseum.org/about-cincinnati-museum-center/
305_ https://lcm.org/about/new-location/

전시에도 반영되어 매우 감흥이 깊었던 곳이였다.

(15) 크레욜라 경험

우리가 종종 해외 판매용 크레용으로 잘 사용하기도 하는 크레욜라에서 전시장을 만들었다. 놀랍게도 미국인들에게 베스트 선정에 들어간다. 펜실베이니아주 이스턴에 위치한 1,800평(65,000제곱피트) 규모의 다채로운 가족형 체험지로, 상호작용적이고 창의적인 놀이를 제공한다. 가족들은 27개의 체험 전시를 탐험하는 데 3~4시간이 소요된다. 색칠 페이지에 주인공이 되고, 크레욜라 크레용에 이름을 붙이고 포장하고, 4D 색칠 모험도 하며, 생생한 제조쇼에서 크레용이 만들어지는 법 등을 경험한다.[306] 이스턴 외에도 아리조나 챈들러, 미네소타의 아메리카몰, 플로리다의 올랜도, 텍사스의 프라노 4개 지역에 있으며, 테네시주의 피존 포지에 개관을 준비 중이다.[307]

(16) 피닉스 어린이박물관

출생부터 10세까지의 어린이를 위해 설계된 피닉스 어린이박물관은 피닉스 시내 중심부의 유서깊은 학교 건물의 3개 층에 걸쳐 1350평(48,000평방피트) 이상의 전시 공간을 갖고 있다. 아이들은 미술 스튜디오, 빌딩 블록, 요새 건축 구역, 독서 공간, 국수 숲 등 300가지 체험을 경험할 수 있다.[308] 상상력, 영감, 창의성, 그리고 재미가 가득한 경이로운 체험, 음악, 요가, 수학과 과학 등 다양한 수업과 프로그램을 제공한다.[309] '공통 감각 녹색 주도(Common Sense Green Initiative)'라

---

306 https://www.crayolaexperience.com/easton/about-us/who-we-are
307 https://www.crayolaexperience.com/
308 https://www.10best.com/awards/travel/best-childrens-museum-2022/
309 https://childrensmuseumofphoenix.org/about-the-museum/

는 환경 관리를 촉진하는데 많은 조치를 취하며, 관람객의 건강한 정신, 근육, 상상력을 지원한다. 건물과 전시물 전반에 무독성 재료를 사용하고, 지역 사회의 녹색 산업을 이용하며, 가정에서도 장려하는 친환경 교육프로그램, 일상용품을 재활용하여 박물관 내 예술 작품으로도 새활용한다.[310]

(17) 매디슨 어린이 박물관

맞춤 제작된 전시물을 통해 아이들이 창의력과 호기심을 탐구할 수 있는 놀이는 매디슨 어린이박물관이 중요한 사업으로 표방한다. 아이들이 가장 좋아하는 곳으로는 아동들이 화석을 파기도 하고 닭과 집비둘기를 보고 멋진 전망을 할 수 있는 야외 공간인 옥상 램블(Rooftop Ramble)과 재활용 및 새활용으로 만들어진 포지블 오플리스(Possible-opolis) 체험 놀이가 있다.[311] 또한 175년 된 통나무집, 아이들만을 위해 지어진 도시, 도시 정원 등이 있다.[312] 유아 교육 전문가들이 1980년에 매디슨 어린이박물관을 설립하였고, 그 후 1991년 이전했다. 2005년에 제롬 프라치(W. Jerome Frautschi)의 기부로 약 500만달러 5층 건물을 인수하면서 확장 계획이 시작되었다. 혁신과 재활용 재료, 지역 건축업체, 옥상 정원을 강조하는 1,000만 달러 규모의 자본 캠페인이 리노베이션에 추가되었다. 이에 따라 2010년에 새롭게 문을 열었으며, 예술, 과학, 역사, 문화, 건강, 시민 참여를 강조하는 학습 놀이터로 관람객에게 서비스를 제공한다.[313] 친환경과 지속 가능성에 초점을 맞추어 사명을 추진하며,[314] 이러한 노력을 통해 박물

310 https://childrensmuseumofphoenix.org/about-the-museum/

311 https://www.10best.com/awards/travel/best-childrens-museum-2020/

312 https://www.parents.com/fun/vacation/us-destinations/the-10-best-childrens-museums/

313 https://madisonchildrensmuseum.org/about/history/

314 https://madisonchildrensmuseum.org/about/

관에서 미국의 전국적인 리더가 되었다.[315] 2024년 ACM의 컨퍼런스가 추진된 호스트 박물관이며, 2022년 경기북부 어린이박물관 학술대회에서 해외연사로 참여하여 어린이박물관에서의 오랜 친환경 노력 노하우들을 발표하여 참여한 종사자들에게 자극을 주었다. 또한 박물관 확장을 위하여 매디슨 어린이박물관의 직원들은 고민 끝에 야외의 주차장을 없애고 아동들의 야외놀이터를 디자인하여 설치한 사례가 있다.

(18) 구슬 어린이박물관(Marbles Kids Museum)

도심 중심에 위치하여 지역 조직인 익스폴로리스(Exploris)와 플레이스페이스(Playspace)가 합병한 후 2007년 개관하였다. 박물관을 둘러싼 벽에는 밤에 불이 켜지는 100만 개가 넘는 구슬이 가득하다. 그리고 '구슬'은 '두뇌'의 별명으로 아이들은 구슬을 사용하여 상상력, 발견 및 놀이를 통해 새로운 것을 배우도록 장려받는다.[316] 이미지파브(ImagiFab)는 마음껏 만들고 창조할 수 있는 곳과 에코 스피어(EcoSphere)는 풍력, 태양광, 수력의 중요성을 가르치는 전시를 통해 어린이들에게 엄청난 즐거움을 제공한다, 로데오 자전거(Bike Rodeo)와 차 이야기(FairyTale Tea)와 같은 재미있는 이벤트도 제공한다.[317] 다양한 가족, 학교 단체, 지역 사회 단체를 대상으로 수십 개의 테마 전시, 여름 캠프, 아이맥스 다큐멘터리 및 장편 영화, 특별 이벤트를 일년 내내 개최한다. [318]

315_ https://madisonchildrensmuseum.org/about/history/
316_ https://www.marbleskidsmuseum.org/about-us#our%C2%A0play-losophy
317_ https://10best.usatoday.com/awards/travel/best-childrens-museum-2024/
318_ https://www.marbleskidsmuseum.org/about-us#our%C2%A0play-losophy

(19) 게티스버그 어린이박물관

게티스버그의 어린이박물관은 남북 전쟁에서 가장 유명한 전투 중 하나인 게티스버그 전쟁을 어린이 친화적인 활동과 수업으로 해서 이를 겪은 젊은이들의 삶을 중심으로 다룬다.[319] 볼티모어에 위치한 역사적인 럽 하우스(Rupp House TM)는 게티즈버그에서 가장 가족 친화적인 체험형 어린이 역사 박물관(Children of Gettysburg 1863 ®)이다. 전형적인 어린이박물관 그 이상으로, 전투 중과 그 이후에 이곳에서 살았던 어린이, 청소년, 젊은 성인들의 이야기를 들려준다.

- 정보에 입각한 상상력 : "1863년 게티스버그에서 성장하다", "군인들이 온다", "전투에서 살아남다", "게티스버그를 기억하다"와 같은 갤러리를 통한 여행은 창의성, 발견 및 학습을 위한 역사 기반 배경을 제공한다.
- 체험형 역사 : 전시는 유치원 ~ 5학년 어린이를 둔 가족과 단체, 그리고 어린 마음을 가진 사람들을 초대하여 직접 만지고 배우고, 탐구하고, 창조하고 영감을 얻을 수 있는 기회를 제공한다.
- 상호 작용 활동 : 군인의 장비 가방을 들어 올리고 남북 전쟁 군인이 짊어진 무게를 알 수 있다. 전투 중에 안전하게 숨을 곳을 찾고, 연단에 서서 게티스버그 연설을 할 수 있다[320]

(20) 시카고 어린이박물관

1982년에 개관하여 네이비 피어 쇼핑몰에 위치한 어린이박물관은 식당이나 카페 같은 쇼핑몰을 이용할 수 있는 장점이 있다. 아동과 보호자들이 놀고, 배우고, 주변 세계와 소통하도록 격려한다. 다양성, 포용성, 형평성, 접근성(DEIA)

319　https://10best.usatoday.com/awards/travel/best-childrens-museum-2024/

320　https://www.gettysburgfoundation.org/exhibits-tours-events/exhibits-tours-events/children-of-gettysburg-1863

를 표방하며 3개 층에 걸친 체험형 전시에서 다양한 놀이를 할 수 있다. 아이들은 공룡 뼈를 파고, 어린이용 식료품점에서 쇼핑하고, 무료 가족 미술 워크숍에 참여하고, 놀이를 통해 화재 안전에 대해 배우고, 시카고의 상징적인 고층 빌딩 뒤에 숨어 있는 과학을 탐험할 수 있다.[321] 특히 기억나는 전시는 시카고가 건축으로 유명한 도시를 잘 반영하여 건축콘텐츠가 있었다. 오픈된 전시장에서 건축적 도구들을 이용하여 아이들이 나무와 천을 이용하여 집을 만들어 볼 수 있고, 경쟁적인 게임형의 건축 전시도 있었다. 층고를 이용하여 아동들이 신체놀이를 할 수 있게 그물과 통을 연결한 전시도 특징적이였고 소방차와 소방관 놀이도 있었는데, 이는 역할 놀이 중에서도 가장 아동들에게 사랑받는 전시이다.

2) 패어런츠(Parents) 잡지가 선정한 미국 베스트 어린이박물관 15

부모 자녀 양육잡지 패어런츠(Parents)에서 매년 좋은 어린이박물관의 순위를 선정한다. 이 잡지는 학부모 편집자들에 의해서 어린이박물관을 선정하고, 여러 작가, 편집자, 사실 확인자의 구성원에 의해서 조직되며, 최종은 전문가 검토위원회의 검토를 거쳐서 선정한다. 2022년에는 15기관을 선정하면서, 체험식 과학관과 어린이미술관까지를 포함하였다. 그러나 과학관과 미술관을 제외하면 늘 랭킹에 오르고 내렸던 익숙한 어린이박물관임을 우리가 알 수 있다.

리더스 초이스는 선정을 전문가가 먼저 선정하고 최종 선정은 리더스 초이스의 독자들이 투표하게 한다. 두 선정처 모두 전문가들과 편집인들, 관람객이 포함되어 투표하여 매우 대중에게 선호되는 기관이라고 볼 수 있다.

---

[321] https://10best.usatoday.com/awards/travel/best-childrens-museum-2024/

〈표 3〉 리더스 초이스와 패어런츠 선정 기관 비교 (2022년)

순위	리더스 초이스의 선정 2022년[322]	패런츠의 선정 2022년[323]	비고
1	The DoSeum – San Antonio, TX	The Children's Museum of Indianapolis – Indianapolis, Indiana	
2	City Museum – St. Louis, MO	Please Touch Museum – Philadelphia, Pennsylvania	
3	The Children's Museum of Indianapolis – Indianapolis	Boston Children's Museum –Boston, MA	
4	The Magic House – St. Louis, MO	Children's Museum of Houston – Houston	
5	The Strong Museum – Rochester, NY	Minessota Children's Museum –St.Paul, MN	
6	Kohl Children's Museum – Chicago, IL	The Strong – Rochester, New York	
7	Children's Museum of Phoenix – Phoenix, AZ	Kohl Children's Museum – Glenview, Illinois	
8	Children's Museum of Pittsburgh – Pittsburgh, PA	Port Discovery Children's Museum –Boltimore,MD	
9	Please Touch Museum – Philadelphia, PA	Liberty Science Center –Jersey City, NJ	과학관
10	Children's Museum of Houston – Houston, TX	Children's Museum of Denver – Denver	
11	–	Madison Children's Museum –Madison, WI	

---

322 https://www.10best.com/awards/travel/best-childrens-museum-2022/

323 https://www.parents.com/fun/vacation/us-destinations/the-10-best-childrens-museums/

순위	리더스 초이스의 선정 2022년[322]	패런츠의 선정 2022년[323]	비고
12	–	Children's Museum of Pittsburgh – Pittsburgh, PA	
13	–	Museum of Science and Industry –Chicago, IL	과학관
14	–	Exploratorium –San Francisco, CA	과학관
15	–	Discovery Place –Charlotte, NC	과학관
16	–	Children's Museums: The Eric Carle Museum of Picture Book Art	어린이 미술관

여기서는 앞에서 소개하지 않은 기관 중심으로 간단히 언급하고자 한다.

(1) 보스톤 어린이박물관

세계에서 두 번째로 오래되고 가장 영향력 있는 어린이 박물관 중 하나이다. 1913년 어린이박물관은 과학 교사 협의회에 의해 보스톤의 파인 은행에서 개관했다. 이 협의회는 교사와 학생 모두에게 새로운 리소스를 제공하고 과학 교육을 발전시키기 위한 자료와 아이디어를 교환하는 센터로서 비전을 가진 교육자 그룹이다. 박물관측에서는 지난 100년 이상 역사 동안에 어린이들에게 즐거운 발견 경험을 제공하여 세상에 대한 감사를 심어주고, 기초 기술을 개발하고, 평생 학습에 대한 사랑을 불러일으켰다[324]고 언급했다. 100주년을 맞이하여 기술한 자료집 '놀이의 힘'은 아이들에게 생활 기술을 배우는 데 도움이 되는 경

---

324 https://bostonchildrensmuseum.org/about/

험을 제공하는 데 중점을 두었다. 박물관은 23년에 환경 친화적인 공간의 추가와 조경된 해안가 공원으로 인해 도시 최초의 녹색박물관이 되었다. 자녀가 예술, 음악, 건축, 과학, 척 놀이 또는 위의 모든 것에 관심이 있든 상관없이 할 일이나 볼 거리가 많다. 유치원 카운트다운이 있어 미취학 아동이 유치원 교실이 어떤 모습일지 알 수 있고 미리 유치원 생활을 준비해 볼 수 있다.[325]

1960년대에 마이클 스팍(Michael Spock, 1962-85) 박물관장은 전통적인 박물관 경험의 혁신을 이끌었고, 어린이들이 상호작용하고, 실험하고, 호기심을 따라 할 수 있는 전시 공간에서 핸즈온, 즉, 체험 전시를 만들기 시작하였다. 체험 학습은 이제 미국 교육의 한 부분이 되었고, 아이들을 위한 초기 박물관 경험으로서, 박물관은 아동들이 다른 사람들과 자연 세계에 대한 존중에 대해 안전하고 자신감을 느끼며 자라기 위해 상상력, 호기심, 질문과 현실성을 장려하며 세계적 수준의 전시물과 프로그램으로 새로운 통찰력, 세계에 대한 참여, 인간의 차이에 대한 이해의 기회를 제공한다.[326] 오래된 노하우로 세계적 자문 역할, 벤치마킹 기관, 지역사회를 위한 대규모의 아웃리치 사업, 다양한 인종을 포괄하는 노력들 등 지대한 노력으로 세계를 리드하는 기관이다.

(2) 미네소타 어린이박물관

세인트 폴 시내에 상점을 확장하며 28백만명의 어린이와 그 가족들이 큰 박물관을 방문했다. 지역 서식지, 가장하는 동네, 옥상의 예술을 포함한 몰입형 경험이 있고, 유아에게는 거주지라는 곳이 있다.[327] 지금은 자매관과 본관이 다

---

325 https://www.parents.com/fun/vacation/us-destinations/the-10-best-childrens-museums/

326 https://bostonchildrensmuseum.org/about/history/

327 https://www.parents.com/fun/vacation/us-destinations/the-10-best-childrens-museums/

른 조직 체계로 분사되어 미네소타 어린이박물관과 로체스터 어린이박물관이 각각 운영되고 있다. 상기 앞장에서 언급된 내용을 참고하기 바란다.

(3) 포트 발견 어린이박물관

미국 중부 대서양 지역에서 선도적인 교육 자원을 보유한 곳으로, 생후부터 8세까지 어린이를 위한 3개 층에 걸친 체험형 전시와 프로그램을 제공한다.[328] 전신인 볼티모어 어린이박물관은 1976년에 설립된 시의 기관이었다. 박물관은 빠르게 목표 관람객 수에 도달했고, 1990년에 메릴랜드 어린이박물관과 합병하여 비영리 기관을 만들었다. 가장 광범위한 관람객을 수용할 수 있는 잠재력을 고려하여 이너 하버(Inner Harbor)의 역사적인 생선 시장 건물을 개조한 후, 새로운 포트 발견 어린이 박물관이 1998년에 문을 열었다.[329] 6세 미만의 어린이들이 음악, 문해력 및 조기 학습에 중점을 둔 연령에 적합한 활동으로 가득 찬 아침 프로그램이 있고, 토트 트레일(Tot Trails)의 마더 구스 온 더 루스(Mother Goose on the Loose) 이야기 시간은 유아 프로그램이다.[330] 매년 평균 225,000명이 다녀가며, 방문객의 60%는 볼티모어 시와 주변 카운티에서 온다. 메릴랜드 전역에서 관람객의 35%가 방문하며, 5%는 주 외에서 방문한다. 22,000명 이상의 이메일 구독자, 2,200명 이상의 박물관 회원 및 약 25,000명의 소셜 미디어 청중이 있다.[331]

328_ https://www.portdiscovery.org/about/press-kit/
329_ https://www.portdiscovery.org/about/press-kit/
330_ https://www.parents.com/fun/vacation/us-destinations/the-10-best-childrens-museums/
331_ https://www.portdiscovery.org/about/press-kit/

3) 박물관과 도서관 서비스 기관 (Institute of Museum and Library Services)에 서 국립 메달을 수상한 어린이박물관

〈표 4〉국립 메달 수상 기관 (박물관과 도서관 서비스 기관)[332]

수상년도	기관명
1995	브루클린 어린이박물관
1997	인디아나폴리스 어린이박물관
2001	산호세 어린이 발견 박물관
2002	플리즈 터치 어린이박물관
2009	피츠버그 어린이박물관
2010	익스플로라
2011	매디슨 어린이박물관
2011	어드벤쳐
2012	롱아일랜드 어린이박물관
2013	보스톤 어린이박물관
2014	인디아나폴리스 어린이박물관
2015	루이지애나 어린이박물관
2018	덴버 어린이박물관
2019	새로운 어린이박물관
2021	미시시피 어린이박물관

---

[332] Hand to Hand (2023), Association of Children's Museum, Hand to hand, Volume 36, Number 3, p9

미국에서 가장 권위있고 전문적인 기관인 '박물관과 도서관 서비스 기관 (Institute of Museum and Library Services)'에서는 1994년부터 우수한 박물관에 국립 메달(National Medal)을 년1회 선정하고 있다. 182기관 중에서 대중들에게 서비스를 혁신적으로 특별하게 제공하는 기관에게 수여한다. ACM 회원으로 가입한 기관 중에서 어린이박물관이 수상한 곳(과학관, 과학센터 제외)을 언급하며 관계자들에게 도움이 되고자 한다.

인디아나폴리스 어린이박물관은 1997년, 2014년 2회를 수상한 우수한 세계 최대 규모의 어린이박물관이다. 모든 연령을 커버할 수 있는 아동과 가족 중심의 기관으로 볼 수 있다. 메달을 수상한 기관들은 대부분 상기에서 우수한 베스트 10에 들었던 기관들이다. 익스플로라, 어드벤처, 새로운 어린이박물관을 살펴보고자 한다.

(1) 익스플로라(Explora Science Center & Children's Museum)

뉴멕시코주 앨버커키에 위치한 기관으로 온 가족이 즐길 수 있는 앨버커키의 과학 센터와 어린이박물관이다. 서로의 존재를 전혀 알지 못했던 두 개의 개별 그룹이 비슷한 아이디어를 가지고 1983년경에 시작되었다. 첫 번째 그룹은 '어린이 탐험관'을 구상했고 두 번째 그룹은 '과학 및 기술 탐험관'이라는 아이디어를 가졌다. 1995년 두 그룹의 이상이 합쳐져 익스플로라는 모든 인종, 연령, 성별, 능력 및 배경을 가진 사람들을 위한 학습 장소가 되었다. 호기심, 직접적인 시행착오, 실패와 성공 모두에서 오는 주도성과 성장을 중시하며, 가족과 모든 연령대의 사람들이 과학, 기술 및 예술 분야에서 250개가 넘는 전시 활동을 통해 함께 배울 수 있다. 성인의 경우, 홈 키트와 함께 제공되는 성인의 밤과 같은 이벤트를 이용할 수 있다. 지역 사회에 학기 기간의 계절 캠프와 가족 과학의 밤 및 청소년 인턴 프로그램과 같은 재미있는 교육 프로그램을 제공한다.

교사는 교육자 워크숍에 참여하고 전문 개발 기회를 활용하도록 권장된다.[333] 2025년 ACM 컨퍼런스를 개최하는 호스트 어린이박물관이기도 하다.

(2) 어드벤쳐(EdVenture)

어드벤처는 매력적이고 안전하며 포용적인 공간에서 평생 학습자에게 영감을 주고 무한한 호기심을 촉진한다.[334] 새로운 소식으로는 '퍼블릭스 리노베이션'인 식료품점 슈퍼마켓이 새 단장하였고, 뮤지컬 '테슬라 코일'이 모든 연령대의 방문객에게 새로운 몰입형 경험을 선사한다. 번개의 이 매혹적인 공연은 전기의 아버지, 니콜라 테슬라와 그의 놀라운 교류 발명품에 대해 배우면서 어린이와 성인 모두를 매료시킨다. '큐브'는 메이커 스페이스에 새로운 구역을 추가했는데 6세 이하 어린이를 위해 숫자, 모양, 색상을 사용하여 만들고 창조하는 구역으로 유치원에 대비하는 데 필요한 기술을 갖추도록 하는 공간이다.[335]

(3) 새로운 어린박물관

샌디에이고 어린이박물관으로 1983년 개관하여 10년뒤 시내로 이전하였고 이름을 새로운 어린이박물관으로 바꾸었다. 예술을 주제로 한 어린이박물관으로 변화하였고, 미션은 상호작용 예술 경험을 통해 창의성, 탐험, 그리고 소속감을 불러일으키는 것이라고 설정하였다. 50,000㎡의 면적에 3개층으로 이뤄져 건축가 롭 웰링턴 퀴글리(Rob Wellington Quigley)가 설계하였다. 현대 예술과 자유 놀이를 통해 초기 아동 창의성에 대한 커뮤니티 자원으로서 활동하는 예

333_ https://www.explora.us/about/about-us/
334_ https://edventure.org/about/
335_ https://edventure.org/experience/#explore

술 기반 어린이박물관으로 가족들이 여러 가지 방법으로 '생각하고, 놀고, 창조할' 수 있도록 하였다. 샌디에이고 지역 사회 전체를 위한 커뮤니티 자원으로서 도심에 사는 도시 가족들을 위한 뒷마당 역할을 기본으로 하며 안전하고 재미있는 놀이 공간을 제공하고, 예술가들을 위한 일자리, 수업 및 캠프 제공, 지역 및 국제 관광객을 위한 명소로 샌디에이고 경제에 기여한다.

4) 핸즈온 인터내셔날에서 수상한 기관들

유럽 중심의 어린이박물관 협회인 핸즈온 인터내셔날에서는 '유럽 박물관 아카데미(European Museum Academy)'와 함께 매년 우수한 어린이박물관을 수상한다. 2023년의 어린이박물관 어워드 진단 리포트를 보면 2012년부터 수상한 기관은 아래와 같다.

미국의 어린이박물관도 수상 이력이 있기도 하나 유럽 중심으로 수상된다. 매년 여러 곳에서 지원하며, 심시위원단들이 심의를 거쳐서 선정하고, 진단 리포트를 제작해서 협회의 홈페이지에 수록하고 있다. 2015년에 경기도어린이박물관 재직시에 핸즈온 인터내셔날 컨퍼런스에 참석하면서 기관 소개를 발표한 적이 있었다. 이때 수상 기관으로 줌 어린이박물관과 보스톤 어린이박물관 2곳이 수상을 했었다. 보스톤은 역사가 세계 2위로 오래된 기관으로 엄청난 노하우가 축적된 기관이라 후발 주자인 협회에서 줌 어린이박물관과 동격으로 수상하는 모습이 다소 어색해 보이긴 하였다. 2024년은 수상 기관은 인도의 어린이박물관과 서울상상나라가 후보자로 올라가 있다. 삼성어린이박물관 시절부터 30여년간의 오래된 노하우가 있는 기관인데 안타깝게 수상이 안되었고, 신생 기관인 인도가 되었다.

〈표 5〉 핸즈온 인터내셔날에서 수상한 우수 기관들[336]

수상년도	기관
2012	트로펜뮤지움 주니어 (암스텔담)
2013	플리스터치 뮤지움
2014	덴마크 국립 갤러리(코펜하겐)
2015	줌 어린이박물관(빈), 보스톤 어린이박물관
2016	제오폴트 (헐비넨, 네델란드)
2017	과학과 기술 국립 박물관(스톡홀름)
2018	예술교육 케펠 센터(싱가폴 국립갤러리)
2019	켈 이미지네이션 (다카, 세네갈)
2020	더치 오픈 에어 뮤지움(아른헴, 네델란드)
2021	
2022	크리아비바 어린이박물관(베른, 스위스), 리드 박물관과 갤러리(영국)
2023	도쿄 장난감 박물관
2024	인도 어린이박물관

　본 장에서는 트로펜쥬니어, 크리아비바 어린이박물관을 소개하고자 한다. 덴마크 국립 갤러리는 방문한 적이 있으나 현재 홈페이지에서 어린이 전시는 없고 어린이 교육 프로그램만 되어 있어서 제외하였다.

---

336 Children in Museums Award the 2023 Judges' Report (2022), European Museum Academy 2022, P 27

(1) 트로펜뮤지엄 주니어 (Tropenmuseum junior)

1975년에 개관한 박물관은 네덜란드 최초의 어린이 박물관이자 유럽 최초의 어린이 박물관 중 하나이다. 현재는 1926년에 지어진 인상적인 국립 기념물에 자리 잡은 공원에 있다. 보고, 만지고, 경험하고, 참여하는 곳으로 아이들은 개인적인 이야기와 훌륭한 실습 과제를 통해 현대 문화를 발견하는 여정을 떠날 수 있고, 이를 통해 다양한 세계 문화에서 영감을 받을 수 있다.[337]

오래전 핸즈온 인터내셔날의 컨퍼런스에 참석하였는데, 당시 이곳이 컨퍼런스를 개최하는 어린이박물관이었다. 기획전 스타일로 전체 어린이박물관 공간을 매번 새롭게 조성하는데, 이민족이 많은 네덜란드라서 그런지 이민족의 나라로 여행을 떠나는 스토리로 전시가 펼쳐졌다. 어린이박물관 입구에는 비행기를 타고 알아보려는 나라로 떠나는 여정이다. 기억에 북아프리카 모로코에 대한 전시가 있었는데 전시 공간을 주택과 거리로 조성하여 가정의 문화와 가계들을 모두 생생하게 체험해 볼 수 있었다.

2023년 암스테르담의 트로펜 박물관(Tropenmuseum), 라이덴의 볼켄쿤데 박물관(Museum Volkenkunde),로테르담 베렐트 박물관(Wereldmuseum Rotterdam)이 ,베렐트 박물관(Wereldmuseum)이라는 하나의 이름으로 통합되었다. 통합된 베렐트 박물관은 주변의 세계를 탐험하고 인간이라는 것이 무엇을 의미하는지 생각하도록 격려하고 우리 주변 세계와의 연결과 서로 어떻게 관계를 맺는지에 초점을 맞춘다. 식민지 역사로 인해서 식민지와 그 영향은 이 박물관에서 중요한 주제이며 세계 무역, 소비, 이주, 기후 변화, 도시화와 같은 주제도 트로펜 박물관에서 중요하다. 또한 일상 생활에 영향을 미치는 주제에 맞춰져 있고 전시와 프로

---

337 https://www.museum.nl/de/wereldmuseum-junior

그램에서는 항상 역사적 맥락과 현재의 세계적 주제 간의 연결이 이루진다[338] 고 언급한다.

(2) 크리아비바 어린이박물관 (Creaviva Children's Museum)

스위스 베른에 위치한 파울 클레 미술관 내에 있는 어린이미술관에 해당한다. 클레는 베른에서 반평생을 살았고 그의 작품 절반 미만인 4천점을 소유한 박물관이다. 퐁피두를 설계한 이태리 건축가 렌조 피아노에 의해서 설계되었고 라이브러리, 어린이박물관, 음악관 등 클레 종합문화센터로 설계되었다. 지하로 1층, 지상 1층으로 되어 지층을 기반으로 3개의 유선형의 건물이며 매우 인상적이게 디자인되었다. 어린이박물관임에도 4세부터 노년층까지의 체험식 미술 교육을 통해 자신의 개인적인 표현을 하게 한다. 체험식 전시는 예술에 대한 새로운 통찰력과 견해를 제공하는 반면, 오픈 스튜디오는 청소년과 성인 관람객의 창의성을 자극한다. 토요일에는 7세 이상 어린이를 위한 미술실험실인 어린이 포럼이 있으며, 파이브 리버 워크숍은 매달 바뀌는 주제를 바탕으로 매일 작은 예술 작품을 통해 온 가족에게 영감을 준다. 매주 일요일 아침에는 온 가족이 함께 패밀리 모닝을 경험할 수 있다.[339] 필자는 오래전 핸즈온 인터내셔날의 컨퍼런스에서 있었던 워크숍에 참석했는데 우연찮게 크리아비바에서 온 교육 행사였다. 폴 클레의 작품처럼 라인을 그리고 물감을 칠해보는 프로그램으로 궁금했던 클레의 기법을 체험했었던 기회가 있었다. 최근 핸즈온 인터내셔날의 컨퍼런스 개최 어린이박물관이었다.

338_ https://gw.nmcik.or.kr/gw/bizbox.do

339_ https://www.creaviva-zpk.org/de/creaviva/agenda

3. 유럽 우수 어린이박물관들

핸즈온 인터내셔날 협회는 빠르게 변화하는 시대에 맞추어서 아동들에게 학교에서 가르쳐 주지 않으나 미래를 살아가는 데 필요한 것들이라고 생각하는 기준을 만들었다. 그리고 미래를 위해서 학습 장소라고 생각하는 어린이박물관을 몇 군데 지정하여 홈페이지에 소개하고 있다.

핸즈온 인터내셔날에서 설정한 21세기에 맞도록 차별화된 교육 공간의 8가지 기준을 살펴보자.[340]

첫째, 문화로 향하는 문! 이는 쉽게 접근 가능한 즐거움, 아름다움, 상상의 장소이다.

둘째, 놀면서 배우자! 상호작용적인 자기 학습의 본거지로 잘 알려지지 않고 호기심과 상상력을 시도하는 곳

셋째, 모든 감각을 위한 곳! 자녀의 재능을 의미있는 경험으로 종합적으로 개발하게 한다.

넷째, 더 나은 세상! 사회의 평등한 일원으로서 아동은 세상을 더 나은 곳으로 상상하고 변화시킨다.

다섯째, 격차를 메우다. 모든 연령대를 위해 세대 간의 격차를 메운다

여섯째, 의견을 듣다! 상호작용하고 참여할 수 있는 장소로 너가 누구이든지 모든 목소리를 듣는다.

일곱째, 디지털 인식 및 활동. 아동과 연장자들을 위한 현실과 가상 간을 항해한다.

---

340 https://www.21stcenturychildren.eu/ 20240913

여덟째, 끊임없이 변화한다. 세계적 테마에 부합하지만, 지역적으로 행동하고 지속적으로 적응한다.

　상기의 8개 기준을 한국의 어린이박물관의 현실에 대입해 보면, 몇 가지 기준은 다소 어려움이 보인다. 문화 장소, 놀면서 배우는 장소, 모든 감각의 사용 장소, 세대 간의 격차 메우기, 디지털 인식과 활동, 끊임없는 변화의 6개 기준은 한국 어린이박물관에서 활성화될 수 있는 기준이다. 물론 박물관의 상황에 따라서 기준들의 대중이 다르긴 하다. 특히 디지털 인식과 활동은 전시품 개발의 초보 단계에 해당되어 어린이박물관 전시장에 매우 많아서 탈이다. 전문가와 학부모들은 아날로그를 선호함에도 불구하고 아날로그 전시 개발이 잘되지 않는 경우에 많다.

　네 번째인 '더 나은 세상, 사회 평등한 일원의 아동'과 여섯째의 '모든 목소리를 듣는다'는 최근 DEIA(Diversity, Equity, Inclusion, and Accessibility) 즉, 다양성, 형평성, 포용성, 접근성이 강조되며 박물관계에서도 추진하고 있는 내용들이다. 한국 어린이박물관계에서도 인식을 하고 추진되고 있는 상황이며, 좀 더 적극적이여야 할 것으로 보인다.

　상기 8개의 기준으로 인증된 유럽의 어린이박물관을 핸즈온 인터내셔날에서는 소개하고 있다.[341]

　줌 어린이박물관, 뮤바-밀라노 어린이박물관, 네로나 어린이박물관, 플젠의 인형 박물관, 크레아비바 어린이박물관, 미트트롬스 어린이박물관, 슬로바키아 국립 갤러리, 탐험 어린이박물관, 장난감 박물관, 슬로도브나 갤러리로 현재

341　https://www.21stcenturychildren.eu/find-homes/

기준 총 10개의 기관이다. 인증은 2022년부터 2024년까지 2년간 유효하다.

인증은 안되었지만 8개의 기준에 헌신하는 기관들도 10개의 기관으로 문학박물관(어린이책박물관), 로테르담 세계박물관(로테르담 웨럴드박물관), 웨럴드박물관 주니어, 프리다 앤 프레드- 그라츠어린이박물관, 부코비나 국립박물관, 프랑크푸르트 어린이박물관, 아일랜드 국립 갤러리, 벨지움 어린이박물관, 보스니아 앤 헤르제코비나 국립 갤러리, 모바일 음악 박물관이다.

〈표 6〉 21세기에 맞는 교육을 하는 인증된 유럽 어린이박물관 (핸즈온 인터내셔날 인증)[342]

수	기관명	개요
1	ZOOM Children's Museum (Vienna, Austria) 과학 문화 예술	과학, 문화, 예술과의 만남, 예술가와의 대화, 다른 사람들과의 재미있고 개방적인 활동을 통해 아이들의 개별적인 기술과 관심사가 인식되고 개발된다. 어린이박물관은 아이들이 편안한 분위기에서 스스로 새로운 것을 발견하고, 탐험하고, 시도할 수 있는 공간을 만드는 사립 기관이다.
2	Muba - Children's Museum Milan (Milan, Italy) 문화	어린이 문화 프로젝트의 개발 및 보급 센터로 문화 종사자를 위한 교육 세션, 놀이 전시에 대한 주제별 컨퍼런스를 포함한 문화 프로젝트를 제공하여 모든 연령대를 대상으로 한다. 주요 어린이 전시를 성공적으로 선보인 밀라노 최초의 박물관으로 로톤다디비아베사나(Rotonda di via Besana) 건물 내부에 위치하며 시립 공원으로 둘러싸여 있다.
3	Children's Museum Verona (Verona, Italy) – STEAM	이탈리아 북동부 위치하며, 이탈리아에서 네번째 어린이박물관이다. 0~12세 어린이에게 적합한 박물관으로 STEAM(과학, 기술, 공학, 예술, 수학)을 기반으로 한 높은 체험적 콘텐츠가 있는 상호 작용형 박물관이다.
4	Puppet Museum in Pilsen (Pilsen, Czech Republic) 인형	지역의 풍부한 인형극 전통을 활용한 기관으로 19세기말 최초의 인형극 무대인 슈코다 극장이 설립되었을 때, 플젠에서 인형극이 발전하였다. 전통적 전시와 어린이와 성인의 세계를 결합한 작은 가족 극장, 관람객이 인형을 다루고 인형 조종 기술에 익숙해질 수 있는 다목적 홀이 있다.
5	Children's Museum Creaviva (Bern, Switzerland) – 미술	폴 클레(Paul Klee) 센터에 통합된 어린이 기관이다. 그는 화가이자 교육자이기도 해서 자신의 창작물을 통해 예술과 문화에 대한 접근성을 제공한다는 것이 센터의 목표이다. 매년 10,000명 이상의 방문객이 세 개의 스튜디오 중 한 가지에 참여한다. 다락방에서 무료로 열리는 상호작용 전시는 방문객이 자신의 인식과 기술을 개발하도록 하고, 오픈 스튜디오에서는 클레와 다른 예술가들이 사용하는 기법을 발견하게 한다.

342_ https://www.21stcenturychildren.eu/find-homes/

수	기관명	개요
6	Midt-Troms Museum (Bardufoss, Norway) 역사/사회	문화, 역사, 사회 과학에 초점을 맞춘 체험형 활동으로 어린이들은 과거와 현재의 역사와 사회에 대해 배울 수 있다. '미니어처로 본 미트-트롬스' 전시는 지역의 문화적 역사, 즉 바다와 육지에서의 삶과 산업을 보여준다. 디지털 도구를 사용하며, 농장, 사미 오두막과 텐트, 매장, 부두, 교통수단, 어선에 대한 시기적절하고 상호 작용적이며 유쾌한 소개를 제공한다.
7	Slovak National Gallery (Bratislava, Slovakia) 미술	슬로바키아의 최고 중심적인 미술관 기관으로 모든 연령대와 예술 애호가와 신규 이민자를 모두 포괄하는 광범위한 접근성을 보장한다. 본관 외에도 즈볼렌 궁전, 스트라즈키 성 포함 4곳에 분관을 두고 있다.
8	Exploration Children's Museum (Heraklion Crete, Greece) 문화	21세기 최초의 유럽 이동식 어린이 박물관 중 하나로 관람객에게 놀이를 통해 문화를 탐험하고 발견할 수 있는 기회를 제공한다. 어린이에게 모바일 상호작용 전시와 새로운 문화적 경험을 만들어내는 실습 활동을 한다. 관람객이 사물과 의미를 자신의 삶과 경험에 연결하여 이해하도록 장려한다.
9	Toy Museum (Vilnius, Lithuania) 장난감	최신 박물관 트렌드를 반영하고 어린이를 문화 활동에 중요한 참여자로 만드는 곳이다. 관람객이 장난감과 게임의 역사에 대해 배우고 함께 놀고, 즐기고, 상호 작용하고, 탐험하도록 한다.
10	Sladovna Gallery (Pisek, Czech Republic) 극예술	놀이 갤러리는 극예술이 주요 컨셉으로 책 삽화의 주제와 어린이의 발달에 중요한 연극을 결합한다. 관람객은 잠시 현실 세계를 떠나 여러 상황을 경험하는 이야기에 참여한다. 활동적으로, 서로를 돕고, 결정을 내리고, 자신의 행동에 책임을 진다. 이는 현실 세계에서의 학습과 발달에 도움이 된다.

상기 기관들의 공통점을 살펴보면, 박물관의 주제들은 매우 다양하게 있다. 과학, 예술, 문화, 역사, 문학, 인형, 장난감 등이 펼쳐진다. 굳이 따져보자면 주제를 역사/문화 기관이 세 기관, 미술 기관이 두 기관, 인형과 장난감으로 어린이가 좋아하는 소품 기관이 두 기관, 극 활동이 중심이 되는 기관이 두 기관이다. 주제들은 모두 어린이 기관에서 볼 수 있는 것들인데, 특히 체코에서 있는 두 기관인 극 활동 중심의 기관인 인형극을 할 수 있는 인형 박물관과 극 예술 활동의 연극을 할 수 있는 슬라도브나 갤러리가 흥미롭게 보이는 기관이다. 나라별로는 이태리가 두 기관, 체코가 두 기관이 있다. 그리스의 크레타에 있는 탐험 어린이박물관은 이동식 순회 박물관이 특징이다.

〈표 7〉 21세기에 맞는 교육을 위해 헌신하는 어린이박물관 (핸즈온 인터내셔날 기준)[343]

수	기관명	개요
1	The Museum of Literature/Children's Book Museum (Den Haag, The Netherlands) 문학	사람들이 문학적 이야기를 발견하고, 경험하고, 창작할 수 있는 영감을 주는 장소이다. 언어로 놀고, 독서와 쓰기를 즐기는 것으로 아이들이 단어와 이미지에서 이야기의 풍부한 힘을 발견하게 한다. 박물관의 프로그램은 대상 그룹에 대한 교육적 통찰력과 대담한 디자인과 현대 기술을 활용한 강력한 전시 개념에 기초한다.
2	World Museum Rotterdam (Rotterdam, The Netherlands) 세계문화/다양성	125개 세계 문화의 83,000개 이상 소장품이 있는 기관으로 위치한 로테르담은 170개 이상의 세계 문화가 존재하는 문화적 다양성이 있다. 학자들은 대도시가 초다양성 사회로 빠르게 변화하는 것을 현재의 가장 중요한 전환 중 하나로 말했고, 이 초다양성 도시에서 소장품이 있는 박물관이 사회적 연결 역할을 할 수 있다.
3	Wereld museum Junior (Amsterdam, The Netherlands) 사회적인 화두	최근에 박물관은 지리적 내용 대신에 전 세계 사람들을 연결하는 보편적인 주제에 집중했다. 이주와 탈식민지화와 같은 현재의 사회적 문제에 초점을 둔다. 콜렉션은 인간의 이야기를 들려주고, 세상을 풍요롭게 하는 광대한 문화적 다양성에 대해 호기심을 불러일으킨다. 애도, 축하, 장식, 기도 또는 싸움과 같은 보편적인 주제에 대해 이야기한다.
4	Frida&freD– TheGraz Children's Museum (Graz, Austria) –세계/다양성	모든 어린이를 위한 장소로 어린이들이 세계의 다양성에 대해 배우고 그 복잡성을 더 잘 이해할 수 있게 한다. 기관은 박물관의 내용과 함께, 관람객이 동료와 주변 환경과 상호 작용하며 자신감과 책임감 있는 시민으로 성장하도록 하는 데 중점을 둔다.
5	National Museum of Bukovina (Suceava, Romania) 문화	북동부의 대표 문화기관으로 7개 박물관,역사적 요새,야외 마을박물관, 5개 기념관과 민족지학관, 2개 보존복원 연구실 조성되었다. 상설 및 기획전시, 박물관교육, 축제, 순회전시, 고고학 작품, 복원 및 보존을 제공한다. 년 백개 이상의 문화행사 운영중 절반이 아동 청소년 프로젝트(창의적 워크숍, 역사교육 워크숍, 박물관 수업등)이다.
6	Young Museum Frankfurt (Frankfurt, Germany) –역사	박물관 안의 박물관으로 상호 작용 전시의 프로그램은 어린이와 청소년을 타겟으로 그들의 관심사와 세계 주제를 탐구한다. 프랑크푸르트 역사 박물관 상설 전시의 특별한 가족 투어가 있는데, 30개 이상의 직접 체험형 스테이션과 추가 학습 기회의 스터디 룸이 포함되어 제공되며, 찾아가는 박물관이 별도로 있다.
7	National Gallery of Ireland (Dublin, Ireland) –미술	더블린 중심부에 위치한 베르메르, 카라바조, 벨라스케스를 포함한 예술가들의 작품이 있는 7세기에 걸친 아일랜드와 유럽 미술 컬렉션의 본거지이다. 모든 대상을 고려하며 포괄적 프로그램은 활기차고 다양한 사회를 반영하고, 협업 및 공동 제작을 통해 어린이와 청소년을 의사 결정에 포함시킨다.

343_ https://www.21stcenturychildren.eu/find-homes/

수	기관명	개요
8	Children's Museum (Elsene, Belgium) –아동/세계	기관은 중국 속담인 '듣고 잊는다. 보고 기억한다. 하고 이해한다.'에서 어린이에 대한 심리적, 참여적 접근 방식에 영감을 받았다. 40년 이상 운영되어 온 기관은 아름답고 오래된 기념비적인 저택에 자리 잡고 있다. 어린이들이 상호작용 전시, 워크숍 및 모든 유형의 활동을 통해 자신과 주변 세계를 발견할 수 있는 곳이다.
9	National Gallery of Bosnia and Herzegovina (Sarajevo, Bosnia and Herzegovina) –미술	2013년에 설립되어 경험과 오리지널 작품과의 상호 작용을 통해 우리는 어린이의 시각적 이해력, 어휘력, 비판적 및 창의적 사고력을 개발하고 자신감을 강화시킨다. 발달 장애 아동의 사회적 포용을 위한 활동을 제공하고 '블루 아트즘'과 '아르테(ARTsee)' 앱도 있다. 기관은 교육적이고 포괄적인 역할이 사회 발전에 가장 큰 영향을 미칠 수 있다고 생각한다.
10	Mobile Music Museum (Düsseldorf, Germany) – 음악	소리를 내는 물건 발견하기부터 신체 음악과 음악을 연주하는 게임 규칙까지, 다양한 소음 발생기와 음악 도구부터 소리 조각품까지, 박물관은 30년 동안 전 세계의 음악 물건을 수집, 보존, 개발하면서 음악 제작을 장려해 왔다. 100개가 넘는 거대한 소리 조각품은 1000제곱미터의 상호작용 전시이다. 물오케스트라, 소리관, 철금과 같은 4개의 대형 움직이는 야외 소리놀이터는 각기 50명의 사람들이 자유 연결과 소리와 음악을 탐구하며 강렬한 개인적, 사회적 경험을 할 수 있도록 한다.

　　상기 박물관들의 공통점을 살펴볼 때, 주제는 매우 다양하다. 세계 문화/ 문화 다양성/ 역사/ 사회문제를 주제로 한 기관이 다섯 기관이고, 미술이 두 기관, 문학, 음악, 주변 세상에 대한 이해가 각 한 기관씩 있었다. 나라별로는 네덜란드가 세 기관, 독일이 두 기관이 있었다.

　　종합적으로 인증기관과 8개의 기준을 추구하는 헌신 기관들 총 20개 기관을 볼 때, 주제 면에서는 박물관의 종구국인 만큼 사회문화적인 내용으로 세계문화/ 역사/ 다양성의 주제가 7개의 기관으로 35%로 가장 많았다. 미술이 4개 기관으로 20%가 있었고, 극 예술이나 문학 기반이 3개 기관이 있었다. 국가 면에서는 네덜란드가 3개 기관, 독일, 체코, 이태리가 2개 기관을 보유하고 있었다. 동유럽권의 어린이박물관에 대한 내용들은 한국에서는 아직 낯설다고 여겨진다. 호스트 기관으로 해서 핸즈온 인터내셔날 컨퍼런스가 개최가 되면 방문의 기회가 생기길 기대한다.

이를 대입해 볼 때, 아시아 어린이박물관협회가 조성이 되거나 한국어린이 박물관협회도 활발하게 운영되면 좋은 모델을 선정할 수 있는 향후 추진 사업의 모델이 될 수 있겠다. 또한 좋고 다양한 주제의 기관을 벤치 마킹을 해야 좋은 어린이박물관의 콘텐츠와 시설을 이끌어 갈 수 있다. 핸즈온 인터내셔날 협회의 컨퍼런스와 출장 기회를 마련해서 한국의 어린이박물관이 더욱 성장해서 사회에서 아동과 가족들에게 좋은 자극을 주는 훌륭한 역할을 해내길 바래본다.

또한 기관들의 로고와 심볼 타입을 언급하고자 한다. 총 20개의 기관 중에서 첫째, 붉은 계열을 쓰는 기관이 9개 기관으로 45%를 보이고 있고, 둘째로 글자만을 쓰거나 그를 이용한 최소한의 이미지를 쓰는 기관이 7개 기관으로 35%, 셋째는 기본 도형이나 선을 이용한 심플한 이미지를 쓰는 기관이 6개 기관으로 30%의 경향을 보인다. 넷째는 구상성을 보이는 기관이 5개 기관으로 25%를 보인다. 어린이 콘텐츠의 기관이면 떠오르는 이미지가 구상적인 이미지를 쓸 것 같지만 사실 구상적 이미지를 로고와 심볼 타입으로 쓰는 것이 유럽권에서는 그리 쉽지 않은 현실로 보인다.

유럽 어린이 기관 로고 타입의 가장 큰 특징은 붉은 계열을 가장 많이 쓰는 것으로 미루어 보아 색에서 주는 강한 느낌으로 주목성 있게 보이는 것을 선호하고, 아동에게 가장 주목성 있는 색도 붉은색이므로 이와 일맥상통하게 쓰고 있다고 보인다. 두 번째로는 글자체만을 쓰거나 글자체를 이용한 기본 도형을 쓰는 기관들이 있고 글자체로 기관의 이미지를 형상화하는 타이포그라피 방식으로 사용하고 있다.

4. 미국 우수 프로그램들

미국에 있는 세계어린이박물관협회(Association of Children's Museum)에서는 1999년~2008년에 이르기까지 메트라이프(MetLife) 재단과 협력으로 '우수 실천 사례상(Promising Practice Award)'을 어린이박물관들에게 수상하였다.[344] ACM에서는 수상 10주년을 기념하며 수상 사례 보고서를 만들었다. 수상 사례들이 다소 오래되긴 하였지만 국내 어린이박물관의 역사가 30여년이므로 미국 130여년 역사에서 보여준 우수 프로그램 사례를 참고용으로 살펴보면 아이디어의 도움을 받을 수 있다.

이 보고서는 메트라이프 재단 대표이사 시블 자콥슨(Sibyl Jacobsen)과 ACM 상무인 자넷 라이스 엘만(Janet Rice Elman)이 설명하길 30개의 상 프로필들을 연대기 순으로 기록한 것이라 했다.

1999년부터~2005년까지 우수상 범주는 ACM의 미션을 뒷받침하는 테마임을 강조했다고 언급했고 테마들은 다음과 같다.[345]

첫째, 유아기의 발달을 독려하는 것,

둘째, 시민 사회를 구축하는 것,

셋째, 평생 학습을 촉진하는 것,

넷째, 이웃 파트너십을 구축하는 것,

다섯째, 세상을 바꾸는 어린이박물관이였다.

---

344 MetLife Foundation & Association of Children's Museum, Profiles Promising Practices: 1999~2008, MetLife Foundation & Association of Children's Museum. 2008

345 상동

2006년에는 MetLife 재단과 ACM은 우선 순위 수상 분야로

첫째, 건강한 아동과 가족들,

둘째, 공동체를 지원하는 것을 선정했다.[346]

신체적, 심리적 건강이 출생부터 성인까지의 학습과 성장에 중대한 영향을 미친다는 것을 인정하여, '건강'이 매년 시상의 보편적인 주제로 유지되었다. 수십년간 공정한 선정위원회는 매년 신청서들을 검토하고, ACM의 InterActivity 협회에서 총 $20,000의 상금을 수상할 3개의 박물관을 선정했다.[347] 여기서 언급한 프로그램 주제 테마들은 어린이박물관에서 정말 중요한 키워드들이다. 프로그램들을 일일이 다 들여다보지 못하더라고 상기에 언급한 테마들은 종사자이면 기억해 놓아야 할 것으로 보인다.

수상 어린이박물관이 프로그램은 아래와 같으며 내용들은 하나씩 살펴보고자 한다. 아래 설명들은 ACM에서 만든 자료집을 최대한 충실히 번역하였고 일부는 생략하였다.

---

346 상동
347 상동

<표 8> '우수 실천 사례상(Promising Practice Award)'의 기관들[348]

년	주제	수상한 어린이박물관의 콘텐츠
2008 PROFILES	건강 생활을 위한 야외 활동	서커스 건강 프로그램, Brownsville 어린이박물관 야외 학습 환경, Kidspace 어린이박물관 우리의 뒤뜰, Long Island 어린이박물관
2007 PROFILES	저소득층의 건강 가족 콘텐츠	건강한 어린이, 건강한 지역사회, Stepping Stones 어린이박물관 건강한 마음, 건강한 신체, Huston 어린이박물관 후원받는 월간 프로그램, Skagit county 어린이박물관
2006 PROFILES	건강한 아동 가족 콘텐츠	머리부터 발끝까지 건강 계획, The building for Kids Wakanheza, 미네소타 어린이박물관 움직이는 박물관, 푸에르토리코 어린이박물관
2005 PROFILES	다양성 콘텐츠	ArtREACH, Young At Art 어린이박물관 기관의 다양성 계획, 시카고 어린이박물관 특별한 수요, 장애인 자원봉사, 버지니아 디스커버리박물관
2004 PROFILES	성공적 어린이 박물관의 전략 콘텐츠	ACES 프로그램, Please Touch 박물관 스토리텔링 협회, Brazos Valley 어린이박물관 UPCLOSE, 피츠버그 어린이박물관
2003 PROFILES	평생학습 가치, 전략적 협력	교육과 재미를 하나로!, 어린이 상상 박물관 손에 손을 잡고, Hands On 어린이박물관 제직 자원, 미네소타 어린이박물관
2002 PROFILES	박물관의 공동 가치 (어린시절보존, 놀이로 평생학습 촉진, 공동체 구축)	어린이 야외 탐구, Exploration Place 과학박물관 과도기 학교, Port Discovery 어린이박물관 Inside-Out, 시애틀 어린이박물관
2001 PROFILES	어린이박물관의 정의 경영	유치원 초읽기, 보스턴 어린이박물관 생생한 기억, La Habra의 어린이박물관 Parents Stars 프로그램, 휴스턴 어린이박물관
2000 PROFILES	지역사회 강화와 시민 사회 조성	라틴계 이웃 계획, 시카고 어린이박물관 가족들이 함께 & 아메리코, 프로비던스 어린이박물관 서비스의 여름, 산호세 어린이 발견 박물관
1999 PROFILES	영아기 학습	Mr. Rogers의 이웃 : Hands-On 전시, 피츠버그 어린이박물관 첫 번째 재주, 매디슨 어린이박물관 유아기 계획, 라이드 발견 어린이박물관

---

348 상동

- 서커스 건강 프로그램(Circus Extravaganza Fitness Program)
  Brownsville 어린이박물관, 텍사스
  www.CMofBrownsville.com

광대는 세상에 대한 호기심과 경탄을 가지고 있고, 매우 단순해서 모든 것이 게임이 될 수 있다. 이점이 Brownsville 어린이 박물관이 '서커스'를 발전시킨 시작점이다. '서커스 건강' 프로그램은 어린이들이 광대처럼 행동하면서 진지한 예술을 발견하고 능수능란한 몸과 마음을 발전시킬 수 있는 여름 캠프 프로그램이다.

워크숍은 버놈과 베일리 서커스 대학(Barnum and Bailey Clown College)의 졸업자들에 의해서 진행되었는데, 그들은 각 참여자들을 위해 전통적인 소품 조작도 신체 단련 체제에 포함시켰다. 목표는 기초적 균형감각 발달, 손과 눈의 협응 강화인데 중력, 자이로스코프 역학과 같은 과학 개념이 뒷받침한다. '서커스'는 신체 중심이지만, 이것의 영향은 참가자에게 깊게 미치는데 어린이들은 비판적인 생각, 생산적인 의사소통과 긍정적인 협력의 기술을 연마하면서 창의적인 촉발을 한다. 개인 혹은 팀과 함께 수행하는 과정은 존중, 인내, 용기 그리고 자아훈련과 같은 중요한 성격 특성을 발달시키는데 도움을 준다.

박물관의 장학금 프로그램은 '서커스 건강' 프로그램을 지역사회의 경제적 빈곤 거주인들이 이용할 수 있도록 하며, 장학금 워크숍은 비만의 장기적인 영향에 대해 배울 수 있도록 어린이와 그들의 가족을 포함한다. 또한 워크숍은 박물관 파트너인 AVANCE의 학교 폭력 반대 세미나를 포함한다. AVANCE는 자격증 영양사에 의해 시행된 건강한 식사에 대한 세미나와 위험에 처한 청소년들을 돕는 조직이다.

모든 아이들은 서커스 캠프의 스타다.

- Christy the Clown -

● **야외 학습 환경**(Outdoor Learning Environment)
Kidspace 어린이박물관, Pasadena, 캘리포니아 주
www.KidspaceMuseum.org

남부 캘리포니아는 미국에서 가장 심하게 도시화된 지역 중 하나인데, 매우 작은 개방된 공원이 있다. 그것이 Kidspace 어린이박물관이 교육적인 철학과 일간 계획 운영을 위해서 야외 놀이를 만들기로 결정한 이유이다. 박물관의 야외 학습 환경은 2.2에이커를 자랑하고, Pasadena의 가장 유명한 지리적 특색의 미니어처 재현물인 "Interpretive Arroyo"는 어린이들이 소 협곡의 흐름에서 놀게 하고, 드물게 내리는 비가 마른 강바닥을 급류로 변하게 할 수 있는 것도 배운다. 야외 학습 환경 전반에서, 어린이들은 '벌과 나비의 정원'에서 나비의 알을 사냥하는 것에서부터 자생식물과 동일시하는 것, 나무 아래에서 예술을 창조하는 것에 이르는 과학적 연구와 창의적인 표현 활동에 참여할 수 있다. 신체 놀이의 기회는 어린이들이 세발자전거를 타고 특별한 트랙을 달리거나, 잔디 미로를 탐험하고, 6피트의 암벽을 가로지르며, 덩굴 식물과 넘어가거나, 거대한 거미줄을 오르는 것과 같이 어디에나 존재한다.

Kidspace는 현재 9개의 학교와 파트너로써, 각 학교에 2개의 현장학습과 함

께 1년의 커리큘럼으로 구성된 학습 자료와 가족 이용권을 제공한다. Kidspace 는 아이들을 8주간의 수업에 과일, 허브, 야채를 심고, 기르고, 경작하는 것에 초대하고, 또한 어린이들에게 건강한 간식을 만드는 방법에 대해 가르친다. 가족들은 겨울에 자라는 음식을 조사하고, 곤충 사파리에 참여하거나, 나무 분재 장식의 예술을 배우는 주간 수업에 참여할 수 있다.

Kidspace 야외 전시는 손님과 훈련된 교육 스태프 간의 상호작용을 촉진하기 위해 해석 설명판을 설치하지 않는다. Kidspace 교육자는 어린 방문객의 호기심을 자극하고, 세상의 상호연관성과 어떻게 그들이 세상에 조화되는지에 대해 발견하도록 격려한다.

23년 필자가 방문하였을 때의 느낌은 공원 내에 위치한 아동을 위한 실내외 자연 주제의 공원이었다. 인공적인 도시에서 벗어나 가족들이 하루 나들이로 자연을 즐기다 갈 수 있는 공간이다.

> Kidspace에서 Matthew의 가장 선명한 기억은 그가 자신의 "스파이더맨 꽃"을 심었을 때이다. Matthew는 이곳에 갈 때마다, 스파이더맨 설명판과 함께 있는 꽃을 살펴보고 본인이 꽃을 심었다는 것을 모두 알게 한다.
>
> – 회원인 Carolina Marin & 그녀의 아들 Matthew, Lil's Sprouts 프로그램 참가자 –

● 우리의 뒤뜰(Our Backyard)
  롱아일랜드 어린이박물관, 가든 시티, 뉴욕
  www.licm.org

'우리의 뒤뜰' 혁신적인 녹지 공간은 야외에서 롱아일랜드 생태계의 특징이 박물관 내부 전시로 확장된다. 어린이들에게 태양열 난방, 조류, 곤충의 발견과 역할, 그리고 퇴비화의 "무엇을" & "어떻게"에 대해 배울 수 있게 제공한다. 매일 관람객과 더불어, 저소득층 어린이와 가족에게 제공하는 박물관 교차 프로그램이 있다. 생태 문해력 프로그램은 날씨 정보 스테이션에서 촉각, 후각, 미각 정원, 먼지, 모래 그리고 물을 다루는 놀이하는 영역이 포함된다.

뉴욕의 나소 카운티에 밀집하여 거주하는 많은 어린이들은 바깥 놀이로 시간을 보내지 못한다. 이 지역에 거주하는 다수 가족들은 정원이나 공원을 이용하지 못하고, 다수 어린이들이 안전하게 놀고 탐구할 야외가 없다. 그러나 '우리의 뒤뜰' 시제품화 기간 동안에 박물관은 몇몇 부모들이 질병, 동물 혹은 태양에 대한 두려움 때문에 야외 놀이를 꺼린다고 알게 되었다. 이러한 정보는 '우리의 뒤뜰'의 발전을 위해 매우 중요하며, 예비평가는 '우리의 뒤뜰'이 자연 환경에서의 놀이가 유익하고, 격려되어야 할 것이 되도록 부모들의 지각을 바꾸라고 알려주었다.

필자가 오래전 방문시에는 없었던 내용이었다. 신생되는 이런 것을 보면 어린이박물관이 얼마나 지역민의 필요한 것들을 발견하고 기여하는지를 알 수 있다.

롱아일랜드 어린이박물관은 '우리의 뒤뜰'이 가능하도록 하기 위해 Cornell 협동조합, 기업, 지역 유아원, 조경사 그리고 뉴욕주의 지원과 파트너십으로부터 혜택을 받고 있다. 어린이들을 위한 자연탐구 공간들을 창조하는 데, 교육자와 동식물 연구가 그리고 정책담당자의 힘과 지식을 결합한 조직인 LINCK(Long Island Nature Collaborative for Kids : 아이들을 위한 롱아일랜드 자연 협력)이 멤버이다.

롱아일랜드 어린이박물관은 신체 발달, 건강, 그리고 행복을 강화시키기 위한 교육적인 야외 놀이에 참여하는 어린이들의 롱아일랜드에 대한 요구를 다루는 선행적인 리더가 된다.

– Dana Friedman, Ed.D., 상무, Early Care and Education Lond Island(ECELI) –

2007 PROFILES

2007 Promising Practice Award는 어린이박물관이 어떻게 저소득 지역사회에 맞추어 건강한 어린이와 가족을 지원할 수 있는지에 대해 탐구하는 전시, 프로그램 그리고 경영 관례에 영예를 주었다.

● **건강한 어린이, 건강한 지역사회**(Healthy Children, Healthy Communities)
  Stepping Stones 어린이박물관, Norwalk, Connecticut
  www.SteppingStonesMuseum.org

'건강한 어린이, 건강한 지역사회'는 인생 초기의 개입과 예방이 건강한 생활방식에 중요하고 작은 변화가 장단기적인 건강에 긍정적인 영향을 미칠 수 있다는 전제에 기반한다. 이것은 어린이 보건 환경 연합, Connecticut 위원회, Connecticut 공영 TV, 예일 대학, 교육과 공중위생 국무부를 포함하는 50개가 넘는 지역 사회 조직의 노력이 있었다.

상상의 마을인 "Healthyville"로의 방문은 마을의 거주자들에게 이상적인 생활방식을 위한 경험을 제공한다. 거주자들은 그들의 신체와 더 나은 건강을 위한 선택에 익숙하도록 어린이박물관에서 경험한다. 박물관은 초석으로써의 "Healthyville"은 4년의 '건강한 어린이, 건강한 지역사회' 계획을 수행했다. 영양, 신체 단련, 위생 그리고 안전에 대한 강조와 함께 어떻게 신체가 작동하고, 어떻게 건강함을 유지하는지에 대한 정보를 교환하는 상호작용적인 이동 전시이다. 전시는 알레르기, 구강 상태, 잠, 집, 공원 그리고 시장을 포함하는 친숙한 환경에서 수업을 한다.

Stepping Stones는 프로젝트의 시작부터 프로그램의 배열을 관리하는데, 이는 축구 교습과 자전거 안전교육에서부터 치과 검진과 테디베어 강습까지에 이른다. 박물관은 Connecticut에서 Nickelodeon's 2007 Worldwide Day of Play 를 개최했고, 다시 개최할 예정이다. 나라를 구석구석 여행하는 프로그램, 봉사 활동에 참여하는 직원 그리고 "Healthyville"는 Connecticut 공영 TV에도 나온다. 2008년에 박물관은 여행 가방 프로그램을 확장하고 도서관, 병원, 학교 그리고 방과 후 장소에 설치할 예정인 건강한 매점의 가능성을 검토했다.

새로운 "Healthyville" 전시와 교육 프로그램은 건강한 생활방식을 선택하는 방법에 대해 어린이와 그들의 가족을 가르치기 위한 훌륭한 자원이다.

– Connecticut 운영위원 M. Jodi Rell –

● 건강한 마음, 건강한 신체(Healthy Mind, Healthy Bodies)
　휴스턴 어린이박물관, 텍사스
　www.cmHouston.org

휴스턴 어린이박물관은 2001년 휴스턴 국립 도서관들에 건강 주제를 과학과 접목하여 거대한 이동형 전시를 설치했다. 휴스톤시 4학년의 절반은 비만이거나 비만이 될 위험에 놓여있기 때문에 박물관은 박물관의 자원, 직원, 그리고 파트너쉽을 '건강한 마음, 건강한 신체' 사업으로 가족들이 건강한 행동을 탐구하고 행동으로 옮길 수 있도록 지원했다.

'건강한 마음, 건강한 신체' 계획은 놀라운 성장을 보이고 있는데, 2007년에는 64개의 장소에서 10,000명이 넘는 사람들이 보았다. 3종의 평가는 이용자의 100%의 만족을 나타냈고, 워크숍 참가자들은 생활 방식의 일부로 박물관의 건강 계획을 포함시켰다.

지속적인 수요로 박물관은 국립보건원의 연구 자원 센터로부터 자금을 지원받아 4,200평방피트, 3단계 전시를 설립하게 되었다. 2개 국어로 진행되는 "PowerPlay" 경험은 가족을 위해 기운을 북돋고, 전신적인 신체 사용을 한다. 건강 중심의 파트너십을 통해 방문객들에게 건강과 관련한 연구에 대해 알리고 박물관과 집에서 활동들에 대한 신체의 반응을 추적하는 법을 소개한다.

이 프로그램들은 무료이며, 사람들이 이미 방문하고 신뢰하는 장소 가까이에 존재한다.

- 휴스턴 어린이 박물관 상무 Tammie Kahn -

● **후원받는 월간 프로그램**(Sponsored Month Programs)
 Skagit County 어린이박물관, Burlington, 워싱턴
 www.SkagitChildrensMuseum.net

스카기트 카운티 어린이박물관에서는 매달 건강한 습관을 가질 수 있는 흥미진진한 기회가 있었다. 후원으로 이뤄진 월간 시리즈는 건강의 다양한 측면을 다루는 이벤트이다. 특별 전시는 매달 주제가 있으며 박물관의 대표성을 갖는다.

'치과의 달'은 치과 검진을 하는 전문의뿐만 아니라 치과 의자와 다른 도구들을 제공한다. 어린이들에게 구강 건강에 대해 더욱 친숙하게 만들 수 있다.
 '건강한 신체의 달'은 댄스 강사가 재미가 넘치는 활동을 이끌고, 간호사들이 기본적인 건강 점검을 행하며, 뼈대 퍼즐, 간식 만들기 수업 그리고 운동 기구 활동이 있다.
 박물관은 건강의 전통적인 정의를 확장하여, 사회 서비스 대행사인 Head

Start and schools와 병행하는 '문해력의 달' 이벤트도 진행한다.

구체적인 목표는 새로운 방문객이 Skagit County 지역의 저소득층이나 다문화 공동체 사람들의 마음을 끌어들일 수 있다. 입구 표지판이 12개 국어로 적힌 "환영합니다."를 보여주고 박물관을 개방하는 것 이상이 필요해서 특별한 이벤트에 무료 교통수단을 제공한다. 편의 시설 전반에 걸쳐 여러 가지 언어로 설명판을 제시하고, 수화 통역도 마련한다. 헤드스타트와 같은 특정한 그룹을 이벤트들에 참여시켜 참석률이 증가되었다.

어린이박물관의 '치과의 달'은 안정적이고 즐거운 분위기 속에서 장비들과 상호작용할 수 있도록 함으로써 치과에서 어린이들의 안정 단계를 향상시킬 수 있는 훌륭한 기회이다.

– 치과의사 Jason Hilde –

2006 Promising Practice Award는 어떻게 어린이박물관이 건강한 어린이와 가족을 지원할 수 있는지에 대해 탐구하는 전시, 프로그램 그리고 경영 관례에 영예를 주었다.

● 머리부터 발끝까지 건강 계획(Head-To-Toe Health Initiative)
The Building for Kids (전 Fox Cities 어린이박물관), Appleton, 위스콘신
www.KidMuseum.org

본 기관은 '머리부터 발끝까지' 계획과 함께 이 지역의 발전에 중요한 요소를 담당하고 있다. 역할은 예전 명칭인 Fox Cities 어린이박물관으로 알려져 있을 때, 박물관은 이 지역 사람들의 건강을 향상시키기 위해 병원, 기업 그리고 학교를 포함하는 컨소시엄에 가입했다. 콘소시움은 '머리부터 발끝까지'는 전시와 프로그램의 비공식적인 교육으로 3년이 넘는 연구로 가장 긴급한 건강 문제를 다룬다.

무료 프로그램들은 부모와 조부모들이 유아의 발달상의 요구에 집중하도록 하였다. 그 지역 10대 부모들에게 박물관 무료 입장권을 주고, 건강교육 프로그램에 참여하도록 하게 하였다. 이 계획은 건강 메시지를 재미있고 교육적인 방식으로 전달하기 위해 미술, 과학, 음악 그리고 퍼포먼스를 사용한다. 지역의 치과의사들, 보험 제공자인 Delta Dental Plan of Wisconsin과 Patterson Dental Supply는 박물관 무료 입장의 날에도 구강 건강에 대해 정보를 제공한다. 이에 특히 효과적인 것은 수천만의 피난민을 돕는 폭스시의 몽 이민족과 어린이박물관 연합이었다.

본 기관은 Banta 재단, Kimberly-Clark 회사, 위스콘신 어린이 병원뿐만 아니라 지역 소아과 전문의와 치과의사, Appleton 학군 그리고 Fox Valley를 위한 공동체 재단과 함께 팀을 이룬다. 파트너들은 전문적인 충고부터 재정적인 지원까지 모든 것을 제공하여 계획이 더 강조되고, 지대한 영향을 불러와 지속 가능하게 되도록 한다.

광범위한 지역사회 파트너십들은
공중 보건에 긍정적으로 영향을 미치기 위한
가장 효율적이고 효과적인 방법이다.

- Kurt Eggebrecht, Appleton City Health 부서 -

● Wakanheza
미네소타 어린이박물관, 세인트폴
www.mcm.org

단순하지만 성공적인 전략은 미네소타 어린이박물관에서 머리를 식히는 것이다. 박물관의 직원들은 부모나 어린이들이 힘들 때 도움을 주도록 훈련 받아왔다. 본 박물관은 가정 폭력을 막기 위한 주 전체의 노력인 Wakanheza 프로젝트[349]를 발전시킨 지역사회 협력 중 하나이다.

다코타 언어인 Wakanheza는 누군가를 어떻게 도울지가 명확하지 않을 때

---

349 와칸헤자 프로젝트는 다코다어로 아이 또는 신성한 존재를 의미한다. 아동과 가족이 더 따뜻하고 포용적인 환경에서 생활할 수 있도록 돕는 커뮤니티 프로그램이다. 공공장소나 조직에서 스트레스를 줄이고 친절하고 배려하는 문화를 조성하는데 초점을 맞춘다.

발생하는 무력함의 감정을 다룬다. 박물관에서 이러한 상황들은 종종 지나치게 흥분한 어린이나 난처함을 느끼는 부모와 관련이 있다. 기본적인 점은 중재를 위해 지식과 수단을 가진 직원을 제공하는 것이다. 박물관에서 자녀가 놀이하는 동안 부모들은 예측할 수 없는 아이들을 다루어야 해서 직원들은 아이들을 사로잡는 단어를 부모들에게 공유함으로써 도울 수 있도록 한다. 기관을 이용하는 어려움이 있는 아동과 보호자들에게 소품과 장난감을 박물관 곳곳에 더 추가했고, 또한 박물관은 아동들을 훌라후프로 빙글빙글 돌리고, 관심을 이끄는 활동으로 다른 주의를 끄는 "Funstigators"를 정기적으로 고용하고 있다. Wakanheza 프로젝트는 간단하지만 강력한 원칙이 포함되었다. 이 프로젝트는 박물관뿐만 아니라 지역 주변의 도서관, 정부 기관, 주거지 그리고 병원의 분위기를 바꿔왔다.

2007년에 MetLife 재단과 ACM은 미네소타 어린이박물관에 '실험 상'을 수여했다. 그리고 박물관은 다른 어린이박물관이 Wakanheza 프로그램 워크숍을 주최할 수 있도록 하기 위한 온라인 도구 키트를 만들었다. 결과적으로 도구 키트는 실행 가이드, 촉진자 가이드, 파워포인트 발표 그리고 프로젝트 워크시트를 포함하는 Supporting Parents in Public으로 명칭이 변경되었다. 그 도구 키트는 ACM 웹사이트(www.ChildrensMuseum.org)뿐만 아니라 미네소타 어린이 박물관 웹사이트에서 정보를 확인할 수 있다.

훈련은 간단하고, 일과 개인적인 삶에서 유용하다.
어려운 상황은 앞서 조치하고, 긍정적으로 해결함으로써 피해질 수 있다.
그리고 이는 결국 우리의 일을 덜 힘들게 한다.

- Lexington Outreach 사서 Ginny Brodeen-

● 움직이는 박물관(Museo Móvil)

푸에르토리코 어린이박물관, San Juan

www.MuseoDelNino.org

여행 로스 쇼처럼 움직이는 박물관은 푸에르토리코 어린이박물관에 갈 수 없는 어린이들에게 즐거움을 제공한다. 박물관이 위치한 San Juan에서 너무 멀거나 여행을 떠나기에 경제적으로 힘든 지역사회 사람들에게 건강한 삶에 관한 교육을 받을 수 있도록 한다. 움직이는 박물관은 13피트의 전시 공간으로 주변 땅까지 확장되어 있다. 움직이는 박물관의 방문객 중 다수가 일반적으로 박물관이 제공하는 풍요로운 경험 접근을 하기 어렵다. 박물관은 학대 받는 여성과 아이들, 저소득 가정의 아이들, 대안 생활 시설에 있는 학대 받는 아이들 그리고 다른 위험에 처한 아이들을 돕고 있다.

옛날식의 색 레이스[350]부터 진보적인 재활용 프로젝트까지, 어린이와 가족은 건강, 환경 그리고 문해력에 대해 배운다.

안타깝게도 현재는 이곳은 폐관되었고, 푸에르토리코에는 유일한 어린이박물관으로써 Museo del Niño de Carolina가 있다.

움직이는 박물관은 참여하는 350명이 넘는 어린이들에게
풍요로운 경험이고, 우리는 절대로 잊지 못할 것이다.

– Utuado 시장 Alan J.Gonzalez –

350_ 두 다리를 자루 속에 넣고 뛰는 경주

● ArtREACH

Young at Art 어린이박물관, Davie, 플로리다

www.YoungAtArtMuseum.org

플로리다 주의 집없는 청소년들은 방과 후 노숙자 보호소 삶의 현실로 돌아가기 전, 어린이박물관을 즐길 수 있다. 파트너인 공립학교와 Broward Outreach 센터와 함께, 박물관은 방과 후 안식처로써 ArtREACH (Reconnecting And Educating Homeless Adolescents through Creativity and Hope: 창의성과 희망을 통해 집없는 청소년들을 다시 연결하고 교육하는 것)를 개발했다. ArtREACH 교육과정은 책임감, 정의, 인내 그리고 존중을 가르친다. 교사 자격증을 취득한 선생님들이 숙제를 돕거나 컴퓨터에 기초한 수업을 제공하고, 그동안 상담사는 청소년을 돕기 위해 대기하고 있다. 전문적인 예술 교육자들은 5살에서 15살까지의 아이들에게 원주민의 도자기 타일, 자화상과 원주민의 꿈 그림, 감정적인 치유를 촉진하기 위해 고안된 활동들을 가르친다. 참가자들은 문화 시설과 특별한 부모/자녀 프로그램의 학습으로 초대된다. 노숙자 보호소에서 나온 가족들은 박물관의 관계를 지속시키기 위한 Young At Art 멤버십을 부여받는다.

프로그램은 2004년에 설립된 전국적으로 인정받는 주도적인 계획으로 1,000명이 넘는 노숙 아동과 가족에게 서비스를 제공했다. ArtREACH는 긴급 및 과도기 쉼터나 독립 과도기 주택에서 가족과 함께 거주하는 아동과 청소년

에게 무료로 방과후 예술 및 학업적 지원을 제공한다. ArtREACH는 Young At Art Museum, 브로워드 카운티 공립학교의 노숙자 교육 지원 자원 팀 (HEART) 및 브로워드 쉼터 간의 파트너십이다. 박물관의 목표는 예술 창작, 학업 튜터링 및 행동 지원을 사용하여 노숙 청소년의 교육적 및 정서적 복지를 개선하는 안전하고 자극적이며 보살피는 환경을 제공하는 것이다.[351] 2009년의 봄까지 온라인 ArtREACH 도구 키트는 Young At Art와 ACM의 웹사이트에서 이용 가능하다. 도구 키트는 어린이박물관이 부모님, 노숙자 보호소, 학군 그리고 다른 중요한 공동체 조직을 동원하기 위해 사용할 수 있는 정보와 제안한 전략을 포함한다.

> 예술은 자존심을 기르고 어린이들이 자신의 감정을 해석할 수 있도록 한다.
>
> — Young At Art 상무 Mindy Shrago —

- **기관의 다양성 계획**(Institutional Diversity Plan)
  시카고 어린이박물관, 일리노이
  www.ChicagoChildrensMuseum.org

시카고 어린이박물관은 3년의 계획으로 다양성을 천천히 만들어 운영하도록 한다. 공동체의 변화하는 모습을 반영하는 프로그램부터 2개 국어로 쓰인 홍보 자료까지 박물관은 다양성이 어떤 기관에도 대단히 중요한 요소라 생각한다.

---

351 https://youngatartmuseum.org/initiatives/

시카고 시민의 자부심과 다른 사람에 대한 감사함을 개발시키는 반편향 프로그램뿐만 아니라 '1인칭' 활동, 워크숍 그리고 프레젠테이션을 운영한다. 공통성을 탐구하는 것과 다름을 포용하는 것은 중요한 계획이다. 전시들은 문화적 다양성을 존중하고, 방문객에게 '집처럼 느끼는' 장소를 제공하는 것을 목표로 한다. 학교, 문화기관 그리고 풀뿌리 조직을 포함하는 거의 400개의 공동체 파트너가 관여하는 도시 전체의 협력을 통해, 박물관은 이웃한 다양한 공동체들을 활발하게 연계하는 역할을 한다. 계획은 지역사회를 상징하는 것을 지향하면서, 진행 중인 교육은 문화적 인식을 다룬다.

시카고 어린이박물관 다양성 계획은 조직 전체에 다양성을 촉진하기 위해 도전적이지만 현실적이고 측정가능한 목표를 설명한다. 업무 우선 순위를 위해서는 연중 방문객과 지역사회 설문 조사가 필요하다.

> 만약 우리가 돕는 지역사회를 진정으로 반영하려 한다면,
> 우리는 모든 단계들에서 말한 것을 실천해야만 한다.
> – 시카고 어린이 박물관 관장 & CEO Jennifer Farrington –

● **특별한 수요, 장애인 자원봉사**(Special Needs Volunteerism)
  버지니아 발견 박물관, 샬로츠빌
  www.vadm.org

자원봉사자들은 어린의박물관의 금과 같다. 박물관은 장애인들 자원봉사자를 환영하는 데 노력을 기울였고, 그 결과는 나이, 배경, 교육 수준 그리고 신체적 능력의 범위에 걸쳐서 열성적인 자원봉사단이 마련되었다.

사람이 많이 모이는 교통 중심적 위치로 박물관이 이전했을 때, 이 새로운 트렌드는 시작되었다. 장애를 가진 첫 번째 자원봉사자는 그의 일을 뛰어나게 잘 했다. 그래서 어린이들은 그의 열정을 잘 알았고, 부모들은 이동성 장애를 가진 누군가와 상호작용하는 기회에 감사했다.

자원봉사단은 시각장애 아동 음악가, 산소 탱크를 사용하는 안내 데스크 직원, 그리고 머리 부상으로부터 회복하고 있는 전직 군대 위생병을 포함하고 있다. 자원봉사자들은 그들의 박물관 소속에 대해 자부심이 있고, 마치 봉사 단체의 대사처럼 행동한다. 박물관의 직원들 또한 자원봉사자들과의 관계로 이점을 얻는다.

자원봉사자를 모집하기 위해서, 버지니아 발견 박물관은 Jefferson 지역 위원회(Aging)와 뇌 장애센터의 구성원인 버지니아 NeuroCare와 같은 기관과 함께 협력한다. 박물관이 작다보니 모든 자원봉사자들이 긍정적이고 생산적인 방식으로 상호작용할 수 있도록 하기 위한, 자원봉사자-방문객의 상호작용들을 관찰할 수 있다.

방문객들은 장애인(정신, 신체 혹은 환경적인)과 놀이하며, 그들이 어린이들과 성공적으로 어울릴 수 있는 개인의 능력이 있어 저해하지는 않는다는 것을 배운다.
    – 버지니아 디스커버리 박물관 직원 –

- ACES

  Please Touch 박물관, 필라델피아, 펜실베이니아

  www.PleaseTouchMuseum.org

10대들을 위한 프로그램은 도시 청소년들이 4년 동안 참여할 수 있고, 이 성공적 교육에 대해 참여한 청소년들은 새로운 계약을 맺을 수 있다. ACES는 사회봉사, 교육 그리고 기술 연마를 통한 성취(Achievement through Community service, Education and Skill-building)를 의미한다. 그리고 ACES는 박물관의 대상인 아동이 아니라 고등학생들을 대상으로 한다.

ACES는 청소년들이 학습 과정을 책임지도록 함으로써, 학습에 대해 흥미를 느끼도록 한다. (이는 어린아이들을 동기유발 시키는 것과 같은 철학이다.) 멘토들은 10대들에게 프로젝트에서 구체적인 역할을 부여한다. 10대들에게 다양한 진로와 행동에 대한 진실된 책임을 경험할 수 있도록 한다. 필라델피아의 학군과 함께 운영하는데, 박물관은 학생들에게 졸업과 사회봉사 요건에 대한 신용을 제공한다.

ACES 학생들은 학기 중에 그리고 6주의 열정적인 여름 프로그램 동안 1주일에 2일을 일한 것에 대한 임금을 받는다. 이는 학생들을 동기부여 시킬 뿐만 아니라, 박물관 인력으로 가치 있다는 메시지를 보낸다. ACES는 10대들에게 교육적, 문화적 그리고 개인적인 가능성의 세상을 소개함으로써 10대들이 학업 능력, 직장 및 대인관계 기술을 발달시키도록 돕는다. 10대들은 관람객들에게 살

사 댄스나 다양한 건강 주제를 소개하고, 또한 말타기나 도자기 작업을 하기도 한다.

매년 약 20~25명의 학생들이 ACES에 참가하며, 고등학교 2학년 때 시작해서 졸업할 때까지 계속한다. 매우 오래 성공적으로 지속되었다. 이 프로그램에 참여하지 않은 필라델피아의 또래들과 비교해서 ACES 10대들이 더 높은 비율로 고등학교를 끝마쳤다. 박물관은 인쇄된 도구 키트를 제작했는데 '10대들을 당신의 박물관 가족으로 통합시키는 것'이라 불리는 111페이지의 책이다. 파트너 십, 구인 활동, 직원 채용, 재정 지원, 프로그래밍 등 다양한 내용을 다룬다.

이것은 다른 사람들과 함께 일하고 칭찬하면서, 당신의 강점과 약점을 발견하는 현실적인 활동이다.

- ACES 인턴 -

● 스토리텔링 협회(Storytelling Guild)
 Brazos Valley 어린이박물관, 브라이언, 텍사스
 www.MyMuseum.com

Brazos Valley 어린이박물관은 지역사회의 활동으로 고대 미술 이야기를 만들어 새로운 장르로 성장시켰다. 스토리텔링 협회는 두 명의 전문적인 스토리텔러에 기반을 두고 공공도서관과 지역의 PBS(미국 공영 방송망) 계열사와 같은 지역사회 파트너로 확장했다. 스토리텔링 협회는 초심자와 후원자들을 대상으로 피드백과 격려를 나누기 위한 월간 워크숍을 운영했다. 스토리텔링 협회의 스토리텔러는 코칭 시간에 기술을 연마하고, 지역 아트 페스티벌에 재능을 발휘한다. 또한 여름 캠프에서는 어린이에게 스토리텔링과 스토리 작성 수업을

하도록 한다.

공유된 자원과 청중의 힘을 인지한 박물관은 적극적인 역할을 수행하기 위해, Head Start, 미국 Literacy Volunteers 그리고 Barbara Bush Literacy 회사를 포함하는 서비스 조직을 만들었다. 협회는 현장 교사들이 가르침을 위한 스토리텔링 기술을 사용하도록 격려하고 주위의 기관을 돕는 적극적인 자원봉사자들의 인력을 만들어 냈다.

스토리텔링 협회 파트너십은 박물관의 역량을 강화시킨다. 이 역량은 자금을 지원하는 미래의 프로그램을 위한 씨를 심는 것뿐만 아니라 현재 프로그램의 성공을 더 효과적으로 측정하기 위한 것이다.

스토리텔링 협회는 우리의 기관으로 다른 그룹들을 끌어 모은다.
결과적으로 우리는 프로그램을 위해 새로 온, 우수한 제공물을 가진 신입을 지속적으로 흡수한다.

        – Brazos Valley 어린이 박물관 상무 Shawn Andaya-Pulliam –

- UPCLOSE
  피츠버그 어린이박물관, 펜실베이니아
  www.PittsburghKids.org

피츠버그 어린이박물관에서의 획기적인 파트너십은 어린이와 가족이 전시로부터 배울 수 있는 방법의 경험을 향상시킬 수 있는 구체적인 방법을 알려준다. 이 학문적 연합은 'UPCLOSE'로 명명하고 학교 밖에서의 학습을 위한 피츠버그 대학 센터(University to Pittsburgh Center for Learning in Out of School Environments)

와 연합했다.

박물관은 UPCLOSE를 위한 사무실과 연구실 공간을 마련했고, 두 개의 조직은 인건비를 공유했다. 더 나아가 박물관과 UPCLOSE는 더 효과적인 전시, 더 나은 시너지 그리고 아이들과 가족이 배우는 방법에 대한 이해로 이끄는 두 갈래의 길을 공유했다.

UPCLOSE 연구원들은 박물관의 심도 있는 평가를 창출하기 위해, 2년이 넘게 일련의 연구를 수행했다. 결과 보고서는 방문객들이 어떻게 다른 전시 요소를 사용하는지, 그들이 얼마나 많은 시간을 소요하는지, 어린이와 가족 사이에 어떠한 종류의 상호작용이 일어나는지, 직원이 어떻게 방문객들의 경험을 중재하는 것에 도움을 주는지 그리고 다양한 나이대의 어린이들을 위한 전시의 매력에 대한 가치 있는 정보들을 포함한다.

최근에, UPCLOSE는 새로운 순회 전시인 "어떻게 사람들이 물건을 만드는가"의 디자인에 관해 박물관과 가족 의사소통 회사와 협력했다. 이것은 시너지를 테스트하는 것뿐만 아니라, 전시의 원형과 전시의 기능을 평가하는 것을 포함한다. UPCLOSE는 다양한 대여 장소에서도 전시를 평가하고 있다. 박물관은 그들의 지식을 회의, 웹사이트 그리고 향후 출판될 UPCLOSE 파트너십에 대한 책을 동료 기관들과 공유한다.

평가 연구는 우리의 가설을 지속적으로 검사해왔고, 우리의 전시를 개정해 왔다. 그리고 우리 박물관이 어떻게 가족 학습의 촉매재가 될 수 있는지에 대한 새로운 도전을 설정해 왔다.

– 피츠버그 어린이박물관 상무 Jane Werner –

2003 PROFILES

2003 Promising Practice Award는 평생 학습의 가치를 조성하고, 어린이를 위한 학습자 공동체를 창조하기 위한 전략적 파트너십을 사용하는 경영 관례에 영예를 주었다.

● **교육과 재미를 하나로!**(Educationa & Fun Rolled Into One!)
　상상 어린이박물관, Everett, 워싱턴
　www.ImagineCM.org

　개인 차량은 워싱턴의 유해 공기오염의 제1의 원인으로, 매년 백만 톤 이상의 오염물질이 공기로 유입된다. 유해 물질은 지역사회에서 건강 문제를 증가시킨다. 어린이 상상 박물관은 고객들 주차장의 부족 문제를 해결해야 했고, 운전/주차 대안으로 방문객 서비스를 향상시킬 수 있도록 했다.

　상상 박물관과 도시의 주 버스 시스템인 Everett Transit에 의해 브레인스토밍이 진행되었다. "교육과 재미를 하나로!"를 프로그램의 한 부분으로써, 상상 박물관의 방문객들이 박물관으로 버스 노선이 연결 가능한 Everett 환승센터(ETC)에 넉넉히 무료 주차를 할 수 있게 운영하였다. 고객들은 Everett 환승 버스를 타고 어린이박물관으로 이동한다. 4년 동안 대략 8000명의 사람들에게 서비스를 제공했고 이는 학교 단체에게 매우 인기가 있었다. 하지만 단체 그룹 크기의 한계와 그 해의 날씨 때문에, 상상 박물관과 지방자치 파트너는 무언가를 더 찾아내야 했다.

　그 결과는 "ET: 이 세상의 보호자"이다. 이는 쌍방향 비디오, 무선 투표 그리고 생활방식의 선택으로 환경이 개인의 건강에 어떻게 영향을 미칠 수 있는지를 흥미로운 연구와 함께 제공하는 전시와 프로그램이다. 비디오에는 두 명의 허구적인 인물인 Emily와 Tyler가 등장하며, 대중 교통의 이점들에 대해 배운다. 무선 투표 버튼을 사용하여, 학생들은 Emily와 Tyler가 환경뿐만 아니라 자신의 건강에 영향을 미치는 선택을 할 수 있도록 돕는다. 학생들은 또한 거대한 연기 고리를 이용한 과학 실험, Traffic Time Saver ball run과 함께하는 문제 해결을 진행한다. 그리고 공기오염과 운동이 폐에 어떠한 영향을 미치는 지에 대해 배우고, Safety First 게임 쇼에 참여한다.

> 우리 지역의 교통 문제가 계속 증가하고 있고, 우리 어린이들의 건강이 위태로운 상태이기 때문에, 우리는 이러한 교육적이고 재미있는 프로그램을 우리 지역사회에 제공하는 것은 흥미롭다.
>
> – 상상 어린이박물관 상무 Nancy Johnson –

● **손에 손을 잡고(Hand in Hand)**
  Hands On 어린이박물관, 올림피아, 워싱턴
  www.hocm.org

2001년에 핸즈온 어린이박물관은 지역사회 전반에 걸친 캠페인인 "손에 손을 잡고"를 진행했다. 이는 조기교육과 초기 문해력의 가치를 증진시키기 위한 것이다. 박물관은 티스팟 조기교육 센터를 지역사회 집결지로써 조기 교육을 촉진시키기 위한 캠페인을 성장시켰다.

박물관의 많은 콜라보 프로그램 중 가장 중요한 것은 가정 폭력의 희생자와 그들의 아동을 위한 주간 협력 단체이다. 여성 보호소와 협력하여 스페인어를 사용하는 엄마들에게 법, 사회 서비스 그리고 교육 자원에 대한 접근이 가능하게 하였다. 그들의 어린이들은 미술을 통해 개인적 감정 이해를 위해 박물관 교육자와 함께 활동한다. 전략적인 조기교육 파트너십은 미국 출신 가족, 군인 가족 그리고 수양 가족을 포함하는 것으로 확대된다. 무료의 어린이 보호 서비스와 무료의 월간 육아 프로그램은 지역사회에 열려있다. 박물관은 조부모와 아빠와 같은 돌보는 사람을 위한 기술 연마와 네트워킹 프로그램도 제공한다. 매주 금요일 밤에 자녀를 양육하는 부모에게 아동의 첫 번째 선생님으로 역할과 방법에 대해 가르치기 위해 무료 'PlayWise 프로그램'을 제공한다.

조기 교육 경험을 박물관에 오지 않는 사람들까지 확장시키기 위해서 박물관은 지역사회 주요 이벤트를 하는 TotSpot 조기교육센터의 여행 버전을 만들었다. 어린이 발달 정보, 활동 그리고 지역사회 자원과 함께 "비법 카드"를 집으로 가져가는 이벤트를 박물관에서 제공한다.

매년 12개의 지역사회 파트너들과의 협력을 통한 박물관의 조기교육 프로그램은 150,000명이 넘는 어린이, 부모, 교사, 돌봄인, 기부자, 기업 그리고 정부의 지도자들을 감동시켰다.

Hands On 박물관이 정말로 두드러지는 점은
아이들에게 평범한 어린이가 되기 위한 기회를 제공한다는 것이다.
– SafePlace 커뮤니티 서비스 관리자 Maria Pena –

● **직조 자원**(Weaving Resources)
미네소타 어린이박물관, 세인트폴
www.mcm.org

무엇인가 배우는 게 너무 재미있어서 그곳에 가고 싶어 안달하는 아동을 상상해 볼 수 있는데, 그곳은 75,000명의 학생 단체를 위한 미네소타 어린이박물관이다. '직조 자원'은 세인트폴 공립학교와 수년간의 콜라보 사업으로 7,500명의 세인트폴 학생들이 혜택을 받는다.

이 협력은 어린이들이 미네소타 주의 교육 표준에 도달할 수 있도록 하는 공동의 목표로 시작되었고, 박물관의 전시와 교육 활동에 이러한 목표들을 포함시켰다. 박물관과 학군 직원은 함께 어린이집부터 2학년 학생까지의 교육과정 패키지를 개발하였다. 박물관은 학습을 보충하기 위한 아주 흥미로운 교수 도구로 가득 찬 '발견 트렁크'를 제공함으로써 교실 학습을 지원한다. 박물관 방문 동안에 어린이들은 곤충학자, 수학 탐정 그리고 도시 계획가가 되어보며 그들의 지식을 확장한다.

이 프로젝트의 첫 번째 해에 박물관은 교육과정을 설계하기 위해 협력적으로 일하고, 놀이를 통해 발생할 수 있는 학습의 깊이에 대해 보여줌으로써 학교 선생님들의 신뢰를 얻었다. 그 후 몇 년 동안 박물관은 지역사회의 주제에 초점을 맞추고 학생 방문객들의 다양성을 다루기 위해 프로그램을 확장했다. '직조 자원'은 부모 교육 요소를 추가했고, 놀이를 통한 학습이라는 박물관의 철학을 실현하며 일하는 부모들을 위한 워크숍을 제공하는 비디오를 개발했다. 미네소타 어린이박물관이 지역 공립학교의 5살에서 7살 사이의 모든 유아들을 위해 세인트폴 학습공동체의 주춧돌이 되도록 하며 강하고 지속가능한 협력을 만들어 간다.

직조 자원은 학교들과 지역사회 기관들이 함께 일함으로써 얼마나 잘 성취할 수 있는지 보여준다.

– 세인트폴 공립학교 관리자 Dr.Patricia Harvey –

● 어린이 야외 탐구(Kids Explore Outdoors)
Exploration Place 과학 박물관, 위치타, 캔자스
www.Exploration.org

탐구 공원은 Sedgwick 자치주의 과학 & 발견 센터의 일부이며 Arkansas강 인근에 20에이커의 장소에 있다. 야외 전시와 풍경 특징들은 박물관 내부 요소를 연장하는 역할을 하고, 어린이 야외 탐구 프로그램은 공동체를 구축하는 자원봉사자가 도움을 준다. 탐구 공원은 국립 공원으로써 무료로 운영되며 방문객들은 그들의 집에서 자전거나 롤러블레이드를 가져와서 해안 길을 따라가거나 산책을 하고 소풍같은 숲 그늘에서 휴식을 취한다.

놀이를 통한 평생 학습을 격려하는 박물관의 책무로서 공원의 활발한 환경에서 어린이 야외 탐구의 교육적인 콘텐츠를 위해서 직원과 자원봉사 인력을 활용한다. 어린이 야외 탐구 활동들은 습지 서식지에서 Kansas의 야생을 관찰하는 것, 거대한 모래 상자에서 고고학적인 보물들을 발굴하는 것, 지역사회에 건설하는 암벽을 오르는 것, 그리고 "The Pyramid"와 "The Hill"을 살펴보는 것을 포함한다. 2008년 가을에 어린이 야외 탐구는 환경과 관련된 교육 프로그램인 "뿌리 & 새싹(Roots & Shoots)"을 한다. 이 프로그램은 공원 근처의 습지 지역에 관한 전시이고, 일주일 동안 진행되는 다문화 페스티벌이다.

어린이 야외 탐구는 탐구 공원에 새로운 관람객을 이끌 수 있는 특별한 기회를 만든다. 새로운 관람객은 도시의 가족들과 박물관에 방문하길 원하지 않을지도 모르는 사람들이다.

– Exploration Place 관장 Alberto C. Meloni –

● 과도기 학교(Transition Academy)
Port Discovery 어린이박물관, 볼티모어, 메릴랜드
www.PortDiscovery.org

대부분 다른 곳들과 유사하게 볼티모어시도 고등학교 학생들의 중퇴자 비율이 증가하고 있다. 동시에 표준기반 학습 성과의 압력과 학교 시스템은 점점 더 철저하게 고등학교 과정과 평가를 한다. 읽기 어려움, 잘 어울리기의 어려움, 진로 선택을 하는 데 어려움이 있는 몇몇 9학년생들에게 학교 자퇴의 유혹은 강할 수 밖에 없다.

볼티모어 시립학교와 Port Discovery 어린이박물관의 혁신적이고 성공적인 협력인 '과도기 학교'는 이러한 어린이들에게 중학교를 졸업하기 위해 개발되었다. 박물관은 학업적인 위험에 처한 60명의 9학년생들에게 학교의 역할을 한다. 프로그램은 작은 학급, 공인된 선생님에게 개인적인 관심, AmeriCorps/Civic Work 지도교사, 독특한 교수 방법 그리고 박물관 현장의 교육적인 도구와 같이 교육적인 환경에 집중한다.

과도기 학교 학생들은 자신감이라는 새로운 마음을 갖고, 다시 한번 "학교를 즐기자"라고 반응을 보인다. Port Discovery 어린이박물관에서 이 프로그램의 성공과 함께, 볼티모어 시립학교 체계는 6개의 추가적인 학교를 설립했고 박물

관 학교들은 미국 전체에 걸쳐 많은 학생들을 모았다. 박물관의 자원이 학교 교육과 통합되었을 때, 학생들은 새로운 눈으로 그들 자신과 자신의 미래에 대해 바라볼 수 있는 기회를 가지게 되었다.

이 학교는 내가 성공을 위해 더욱 열심히 일하고자 마음먹도록 도와주었다.

- 학생 Raymond Cousins -

● Inside-Out
  시애틀 어린이박물관, 워싱턴
  www.TheChildrensMuseum.org

8살정도의 중국계 미국인 소년은 자바의 그림자 인형극을 만든다. 이 소년의 가족은 5명으로 1년에 $10,000로 살고 있다. 40명의 원아들은 빛, 그림자, 색깔을 탐구하며 생에 처음 숲을 하이킹한다. 학교에 다니고, 저녁을 요리하고, 그녀와 가족의 집을 청소하는 일상의 책임을 가지는 14살의 한 소녀는 목판화를 처음으로 만들어 본다. 이러한 아이들이 모두 공통적으로 가지고 있는 것은 무엇일까?

그들은 모두 Inside-Out에 참여한다. 이 프로그램은 미술과 인간성에 대해 가르치며, 시애틀 남부의 Rainer Vista 공공주택단지에 살고 있는 5세부터 18세의 위험에 처한 어린 아이들(그들 중 대다수가 이민자이거나 1세대 미국인임)을 위한 프로그램이다. 프로그램의 목표는 상호작용적이고, 안전하며 다문화적인 미술과 인간성을 기초로 한 학습 환경을 제공한다. 사회적, 감정적 그리고 학업적인 기술들의 발전을 도모한다. 어린이들에게 미술은 그들 자신과 가족, 공동체 그리고 세계를 더 잘 이해할 수 있도록 만든다. 미술 프로젝트는 박물관 방문객들에게 Inside-Out과 그들의 젊고 창의적인 참가자들의 삶에 대해 교육하기 위해 박물관의 상설 순회 전시로 만들었다.

시애틀 주택관리공단과의 공동 작업은 Inside-Out의 성공의 열쇠이다. 지역사회 기반의 미술과 연간 Multi-cultural New Year & Youth Talent Shows와 같은 문화적인 기념행사를 조직하기 위해 박물관 직원은 15개가 넘는 지역사회 기관과 함께 일한다. 어린이들은 그들의 부모님, 가족 그리고 공동체를 위해 연극, 공연 그리고 전시를 만들고, 성인 학습자로 성장하기 위해 필요한 자신감을 얻는다. 이 때 성인 학습자는 호기심, 다른 사람에 대한 수용 그리고 긍정적인 도전에 대한 욕구를 가지고 세상에 다가가는 사람이다.

나는 다른 예술 작품을 보기 위해 현장 학습 가는 것을 매우 좋아한다.
나는 천으로 미술 작품을 만드는 것을 좋아한다.

- Inside-Out 참가자 13살 Yusaf -

● **유치원 초읽기**(Countdown to Kindergarten)
  보스턴 어린이박물관, 매사추세츠
  www.BostonChildrensMuseum.org

보스턴의 5살 유아 삶의 중요한 단계는 유치원 초읽기 행사 기간인 8월말에 나타난다. 이 행사가 이루어지는 곳에서는 아이들이 "나는 유치원에 갈 것이다!"라고 쓰여진 노란색 티셔츠를 입고 보스턴 어린이박물관에 모인다. 그들은 오후에 게임, 활동, 건강 검진, 음식 그리고 즐길 거리를 즐긴다.

지역사회 단체의 비공식적인 네트워크인 '유치원 초읽기'는 현재 보스턴 공립학교 유아 프로그램 부서이다. 새로운 가족 관계를 향상시키기 위한 학교의 중점 전략이다.

서비스는 공립학교에서 주최된 부모-자녀의 놀이 집단으로 시작된다. 이곳에서는 가족들이 준비됨의 기술을 기르고 지역사회 자원에 대해 함께하며, 타인으로부터 배운다. 유아들이 유치원에 갈 나이가 되었기 때문에, 가족들을 지원하기 위해 유치원 초읽기가 제공하는 다양한 기회에 참여할 수 있다. 이는 초읽기 클럽, 키트 그리고 코너에서부터 그들의 새롭게 배정받은 학교를 어떻게 선택하고 탐색하는지에 대해 배우는 것까지 이른다. 가족들은 박물관의 "유치원 초읽기" 전시에 방문할 수 있고 여기엔 시범 교실과 프로그램이 있다.

나는 어린이들 모두에게 어린이집을 소개하는 훌륭한 프로그램과
보스턴 공립학교 교육을 시작하고 있다는 것이 매우 기쁘다.

- 보스턴 시장 Thomas Menino -

● 생생한 기억(Living Memories)
La Habra 어린이박물관, 캘리포니아
www.lhcm.org

초등학생인 다이아나가 배우는 'Para major vida(더 나은 삶을 위한)' 프로그램은 그
녀의 엄마가 캘리포니아에서 새로운 생활을 시작하기 위해 멕시코를 떠난 이
유이다. La Habra 어린이박물관에서 그녀와 엄마가 함께 한 인터뷰를 통해 그
녀의 가족사을 알게 되었다. 다이아나의 가족사는 박물관의 '생생한 기억' 프로
그램으로 된 많은 비슷한 인터뷰들 중에 하나이다.

'생생한 기억'의 가장 중요한 존재는 상설 역사 전시였다. 이 전시는 가족 이
야기와 함께 진품인 공예품들과 만질 수 있는 복제품들을 포함한다. 다세대적
이며 2개 국어로 이루어지는 활동들과 히스패닉 어린이의 가족사를 공립학교
와 협력 프로젝트로 만들었다. 9개의 지역의 초등반들은 공예품을 더 추가하기
위한 예술적인 전시들을 만들기 위해 1년 이상 동안 함께 일했다. 2002년에 문
을 닫은 '생생한 기억' 프로그램은 어린이들에게 그들의 가족사가 지역사회 역
사의 일부이며, 박물관에서의 탐구 가치 있음에 대한 이해를 하게 해준다.

어린이박물관은 사람들이 지역사회 역사의 일부분이 됨으로써, 그들의 목적과
미션을 더욱 분명히 하고 확장한다.

- La Habra 어린이박물관 책임자 Kimberly Powell Albarian -

● Parents Stars 프로그램

휴스턴 어린이박물관, 텍사스

www.cmHouston.org

6살 남아가 밤에 학교에서 수학 문제를 풀려고 엄마에게 하루 야근을 쉬라고 애원하게 만드는 프로그램을 상상해보라. Parent Stars는 한 지역사회와 학교에 근거한 프로그램으로, 부모들이 그들 자녀의 학습에 적극적인 역할을 할 수 있도록 격려한다.

이 프로그램은 휴스턴 지역사회 전체의 초등학교에서 시행되며 집이든 박물관이든 아이들과 부모가 어떻게 어린 아이들의 학습을 조성할 수 있는지에 대한 정보와 활동들을 제공하는 워크숍으로 이루어진다. 가족들은 휴스턴 어린이박물관의 무료입장권을 받는다. 2006년의 외부 평가에서, 설문에 응한 학교 관리자의의 100%가 이 프로그램이 그들의 학생들에게 긍정적인 영향을 미쳤다고 답했다. 부모의 96%는 그들이 프로그램을 통해 "많이" 혹은 "어느 정도" 새로운 아이디어를 얻었다고 응답했다. 박물관과 학교 파트너십을 통해서 어린이들과 부모들은 다른 사람과 함께 배우는 새로운 방법을 발견했다. 또한 부모들은 아이의 선생님들과 함께 자원과 생각들을 공유하는 2가지 방식의 의사소통을 즐거워했다.

이 프로그램은 코로나 이후 큰 폭으로 회복되어, 지속적으로 운영하고 있다. 2022-23학년도에 27,000명 이상의 부모와 자녀가 17개 학구의 135개 학교에서 Parent Stars Family Learning Events에 참석했다. 접근성을 위해 이벤트는 가족에게 무료이며, 대부분은 일하는 부모가 참석할 수 있도록 저녁에 열린다. 박물관의 숙련된 교육자들이 이벤트를 주도하며, 스페인어를 사용하는 가족이 참석할 때는 이중 언어로 제공된다. 이 행사의 교육 활동은 종이 접시, 컵, 끈과 같은 간단한 재료를 사용하므로 비용이 부족한 부모가 집에서 이를 재현할 수 있다. 2022-23학년도에 박물관은 Parent Stars 사람들에게 105,000개의 무료 관람 Open Doors 패스를 배포했다. Parents Stars는 부모를 자녀의 첫 교사로 지원하고 교육적 형평성을 높이고 기회 격차를 줄이기 위한 파트너십을 구축한다는 목표에 맞춰진 박물관의 여러 프로그램 중 하나이다.[352]

나의 아이들을 가르치는 방법에 대해 가르쳐주세요.

– Parent Stars 참가자 –

---

[352] https://www.cmhouston.org/news/cmhs-parent-stars-program-expands-in-the-2022-23-school-year

● 라틴계 이웃 계획(Latino Neighborhoods Initiative)
  시카고 어린이박물관, 일리노이
  www.ChicagoChildrensMuseum.org

'라틴계 이웃 계획'은 시카고 모든 어린이들을 돕기 위한 박물관의 미션에서 발전하였다. 시카고의 인구 통계적 변화를 이해하면서, 박물관은 전통적으로 서비스가 충분하지 못했던 라틴계 가족들을 위하여 쉽고 의미 있는 접근을 제공하기 위한 방법을 찾았다.

시카고의 지배적인 라틴계 지역사회와 함께 파트너로서 창조된 '라틴계 이웃 계획'은 오늘날 23개의 지역사회에서 40개 그룹 이상으로 확장되었다. 이 계획은 지역사회 기반 조직들과의 건설적인 파트너십을 조성하기 위한 문화적이고 교육적인 활동으로 매년 14,000명의 사람들에게 수혜했다. 가족들을 위한 문해력과 과학 프로그램뿐만 아니라 전문적인 발달 워크숍, 보조금이 제공된 접근, 지역사회 가족 멤버십 포함한다. 이는 더 확장하여 시카고 Humboldt Park 커뮤니티의 Core Partner Network이 있는데 여기에서 박물관은 라틴계 지역사회의 요구를 목표 대상으로 하여, 강하고 상호 이익이 되는 관계를 발전시키기 위해 지역사회 멤버들과 함께 일하고 있다.

'라틴계 이웃 계획'은 라틴계 어린이와 부모를 위한 교육적이고 사회적인 기회를 증가시킬 뿐만 아니라, 박물관에 방문하는 가족들을 위해 더욱 다양한 환경을 제공한다. 이는 더 강한 지역사회 관계를 조성하는 체계적이고 광범위한 접근을 대표한다. 이는 지역사회의 다양한 주민들을 돕기 위한 기관의 헌신을 보여준다.

> 우리의 성공의 열쇠는 박물관이 모든 가족들과의 접근성과 적합성에 있다.
> 혁신적인 프로그램들과 파트너십은 종종 고립되지만 다양한 지역사회를 위한
> 다리를 건설하고, 박물관은 "다른 사람"을 위한 곳이라는 관념을 떨쳐버리는 쪽으로
> 먼 길을 걸어왔다.
>
> – 시카고 어린이박물관 관장 & CEO Jennifer Farrington –

● **가족들이 함께 아메리코**[354](Families Together and Americorps)
  프로비던스 어린이박물관, 로드아일랜드
  www.ChildrenMuseum.org

위험에 처한 어린이와 가족에게 손을 뻗기 위한 의미 있는 방법을 찾기 위해 헌신한 프로비던스 어린이박물관(로드아일랜드의 유일한 어린이박물관)은 '가족들이 함께'와 '아메리코'라는 두 개의 혁신적인 프로그램을 운영한다. 어린이박물관과 로드아일랜드 아동청소년 가족부(DCYF)의 합작인 '가족들이 함께'는 법정 분리된 가족들을 위해 박물관에서 이루어지는 치료 방문 프로그램이다. 박물관의 '아메리코'팀은 헤드스타트 그룹 및 도심의 어린이들과 함께 프로그램을 발전시키고 실행한다. 이러한 두 개의 프로그램을 통해서 박물관은 지역사회

353_ https://mycurlyadventures.com/things-to-do-where-to-eat-chicago-latinx-businesses/
354_ 미국 내 지역사회 봉사 단체로 회원은 집짓기, 집수리, 공원 청소 등을 하고 학비 지원을
    받기도 함

내에서 중요한 사회적 서비스의 역할을 수행하는 능력을 입증했다. 박물관 관객의 다양성은 계속 증가해 왔다. 박물관의 일반적인 방문객 전체의 1/4은 저소득 지역의 주민이다.

2005년에 프로비던스 어린이박물관은 Play with your Kids!-A How-To, Why-To Guide for Parents를 출판했다. 이는 '가족들이 함께'의 철학과 관행을 기본으로 한 것이다. 부모와 가족 복지 전문가를 위한 자원으로써의 소책자는 '가족들이 함께' 프로그램과 사회적 서비스 협회를 통해 배부되었다. 2006년에는 MetLife재단과 ACM은 프로비던스 어린이박물관에게 실험상을 수여했다. 박물관은 다른 어린이박물관들이 학대와 방치 때문에 분리된 부모와 아이들을 돕기 위한 방법에 대해 '가족들이 함께' 온라인 도구 키트를 만들었다.

> 방문은 어린이 복지 시스템에 연관된 가족을 위한 중요한 요소가 되는 것으로 이해된다…. 박물관은 긍정적인 부모/자녀 경험을 유치하는, 주의 깊게 고안된 따뜻한 환경을 제공한다.
>
> – 로드아일랜드 DCYF 어린이 행동건강 코디네이터 Lee Baker –

● **서비스의 여름**(Summer of Service)
San Jose 어린이 발견 박물, 캘리포니아
www.cdm.org

San Jose 어린이박물관의 '서비스의 여름'은 독특한 여름 캠프이다. 이곳에서 아동과 청소년들은 그들의 재능을 발견하고, 새 친구를 사귀고, 지역사회에 대해 배우고, 오직 재미있게 논다. 이 프로그램은 몇몇 지역사회의 요구에 응하여 개발되었다. 이는 지원적이고 의미 있는 수업 시간 외에도 프로그램을 원하는

10대들, 아동과 청소년들을 위한 안전한 여름의 옵션으로 관계를 맺는 부모들, 일하는 부모들을 위해 혁신적인 어린이 보호를 원하는 기업들, 어린 시민들의 시민적 관여와 봉사 활동을 육성하고 싶어하는 지역사회의 요구가 있다.

이 8주간의 여름 캠프는 12살에서 15살의 나이의 학생들이 25개 이상의 다른 지역사회를 기반으로 한 조직에서 높은 질의 학습, 레크리에이션, 지역사회 서비스 활동에 참여하도록 했다. 이 프로그램이 10년 전에 시작한 이래로, 박물관과 San Jose 지역사회에 2,000명이 넘는 중학생들이 총 70,000시간 이상을 참여했다. 참가자의 흥미에 응하여, 리더십을 육성하는 한 인턴십 프로그램은 청소년들에게 참여할 한 가지 이상의 기회를 제공했다.

평가와 일화적인 증거로 참가자들이 어린이박물관의 교육과 시민 서비스를 하고 싶어 박물관으로 진로를 선택한다는 것이다. 이는 열정적인 '서비스의 여름' 프로그램이 여름의 끝을 넘어서 영향을 발휘하고 있다는 사실이다. 박물관에서는 다양한 팀들로 구성하여 2018년에 부모 참여의 핸드북을 만들었다.

> 과거의 '서비스의 여름'에서 있었던 나의 경험은 중학교 학생들과 함께 일하고자 한 나의 결정에 매우 중요한 역할을 했다.
> – 대학생 & 서비스의 여름 직원 Robin Perenchio–

1999 Promising Practice Award는 출생부터 3세까지의 영아들을 위한 영아기 학습의 영역에 있는 모형에 영예를 주었다.

● Mr. Rogers의 이웃 : Hands-On 전시
  피츠버그 어린이박물관, 펜실베이니아
  www.PittsburghKids.org

PBS에서 가장 오래 운영하는 프로그램인 "Mr. Rogers의 이웃"은 돌봄 이웃과 그를 보는 사람 사이의 만남이다. 피츠버그 어린이박물관의 "Mr. Rogers의 이웃 : Hands-On 전시"는 어린이와 가족이 TV 무대장치 모형에 방문하고, 함께 놀이하고 배우는 기회에 참여할 수 있도록 한다.

1998년에 첫 탄생부터 2007년까지 순회 전시인 "Mr. Rogers의 이웃 : Hands-On 전시"는 전 세계 수십 만 명의 어린이와 가족들이 즐겼다. 순회 전시의 디자인, 개발, 생산의 모든 단계는 지역사회 "이웃들"에 의해 만들어졌다. "이웃들"에는 피츠버그 대학교, 어린아이들 교육을 위한 피츠버그 협회, 가족 의사소통 주식회사, 그리고 Fred 자신이 있다. 순회 전시의 재정적인 성공은 그 분야의 모델 역할을 해서, 이는 보조금을 받아 순회전을 유치하는 박물관에 임대료를 할인해주는 것이다.

"Mr. Rogers의 이웃 : Hands-On 전시"의 두 가지 버전이 만들어졌다. 피츠버그 어린이박물관이 2004년 11월에 확장했을 때, 첫 번째 버전은 영구적인 설치로 박물관에서 어린 관람객, 어린이 모두에게 인기가 있는 전시로 남아 있다. 2007년 6월에는 박물관이 뉴올리언스의 루이지애나 어린이박물관에 두 번째

버전을 기증했다. 당시 루이지애나 박물관은 허리케인 카트리나로 인해 입은 손해를 복구하기 위해 10개월 동안 문이 닫혀있었던 박물관이기 때문이다.

우리가 어린이의 놀이를 진지하게 다루었을 때, 어린이들이 창의적인 정신에서 있는 즐거움을 느낄 수 있도록 도왔다.

- Fred Rogers -

● 첫 재주(First Feats)
매디슨 어린이박물관, 위스콘신
www.MadisonChildrensMuseum.com

매디슨 어린이박물관의 직원과 이사회가 어린아이들을 위해 고안된 전시인 "첫 재주"는 환경적이고 교육적인 영향을 기획했고, "도움이 된다"라는 영감을 주는 목표를 잡았다.

"첫 재주: 어린 시절을 기념하며"는 자연계를 기념하는 아이들과 가족들을 위한 특별한 학습 환경과 교육적인 경험을 나타낸다. "첫 재주"의 요소는 어린 아이들을 위한 안전하고, 양육하는 환경에 자연의 재료를 사용하려는 결정이었다. 플렉시유리, 발포고무, 비닐, 폴리우레탄 그리고 플라스틱과 같은 인공 재료가 아닌 자유로운 디자인은 건강과 안전을 넘어선 부가적인 혜택을 만들어 내며 아름다움을 알아차리는 어린이의 능력을 알게 한다.

2004년에 MetLife 재단과 ACM은 박물관의 유지 가능한 디자인 지식이 그 분야에서 공유될 수 있도록 하기 위해, 매디슨 어린이박물관에 실험상을 수여 했다. 친환경 전시인 Greenexhibits.org는 8년간의 연구, 생태학적인 사고 그리고 아이디어 수집의 정점이다. 이 사이트는 매디슨 어린이박물관에 의해 디자인되었고 발전되었으며, 유지되고 있다.

'주위를 둘러보아라! 기회는 너의 지역사회이다.'는 유지 가능한 디자인과 관례를 만들어내는 것의 목적을 발전시키기 위해서 헌신적인 많은 사람들이 잘 공급한다.

– 매디슨 어린이박물관 전시 관리자 Brenda Baker –

● **유아기 계획**(Early Childhood Initiative)
Lied Discovery 어린이박물관, 라스베이거스, 네바다
www.ldcm.org

"라스베이거스"는 카지노와 어른들의 유흥이라는 이미지이다. 가족과 어린이들에 투자하기 위해 네바다 주가 이끄는 캠페인의 하나로써, Lied Discovery 어린이박물관은 종합적인 '유아기 계획'에 착수했다. 성공적인 캠페인은 라스베이거스 외부의 가족들에게도 가족을 위한 초기 학습 자원으로써의 박물관을 강조했다.

헤드스타트와 클라크 카운티 도서관 지구와 같은 기관들과의 협력으로, 지역사회는 '유아기 계획'의 중요한 요소가 되었다. 헤드스타트 프로그램 아이들의 부모는 가족을 위한 자원으로써 도서관과 박물관의 사용에 대해 적응하게 교육을 받았다. 또한 박물관의 무료 입장을 위해 헤드스타트 가족 출입증이 만들어졌다.

아이들뿐만 아니라 성인을 위한 "행동에 의한 학습"의 중요성을 설명하면서,

박물관은 인터뷰를 하며 방문객과 함께 전시의 프로토타입을 테스트했다. 이 계획과 관련한 지역사회 관계를 맺기 위해서 박물관 직원들은 지역사회 자문 위원회에 참여했다.

Lied Discovery 어린이박물관의 '유아기 계획'은 이 분야에서 중요한 모델의 역할을 한다. 이는 '유아기 계획'의 교육적인 프로그램뿐만 아니라, 지역 공동 체와의 협력에 드러낸 열정적인 헌신 때문이다. '유아기 교육'에 대한 박물관의 헌신은 박물관 관행의 모든 면에 구석구석 스며들었고, 가장 좋은 팀워크의 사 례가 된다.

라스베이거스 어른들의 놀이 공간에서 어린이들을 위한 적절한 활동을 찾는 것 은 매우 어렵다.

- 라스베이거스 학부모 Michelle Tombar -

참고문헌

강희수, 김진희, 김혜련, 양유정, 윤선영, 기현정, 이현숙, 김용주, 전시A to Z, 한언출판사, 2017

경기북부어린이박물관, '2022년 경기북부어린이박물관 관람객 만족도 조사 결과 보고' 보고 자료, 경기북부어린이박물관, 2022

경기북부어린이박물관, 2023년 경기북부어린이박물관 부서 평가보고서, 경기북부어린이박물관, 2024

교육과학기술부 및 보건복지부, 3-5세 연령별 누리과정, 교육과학기술부 및 보건복지부, 2013

국립어린이박물관, 국립어린이박물관 내 마음 담기 운영 결과보고서, 국립어린이박물관, 2024

국립박물관단지 통합운영지원센터, 2024년 국립어린이박물관 교육 프로그램 계획안, 국립어린이박물관, 2024

국립박물관단지 통합운영지원센터, 2024년 국립어린이박물관 여름방학 프로그램 계획안, 2024

국립박물관단지 통합운영지원센터, 2025년 국립어린이박물관 겨울방학 프로그램 계획안, 2025

국립중앙박물관, 한국어린이박물관 백서 2016-2018, 국립중앙박물관, 2019

김은진, 미술관의 치유적 기능에 대한 가능성 탐색, 한국 콘텐츠 학회논문지, Vol 15, No 10, 2015, p55

김진희, 경기도어린이박물관 조부모 기획전 연구, 제4회 아시아퍼시픽어린이박물관 컨퍼런스, 2016

김진희, 국립어린이박물관의 정체성을 위한 여정, 2024년 국립어린이박물관 콜로키움 발표 자료, 국립어린이박물관, 2024

김진희. '심신 치유의 장, 어린이박물관', 국립중앙박물관 교육논문집 「박물관교육」

2020년 제4집

김진희, 「인간을 위한 인간다운 어린이박물관」, 『한국어린이박물관백서 2016~2018』, 국립중앙박물관, 2019

김진희, 「포스트 코로나 시대, 한국어린이박물관의 역할 확장」, 제11회 국립민속박물관 어린이박물관 학술대회, 2022

김진희, G 뮤지엄페스티벌 방문객 설문조사 2017~2018년 결과, 경기문화재단 정책실 보고서, 2018

문화체육관광부, 2017 전국문화기반시설 총람, 문화체육관광부 문화기반과, 2017. 10. 27

박영숙, 제롬 글렌, 테드 고든, 엘리자베스 플로레스큐, 유엔미래보고서 2030, 교보문고, 2012

서유헌, 뇌를 알고 가르치자, 네이버캐스트, 2009

이경희, 어린이박물관의 역사와 미래, 어린이와 박물관 연구: 국립민속박물관 어린이박물관, 2010

이기숙 외 6인, 2017, 영유아발달, 양서원

이숙재, 유아를 위한 놀이의 이론과 실제, 창지사, 1997

정옥분,정순화,임정하, 정서발달과 정서지능, 학지사, 2007

정윤선, 『어린이를 위한 포스트 코로나 안내서』, 다락원. 2022

조한무, 뇌 발달을 위한 신체놀이, 학지사 , 2010

하지현, 『포스트코로나, 아이들 마음부터 챙깁니다』, 창비, 2021

황현주, 국내외 박물관 미술관 미술치유 현황과 발전 방안, 차의과학대학교 미술치료대학원 석사학위 논문, 2020

ACM & Knology, Understanding Museums' Collaboration Goals, ACM Trends #6.3, Aug 17 2023, p1

ACM & New Knowledge.org, The Economic Impact of Children's Museums : The Ripple Effect of Spending, ACM Trends : #2.1, 2015 Oct 9

ACM, 6 AI Solution for the Children's Museum Field, In the Hand to Hand at ACM
Vol 37 No 1. 2024

American Alliance of Museums, Trendswatch 2017, Center for the Future of
Museums, 2017

American Academy of Pediatrics, Pediatrics Volume 142, number3, September 2018,
American Academy of Pediatrics, 2018

David L. Gallahue(2003), Developmental Physical Education for All Children's,
Human Kinetics

Deborah Edward, Programs: The Active Ingredient, In Maher(Ed), Collective Vision :
Starting and Sustaining a children's museum, Association of Youth Museums
Washington,D.C, 1997

Elizabeth merritt (2018), A new Equilibrium, American alliance of museum

George Hein, 안금희 김해경 김선아 정혜연 공역, 박물관 교육론, 학지사, 2015

Giulia Mezzalama, Improving Mental health through museums: Italy's Exploation of
the healing Potential of Museum Spaces, ICOM Voices, Nov 29, 2023

Jeanette Booth, School Group Programs, In Maher(Ed), Collective Vision : Starting
and Sustaining a children's museum, Association of Youth Museums
Washington,D.C, 1997

Jen Rehkamp, Reflecting on the First Volume of ACM Trends Reports, In The Run
Around ACM, 2018 Oct 2

Jessica J. Luke & Travis Windleharth, The Learning Value of Children's Museums :
Building

a Field-Wide Research Agenda, Institute of Museum and Library Service, 2013

John H. Falk, 'The Value of Museums: Enhancing Societal Well-Being', Rowman &
Littlefield Publishers, 2021

John Falk & Lynn Dierking, 노용 이주연 류지영 이선아 역, 박물관 교육의 기본, 미진

사, 2007

John Falk & Lynn Dierking, 이보아 역, 관람객과 박물관, 북코리아, 2008

Mitrahani Ghadim & lauren Daugherty, 역) 주하나, 뮤지엄 미술치료(Museum-Based Art Therapy), 안그라픽스, 2023, p59

Nathalia Bondil, From care to Cure: Caring Museum And Museothrapy For A Healthier Society, In 박물관과 지속가능발전목표 : 2030년을 향하여, ICOM Korea & 국립민속박물관 학술대회, 2024

The New Children's museum, What's news?, The New Children's museum, News letter, (May 24, 2021)

Tori Egherman, Program Tune-ups: The Importance of Outside Evaluation, In Maher(Ed), Collective Vision : Starting and Sustaining a children's museum, Association of Youth Museums Washington, D.C, 1997

Yuval Noah Harari, 조현욱 역, 사피엔스, 김영사, 2015

https://www.aam-us.org/programs/museum-magazine/museum-2040-a-museum-magazine-special-edition/

https://www.nmcik.or.kr/

https://www.childrensmuseum.org/

http://www.pleasetouchmuseum.org/

https://bostonchildrensmuseum.org/

https://madisonchildrensmuseum.org/

http://www.kohlchildrensmuseum.org/

https://ngcm.ggcf.kr/

https://pittsburghkids.org/

https://play.eureka.org.uk/

http://kindermuseum.frankfurt.de/english/index.html

https://amsterdam.wereldmuseum.nl/

https://child.nmcik.or.kr/

https://www.seoulchildrensmuseum.org/

https://gcm.ggcf.kr/

https://thinkplaycreate.org/

https://eureka.org.uk/

https://www.papalote.org.mx/

https://www.cdm.org/

https://fridaundfred.at/en/

https://www.magichouse.org/

https://www.luckeyclimbers.com/

https://museumlab.org/

https://chatgpt.com/c/66fcbdcf-3370-8007-99ea-78d50dbfe77d

https://chatgpt.com/c/66fcfa3c-dc00-8007-8350-38775522cb69

https://chatgpt.com/c/66e29f72-4e38-8007-8a0c-8a747483a770, 20240913

https://xn—chatgpt-v256a.com/c/66f3ad43-7e44-8007-84b3-f7a9e2253de5

chatgpt.com/c/66f3ad43-7e44-8007-84b3-f7a9e2253de5

https://bostonchildrensmuseum.org/membership/family-membership/

https://www.childrensmuseum.org/visit/calendar/view/27/2019-03-10

https://pittsburghkids.org/education/early-learning

https://gcm.ggcf.kr/archives/education/sensual-satisfaction-3?term=6&cy=2016&pn=1

https://www.seoulchildrensmuseum.org/education/educationList.do?category=1

http://www.museum.go.kr/site/child/edu/view/170/237616

http://www.museum.go.kr/site/child/edu/view/170/237121

https://gcm.ggcf.kr/archives/education/10%ec%9b%94-%ec%a3%bc%eb%a7%90-%ea%b0%80%ec%a1%b1-%ed%94%84%eb%a1%9c%ea%b7%b8%eb%9e

%a8-3%ec%84%b8%eb%8c%80-%ea%b0%80-%ec%a1%b1-%eb%8f%84-
%ec%9e%a5-%eb%a7%8c%eb%93%a4%ea%b8%b0?term=43&cy=2015

http://gcm.ggcf.kr/archives/calendar/education?term=3&cy=2015&pn=2

http://seoul.childcare.go.kr/ccef/community/board/BoardSl.jsp

https://gcm.ggcf.kr/wp-content/uploads/sites/4/2011/09/1318503530701.pdf

http://www.museum.go.kr/site/child/edu/view/170/237792

http://gcm.ggcf.kr/archives/calendar/education/c-deeper?term=7&cy=2016&pn=2

https://www.childrensmuseum.org/educators/professional-development

https://mschildrensmuseum.org/

https://www.parents.com/fun/vacation/us-destinations/the-10-best-childrens-museums/

https://www.10best.com/awards/travel/best-childrens-museum-2022/

https://louisiana.dk/